JN193848

ミクロ経済学って
大体こんな感じです

竹内健蔵 著

有斐閣

はじめに

「難しいことを難しくいうことは易しいが，難しいことを易しくいうことは難しい」

これは，私がこれまで長い間学生と接してきて，そして何冊かの本を書いてきて会得した真理です。

勤務先の大学のゼミなどで発表する学生のうち，自分がプレゼンする内容を自分でもわかっていない場合，たくさんの難解な経済学用語を繰り出して，あたかも聞き手を煙に巻くかのような発表をすることがあります。そこで「本当にわかっているのかな？」と思ってツッコミを入れてみると，たいていはボロボロの状態になります。一方で，自分のプレゼン内容をしっかりと理解している学生は，難解な言葉を使うのを避けてわかりやすく，身近な事例などを使いながら平易な言葉でプレゼンをすることが多くあります。

ミクロ経済学を難しいと思うかどうかは人によって違うでしょう。しかし，ミクロ経済学は難しい，という人は多いと思います。その一般的に難しいといわれるミクロ経済学について，私は本書を後者のような学生になったつもりで書こうと思いました。

いろいろな経済問題や社会問題を分析する手法として経済学は何かとよく批判されます。数多くある学問のうち，これほど愛憎渦巻く学問はないように思えます。しかし，それほどまでに批判されるということは，それだけ多くの人々に関心を持たれている，あるいは意識されているということであり，むしろ有り難く思うべきなのかもしれません。有名芸能人に多くのファンがいると同時に多くのアンチ・ファンがいるように，数多くの批判は経済学への有名税ともいえます。そんな有名税を支払わなくてはいけない原因の1つに，経済学理論の難解さがあるのでしょう。ましてや，「経済学はお金儲けの学問」「経済学者は弱肉強食の競争社会を礼賛」「弱者切り捨ての非情な学問」などといわれてしまっては有名税も高くなるというものです。

そんな誤解にまみれたミクロ経済学を，本書で少しでもわかりやすく説明するためにはどうすればよいかを考えました。その結果，私は本書に次のような特色を持たせることにしました。それは主に次の2点にまとめられます。第1

は，思い切ってその構成を変えたという点，第2は，消費者行動の理論（需要）と生産者行動の理論（供給）の両理論を意図的にできるだけ対称的な関係としてとらえたという点です。

　第1の点について。構成を変えた目的は，ミクロ経済学の全貌を早い段階でおおまかにつかむことができるようにすることにあります。そうすることで，その後に展開されるいろいろな概念や経済学用語がミクロ経済学体系の中でどの位置にあるのかを理解することができるようになり，学習効率を高めることができます。

　最も伝統的で典型的なミクロ経済学のテキストでは，最初に消費者行動の理論を徹底的に解説し，次に生産者行動の理論が消費者行動の理論と同じかそれ以上の分量で続き，その後に完全競争市場の理論が解説され，最後に不完全競争（独占，寡占）の理論で終えるという構成になっています。そのため，ミクロ経済学を白紙状態から学ぶ人は，まずミクロ経済学がどのようなものであるのかについて，その全体像をつかめないままに消費者行動の学習に突入し，その勉強を延々と続けることになります。ですから，消費者行動の理論の途中でいったんつまずくと，消費者行動の理論全体はもちろんのこと，その後に続く理論がまったくわからないものとなってしまいます。それで結局，ミクロ経済学とは何であるのかさえわからないままに終わってしまいます。

　大学での講義を例にとって具体的に考えてみましょう。通常のようにまず消費者行動の理論に突入すると，消費者行動の話が延々と続き，（「いずれ重要になってくるんだよ」と先生にいわれても）限界効用，無差別曲線，限界代替率など，訳のわからない用語が立て続けに出てきて，よくわからないままに各概念や用語を頭に詰め込むことが要求されます。それらがミクロ経済学全体の理解のためにどのように役立つのかがわからないので，飽きも来るし，ヤル気が失せ，それでよくわからなくなります。そして，生産者行動の理論に移るころには脱落することになります。

　それならば，消費者行動と生産者行動がとりあえずどのようなものなのか，なぜ経済学者は市場メカニズムを信頼するのかということを，雑でもいいからまずは話してしまっておいた方がいいのではないでしょうか。ミクロ経済学のおおよその全体像を先につかんでおけば，その後に次々と出てくる考え方や経済学用語が全体の理解のためにどのように役立つのか，そしていま勉強してい

ることがミクロ経済学の理論体系の中でどのように位置づけられるのか，がわかるようになります。

　仮に脱落したとしても，早い段階でミクロ経済学の重要な理論である完全競争市場均衡あたりまではとりあえずザッと終わっているので，「ミクロ経済学って大体こんなものだ」ということだけはわかってもらえます。そうだとすれば，ミクロ経済学がどんなものかわからないまま消費者行動理論の途中の段階で投げ出すよりも，その方がよほどマシだということになります。

　以上のような考え方に基づき，ミクロ経済学の最も基礎的で簡単な部分だけを取り出して，枝葉末節を排除し，誤解を恐れず，ともかく消費者行動，生産者行動，完全競争市場まで一気にすませることにしました（第1部）。そこでは，それぞれの理論に深入りはしません。面倒くさいこともしません。ミクロ経済学全体のおおよその姿を「大体こんな感じ」程度に把握してもらうことが目的です。その後，ミクロ経済学について関心を持ってもらえた読者のみなさんに第2部以降に進んでもらうようになっています。構成の詳細については，この「はじめに」の最後に図を掲載しておいたので，そちらをご覧ください。

　読者のみなさんには，第2部から第4部のどの段階で本書を読むのを打ち切ってもらっても構いません（第1部の途中で投げ出されたら，私には手の打ちようがないのですが）。イヤになったら止めればよいのです。読者のみなさんがどこまで深くミクロ経済学を知りたいかに応じて読み進み，満足すればそこで本書から撤退すればよいのです。言い換えれば，「ミクロ経済学がどんなシロモノかを大体理解する程度でよいのなら，本書を最初から最後まですべてを読む必要はない」という構成になっています。

　第2の点について。これもできるだけミクロ経済学学習のためのエネルギーを節約するというのが目的です。

　ミクロ経済学のさまざまなテキストを見ていると，消費者行動と生産者行動をまったく別のものとしてとり扱っているかのようなテキストが散見されます。結果として，ミクロ経済学を最初から学ぶ人は，消費者行動の理論を学んだ後で，それと同じぐらいのエネルギーを使って新たに展開される生産者行動の理論を最初から学ばなければならないと考えがちです。しかし，これは誤解だと私は思います。

　なぜならば，ミクロ経済学の基本的な理論においては，消費者行動と生産者

行動はシンメトリック（左右対称）になっており，表裏一体であり，鏡像のようになっているからです。そのため，消費者行動と生産者行動の考え方は，そのすべてではないにしても，かなりそっくりな部分が多く，一方のコツさえ飲み込めば，他方の理解はどんどん進むようになります。

　そこで本書では，消費者（需要）と生産者（供給）がシンメトリックな関係にあることをあえて強調して書いています。消費者行動の理論をマスターすれば，それと同じ考え方が生産者行動の理論に適用できるので，学ぶための労力は実は単純に2倍ではなく，それ以下になることが読者のみなさんにはわかるでしょう。実際，たとえば第2章と第3章，第5章と第6章では，文章がそっくりそのままで言葉だけが入れ替わっている部分がかなりあり，読者のみなさんは「これは著者の手抜きではないか」と思うくらい驚かれることがあると思います（実は手抜きどころか，そっくりそのままの文章にするように私はかなり気を遣いました）。それくらい両者は考え方が似ているのです。もちろん，この対称性は理論が深まれば深まるほど薄れてきます。しかし，本書では少なくとも第2部まではこの対称性をしっかりと維持・強調して書いています。

　このように書いてくると好意的な読者のみなさんの中には，本書はしっかりと練られたミクロ経済学の教科書という印象を持たれる方がいらっしゃるかもしれません（ありがとうございます！）。しかし，本書のタイトルをよく見てください。とてもアバウトです。「大体こんな感じです」のタイトルには，本書はあくまでミクロ経済学のさわりだけを理解するためのものであって，ミクロ経済学理論のしっかりとしたテキストというスタンスをとるわけではないという意味が込められています。別の言葉でいえば，このタイトルには，本書だけでミクロ経済学の隅から隅までをわかったような気持ちになってもらっては困るという意味があります。

　その意味で，本書は立派な理論経済学者が著したミクロ経済学の優れた書籍に接するための露払いとでもいうべき立場にあります。ですから，ミクロ経済学を正確に理解したい読者のみなさんは，本書の後でしっかりとしたミクロ経済学の書籍を読むことをお勧めします。しかし，それならばなぜこんな大ざっぱな本を書いたのだ，ということに疑念を持つ方がいるかもしれません。それには次のような理由があるからです。

　現役の大学生のみなさんには大変失礼なことを申し上げることになりますが，

ミクロ経済学がどのようなものであるかをほとんど理解できず，ミクロ経済学の考え方を身につけることができないままに何とかごまかして単位をとり，経済学部を卒業して社会に出て行く大学生が少なからずいます（なお，これは私の勤務先の大学のみに当てはまることではありませんので，念のため）。

経済学教育に携わっている者として，このことについて日頃から残念に思っています。少なくともミクロ経済学が「大体こんな感じのもの」程度でもわかって社会に出て行ってもらうことは，大学教員としての私の望みであるのみならず，現代の経済学教育においても必要最低限に要求されるものではないでしょうか。そのために本書が活用されることを期待しています。

ところで話は変わりますが，私の文章はしばしばくどいといわれます。私がはじめて共著の本を書いたときに，同じ著書を執筆した先輩の先生から「文章がくどいなぁ」といわれたのを覚えています。私が普通に書いた文章でも，「くどい」といわれるのですから，私自身が「少しくどいかなぁ」と思いながらも本書で書いた文章は，たぶん相当くどいでしょう。しかし，私は今回それをあまり気にしないことにしました。というのは，くどいと思われるほどに書かれている場所というのは，たいていわかりにくいか，あるいは重要な箇所だからです。

頭の回転の速い方の場合には，本書の文章を見て，くどいとか，面倒くさいとか，うっとうしいとか思う方がいるに違いありません。私は頭の回転があまり速い方ではないですから，自分が納得できるような文章を書くために，無意識のうちに同じようなことを繰り返し書いてしまうのかもしれません。しかし，読者のみなさんの中には私のように頭の回転が遅い方もいるでしょうし（失礼しました！），最初にミクロ経済学にとりかかる人の場合，右も左もわからない状態ですから，少しくどいくらいに同じことを繰り返し述べる方がかえってわかりやすいかもしれません。私の文章を冗長だと思う読者のみなさんには，その点をご容赦願います。

それから易しいミクロ経済学の入門書では，「難しい数式をいっさい使わずに」というような言葉が宣伝文句としてよく使われます。そこで正直に申し上げましょう。私は数式をいっさい使わずにミクロ経済学を鮮やかに解説できるような優れた能力を持ち合わせていません（謙遜じゃありませんよ）。本書は第2部以降で数式が出てきます。ただし，そのレベルは中学校3年までの数学で

す。つまり，義務教育の数学は使います。具体的には，式の計算と 1 次関数（とくに傾き）が使われます。それから一部では図形の合同も使われます。ですから義務教育の数学が守備範囲でない人にとっては，本書の第 2 部以降の理解は厳しいかもしれません。その代わり，本書では高校レベルの数学を使うことは反則とします。

ただ余談ではありますが，世の中というものは数学のできる人にとって便利に，得になるようにできているので，一定程度の数学の勉強をしておくことはこの世を渡っていくうえで決して無駄ではないと思いますよ。

各章の最後には，理解度をチェックするために練習問題を用意しました。本当は読み物のようなテキストを目指したかったのですが，練習問題をつけたら急に教科書くさくなってしまいました (笑)。各練習問題はすべて穴埋め問題となっており，計算問題は連立 1 次方程式が解ければ大丈夫です。いずれの問題も 10 問という設問になっており，100 点満点の試験には出題しやすくなっています。本書はとくに大学生のみを対象として書かれているわけではありませんが，これがどういう意味かは賢明な大学生の皆さんならおわかりでしょう。くれぐれもご注意ください。

図　本書の構成と途中退出の目安

部	章	消費者	生産者	
第1部	第1章	勉強方法 ミクロ経済学とは？　経済問題とは？ 経済モデル インプットとアウトプット		
	第2章 / 第3章	**消費者** 効用の最大化 欲望のパターン 総効用 限界効用 需要曲線 消費者余剰	**生産者** 利潤の最大化（費用の最小化） 費用のパターン 総生産性 限界生産性→限界費用 供給曲線 生産者余剰	
	第4章	**完全競争市場** 社会的余剰 資源配分システム 簡単な政策分析		
疑問		(a) 効用を足し引きしたり他人と比べたりできるのか（消費者） (b) 分業・協業や学習効果による費用低下はどう考えるのか（生産者）		A
第2部	第5章 / 第6章	**消費者** 疑問（a）の解決 無差別曲線 予算制約線 （消費の）限界代替率 需要曲線	**生産者** 等量曲線 等費用曲線 （生産の）限界代替率 供給曲線	
	第7章	**完全競争市場** 需要曲線・供給曲線のシフトによる均衡分析 需要曲線・供給曲線のシフトを考えた政策分析		B
第3部	第8章 / 第9章	**消費者** 需要の価格・所得弾力性 下級財・必需財・上級財 代替効果・所得効果	**生産者** 疑問（b）の解決 （新）総生産性 総費用・限界費用・平均費用 損益分岐点・操業停止点	
	第10章	**完全競争市場** 長期市場均衡 外部効果（環境税） コースの定理		C
第4部	第11章	**独占市場** 限界収入曲線 独占企業の行動 価格差別戦略		D

A：ミクロ経済学って大体どんな感じのものかわかります。
B：ミクロ経済学は多少かじったことがあります。
C：ミクロ経済学のことはある程度わかっているつもりです。
D：ミクロ経済学については大体わかっています。

目　次

第4部　ミクロ経済学については大体わかっています

コラム一覧

第1部

ミクロ経済学って
大体どんな感じのものかわかります

プロローグ こんなことをやります

　人間は，自分がこれから進む先が大体どんなふうになっているかがわかっていると安心して前に進むことができます。たとえば，これから進む道のどれほど先にゴールがあるのか，その道はどのような形になっているのか，途中にどのような障害物があって，周辺の環境はどのようになっているのかについて事前に十分な情報を持っていれば，途中で不安になることはないし，転んだときもその被害は最小限ですみます。

　それとは反対に，人間は先行きが見えないと不安になるもので，とにかく歩き出せといわれると，その大きな不安を抱えたまま手探りで歩き出すことになります。このような先の見えない状況では，途中で一度転んだら，もうこれでダメだと思ってしまうかもしれませんし，そもそもどこまで行けばいいのかもわかりませんから，そこから先に進むのをあきらめてしまうかもしれません。

　別の例を出してみましょう。いいプレゼンテーションというのは，必ずプレゼンが始まる前に，このプレゼンの目的は何か，その目的に向かってどのようなプロセスを踏むのか，プレゼン内容はどのような構成になっているのかがあらかじめ示されるものです。そうすると，聞き手はその発表者の計画を理解して進んでいくことができますし，プレゼンの流れの中で自分がいまどこにいるのかがわかりますから，話に飽きたり退屈したりすることが少なくなります。逆に，何をするのか，何をどう進めるのかよくわからないプレゼンが始まると，自分たちはどこに連れて行かれるのかもわかりませんから，プレゼンという流れに当てもなく漫然とついていかなくてはならず，退屈で眠たくなってしまうことがあります。

　いずれの例にしても，どちらの方が好ましいかはいうまでもないでしょう。本書のとりわけ第1部は，ミクロ経済学という，まだ海のものとも山のものとも知れない世界をこれから歩き出そうとする読者のみなさんに，これから歩く道のおおよそのゴールと途中の周囲の風景などをざっと知っておいてもらって，本格的に歩き出すための準備をしてもらうことが目的です。

　ですから，本書の真骨頂はこの第1部にあります。第1部は「大体こんな感じ」の典型です。第1部の内容を知っていれば，ミクロ経済学の道を歩み

表 0-1　　本書で使われるほぼ同じ意味の言葉

商品，製品，財，サービス，資源…など（ただし，図1-1に注意）	
需要（する），消費（する），購入（する）買う…など	供給（する），生産（する），産出（する），販売（する），売る…など
需要者，消費者，買い手……など	供給者，生産者，企業，売り手……など

出すことはかなり楽になります。おおよその先を見通すことができれば，いったい自分がどこに連れて行かれようとしているのか，いま自分はどこにいて，どの方向に進もうとしているのかがわかるようになります。そうするとミクロ経済学の学習がはかどるようになるし，ヤル気も出るというものです。

　第 1 部だけでミクロ経済学の全貌がわかるということはありません。しかし，第 1 部を読破すれば完全な道案内とまではいかないまでも，道に標識を立てるくらいのことはできます。それに加えて，第 1 部を読むだけで，なぜ経済学者が市場メカニズムをお勧めするのかということがわかるようになります。第 1 部の分量は他に比べて比較的多いのですが，そんなところまでもわかるのならば，かなりお得ではないでしょうか。

　第 1 部の構成は以下のとおりです。第 1 章は，これからミクロ経済学を理解するうえで知っておくべきことを整理しておくという，いわば準備作業の章です。この準備作業を終えておきますと，第 2 章から本書の最後までが読みやすくなります。第 2 章では，消費者行動を扱います。この章の最終目的は需要曲線を導き出すことであり，消費者の幸福の大きさを測る尺度を得ることです。第 3 章では，生産者（企業）行動を扱います。この章の最終目的は供給曲線を導き出すことであり，生産者の幸福の大きさを測る尺度を得ることです（いま述べた第 2 章と第 3 章の説明文がシンメトリックになっていることに気をつけてください）。第 4 章では，第 2 章と第 3 章で得られた需要曲線と供給曲線を出会わせて，完全競争市場を分析します。これによって経済学者が市場メカニズムをお勧めする理由を明らかにします。また簡単な政策分析も行います。

　なお，第 1 部だけに限りませんが，最初ですから使用される日本語について整理しておくことにしましょう。これから文脈に従っていろいろな言葉が出てきます。それらについて混乱しないように表 0-1 にまとめておきました。それぞれのマスの中にある言葉はすべてほぼ同じ意味であると考えて構いませ

ん。いずれの言葉もマスの中にある他の言葉と入れ替えて不都合はありません。迷ったら，表0-1に帰ってくるとよいでしょう。

　ここで，生産と販売が同じ意味ということに違和感を持つ方がいるかもしれません。というのは，生産したものが必ず売れるということはなく，在庫を持つことがあるからです。しかし，ここでは簡単化のために在庫はないものとして考えます。したがって，生産量と販売量は同一になります。

　それからもう1つ。これからいろいろなグラフが出てきます。そのグラフの説明のときに「○○曲線」と名前のついたものがたくさん出てきます。ところが「曲線」と書いていながら，グラフでは直線であることが多くあります。そのような場合には，「直線」は「曲線」の特殊形と考えてください。つまり，「直線」は「曲線」の中に含まれます。ですから，「直線」は「曲線」グループの一員だというように今後は考えてください。

第1章

まずは準備しましょう

この章では，これからミクロ経済学を学んでいくにあたっての準備作業のようなことをします。ミクロ経済学とはいったい何者なのか，ミクロ経済学は何を目的としているのか，ミクロ経済学で何がわかるのか，ミクロ経済学でわかったことがどう役立つのか，ということなどについてお話をします。「前置きはいいから早く先に進め」という読者の方は，この章を飛ばしてもまあなんとかなるとは思いますが，この章を読んでから先に進む方が結果的には理解が早く進むのではないかと思いますし，最後まで読みやすくなると思います。いってみれば，「大体こんな感じ」の「大体こんな感じ」について知ることができるでしょう。

第1節　経済問題の本質は意外と単純

経済学を理解するための勉強方法

高校生までの勉強では，科目によって2つの勉強の仕方があると私は考えています。あまり好ましくない表現ですが，他にいい表現もありませんので仕方なくその表現を使わせてもらいますと，1つは「落ちこぼれ型」の科目，もう1つは「落ちこぼれ型でない」科目です。

「落ちこぼれ型」の典型的な科目は数学でしょう。数学はとにかく積み重ねの学問です。今回の授業の内容は，前回の内容を理解しているものとして，それを前提に進められます。そして，前回の授業の内容は，前々回の内容を理解しているものとして，それを前提に進められます。ですから，いったん途中でつまずいてしまうと，そこから先はもうわからなくなってしまって，ついていけなくなってしまいます。

　一方，「落ちこぼれ型でない」典型的な科目は世界史や現代国語などでしょう。世界史はたいてい，人類の誕生から始まって古代ローマへと続き，中世ヨーロッパの入口あたりまで進みます。ところがそこまでくると突然，アジアや中国などの歴史に飛び，再び殷や周などのような古代からまったく別の話が始まります。ですから，たとえローマ史のところで学校を長期欠席していても，古代中国から始まるときに出席していれば何の問題もなく授業についていくことができます。現代国語も同じです。ずっと論説文を学び，その後に詩や俳句を学ぶことになっていたとすると，論説文のときに休んでいても，詩や俳句の学習には直接の影響はなく，授業についていくことができます。

　そこで，経済学はどちらのタイプかというと，経済学は「落ちこぼれ型」になります。これはミクロ経済学であろうとマクロ経済学であろうと変わりません。その点では数学とまったく一緒です。数学と同じように経済学でも，今回の講義の内容は前回の講義の内容がわかっているということを前提に進められ，前回の講義の内容は前々回の講義の内容がわかっているということを前提に進められます。ですから，途中で1回欠席して，欠席したときの講義の内容をほったらかしにしておくと，そこから先はわからなくなり，講義についていけなくなります。

　数学と同じように，経済学の学習では，1つ1つを地道に理解して知識を確実に積み上げていく堅実さが求められます。あたかも1つ1つのブロックを着実に積み上げていくように勉強していかなくてはなりません。これまでにミクロ経済学にチャレンジして挫折した方，入門や初級クラスのミクロ経済学で悪い成績評価しかもらえなかった方がいるとすれば，それはおそらく，そのブロックの積み上げ方がかなり雑だったのでしょう。ブロックを1ミリの隙もないように正確に積み上げていき，積み上げた建物が決してぐらつかないようにしなくてはなりません。

最初からブロックを積まないであちこちにブロックを放り出した状態のままでいると，はじめから経済学はわかりません。また，最初のうちに積んだブロックの小さな隙間やズレを気にしないで，そのまま同じように積み上げていくと，隙間やズレがしだいに大きくなり，最後には建物が大きく揺れ出して倒壊してしまいます。最初はわかっていたのに，しだいに何となく経済学がわからなくなっていった方は，そうしたブロックの積み方をしていたのでしょう。

　一方，まったく白紙の状態でこれからミクロ経済学を始めようとする方は，高校時代に勉強した「政治・経済」の科目とミクロ・マクロ経済学は別物と考えた方がいいのではないか，と私は思います。高校の「政治・経済」は，誤解を恐れずにいえば，いわゆる暗記物，つまり「落ちこぼれ型でない」科目だといえます。大学で学ぶミクロ・マクロ経済学は，高校の「政治・経済」の延長線上にあるとは必ずしもいえないと思います。もし高校時代に「政治・経済」の「経済」の部分をつまらないと感じた方は，その印象だけで経済学を食わず嫌いになってほしくないと思います。

　それから経済学のテキスト（教科書）は，小説のようにすらすらとページをめくれるようなものではないということも覚えておいてください。ときとして，ページの半分くらいをウンウンとうなりながら 2, 3 日格闘するくらいのこともあります。もしそんなに時間をかける余裕がないのならば，ある程度テキストと格闘した後で，同じようなことを書いてある他のテキストに複数あたってみるといいでしょう。著者によって同じところを違った角度で，そして違った表現で書いているので，格闘した内容が一瞬にしてわかることがあります。十分に格闘した後で「あっ，そうか！」と思ったときは，その知識の脳への定着は，格闘しないときに比べてより強烈になります。それをしないでよくわからないまま「とりあえず先に進もう」とすると，積み上げたブロックがズレはじめます。

　本書でもある程度は格闘してください。じっくりと落ち着いて読んでみてください。本書はそれほどややこしいことは出てきませんが，それでも斜め読みや読み飛ばしをしていると，おそらく「ミクロ経済学はやっぱりわかんないなぁ」ということになってしまいます。たとえば，簡単な数値例が出てきたときは必ず紙と鉛筆を使って本当にそうなっているかどうかを確認しつつ前に進んでください。わかったつもりになったままで先に進むと，しだいにブロックの

隙間が大きくなっていきます。

　経済学は積み重ねの学問であること，テキストとはある程度は格闘して知識を得ること，これを知っておくことが経済学の理解への早道ではないかと私は考えます。

ミクロ経済学って何ですか？：私の言葉では語れません

　「ミクロ経済学って何ですか？」

　こんな本質的な問いかけがなされたとして，私がエラそうに「ミクロ経済学とはですねぇ……」などと自信たっぷりに話すことなど，あまりにも恥ずかしくてできません。そんなことをすれば，ミクロ経済学の純粋理論を徹底的に極めた経済学者のみなさんから激怒されるか冷笑されてしまうことになるでしょう。逆に，すべての経済学者が憲法の条文のように一字一句違わない文章を有り難がってミクロ経済学の定義として使っているわけでもありません。それぞれの経済学者が，自分の考え方や目的意識に基づいて，ミクロ経済学とは何かということについて述べています。

　ここでは，私が独自の定義を作り出すのではなく，著名な経済学者の方々が述べているミクロ経済学のさまざまな定義にすがることにしましょう。私の定義より，その方がよほど信頼が置けるというものです。彼らの執筆した著書からミクロ経済学とは何かということを論じているところを抜き出して，以下に紹介することにします。そして，その中で共通して使われている言葉を見つけ出せば，それらがミクロ経済学とは何かを教えてくれる重要なキーワードになるでしょう。

　ところが，物事はそう簡単にはいきません。なぜならば，どの本をとってもその定義はたいてい長文となっていて，場合によってはその定義や説明のために数ページどころか1章をまるまる使っているものまであるからです。そのため，とても素晴らしい定義・説明をしてくれている著名なミクロ経済学の本でも，あまりに長いので本書ではやむをえず採用できなかったものが多くあります。しかも，長い定義や説明をそっくりそのままいくつも抜き出して書いていては退屈になってしまうでしょうし，著作権上も怪しくなってきます。そのため，記述の中には一部のみを引用したものもあることに十分注意してほしいと思います。

まず，過去において稀代の世界的ロングセラーとなったテキストを著した故
P. サミュエルソン MIT（マサチューセッツ工科大学）名誉教授と 2018 年にノーベル経済学賞を受賞した W. D. ノードハウス（イェール大学）教授は，経済学について以下のように述べています。

　「経済学とは，さまざまな有用な商品を生産するために，社会がどのように稀少性のある資源を使い，異なる集団のあいだにそれら商品を配分するかについての研究である」（サムエルソン＆ノードハウス，1992）。

　次いで，フランスの経済学者で，中級レベルの優れたミクロ経済学を著した故 E. マランヴォーは，

　「経済学は，社会生活を営む人間の種々の欲求を満たすために，稀少資源がいかに用いられるかを研究する科学である（後略）」（マランヴォー，1981）
と述べています。

　3 つ目は日本人の著名な経済学者で，大学院レベルのミクロ経済学に関する有名なテキストを著した，日本経済学会会長経験者でもある奥野正寛東京大学経済学部助教授（当時），鈴村興太郎一橋大学経済研究所教授（当時）のお二人は，

　「相対的に希少な資源を，実際上は無限の欲望の充足に振り向けるために，それぞれの社会はそれに固有の「経済制度」（中略）をもち，（中略）これらさまざまな経済制度の運行メカニズムの実態と，その相対的な特徴を明らかにすることこそが，ミクロ経済学の課題なのである」（奥野・鈴村，1985）
と述べています。

　最後は，多くのミクロ経済学に関する書籍を著し，また同じく日本経済学会会長も務められた西村和雄京都大学経済研究所教授（当時）は，

　「経済学とは，稀少な財やサービスを，競合する目的のために選択・配分する仕方を研究する学問です」（西村，1995）
と述べています。

　これらの 4 つの定義（あるいは課題）を眺めてみますと，それらの文章の中に以下のような言葉が共通して使われていることがわかります。

希少（稀少）　　資源　　　欲望（欲求）　　　配分

　当たり前のことかもしれませんが，経済学が存在するのは経済問題があるからです。しかし，「経済問題はなぜ発生するのか」といざ問われてみると，意

外に簡単には答えることができないのではないでしょうか。確かに，世の中にはいろいろな種類の経済問題が山ほどあり，それぞれの個別具体的な経済問題の原因について，ある程度は述べることができるでしょう。しかし，「ありとあらゆる経済問題すべてに共通する問題発生の根本原因は何か」などと問われることは，これまであまりなかったかもしれません。

経済問題は私たちにとっての悩みであり，苦しみです。まずはその苦しみの原因を明確にしておかなくては問題解決の糸口さえ見つかりません。そこで突然ですが，いきなり仏教のお話をしましょう（ちなみに私はこの仏教の話を講義でよくするのですが，私の大学はキリスト教系の大学です）。仏教では人間の苦しみを「四苦八苦」として説明します。最初の四苦は生・老・病・死の4つです。それに次の4つを加えて八苦といいます。

愛別離苦　　怨憎会苦　　求不得苦　　五蘊盛苦

1つ目の愛別離苦（あいべつりく）とは，大切な人と別れなくてはならない苦しみです。2つ目の怨憎会苦（おんぞうえく）とは，嫌な人と会わなくてはならない苦しみです。1つ飛ばして五蘊盛苦（ごうんじょうく）とは，（凡人には理解しにくいところですが）人間の肉体と精神がままならないことによって生じる苦しみです。さて，最後に残った求不得苦（ぐふとくく）がここでの問題です。これはほしいものが得られない苦しみです。

お釈迦さまは，「アレもほしいコレもほしいというように，人間の欲望は無限である。その一方で，その欲望を満たすことをできるものは足りなくて手に入らない。だから苦しいのだ」と人間を看破しました。これが「求不得苦」で，経済問題を論じるときに重要になる苦しみです。

経済問題の本質とその解決方法

よくよく考えてみると，経済問題というのはどのような問題も最終的にはこの「求不得苦」に行き着くのではないでしょうか。たとえば安月給が苦しいのは，アレも買いたいコレも買いたいと思うその欲望は無限なのに，それを買うことのできる給料が有限（希少）だからです。満員電車で座れずに辛いのは，座席に座りたいという人はたくさんいるのに，座れる座席の数が有限（希少）だからです。大学受験で悩むのは，誰しも一流有名大学に行きたいけれども，大学には定員があってその定員が有限（希少）だからです。世界から貧困や飢

饉がなくならないのは，飢えた人がたくさんいて食欲が無限にあるのに，そこに提供される食料が有限（希少）だからです。

　つまり，人間の欲望は無限なのに，その欲望を満たす資源が有限（希少）であること，そのギャップが経済問題の本質であるといえます。これで「経済問題の本質が明らかになった！」などというと，ノーベル経済学賞レベルの発見のように聞こえますが，実はこのことは経済学者の間でずっと前から当たり前のこととしてとらえられています。こうして見ると，経済問題の本質って意外と単純に思えるでしょう。しかし，かえって単純なだけになかなか大変な本質なのです。

　仏教では，この苦しみから抜け出すために，「欲を捨てよ，解脱せよ」と教えるようです。しかし，経済学は宗教ではありませんから，仏教のように考えることはできません。経済学では，人間の欲望が無限であることについて何とかしようとすることはあきらめて，人間の欲望が無限であることをそのまま受け入れます。欲望が無限であることをそのまま受け入れるとすれば，無限の欲望に対して有限で希少な資源をいかにして上手に人々の間に配分して，できるだけ人々の欲望を満たすか，もっと上品な言葉を使うと，人々の幸福を最大にすることができるか，を考えることが重要になります。

　この**資源配分**を考えることがミクロ経済学の課題であり，その解決がミクロ経済学の目的となります。大切なことなので，もう一度繰り返しておきます。有限で希少な資源を無限の欲望に対してどのように配分すれば社会が最も幸せになれるかを考えること，これがミクロ経済学の重要な目的です。

　ここまでの文章を読むと，文章の中に先に述べたキーワードのほとんどが含まれていることがわかるでしょう。すなわち，「希少（稀少），資源，欲望（欲求），配分」です。

　経済学をこれまで「お金儲けの学問」あるいは「お金を扱う学問」だと考えてきた方がいるとすれば，その考え方は改める必要があります。自分が儲かれば他人がどうなっても関係ないというのが「お金儲け」でしょう。ところが，経済学はつねに社会全体の幸福に目を配ります。たとえば，豊かな国で多くの食べ残しが捨てられ，貧しい国で飢えて死ぬ人が出てくるのは，食糧という資源の配分が間違っているからです。それを正すのがミクロ経済学の役割です。

　確かに「お金」は経済学にとって1つの重要な分析対象です。実際，経済

　本文中であげた共通の言葉以外にも，ミクロ経済学の説明の中でよく使われる言葉があります。それは「選択」というキーワードです。

　公序良俗に反しないかぎり人間は自由に行動できますから，自分の意思で自分の行動を選ぶことができます。そして日々の生活でいろいろな選択を繰り返し行っています。朝起きて，大学に行こうかサボろうか，大学に行くとしてどの服を着ていこうか，お昼になればカレーにしようかパスタにしようか，などなどと考えます。そうした選択行動をすることで，人間はできるだけ幸福になろうとします。

　ですから，その選択を上手に誘導してやれば社会をより幸福にすることができます。なぜならば，その誘導によって資源をうまく配分することができるようになるからです。そうした社会システムの設計を経済学は考えます。そのため，経済学は別名「選択の科学」とも呼ばれます。

　その選択にあたって，人間が「〜したい」と思うことを**インセンティブ**と呼びます。人間は「したい」ことを選択し，行動を起こすのです。この人間の持つインセンティブをうまく利用してよりよい社会を実現することが，経済学の役割だともいえます。ですから次のような経済学の表現もあります。

　「経済学のほとんどは次の 4 語でまとめられる。『人々はインセンティブにしたがって行動する（People respond to incentives）』。残りはその注釈に過ぎない（ランズバーグ，2004）」。

学を専攻する入学したばかりの学生に，どうして経済学を志望したのかと聞いてみますと，「お金のことを知りたかったから」という答えが返ってくることがよくあります（みなさんの中にもこう考えて経済学を学ぼうと思った方はいませんか）。しかし，経済学ではいつもお金が主役というわけではありませんし，ましてやお金儲けの方法となると，まったく経済学とは無関係になります。

　もしあなたが大学生だとしたら，経済学の講義を担当している教員の姿をじっくりと観察してみてください。どう見てもほとんどの教員はお金持ちには見えないでしょう（少なくとも私はそうです）。経済学がお金儲けの学問でしたら，私はとっくに大学など辞め，今ごろ南海の楽園でバカンスを楽しんでいることでしょう。ですから，今後は「経済学＝お金」という考え方は捨てていただきたいと思います。

　このように，ミクロ経済学の大きな目的の 1 つは資源配分を考えることですから，どのような社会システムを作れば資源配分がうまくいって社会全体が

幸福になるのかを考えることが重要になります。資源配分の方法にはいろいろなものがあります。抽選（マンションの最上階東南角部屋の割り当て），成績（定員のある学校への入学希望者の配分），行列（人気商品を手に入れるための早い者勝ち）などなどです。これらの資源配分の方法については後でじっくりと比較検討することにしましょう。また，この他の典型的な資源配分の方法としては社会主義国家の**計画経済**があります。国家が商品を計画に基づいて生産し，それを国民が消費するというシステムです。しかし，これが破綻したことは歴史が物語っています。

　こうしたさまざまな資源配分方法の中の1つに，**市場メカニズム**（価格）という方法があります。これは，商品に価格がついていて，その価格を支払ってもいいと思う人に商品が配分され（購入し），その価格を支払うつもりがないという人には商品は配分されない（購入しない）という方法です。価格の変化が人々の行動に影響を与え，人々は価格に応じて行動を変えます。多くの経済学者はこの市場メカニズムが資源を最適に配分してくれる方法であると推奨します。なぜ市場メカニズムを使えば資源を無駄なく配分できて人々の幸福を最大にできるのでしょうか，それを解明することが本書の1つの大きな目的となります。

第2節　慣れない言葉に慣れる

「商品」と「財・サービスあるいは資源」との違い

　経済学では「財」という言葉をよく使います。このような耳慣れない言葉を使うよりも普通に「商品」と呼べばいいじゃないかと思われるかもしれません。私が学生のころは，まだ経済学のテキストがそんなに読者に優しくなく（今は多くの優れたテキストが出るようになって本当にいい時代になりました），いきなりテキストの最初から「財」だ「財」だ，といわれ続けるものですから，私は経済学を学び始めたころにはいや〜な感じがしたものです。あまりに「財，財」というので，しだいに「財」がわからないのは「罪」なのかもしれないと思ったくらいです。

　しかし，経済学は別に財といういかにも難しそうな言葉を使ってカッコつけようとしているわけではありません。なぜ「商品」ではなくて「財」という言

葉を使うのかというと，経済学は「商品」だけを扱うわけではないからです。「商品」は，市場価格がつけられていて，それに基づいて取引されるようなものです。

　経済学では，このような商品の他に，時間や環境，空気までも取り扱います。これらには価格がついておらず，取引されるものではありませんから，その意味で「商品」ではありません。ですから，より広い考え方として「財」という表現を使うのです。一方，「サービス」という言葉もあります。これは本質的に財と同一と考えて構いません。財とは目に見えるものであり，サービスとは目に見えず，手で触れられないものです。

　一応，このサービスという言葉についても説明しておきましょう。経済学でいうサービスとは，店頭でお店の人がお客さんに「これを買ってくれたら，これもサービスしますよ」などといっているものとは違います。

　たとえば医療は財ではなく，サービスです。医療サービスは目に見えません。「これが医療です」といって手でつかみとってあなたの前に差し出して見せようとしても，その手の中に医療サービスはありません。お医者さんから聴診器を奪いとってそれをあなたの前に見せても，それは聴診器という財であって，医療サービスではありません。お医者さんをつかまえてきてあなたの前に座らせたとしても，それはお医者さんという職業の単なる人間にすぎません。お医者さんが聴診器を使い，診断して処方箋を書くといった一連の動きが医療サービスで，それ自体は目に見えませんし，形がありませんし，手にとることはできません。同じようなものに，理容・美容サービス，交通サービス，外食サービス，宿泊サービスなどがあります。

　このように，「財」と「サービス」の言葉の違いは，その外形があるかないか，触れるか触れないか，の違いだけですので，その本質はまったく同じです。サービスという言葉を財という言葉に置き換えても，またその逆でも，何の不都合もありませんので，その点は気にしなくて構いません。

　資源という言葉も，経済学においては外せない重要な言葉です。人間は生活するうえで，ありとあらゆる資源を動員して生産をし，消費しています。資源というと，原油や鉄鉱石などの天然資源をすぐに思い浮かべるかもしれません。しかし，経済学では資源の意味をもっと広くとらえます。製鉄業は鉄鉱石という資源を原材料として鋼板を生産します。そして自動車メーカーは，鋼板とい

う資源を原材料として自動車という製品（商品）を生産します。そして，タクシーやバス会社は自動車という資源を使って交通サービスを生産します。ですから，経済学では鉄鉱石も鋼板も自動車も資源です。

　先ほど述べた時間や環境だけではなく，景観も，人間自体も，動物も経済学にとっては資源です（「人的資源」という言葉を聞いた方もいるでしょう）。これらの中で，たとえば時間を取り上げてみましょう。時間という資源を生産に使う例としてはワインがあります。ワインを何年間も寝かしておいしいワインを作るとき，時間は生産に必要な資源として使われます。また，時間という資源を消費に使う例としては睡眠があります。時間を消費して睡眠をとることで私たちは快適になるという幸福を得ることができます。時間は価格がついて取引されるわけではありませんから，商品ではありません。しかし，それでも時間は立派な資源です。

　先にミクロ経済学は最適な「資源」配分を考えると述べました。ミクロ経済学は地球上の資源を無駄なく使おうと考えますから，資源という言葉は商品なんかよりももっと範囲が広くなります。経済学を単に商品を売り買いするための学問だと考えることは，かなり経済学をみくびっていることになります。

　そのようなわけですから，本書の言葉の使い方として，商品という言葉はあまりにも限定的すぎるので，この言葉だけを使うのは不適切です。かといって，資源というのも逆に範囲が広すぎますし，イメージが天然資源のように固定化してしまっているので扱いにくくもあります。ですから「財・サービス」という，今の段階ではまだ聞き慣れない言葉をこれから主に使わせてもらうことにします。それでも少し長いので，「サービス」を省略して「財」という言葉が本書では最も多く使われることになります。この言葉に早く慣れてください。ただ，別の見方をすれば，財という言葉に違和感がなくなってきたとき，それはミクロ経済学がしだいにわかってきているということの証拠にもなるでしょう。

　もちろん本書では，状況に応じて財という言葉以外に，商品，製品，資源というような言葉も出てくることがあります。しかしとくに断りのないかぎり，すべて同じ意味であり，すべて商品であると考えてもらっても差し支えありません（表0-1〔3ページ〕）。それほど神経質になる必要はないのです。財・サービスであって商品でないものを扱うような場合があれば，そのときは必要に応

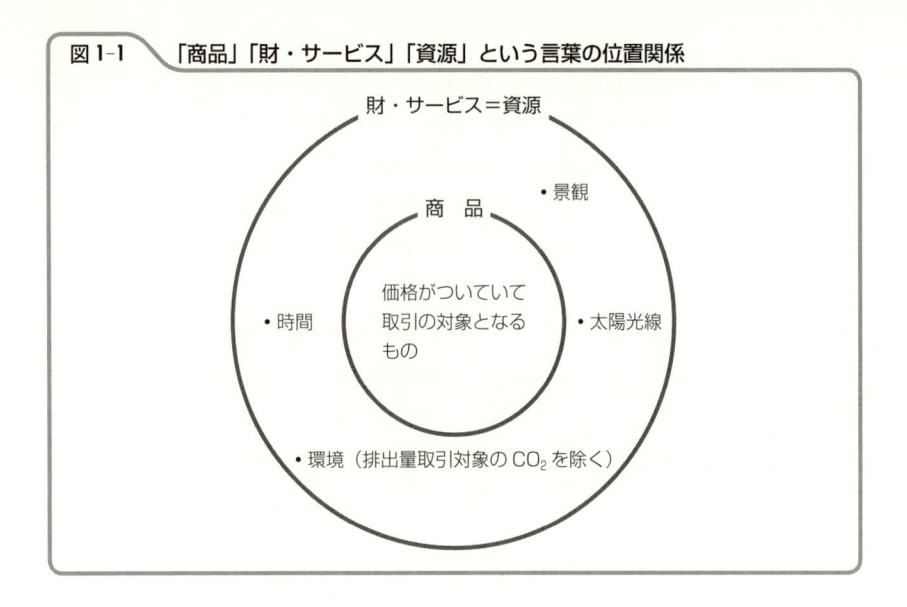

図1-1　「商品」「財・サービス」「資源」という言葉の位置関係

財・サービス＝資源

商　品

・景観

価格がついていて
取引の対象となる
もの

・時間

・太陽光線

・環境（排出量取引対象の CO_2 を除く）

　じて混乱を避ける注意喚起をしますので心配いりません。

　なお，それぞれの言葉の位置関係を図示したものが図 1-1 になります。

経済モデルとファッションモデル

　経済学ではモデルという言葉をよく使います。経済学の分析ではモデルというものを作り，それを利用して役に立つ結果を得ようとします。これが**経済モデル**です。経済モデルの例として最も簡単なものには，これから私たちが手に入れることになる需要曲線や供給曲線があります。また，それらが相互に出会って生み出される完全競争市場もまた経済モデルです（実際の学界の最先端の経済モデルは精緻な数学モデルであることが多くあります）。しばしば「経済学は現実を忠実に反映していない」ということがいわれ，「だから経済学はダメなのだ」と批判されることがあります。そう批判されるのは，経済学がモデルを使っていることにも1つの原因があると思います。

　現実を寸分違わず忠実に再現し，ある政策がどのような結果をもたらすかを分析することができれば，確かにそれが一番いいに決まっています。しかし，社会科学はそもそも実験することが難しい学問です。実験経済学やいわゆる「社会実験」というものもありますが，それも相互に密接に関連している社会の相互関係を強引に引きちぎって，その一部だけ取り出したり，短期間だけ実

験したりしていますから限界はあります。

　経済学が全世界を相手にするような壮大な実験をすることは不可能です。た
とえば，後でも出てくる最低賃金制度を撤廃したらどんなことが起こるだろう
か，などということを実験したら大変なことになるでしょう（というか，そんな
ことはさせまいと実験前の段階で世の中に大混乱が起きるでしょう）。そのようなわ
けで，経済モデルというものを作ってそれで分析せざるをえないことは，経済
学において仕方のないことなのです。

　しかし，仕方がないことだからといって分析をあきらめてしまえば元も子も
ありません。分析はしないよりもした方が少しは役に立ちます。ですから，枝
葉末節を排除し，できるだけ単純な作りで操作性をよくし，世の中の本質をと
らえるようにして有益な結果を導き出すこと，それが経済モデルを作ることの
意味です。今後登場してくる需要曲線も供給曲線も完全競争市場も，どれもで
きるだけ単純な姿でこの社会の本質を反映しようとして作られた経済モデルで
す。

　世間で「モデル」といえば，すぐに思い浮かべるのが「ファッションモデ
ル」のような美しさの象徴としてのモデルでしょう。人間の外見の美しさを典
型的に表現することを目的として，多くの人間の中からある人間をファッショ
ンモデルとして選んだとき，そのモデルはおそらくたいていの人々が認める最
大公約数的な外見美を表す要素をその全身に持っているといえます。現代の女
性モデルの場合は，ウェストが引き締まっていて，足が長く，小顔で目が二重
というようなタイプが多くの場合，美しさの基準となっているようです。この
ように，ほとんどの人が納得する外見美の本質を全身に表している人がファッ
ションモデルといえます。

　そこでは枝葉末節的な点，あるいは少数派の人々の持つ美の観点は排除され
ます。人々の中には別のタイプが好きというような人もいるでしょう。しかし
通常の場合，それはファッションモデルが持つべき性質としては排除されます。
というのは，そういう好みは大多数の人から見れば美しさの基準から残念なが
ら外れてしまっているからです。

　「経済学は現実を忠実に表していない」と批判することは，ファッションモ
デルを例にとると，「オレの好みは違うのに，世間のファッションモデルはそ
うなっていない。だから現実を無視している」と批判することに等しいことに

なります。これと同じように，社会の本質を表そうとする経済モデルでは，例外的な現実を捨て去るしかありません。もちろん，それを組み込むことができればそれにこしたことはありません。しかし，そうすると経済モデルの操作性が著しく悪くなり，経済モデルそのものが機能しなくなってしまう可能性があります。

たとえば「オレの需要曲線は右下がりではなくて右上がりだ。でも需要曲線はいつも右下がりとなっている。これは現実的ではない」といわれても，社会のほとんどの状況では需要曲線は右下がりとなっています。この世のすべての人の持つ需要曲線の特徴を同時に表す需要曲線を作り出すことはできません。ですから経済学者は，ファッションモデルのように，できるだけ多くの人々の最大公約数的な特徴を盛り込んだ経済モデルを作らざるをえないのです。

もちろん，経済モデルは作りさえすればどんなものでもいいものなのか，というとそんなことはありません。経済モデルの作り方によって経済学者の才能が問われることになります。「モデルの性能」という言い方を経済学の世界ではよくします。いかに単純でありながら巧みに本質を突き，現実をうまく反映させるかがモデルでは重要で，それに成功した経済モデルを「モデルの性能がいい」といいます。そうして経済モデルを使って有益な結論を導いて，現実の社会に政策として反映させる，ということが経済学者の1つの重要な使命となっています。

これから需要曲線，供給曲線，完全競争市場というように，いろいろなモデルが登場してきます。これらは，いわばミクロ経済学界のファッションモデルです。しかしモデルの宿命として，それらは世の中に存在するすべての現実をくまなく反映したものではなく，最大公約数的な現実を反映させたものであるということを理解しておいてください。

社会システムは壮大で複雑なピタゴラ装置

またも仏教用語で恐縮なのですが，「因果応報」という言葉があります（余談ですが，海外では「仏教経済学」なる本も出ています）。このうち「因果」とは原因と結果を表し，「応報」とは原因があればそれは必ず結果をもたらすということである，とここでは理解しておきましょう。

この世の中は因果応報の社会ではないでしょうか。原因があれば必ず結果が

あります。たとえば，空腹時にご飯を食べれば幸せです。勉強をすれば成績が上がります。水素が酸素と結合すれば水になります。無断欠勤をすれば怒られます。単位がとれなければ留年になります。何でもかんでも原因と結果です。その原因と結果が織りなす社会を分析・解明することが経済学の1つの役割です。

すべてのことに原因と結果があるというのは，別の言い方をすれば，すべてのことに**インプット（投入）**と**アウトプット（産出）**があるということです。たとえば，ご飯を食べるということがインプットであり，アウトプットは満腹感という幸福です。勉強をするということがインプットで，成績が上がるのがアウトプットです。ダイエットをすることがインプットで，やせるのがアウトプットです。無断欠勤をするのがインプットで，怒られるのがアウトプットです。

社会はこうしたインプットとアウトプットにまみれているのですが，社会ではさらにそれらのインプットとアウトプットが相互に関連しています。つまり，あるインプットによって出てきたアウトプットが今度はインプットになり，それが新たなアウトプットを生み出すということです。いわば原因と結果の連鎖反応，インプットとアウトプットの連鎖反応が社会では起こっています。

「ピタゴラスイッチ」という NHK E テレで放送されている番組があります。その中の人気のコーナーが「ピタゴラ装置」です。ピタゴラ装置とは，小さな玉などが最初の小さなきっかけで動き出し，さまざまなからくりを経て力が伝達され，動いていく「しかけ」のことです。ピタゴラ装置はひたすらインプットとアウトプットの連鎖です。こう考えると，この世の中（社会）は壮大なピタゴラ装置であるといえるでしょう。そして，そうしたピタゴラ装置がいくつもあり，それらのピタゴラ装置が相互にまた関連しています。ですから，社会は複雑なピタゴラ装置の集まりだといえ，それらは一種のシステム（体系）を構成しています。このため，社会はときどき「社会システム」「経済システム」「経済社会システム」などと呼ばれることになります（ここではこれらの3つを明確に区別しておく必要はありません）。社会はこのようにインプットとアウトプットの入り乱れた巨大な装置であるといえます。

「風が吹けば桶屋が儲かる」的な因果関係とまではいわないまでも，以上で述べたようにピタゴラスイッチ的な因果関係は社会のどこにでもあります。バイトに行ってお金が入ればソーシャルゲーム（ソシャゲ）にはまれます。ソシ

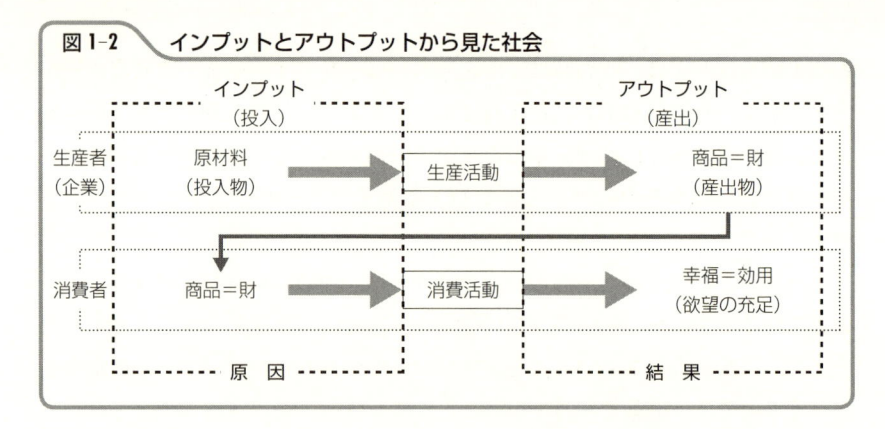

図1-2　インプットとアウトプットから見た社会

ャゲをやり過ぎれば目が悪くなります。目が悪くなれば眼鏡店で眼鏡を買います。眼鏡店が儲かれば，眼鏡店の店主はハワイ旅行に出かけるのです。社会は明らかに原因と結果の連鎖です。

　どんなに複雑で壮大なピタゴラ装置の社会システムでも，元をただせば，単なるインプットとアウトプットに分解できます。インプットとアウトプットという考え方から社会システムを分析できそうですし，そこから世の中のことが見えてきそうです。社会システムをインプットとアウトプットに還元して考えること，これが経済学を通しての社会の1つの見方です（少なくとも本書はその発想に基づいています）。これからインプットとアウトプットという言葉はとくに生産に関してよく出てくることになります。しかし，それに限らないで，消費も含めて世の中をインプットとアウトプットで考える方が都合がいいということを理解しておくといいでしょう。これを表したものが図1-2です。

第3節　男と女，大人と子供，そして消費者と生産者

この世には2つのタイプの人間が存在する

　人間を2つのタイプに分類するとすれば，どのような分類ができるでしょうか。男性と女性，大人と子供，などいろいろ考えられますが，ミクロ経済学ではこの世に存在する人間を次の2種類に分類して考えます。その2つとは，「財を作って売る」人間と「財を買って使う」人間です（「財」を「商品」と読み替えても構いませんが，「財」という言葉に早く慣れてください）。

　まったく当たり前のこととして，人間は財を使わなくては生きてはいけませ

ん。衣食住を考えればわかるように，衣料がなければ寒さに震えて死んでしまいますし，食料がなければ飢えて死んでしまいます。住居がなければ雨風にさらされ，暑さ寒さを防げずに死んでしまいます。だから人間は財を使います。

いま，世の中の人間は2つのタイプに分類できるといいました。しかし，原始生活の時代，人間は1つのタイプしかいませんでした。人間は自給自足の生活をしていたので，自分ですべての財を作ってそれを自分で使っていました。ですから，財を売ったり買ったりすることはありませんでした。

しかし文明が高度になってきて，生活に必要なすべての財を1人で作ることはできなくなったので，みんなで手分けして（それぞれの得意分野に応じて）財を作るようになりました。そのように各自が手分けして作った財は自分以外の人が持っていますので，それを手に入れるために財を買い，逆に自分が作った財を他人に売る，ということが行われるようになりました。

この2つのタイプの人間のうち，財を作って売る人間のことを**生産者**，財を買って使う人間のことを**消費者**と呼びます。つまり，この世の中は「生産者」と「消費者」という2種類の人間からできていることになります。

もちろん，大人と子供の場合，大人であって同時に子供ということはありません。しかし消費者は同時に生産者であり，生産者は同時に消費者になることが多くあります。自動車メーカーは鋼板の消費者であり，同時に自動車の生産者です。労働者は生活用品の消費者であり，同時に労働の生産者です。なぜならば，前に述べたように，インプットとアウトプットは連鎖するからです。

また，現代社会では人間だけが生産者や消費者になるわけではありません。たとえば，財を作るとき，丸木舟を1艘作るなら1人の人間でもできますから生産者は人間だといえます。しかし，巨大タンカーを建造するときには多人数の労働者が必要になりますし，建造のための機械や装置，そしてそれらを設置するための莫大な資金が必要になります。そのために人間は集まって組織を作ります。これが**企業**です（いわゆる「会社」と同じと考えてもらって構いません）。ですから生産者は企業であることもあります。現代ではむしろ企業が生産者であることが圧倒的に多いでしょう。

図1-2で示したように，インプット（投入）とアウトプット（産出）の2つを考えると，生産者は原材料をインプット（投入物）として，財をアウトプット（産出物）とします。一方，消費者は財をインプットとして使って，幸福を

アウトプットとします。

こうしてみると、生産者であれ、消費者であれ、インプットもアウトプットもモノ（物質）が多いように考えてしまうかもしれませんが、そうではありません。経済学ではあらゆる資源がインプットあるいはアウトプットになります。たとえば、消費者の場合を考えてみましょう。消費者はモノ（物質）だけを使って幸福を得るわけではありません。弁護士さんのところに法律相談に行って助かったのならば、弁護士さんの相談業務がインプットであり、助かったというのがアウトプットです。睡眠の場合は、時間をインプットして、眠れて爽快というアウトプットを得ます。弁護士さんをモノ扱いしているのではありません。幸福というアウトプットを得るためのインプットには、モノ（物質）も、人間も、時間も等しく資源であるということです。

生産者の場合も同じです。道路工事などにより道路上の車がうまく流れないとき、交通事故を防止したり交通の円滑な流れを促したりしてくれる人のことを「交通誘導警備員」と呼びます。交通誘導警備員は、交通の流れを円滑にしてくれるというアウトプットを世の中に生産してくれています。このときのインプットは物質ではなくて交通誘導警備員の業務ですし、アウトプットも物質ではなくて、車の円滑な流れです。また、長く寝かしておけばおくほどおいしくなるワインの場合は、時間が1つのインプットで、その結果生産されるのがおいしいワインです。

以上のことからわかるように、消費者と生産者という2つのタイプの人間は、それぞれ目的こそ違いますが、インプットとアウトプットを繰り返しているのです。

最後に1つ経済学の用語を覚えることにしましょう。消費者のアウトプットは幸福であると述べました。会話をして楽しければ、それは幸福ですし、ぐっすり眠れて爽快ならば、それは幸福です。幸福とか幸せとか、あるいはちょっとギラギラした言い方ですが「欲望の充足」とかいうものは、経済学では**効用**という言葉で呼ばれます。これから消費者のアウトプットのことを原則として効用と呼ぶことにします（ただし、「幸福」「幸せ」といった方が文脈上しっくりくるときは、今後も遠慮なく「幸福」や「幸せ」という言葉も使わせてもらいます）。

これまでのことをまとめると表1-1のようになります。

表 1-1　消費者と生産者の対称性（その 1）

	消費者	生産者
行　動	財を使って効用を得る	財を作って利潤を得る

財を作って売る企業（生産者）と財を買って使う人間（消費者）の目的

　財を作って売る生産者（企業）の目的は何かと問われれば，それはいうまでもなく「儲けること」でしょう。単に「儲けること」というだけでは曖昧ですので，もっとはっきりといえば，生産者（企業）の目的は利益を最大にすることです。経済学では利益は**利潤**と呼ぶことが多いので，**利潤最大化**が生産者の目的となります。もちろん企業によっては「売上高最大化」とか「業界シェア 1 位」というようなことを目標に掲げる企業もあります。しかし，そうした目標があったとしても，そもそも企業は利潤が得られなければ潰れてしまいます。つまり，利潤最大化は企業の大原則といってもいいでしょう。

　利潤は収入から費用を引いたものですから，生産者は収入から費用を引いたものを最大にすると言い換えてもいいです。さらにいえば，一定の費用のもとで収入を最大にすること，あるいは一定の収入のもとで費用を最小化することができれば利潤は最大になります。

　収入とは販売価格と販売数量をかけ算したものです。私たちが小学校で学んだような「1 個 100 円のリンゴを 3 個売りました。お店の売上はいくらでしょう」という算数の問題では，収入は 100 円×3 個で 300 円です。もし財の価格が市場メカニズムの力で決まり，生産者自らの力では勝手に財の価格を決められない（つまり価格は有無をいわさず市場から強制的に与えられている）とすれば，「一定の費用のもとで収入を最大にする」とは「一定の費用のもとで販売（つまり生産）量を最大にする」ということになります。また，「一定の収入のもとで費用を最小にする」とは，「一定の販売（つまり生産）量のもとで費用を最小化する」ことと同じことになります。これが生産者の行動原理となります。

　一方の財を買って使う人間，つまり消費者の目的は何かと問われれば，それは原始時代なら生命の維持で精一杯でしょうが，豊かな社会に暮らす現代人にとっては，それ以上のこと，つまり財を使って幸福になりたいということでしょう。先の衣食住の例を取り上げれば，よりいい服を着てより幸福に，よりお

表1-2 消費者と生産者の対称性（その2）

	消費者	生産者
行　動	財を使って効用を得る	財を作って利潤を得る
目　的	効用最大化	利潤最大化

いしいものを食べてより幸福に，そしてよりいい家に住んでより幸福になろうとします。つまり自暴自棄になっている人間でないかぎり，つねに消費者は幸福になろうとして行動しています。ですから，財を使って生活する消費者の目的は**効用最大化**であるといっていいでしょう。

　私たちが朝起きてから夜寝るまでの行動を振り返ると，いつも効用を最大にしようと行動していることがよくわかります。朝起きて，大学に行こうかサボろうか，と考えたときに，大学に行くことで得られる効用が大学をサボることにより得られる効用よりも大きければ大学に行きます。昼食をパスタにしようかカレーにしようかと迷ったとき，パスタで得られる幸福がカレーで得られる幸福よりも大きければ人はパスタを注文します。自分が不幸になるような昼食のメニューを選ぶことはまずありません。

　生産者と同じように考えると，消費者は一定の支出のもとで自分の効用を最大にしようと，あるいは一定の効用のもとで支出を最小にしようと行動します。パスタとカレーが同じ価格であれば，より幸福が大きくなるパスタを選び，パスタとカレーが同じ幸福の大きさをもたらすならば，より安いパスタの方を選びます。日頃の生活を観察してみると，私たちはみんな日々をこうやって行動し，過ごしているのではないでしょうか。

　「消費者は効用を最大にし，生産者は利潤を最大にするというのが人間（あるいは企業）の行動原理（目的）である」とするのがミクロ経済学の鉄則です。このことは必ず覚えておいてください。また，生産者と消費者の考え方には，利潤と効用の違いはあれ，行動のパターンがどことなく似ていることも感じとってください。このことはあとあと響いてきます。

　これまでのことをまとめると，表1-2のようになります。

練 習 問 題

1-1 次の文章の空欄に当てはまる言葉を下から選んでください。なお，以下の文章中にある言葉が空欄に入る可能性もあります。

　　ミクロ経済学では，（　①　）の原因は，人間の持つ欲望が（　②　）であるのに対して，資源が（　③　）であるという，そのギャップにあると考える。したがって，この希少な資源を使っていかにして社会全体の幸福を高めることができるかという（　④　）の問題に取り組むことがミクロ経済学の課題となっている。この問題の解決方法には，抽選，（　⑤　），あるいは社会主義国家で行われていた（　⑥　）などがあるけれども，ミクロ経済学ではそれらの方法の中の1つである（　⑦　）を分析対象とする。

　　（　⑦　）を通じた価格の変化によって人々はその行動を変える。この人々の行動を引き起こす誘因を（　⑧　）という。この誘因をうまく活用して最適な（　④　）をもたらすことが重要になる。

　　ミクロ経済学では，いわゆる商品を扱うだけではなく，目に見えて実体のある（　⑨　）や目に見えず触れることのできない（　⑩　）などを対象にし，価格のついていないものまでも分析対象とする。これらには時間や環境などが含まれ，それらは総称して資源と呼ばれる。

> インセンティブ　行列　計画経済　経済問題　サービス　財　資源配分
> 市場メカニズム　無限　有限

1-2 次の文章の空欄に当てはまる言葉を下から選んでください。なお，以下の文章中にある言葉が空欄に入る可能性もあります。ただし，⑧⑩についてはカッコの中の適切な用語を選んでください。

　　生産者は資源を（　①　）として，財・サービスという（　②　）を得る。また，消費者は財・サービスを（　①　）として消費し，幸福という（　②　）を得る。なお，消費者の得る幸福は，経済学では（　③　）と呼ばれる。

　　社会システムではこの両者が複雑に絡み合っており，これらを分析するために，ミクロ経済学では社会システムの本質を抜き出した（　④　）を構築して問題を分析することが行われる。

　　ミクロ経済学では社会の構成員を（　⑤　）と（　⑥　）に分けて考える。（　⑥　）は，組織化された（　⑦　）として行動することも多い。そして，ミクロ経済学では，それぞれの行動原理として（　⑤　）は（　③　）を（⑧最大化・最小化）し，（　⑦　）は（　⑨　）を（⑩最大化・最小化）すると考える。

> アウトプット　インプット　企業　経済モデル　効用　消費者　生産者　利潤

第2章

消費者が効用を最大にすれば
需要曲線が生まれます

　読者のみなさんの中には「私は消費者ではない」という方はいないでしょう。この世のすべての人は消費者といって構わないと思います。財やサービスを使って満足し，幸せになる人はすべて消費者です。この章では，その消費者はどのように行動するのか，についてお話をします。ミクロ経済学者はその消費者の行動をつぶさに観察し，需要曲線というものを導き出しますので，ここでは需要曲線を手に入れることが主な目的となります。ただ，それだけではなく，需要曲線を通じて，私たちがいつも手に入れたいと思っている幸せの大きさを需要曲線と同じグラフの上で形にしてみようと思います。

重要語句の流れ

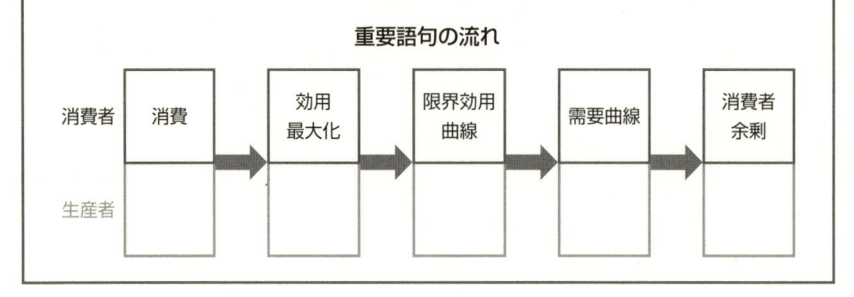

消費者	消費	効用 最大化	限界効用 曲線	需要曲線	消費者 余剰
生産者					

第1節　限りないもの，それは欲望

人間の欲望第1のパターン

　第1節のタイトルは，かなり古いのですが，シンガーソングライターの井上陽水のアルバム『断絶』収録曲の歌詞の一節からいただきました（著作権侵害にはならないと思いますが）。それに，この小見出しもかなりギラギラしていて生々しいですね。

　しかし，欲望を充足させることが幸福（効用）を生み出すのですから，この表現は単に生々しいだけで，本質はこれまでとまったく変わりません。ここでは，こうした人間の生理的な特徴を説明したいので，あえて「欲望」というギラギラした表現をタイトルにつけてみました。効用とは，少なくともここでは「欲望の充足」だと考えて構いません。いずれにしてもインプットは消費する財の数量であり，アウトプットは欲望の充足，つまり効用です。

　これまで述べてきたように，「消費者は，財を消費することで欲望を最大限満たしたい（幸福になりたい，効用を最大にしたい）と思って行動する」ということが経済学での消費者の行動原理です。ここでいう人間が生理的に持つ欲望（本能といっていいかもしれません）には，万人に共通する2つの決まったパターンがあります。それは，

　　第1のパターン：人間は使う財（インプット）の量を増やせば増やすほど，より多くの欲望が満たされる（アウトプットである効用が大きくなる）。

　　第2のパターン：人間は使う財（インプット）の量を増やせば増やすほど，欲望の満たされ方が鈍くなっていく（アウトプットである効用の増え方が小さくなっていく）。

ということです。「第1」だの「第2」だのと書きましたが，これは私が勝手に整理して名付けただけですから順番など気にしなくて構いませんし，こんなまとめ方をしているテキストを私は他に知りません。ただこの2つが人間の消費行動に重要な影響を与えることは間違いありません。

　まず第1のパターンから始めましょう。のどが渇いているときは，1杯目のジュースでとどめておくより2杯目のジュースまで飲んだ方が全体の効用は

表 2-1　　欲望のパターンの数値例

(a) 財（インプット）の量	(b) 総効用 （限界効用の積算値） （第 1 のパターン）	(c) 限界効用 （第 2 のパターン）
1	12	12　（＝12−0）
2	23	11　（＝23−12）
3	33	10　（＝33−23）
4	42	9　（＝42−33）
5	50	8　（＝50−42）
6	57	7　（＝57−50）
7	63	6　（＝63−57）
8	68	5　（＝68−63）
9	72	4　（＝72−68）
10	75	3　（＝75−72）
11	77	2　（＝77−75）
12	78	1　（＝78−77）

大きくなります。バスを利用している人にとっては，バスが 1 時間 1 便だけ運行しているよりも，2 便運行している方がより便利です。オシャレな人にとって服を 1 着よりも 2 着持っている方が全体の効用は大きくなります。以上から人間の持つ欲望第 1 のパターンの意味することは，使う財が多ければ多いほど，私たちの欲望はより多く満たされる，つまり効用はより大きくなる，ということです。「そんなこと当たり前じゃないか」と思われる読者の方々もいることでしょう。しかし，この単純なことが人間行動を分析するミクロ経済学では大切なことになります。

　これを数値例で表したものが表 2-1 の (b) の列（縦方向）で，この数値を図で表したものが図 2-1 です。効用を数値化するというのはなかなか最初のうちはなじめないかもしれません。今後は数値が大きいと，効用つまり幸せが大きいというように考えてください。図 2-1 の横軸にその総効用を得るための財の量（インプット）をとり，縦軸に消費者の**総効用**の量（アウトプット：幸福の全体量）をとります。棒グラフの見方は次のようになっています。たとえば左から 4 本目の棒グラフの高さは，ある商品を 4 単位まで使ったときに消費者

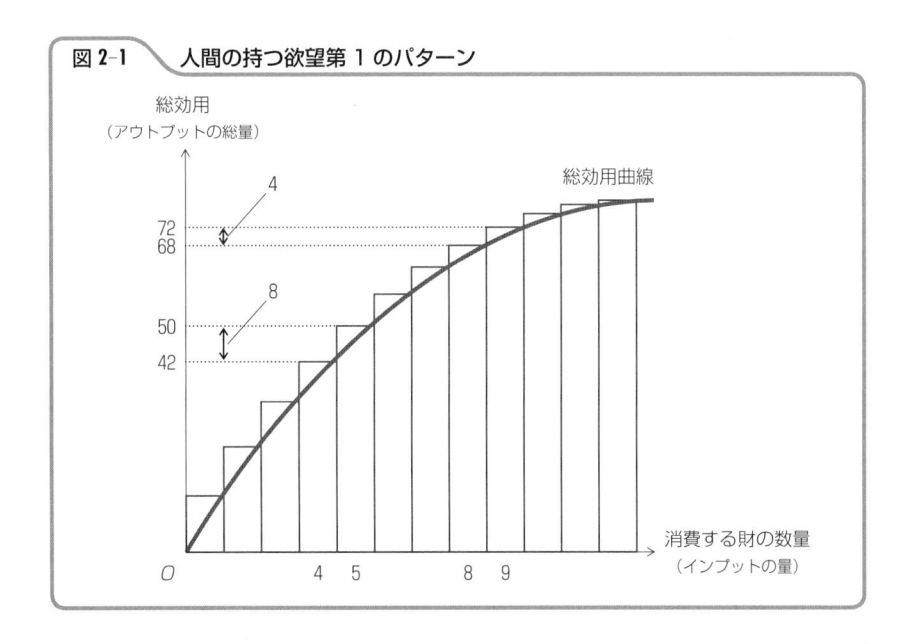

図 2-1　人間の持つ欲望第 1 のパターン

が得られる効用の大きさの合計 42 を表しています。また，5 本目の棒グラフの高さは，この商品を 5 単位まで使ったときに消費者が得られる効用の大きさの合計 50 を表しています。棒グラフはすべて右上がりになっています。というのは，財を使えば使うほど効用は大きくなるからです。これが欲望第 1 のパターンです。なお，横軸の財の量が増えれば増えるほど（右に行けば行くほど）棒グラフの高さの伸び方が鈍くなっていくことにも気をつけてください。このことについてはすぐ後で述べることになります。

　ところでこの棒グラフの幅が大きいと，グラフが階段状になっていて，効用の増え方（欲望の満たされ方）がゴツゴツしていてとても見にくいです。そこで，この棒グラフの幅をしだいに小さくしていくことにしましょう。たとえば財を液体とすれば，液体はいくらでも細分化できるので，棒グラフの幅を限りなく小さくしていくことができます。

　たとえばジュースを飲むときの単位は，何もコップ 1 杯と決める必要はなくて，1 ミリリットル，0.1 ミリリットル，あるいは理屈上はそれよりも小さくすることができます。ドライブ好きな人はガソリンの消費量を 0.1 ミリリットルあるいはそれ以上に小さく分けることもできます。時間も同じように細かくできます。朝眠たいときはなにも 1 時間単位ではなく，1 秒でも寝ていたい

と思うでしょう。このように棒グラフの幅を限りなく小さくしていくと，ゴツゴツがとれてなめらかになり，最終的には総効用の大きさは図2-1上に描かれている曲線のような形になります。これを総効用曲線と呼びます。

人間の欲望第2のパターン

さて，第2のパターンに進むことにしましょう。図2-1を見ると，棒グラフの場合では，確かにその高さが右上がりになっている（第1のパターン）一方で，横軸にとった財の量が増えれば増えるほど，その高さ，つまり効用の伸び方が頭打ちになっていることがわかります。また，同じグラフ上に描いた総効用曲線の場合でも，右上がりになっている（増加している）のは確かですが，その伸び方は伸び悩んでいます。これがもう1つの人間の持つ欲望第2のパターンです。つまり，確かに財を多く消費すればするほど，その人の全体の効用は大きくなるのですが，財を消費すればするほど消費者の効用の増え方は鈍くなっていきます。これもまた人間の生理的な特徴といってもいいでしょう。財を使えば使うほどしだいに欲望の満たされ方が鈍くなってくるのが人間という生物です。

確かに1杯目のジュースよりも2杯目のジュースの方が総効用は増えるし，のどが渇いて仕方のない人は2杯目のジュースよりも3杯目のジュースを飲んだ方が総効用の量はさらに大きくなるでしょう。しかし，1杯目から2杯目のジュースを飲んだときの効用の増え方よりも，2杯目から3杯目のジュースを飲んだときの効用の増え方は小さくなります。これを3杯，4杯とどんどん増やしていくと，のどが渇いた人の総効用の量は増える一方ですが，その人の総効用の増え方はしだいに鈍くなります。渇きをいやす欲望が満たされるに従って，欲望の満たされ方が鈍くなってくるのです。

バスの便数が1時間1便から2便に増えるときの利便性の増え方に比べて，1時間11便が12便に増えるときの利便性の増え方は小さくなります。また，いくらオシャレな人でも服が1着から2着に増えたときの効用の増え方よりも，11着から12着に増えたときの効用の増え方は小さくなります。これは商品などのモノだけに当てはまるものではありません。たとえば，時間もまた同様です。1日1時間しか眠っていない人が追加でもう1時間眠れるときの効用（追加1時間眠りたいという欲望の強さ）の増え方よりも，10時間眠っている人が

追加で1時間余計に眠れるときの効用（追加1時間眠りたいという欲望の強さ）の増え方は小さくなります。睡眠時間が長くなればなるほど、追加の睡眠時間で得られる効用の大きさ（眠りたいという欲望の強さ）は小さくなっていきます。

　この人間の生理的特徴はどんな財であっても、またどんな人であってもこういうものでしょう。「過ぎたるはなお及ばざるがごとし」とはよくいったものですね。

　ただ、1つだけこの第2のパターンに当てはまらない財があります。それは麻薬のような中毒性のある物質です。人間はこれを使えば使うほどよりいっそう多くの量がほしくなります。もうお腹いっぱいなどということがない（詳しくは「**非飽和性**」といいますが、この言葉は今後使うことはありません）ので、はてしなく麻薬は使われ、最後には使用する人間自体が破綻します。ただ、麻薬は非合法ですし、例外中の例外なので、ここではこれ以上触れません。

　ミクロ経済学はこの人間の持つ欲望第2のパターンにとくに注目します。この欲望第2のパターンがこの章での中心的な役割を果たす**限界効用**に大きな影響を与えます。追加1単位の消費量の増加による総効用の増加分が限界効用です。通常「限界」という言葉は、もうこれ以上先はない境界のような意味で使われます。経済学でも同じで、「限界」とはこれ以上増えないという極限状態を意味しており、これ以上増えないくらいギリギリの状態での、ほんのわずかの変化という意味で「限界」という言葉が使われます。

　追加1単位の財の消費による総効用の増加分（追加1単位をほしがる欲望の強さ＝限界効用）は、表2-1では(c)の列の数字になり、図2-1ではそれぞれの棒グラフの高さの差となります。図2-1を見てみましょう。たとえば財を4単位まで使ったときの総効用（0から4までの効用の総計）が42で、財を5単位まで使ったときの総効用（0から5までの効用の総計）が50ですから、限界効用は8（＝50−42）となります。また、財を8単位まで使ったときの総効用（0から8までの効用の総計）が68で、財を9単位まで使ったときの総効用（0から9までの効用の総計）が72ですから、限界効用は4（＝72−68）となります。逆に計算すると、先に述べたある商品を4単位まで使ったときの効用の合計（総効用）42は、4単位までの限界効用の積算値（42＝12＋11＋10＋9）となります。

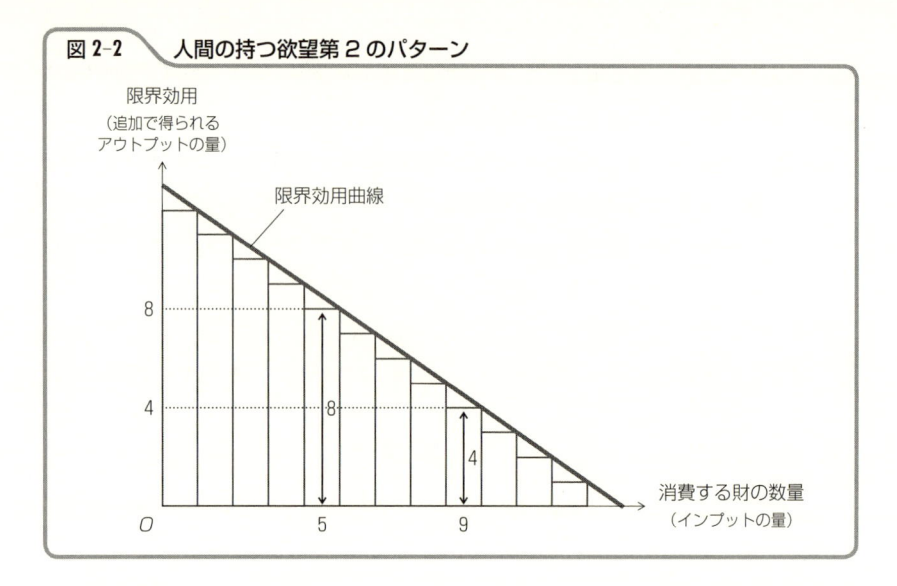

図2-2　人間の持つ欲望第2のパターン

総効用は増加し，限界効用は減少する

　こうして図2-1の棒グラフの高さの差を縦軸にとったものが図2-2です。棒グラフの高さの差が限界効用でしたから，縦軸は限界効用となります。横軸には図2-1と同じように財の量がとられています。図2-1では，財の量が増えるに従って，棒グラフの高さの伸び方はだんだん少なくなっていきました。図2-2では棒グラフの高さが限界効用の大きさですから，高さ自体が低くなっていきます。総効用は財の増加とともに増加しますが，限界効用は減少するのです。このように限界効用は減少していくので，これを**限界効用逓減の法則**と呼びます。「法則」とはやけに難しげで堅苦しい表現ですが，これは単に第2のパターンのことを9文字の短い言葉でまとめたにすぎません。「法則」というよりもむしろ人間の生物学的特徴です。「逓減（ていげん）」とはだんだん減っていくという意味です。

　図2-1と同じように，図2-2の棒グラフも幅が広くてゴツゴツしていて扱いにくいので，これも幅を限りなく小さくしていきましょう。そうすると，最終的にはキメが細かくなって同じ図2-2の中に書いてある直線のような形が現れます。これを限界効用曲線と呼びます。限界効用曲線はいつも直線になるとは限りません。図2-2では単に簡単に書きたかったから直線にしただけです。人間の欲望のパターンにはいろいろあるので，限界効用曲線は消費する財の種

表 2-2　消費者と生産者の対称性（その 3）

消費者	生産者
モノを使って効用を得る	モノを作って利潤を得る
効用最大化	利潤最大化
総効用	?
限界効用	?

類によっていろいろな曲線になります。ただ，どんな曲線になるにしても，第2のパターンは万人共通ですから，限界効用曲線は必ず右下がりとなり，一時的にでも増加することはありません。

　ところで読者のみなさんにとって，限界効用という言葉は経済学の講義でしか耳にしないし，そんなになじみのある言葉とはいえないでしょう。この言葉は経済学の講義をしている教室の中でしか使えないのでしょうか。たとえば，わが家では次のような会話が繰り返されます。家におまんじゅうが 2 つあるとき，妻が私に，

　　「おまんじゅうが 2 つあるけど，今日は 1 つでやめておく？　それとも全部食べちゃう？」

私は次のように答えます。

　　「うーん，明日 1 つ食べた方が限界効用は大きくなるから，今日は 1 つでやめとくよ。」

　この意味は，一度に 2 つ食べてしまうと 2 つ目のおまんじゅうの効用はそれほど大きくならないから，最初に 1 つ食べて，気分が変わった翌日にまた 1 つ食べる方がこのおまんじゅうから得られる総効用はより大きくなる，ということです。わが家では限界効用という言葉はこんなふうに使われています。

　これまでのことをまとめると表 2-2 のようになります。

第2節　人間の幸せをグラフにする

効用の価値，欲望の強さの指標

　さて，これまで示してきた図や表では総効用が 50 だとか 72 だとか，限界効用が 8 とか 4 とか述べてきましたが，そもそもこの数値は何なのでしょうか。大体，効用が 50 なんて，何が何だかわかりません。これは，正直にいうと，

私が話を進めやすいように適当に数字を作ったにすぎません。つまり，この数値はどんな数値でもいいのです。しかし，数値なんか適当でいいんだ，とその場の雰囲気で場当たり的につけていると，私たちがこの章で最終目的とする**需要曲線**が作れなくなってしまいます。

　そもそも需要曲線とは，ある財に対してある価格が与えられたときに，消費者がどれだけその財の量を需要するのかという関係を表すものです。ですから，需要曲線の描かれるグラフの縦軸には価格という単位はつけられていても，効用という単位はありません。私たちの目的は需要曲線を導き出すことですから，これでは困ります。そこで効用の大きさを的確に反映しつつも，効用に代わる単位を作る必要があります。財の効用というからには，財には価値があります。それならば，その価値を計測することができるような単位というか，都合のいい指標を作ればいいことになります。

　「価値とは何か」などというような恐ろしく哲学的な問題をここで持ち出すと大変なことになりますので，ここではもっと単純に考えましょう。経済学においては，この効用の大きさを表す指標として，**支払意思**という考え方を使います。これは「支払意志」ではなくて，「支払意思」というように表記することが多いようです。両者の漢字が異なることに注意しましょう。なお，「支払意思」は「支払意思額」と呼ばれる場合もありますが，どちらも同じ意味です。本書でもとくに厳密に両者を区別していません。

　支払意思（額）とは，ある財を手に入れるために消費者がどれだけ支払ってもよいかを表す指標です。消費者は財を買うためには生産者（売り手）にお金を支払わなくてはいけませんから，支払意思は貨幣単位（日本ならば円）になります。たとえば，ある商品の価格が 1000 円であるとして，ある人がその商品を買わなかったとすれば，それは 1000 円を支払うだけの価値がない，つまりそれだけの効用がないと思ったから買わなかったのだということになります。このとき，支払意思は 1000 円未満です。逆にその商品を買ったのは，その人がその財の購入のために 1000 円がお財布から出て行ったとしても惜しくないと思ったからで，1000 円以上の効用があるからその商品を買ったのだといえます（詳しいことは消費者余剰として後に説明します）。このとき，支払意思は 1000 円以上です。

　このように考えていくと，図 2-1 や図 2-2 にあったよくわからない縦軸の

表 2-3　総効用と限界効用の数値例（作り直し）

(a) 財（インプット）の量	(b) 総効用 （支払意思額：円）	(c) 限界効用 （支払意思額：円）
1	720	720（＝720－0）
2	1380	660（＝1380－720）
3	1980	600（＝1980－1380）
4	2520	540（＝2520－1980）
5	3000	480（＝3000－2520）
6	3420	420（＝3420－3000）
7	3780	360（＝3780－3420）
8	4080	300（＝4080－3780）
9	4320	240（＝4320－4080）
10	4500	180（＝4500－4320）
11	4620	120（＝4620－4500）
12	4680	60（＝4680－4620）

効用の単位を，支払意思（価格＝貨幣単位）という単位で表すことができるように
なります。

　もちろん支払意思の大きさは財の種類によっても違いますし，人によっても
違います。表 2-1 のような数値例ではあまり実感が湧かないので，数値を作
り直してみることにします。いま適当に何らかの財を取り上げて，それに合う
ように適当に（でも実感の湧く）数値例を作ってみました。数字は円という貨幣
単位をつけてイメージしやすいような数値にしました。こんな財ならどこかに
ありそうですね。それが表 2-3 です。

　(b) の列はある財に対する総効用を支払意思（額）で表したもので，(a) の列
にあるそれぞれの数量までの支払意思の合計額を表しています。たとえば，消
費される財の量が 5 のときは，財を 5 つ全部手に入れるために支払っても惜
しくない額は (b) の列で 3000 円と表されています。(c) の列は限界効用で，財
を 1 単位追加で消費するときに得られる効用の増加分が支払意思（額）で表さ
れています。たとえば，4 単位から 5 単位へ 1 単位多く財を手に入れるために
支払っても惜しくない額は 480 円となっています。別の見方をすれば，前に
も述べたように，3000 円＝720 円＋660 円＋600 円＋540 円＋480 円という

ように，総効用は限界効用の積算値（累積額）となります。

限界効用曲線が意味するもの

これまでのことから，私たちの欲望の2つのパターンによって限界効用曲線を描くことができること，そして私たちそれぞれの好みや財の種類によってその形はさまざまでも，限界効用曲線が一貫して右下がりであることが明らかになりました。

それぞれの消費者ごとに，そしてそれぞれの財ごとに限界効用曲線を持っていることはわかりましたが，それがわかったことだけでは何の役にも立ちません。消費者の目的は自分の効用を最大にすることでした。私たちはどのように行動すれば自分の効用を最大にできるのでしょうか。これを知るために，いま手に入れた限界効用曲線が大きな役割を果たすことになります。

話を簡単にするために表2-3を拡張した表2-4を使って考えてみます。イメージしやすいように数字は円単位で考えることにします。表2-4の中で「想定した数値」と書いてあるのは，この表のためにあらかじめ適当に数値を作成したという意味です。それ以外の数値はすべて「想定した数値」から計算されたものです。この数値例をもとに，縦軸に価格，横軸に消費する財の量をとって作ったグラフが図2-3です。表2-4と図2-3を見ながら消費者の行動を考えていきましょう。

この消費者があなただとしましょう。最初の1単位の財で得られるあなたの効用（支払意思額）は720円です。これは最初の1単位の財を手に入れるためには720円まで支払ってもいい，あるいは720円が自分のお財布から出ていっても構わないだけの価値がその財1単位分にあるということを意味しています。

2単位目の支払意思は欲望第2のパターンに従って，1単位目よりも低い660円です。これは，2単位目の財のためには追加で660円支払ってもいい，あるいは660円が自分のお財布から出ていっても構わないと思っているということを意味しています。3単位目の支払意思は600円です。その後は同じように財の消費量が増えるに従って540円，480円，420円と低下していきます。ここでは60円ずつ限界効用が低くなるように設定していますが，これはあくまで見やすくするための数値であり，どんな数値例でも構いません。た

表 2-4　限界効用曲線を使った効用の最大化

(a) 財（インプット）の量	(b) 総効用	(c) 限界効用	(d) 1単位あたり財の価格	(e) 追加消費による純効用の増加分	(f) 純効用の合計
	想定した数値	各総効用の差	想定した数値	(c)−(d)	(e)の積算値
1	720	720	400	320	320
2	1380	660	400	260	580
3	1980	600	400	200	780
4	2520	540	400	140	920
5	3000	480	400	80	1000
6	3420	420	400	20	1020
7	3780	360	400	−40	980
8	4080	300	400	−100	880
9	4320	240	400	−160	720
10	4500	180	400	−220	500
11	4620	120	400	−280	220
12	4680	60	400	−340	−120

図 2-3　限界効用を使った効用の最大化

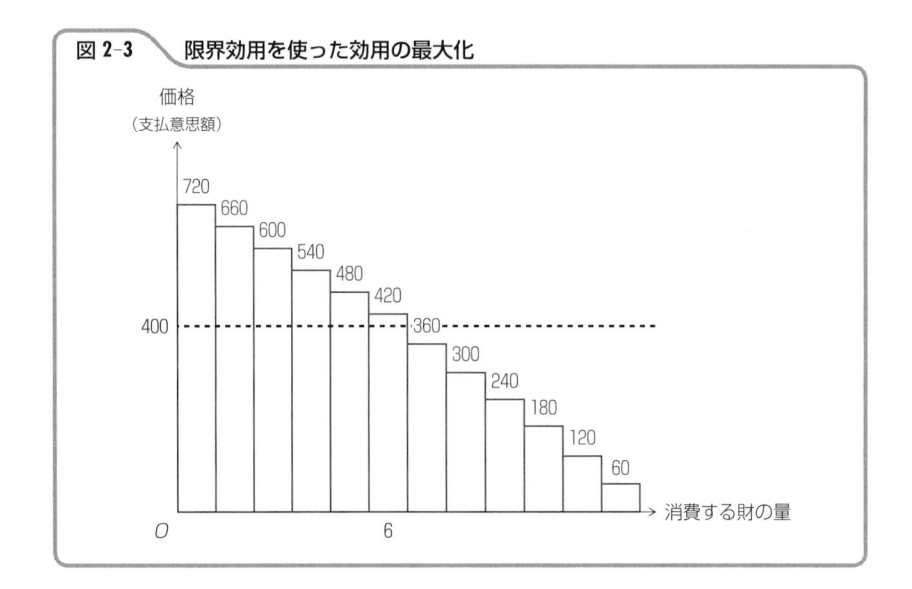

第 2 章　消費者が効用を最大にすれば需要曲線が生まれます　37

だ忘れてはいけないのは，必ず限界効用は減少するということです。それさえ守られれば，どのような減り方をしても構いません（減り方は消費者や財の種類によります）。

　さて，いまこの財の価格が 400 円だったとしましょう。この財は多数の生産者が生産しており，また多数の消費者が買っているので，生産者も消費者（あなた）も勝手に価格を上下させること（これを「**価格支配力**がある」といいます）はできません。後で詳しく出てきますが，この価格は市場メカニズムの力，つまり需要と供給の関係で自動的に決まっているので，あなたはこの市場価格を受け入れることしかできません。いってみれば，「相場」というものがあり，それに従わざるをえないのです。そのため，1 単位目を買っても 400 円，2 単位目を買っても 400 円，3 単位目を買っても 400 円，100 単位目を買っても400 円です。財を 100 単位，1000 単位ほど買ったとしても，あなたは市場全体から見ればちっぽけな存在なので，市場の大勢に影響はありません。ですから，100 単位目でも 1000 単位目でも市場価格は 400 円になります。

　さて，あなたが 1 単位目を買うかどうかを決めるとしましょう。1 単位目を手に入れるためには 720 円まで支払ってもいいと思っているのに，これが400 円で手に入るのです。これを買わない手はありません。この財の 1 単位目を手に入れることで得られる効用（幸福）は 720 円分あり，これを手に入れる代わりにお財布から出ていくお金（これは不幸なことです）は 400 円です。それで差し引き 320 円の幸せ（**純効用**）があなたの手元に残ります。ですから，あなたにとって 1 単位目の財は「買い」です。

　さて，これであなたはもう満足でしょうか。もっと効用を大きくすることはできないでしょうか。そう考えて，次に 2 単位目の消費を考えてみましょう。2 単位目の消費のためには 660 円を手放してもいい（と思うくらい財には価値がある）とあなたは思っています。そして 2 単位目の財も 400 円で手に入るのです。この財を買うと，価格は 400 円ですから，660 円分の効用が手に入り，お財布からは 400 円が出ていきます。ということは，差し引き 260 円の純効用が手元に残ることになります。ですから 2 単位目も「買い」です。

　さらに，もっと効用を大きくできないでしょうか。3 単位目を買ったら入る効用は 600 円，出ていくお金が 400 円，4 単位目で入る効用が 540 円，出ていくお金が 400 円，5 単位目で入る効用が 480 円，出ていくお金が 400 円と，

純効用がありますから「買い」の状況が続きます。同じように考えて，6単位目はどうでしょうか。6単位目を手に入れるためには420円まで支払う用意があります。そして，6単位目も財の価格は400円ですから差し引き20円（最初のころよりはかなり純効用は少なくなりました）の純効用が手に入るので，これもやはり「買い」です。かなり純効用の増加分が少なくなってきましたが，6単位目を購入することで，さらに総効用を大きくできました。

　このあたりまで来ると，計算のコツがわかってくるでしょう。つまり，私たちは次の式のような計算を頭の中でしていることになります。

　追加1単位の財を購入して得る幸福の増加分（限界効用：(c)列）
　　－追加1単位を購入してお金が出ていく不幸の増加分（単位あたり価格：
　　　(d)列）
　＝追加1単位を購入して手元に残った効用の増加分（純効用の増加分：(e)列）

　つまり，追加1単位を買うことで手に入れることのできる純効用の増加分(e)列がプラスであるかぎり，私たちは財の購入（消費，需要）をし続けることになります。

　さらに調子に乗って先に進んでみましょう。次の7単位目はどうでしょうか。7単位目の消費のためにあなたが支払う用意のある金額は360円です。言い換えれば，あなたは7単位目の財の購入のためには360円までなら手放してもいいと思っています。ところが，この財の価格は400円です。入ってくる効用は360円分ですが，お財布から出ていくお金は400円です。つまり，差し引き40円の損をすることになります。せっかく6単位目まで増えてきた効用が，7単位目を買ってしまうと，逆に減少してしまうことになります。つまり，6単位目を購入したところで効用は最大になっていることになります（得した分を合計すると(f)列を見ればわかるように全部で1020円です）。これは表2-4では網かけをしているところになります。購入は6単位目でストップするのがあなたにとって最善の策です。

　以上のことから，私たち（消費者）は財の価格よりも限界効用が高いときは財を購入し，財の価格よりも限界効用が低いならば財を購入しないということがわかります。そして，容易に想像できるように，価格が限界効用と等しくなるまで財を購入するとき（純）効用は最大になります。

コラム② 「だからミクロ経済学は役に立たない」といわれる理由

消費者行動を分析した結果，「私たち（消費者）は価格が限界効用と等しくなるまで財を購入するとき，効用は最大なる」ということが明らかになりました。

しかし，私たちは自分の効用を最大にするために限界効用を計算しているでしょうか。「限界効用がいまこれだけで，価格がこうなっているからもっと買おう」などと考えたことがあるでしょうか。おそらくそんなことを考えて行動している人は1人もいないはずです（私だってそうです）。

そのようなことから，「価格と限界効用を一致させるというけれども，そんなことを考えたことは一度もない。単にモノがほしくなったから買うし，ほしくなかったから買わないだけのことだ。考えたこともない限界効用で人々が行動するなどということはありえない。だからミクロ経済学は机上の空論で役に立たないのだ」という批判があります。やはりミクロ経済学は現実的ではなく，役に立たないのでしょうか。

医学・生理学の分野では，空腹・満腹と血糖値の関係が明らかになっています。人間は血糖値が下がれば空腹を感じて食事をとり，血糖値が上がれば満腹中枢を刺激して満腹を感じて食事をとらなくなる，というメカニズムなのだそうです。私たちは血糖値の上下を考えて食事をしたり，あるいは食事をやめたりはしていません。「いま血糖値がこれだけだから，これだけの量の食事をしよう」などと考えることはないでしょう。これは人間の食事に関する行動を医学・生理学の専門家が観察し，それを自分たちの分野の言葉を使って説明したということです。経済学の限界効用も同じことです。消費者行動を経済学者が観察し，それを自分たちの分野の言葉を使って説明したのです。ですから，限界効用に関する批判をそのまま血糖値の話に置き換えると，「血糖値が下がったから空腹になって食べるというけれども，そんなことを考えたことは一度もない。おなかが空けば食べるし，おなかがいっぱいになったら食べないだけのことだ。考えたこともない血糖値で人々が行動するなどということはありえない。だから医学・生理学は机上の空論で役に立たないのだ」といっていることと同じになります。

少し先走ってしまいますが，次の章では生産者の行動を分析して，「価格と限界費用が等しくなるときに利潤は最大になる」ということが明らかになります。このときも，おそらく企業の社長さんは「限界費用なんか考えたことがない。儲かると思えば作って売るし，儲からないと思えば作らないだけのことだ。限界費用なんて非現実的で，ミクロ経済学は意味のないことをいっている」と思うかもしれません。これも消費者行動の場合とまったく同じことになります。経済学者は企業がいつも限界費用について電卓を叩いて計算しているとは考えていません。この場合も，先ほどの血糖値と人間の摂食行動の分析例が当てはまります。「血糖値が下がったから空腹になって食べるというけれども，そんなことを考えたことは一度もない……」もうこれ以上繰り返しませんね。

第3節　需要曲線のデビュー

需要曲線，元をただせば限界効用曲線

　以上のことから，財の価格が限界効用と等しくなるところであなたは財の購入を思いとどまることが最適です。なぜなら，それ以上買う（消費する）と損だ（逆に純効用が低下しはじめる）からです。表2-4の数値例を使って描かれた図2-3では棒グラフがデコボコしているので，この場合は価格の横線を限界効用が上回っているところ（6単位目）までが「買い」でそれを下回れば買わないことになります。

　先ほどと同じようにデコボコが嫌なので，棒グラフの幅を限りなく小さくしていくと，デコボコがとれて限界効用は階段状から右下がりの直線（これは単に見やすくするために直線にしただけで，ずっと右下がりであれば曲線でも構いません）になります。これが図2-4です。図2-4の場合，縦軸の価格Bをそのまま横軸と平行に右方向へ伸ばしていき，限界効用曲線とぶつかったところ（点E）で縦軸と平行に下方向に伸ばしていき，そこでぶつかった横軸の数値Cが購入量（需要量，消費量）となります。そして，その購入量のときに消費者の効用が最大になっています。

　以上を整理しますと，ある価格が与えられたとき，限界効用曲線を使うと自

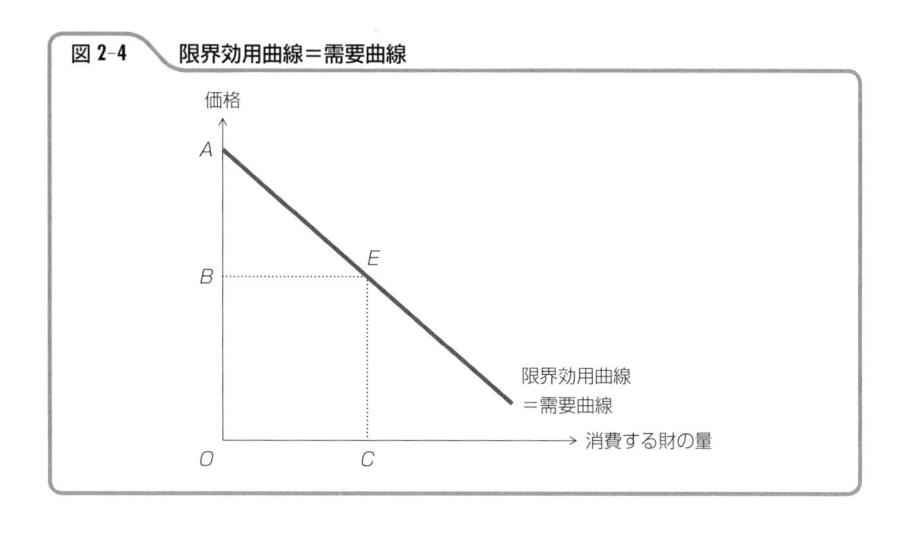

図 2-4　限界効用曲線＝需要曲線

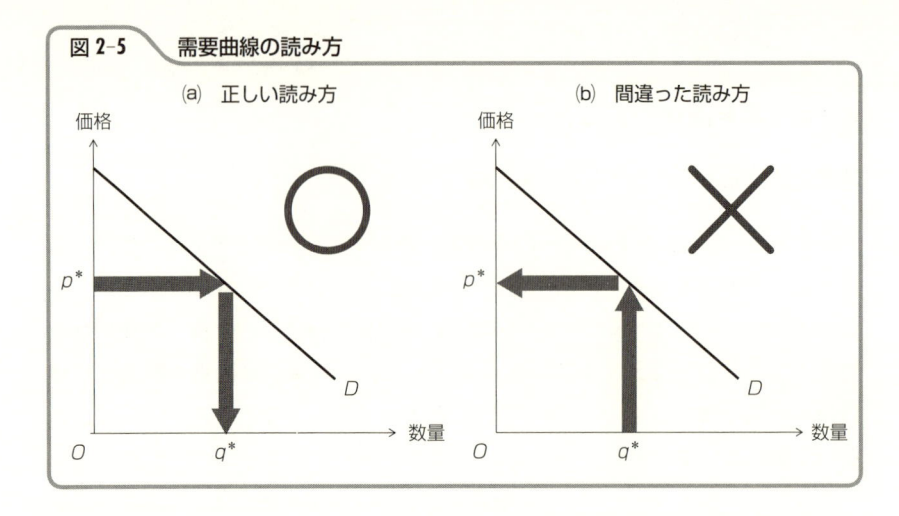

図 2-5　需要曲線の読み方

(a)　正しい読み方　　　　　　(b)　間違った読み方

動的に消費者の効用を最大にする財の量を決定することができます。別の言い方をすると，限界効用曲線は，ある価格のもとで消費者の最適な消費量（需要量）を教えてくれている曲線であるということがわかります。

　さて，そこで気がつくことがあります。ある価格のときに消費者がどれだけの量を需要するのかを示すのが需要曲線です。ということは，限界効用曲線はそのまま需要曲線になっていないのでしょうか。この推測は正しいです。限界効用曲線は需要曲線と一致します。限界効用曲線と需要曲線は同一なのです。これでついに需要曲線を手に入れることができました。なんだか最後はあっけなかったような気がするかもしれません。「需要曲線を手に入れた」といっても，実際のところ，限界効用曲線を導き出した段階で，すでに私たちは需要曲線を手に入れていたのです。

　これまでの消費者の効用最大化行動のプロセスから自然とわかることですが，需要曲線を読むときに注意するべきことがあります。需要曲線を読むときには，縦軸を先に読み，次に横軸を読むようにしなくてはなりません（図 2-5 (a) (b)）。私は高校の「政治・経済」の科目で，この読み方がわからずに苦労した記憶があります（ちゃんと先生に質問すればよかったのですが）。

　限界効用曲線では，財の単位が 1 単位増えるごとに（先に横軸を考えて，数量が原点から右方向に増えていくときに），限界効用がどうなるか（縦軸の高さがどうなるか）を考えてきました。そのときは横軸を先に読み，次に縦軸を読みました。しかし需要曲線は，ある価格が与えられて，その価格ならば（価格が先）

表 2-5　　消費者と生産者の対称性（その 4）

消費者	生産者
モノを使って効用を得る	モノを作って利潤を得る
効用最大化	利潤最大化
総効用	？
限界効用	？
個人の需要曲線	？

効用最大化のために消費者がどれだけ需要するか（需要が後）というように考える曲線です。ですから，「需要量がこれだけだからこの価格」と逆に読んでしまうと訳がわからなくなってしまうので注意が必要です。あえていえば，これが限界効用曲線と需要曲線の違いでしょうか。同じ曲線であっても，限界効用曲線か需要曲線かで軸を読む順番が変わってくるのです。

　中学校の数学では，横軸が独立変数で縦軸が従属変数と学んできましたので，たいていの人は横軸の数値（独立変数）を見てからそれに対応する縦軸の数値（従属変数）を見がちです。それは需要曲線には通用しません。本来ならば価格が横軸ならわかりやすいのですが，残念ながら経済学では縦軸を価格にするのが流儀です。これはあきらめるしかありません。

　とはいえ，これは意味のない流儀ではありません。価格を縦軸に設定すると便利なことが多くあります。経済学を深く学んで完全競争市場の理論より先に進むと，価格を縦軸にする方がいい場合があります（第 11 章参照）。しかし，このことは今の段階では忘れておくことにしましょう。

　以上のことから私たちが手に入れた用語をまとめると表 2-5 のようになります。

個人の需要曲線と市場全体の需要曲線

　いま手に入れた需要曲線は，ある消費者個人の需要曲線です。ある 1 人の消費者が，それぞれの価格のときに効用最大化できるような購入量をそれぞれ求め，その組み合わせの点をつなげてみたらそれが曲線（直線）になったということです。

　もちろん，市場にいる消費者は 1 人だけではありません。通常，その市場には数百，数千，数万という消費者がいるでしょう。そして，人それぞれに性

　大変失礼ながら，読者のみなさんの中には，分不相応な高い買い物をしたときに，ついつい周りの人にその品物を見せたりする方はいないでしょうか。高級ブランド品，宝飾品類などをはじめとして，高級外車など，「すごいでしょー，高かったんだからー」などといいながらも，見せびらかしたりなんかしますと，ついつい顔はニヤけてしまい，見せた人から「わー，ホント，すごいねー」なんていわれようものなら，「生きててよかったー！」なんてことまで思ってしまうかもしれません。

　これは，その品物の価格が高かったからこそそうしたのであり，もし価格が安かったら，そんな自慢をすることはないでしょう。安物を見せびらかして得意になる人はまずいません（そういう人は品物よりも，自分がお買い物上手だということを自慢したいのでしょう）。この場合，そうした高級品を買い求めた人は，その品物を使うこと自体から効用を得るよりも，むしろそれを持つこと自体から，あるいはそれを人に見せることから効用を得ている，と考えることができます。こういう効用のことを「見せびらかしの効用」と呼びます。テレビなどで有名芸能人のお宅拝見というような番組では，一般人には手の出ないような高価な品物がいくつもズラリと並んでいることがあります。おそらくその芸能人は，価格が高いからこそ，そのような品物を買いそろえたのでしょう。

　ということは，価格が低ければその商品を買うことを控え，価格が高いからその商品を買うということになります。これは価格が高ければ需要量が少なくなり，価格が低ければ需要量が多くなるという，通常の需要の法則とは反対です。つまり，需要曲線が右下がりではなく，右上がりとなります。

　こういう効果のことを**ヴェブレン効果**と呼びます。かなり例外的な財ではありますが，ヴェブレン効果が起きやすいのは先に述べた高級ブランド品や宝飾品などであると思われます。

　私はヴェブレン効果を自分自身でたくさん体験したいものだと思うのですが，それは遠い将来のことかもしれませんし，ないかもしれません。

格や好みは違いますから，ある価格が与えられたときに買いたいと思う量もそれぞれ違います。数万人もの消費者に登場してもらうのは大変なので，仮にこの市場に5人の消費者がおり，ある価格のときにその5人がそれぞれ10，15，8，12，9という量を需要している（ほしがっている）とすれば，その価格での市場全体の需要量は10+15+8+12+9＝54となります。こうしていろいろな価格と，その価格のときの各消費者の各購入量を合計した購入量の組み合わせを描いてみれば，それが市場全体の需要曲線になります。図2-6(a)(b)(c)で

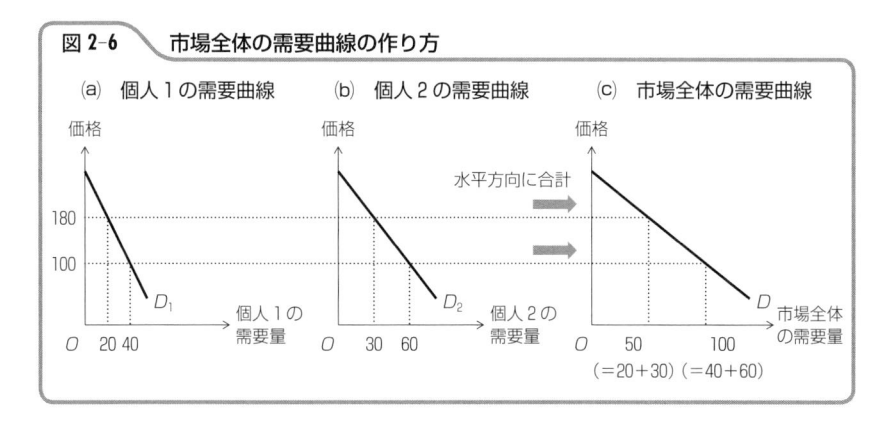

図 2-6　市場全体の需要曲線の作り方

(a) 個人1の需要曲線　　(b) 個人2の需要曲線　　(c) 市場全体の需要曲線

水平方向に合計

価格

180
100

O　20 40　　D_1　個人1の需要量

価格

O　30 60　　D_2　個人2の需要量

価格

O　50　100　　D　市場全体の需要量
　　　　（＝20＋30）（＝40＋60）

は市場に2人の消費者がいるとした場合の，個人と市場全体の需要曲線を描いています（数値は適当です）。

　図2-6からもわかるように，視覚的にとらえてみると，各個人の需要曲線を横軸に平行に右方向へ合計すると市場全体の需要曲線が描けることになります。もし仮にすべての個人がクローン人間のように同じ好み，つまりまったく同じ需要曲線を持っていれば，その個人の人数分だけ個人の需要曲線を右方向に整数倍したものが市場全体の需要曲線になります。やや非現実的ですが，理論の理解を早めたいならば，あまり多様な人間をそのたびにいちいち考えるよりも，とりあえずそっくりさんであるクローン人間がたくさんいると考えておいた方がわかりやすいと思います。

　さて，そうやって個人の需要曲線を右方向に合計していきましょう。私たちが右下がりの各個人の需要曲線を，同じグラフの同じ目盛りの上で次々と機械的に右方向に合計していくと何が起こるでしょうか。あら不思議，というか当たり前なのですが，市場全体の需要曲線がどんどん横に寝ていくことがわかります。それでも構わずどんどん右方向に合計していくと，市場全体の需要曲線はほとんど横軸と平行な線になってしまいます（実際に紙と鉛筆を使って試してみてください）。ということは，市場全体の需要曲線は水平になるのでしょうか。

　それは違います。これは単なる縮尺のマジックにすぎません。たとえば，紙の上に市場全体の需要曲線を描くとして，1ミリを消費量1単位としましょう。そして，その市場には1万人のクローン消費者がおり，ある価格でクローン消費者がそれぞれ10単位の財を需要するものとしましょう。そうすると，市場全体の需要量は10万単位（1万人×10単位）ですから，紙の上では10万ミ

表 2-6　　消費者と生産者の対称性（その 5）

消費者	生産者
モノを使って効用を得る	モノを作って利潤を得る
効用最大化	利潤最大化
総効用	?
限界効用	?
個人の需要曲線	?
市場全体の需要曲線	?

リ，つまり 100 メートルの幅が必要なことになります。しかし，そのような紙は普通の家庭では存在しません。こういうとき，私たちは 1 ミリで消費量をたとえば 1000 単位というように書き直すでしょう。そうすれば，横軸の幅は 10 センチとなり，あら不思議（?），市場全体の需要曲線はおなじみの右下がりの需要曲線となります。

　なお，個人の需要曲線（そして後で出てくる各企業の供給曲線）と市場全体の需要曲線（供給曲線）の関係について，右方向に合計するとともに横軸をギュッと圧縮し，その一方で縦軸はそのままですから個人も市場も同じ目盛り，というグラフは，これからもしばしば出てきます（とくに第 10 章では大事なところでたくさん出てきます）。ですから，個別の需要曲線（供給曲線）と市場全体の需要曲線（供給曲線）のグラフの作り方において，この横軸の距離感の違いについてはずっと覚えておいてくださいね。

　以上のことから表 2-6 ができあがります。

消費者の幸せを形にする

　以上で消費者個人の場合と市場全体の場合の需要曲線をそれぞれ手に入れることができました。その一方で，私たちは同時に非常に大きな副産物も手に入れています。単なる曲線（直線）にしか見えない需要曲線が，私たちの効用の大きさを計算してくれるのです。それを以下で見ていくことにしましょう。

　そのヒントはすでにこれまでの消費者行動の説明の中に仕込まれています。表 2-4 あるいは図 2-3 を再び見てみましょう。最初の 1 単位で私たちが手に入れることのできた効用（支払意思額）は 720 円です（まだ支払いは終わっていませんから「粗効用」といってもいいかもしれません）。しかし，財はタダでは手に

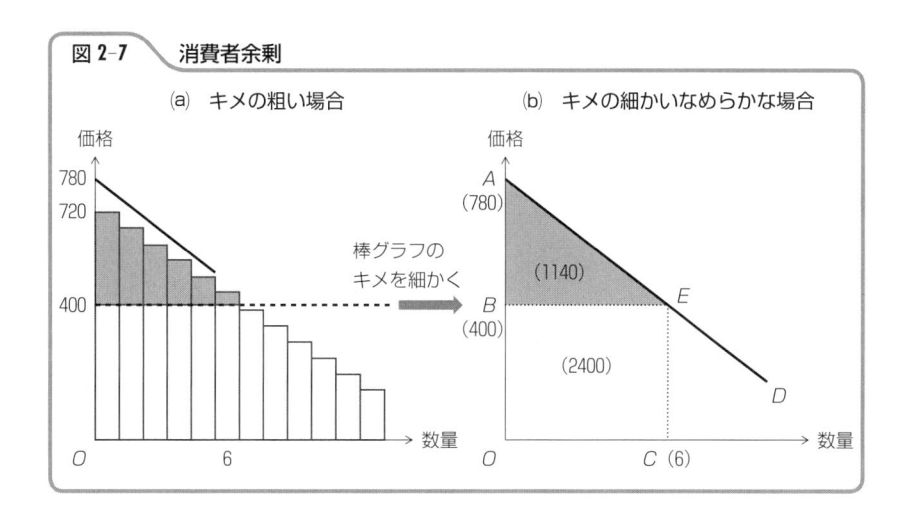

図 2-7　消費者余剰

(a) キメの粗い場合

(b) キメの細かいなめらかな場合

棒グラフの
キメを細かく

入りません。ここでは 400 円を支払わなくてはいけませんから，400 円のお金がお財布から出ていきます。これは不幸です。手に入れることができる幸福（粗効用）が 720 円，お金が出ていく不幸が 400 円で，差し引き私たちの 1 単位目の財を買うことで手元に残る幸福の量は 320 円になります（支払いが終わった後ですからこれは純効用です）。同じように 2 単位目の財で手に入れることのできる幸福（粗効用）は 660 円，お金が出ていく不幸が 400 円ですから，2 単位目の財から手元に残る幸福（純効用）は 260 円です。

　こうして 6 単位目まで財を買いますから，それらを合計したものが私たちの幸福（純効用）の総量となります。図 2-3 にさらに書き足した図 2-7(a) を見てみましょう。棒グラフの場合は 400 円という横軸に水平な点線と，棒グラフの上端にはさまれた面積の合計（網かけ部分）が純効用の総量となります。これを**消費者余剰**と呼びます。どうして「余剰」という言葉を使うのかというと，財を手に入れることで得た幸福から，お金を支払うことで去っていく幸福を差し引いた「余り」が自分の手元に残った幸福だからです。

　次に，棒グラフの幅を限りなく小さくしていくことでなめらかになった需要曲線で考えてみましょう。これが図 2-7(b) です。これまで述べてきたように，価格が B のとき点 B から出発して右方向に行き，需要（限界効用）曲線とぶつかった点 E から下方向に降りていって横軸と交わった点 C を需要量とすれば，この需要量で消費者の効用は最大になります。

　この直線の下に図 2-7(a) の棒グラフを重ねてみればわかるように，需要曲

線の下側の面積は，消費者がその財に認める価値の総額（総効用），つまり支払意思額であることがわかります（棒グラフの面積の合計）。たとえば，需要量（消費量，購入量）が点 C までならば，そこまで買うことによる消費者の支払意思額の合計（総効用）は台形 $OAEC$ となります。これが C まで買ったときに入ってくる幸福の合計額です。

一方で，買えば支払いをしなくてはならない不幸が待っています。財の価格は 1 単位あたり B 円で，それを C 単位買うのですら，これは小学校の算数のように，「1 個 B 円の商品を C 個買いました。全部でいくらお金を支払ったでしょうか。」という問題です。つまり，価格に購入量をかけ算すればそれが支払い総額になります。価格は縦軸の距離 OB で表されていますし，購入量（需要量）は横軸の距離 OC で表されていますから，価格×数量とは，縦の長さ OB （高さ）と横の長さ（底辺）OC をかけ算したものです。これは小学校で習った面積の計算方法で，支払い総額は長方形 $OBEC$ の面積となります。これがお財布からお金が出ていくという不幸です。入ってくる幸せは台形 $OAEC$ で，出ていくお金という不幸が長方形 $OBEC$ ですから，手元に残る幸せ，つまり消費者余剰（純効用）は△BAE となります。

図 2-7 (b) と表 2-4 を対応させてみましょう。点 B が 400 となり，効用を最大化する消費者は 6 単位まで買いますから点 C は 6 となります。このときの総効用（支払意思）は 3540 で，これが台形 $OAEC$ の面積になります（価格を p，数量を q とすると，直線は $p=780-60q$ となります。この直線と表 2-4 (c) 列は一致しており，図 2-7 (a) ではそれを部分的に描いています）。支払額は 2400（＝400×6）で，これが長方形 $OBEC$ の面積となります。したがって，消費者余剰 1140（＝3540−2400）が△BAE の面積に対応します。なお，表 2-4 では 6 単位の消費で総効用が 3420 となっていますが，これと図 2-7 (b) の 3540（＝1140＋2400）との違いは，キメの粗いグラフを細かくしたことによるズレです（棒グラフと直線の間に隙間があるためです）。

消費者は消費者余剰が増えれば増えるほど嬉しいことになります。消費者の嬉しさという心理状態は，以下のように需要曲線を使って説明することができます。これについては図 2-8 を見てみましょう。

いま，この財の価格が下がって B_1 から B_2 になったとしましょう。このとき，自分の効用を最大にしたい消費者は購入量を C_1 から C_2 に増やします。その

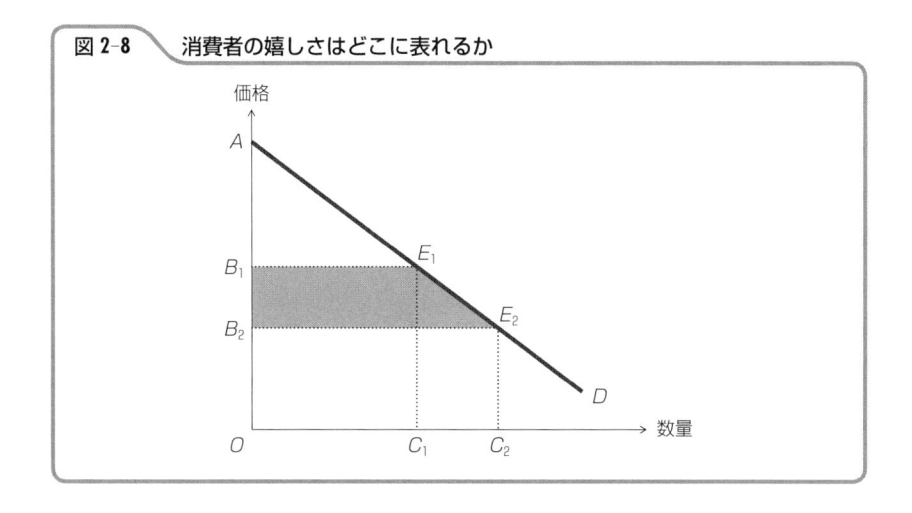

図 2-8　消費者の嬉しさはどこに表れるか

結果，消費者余剰は $\triangle B_1 A E_1$ から $\triangle B_2 A E_2$ になり，消費者余剰は台形 $B_2 B_1 E_1 E_2$ だけ増加します。ですから，消費者は価格が下がると嬉しいのです。ときどきスーパーで商品が安売りになっていてそれが買えると「得した！」と嬉しくなりますが，その嬉しい気持ちがこの台形 $B_2 B_1 E_1 E_2$（網かけの部分）です。人間の幸せな気持ちというものが，グラフ上の面積で明確に表せるなんて，すごくありませんか。

　余談です。特定の企業を取り上げて申し訳ないのですが，テレビコマーシャルで，家具やインテリア用品などを扱っているある会社が「お，ねだん以上○○○（○○○には企業名が入ります）」というキャッチコピーを流しています。このことはミクロ経済学からいえばまったく当たり前のことで，お値段（を支払う不幸）以上の幸せ（効用）がなければそもそも人は買い物をしません。このコマーシャルを「妙だなぁ」と感じることができた読者のみなさんはもう消費者余剰のことがわかっているといえます。

　以上は個人の需要曲線で表した消費者余剰です。市場全体の需要曲線で表した市場全体の消費者余剰の場合もまったく同じで，市場にいる消費者それぞれの消費者余剰を合計したものが市場全体の消費者余剰です。クローン消費者の場合，個人の需要曲線を右方向に整数倍した市場全体の需要曲線に基づいて計算した消費者余剰の面積は，各個人の需要曲線に基づいて計算した個人の消費者余剰の整数倍と等しくなっています。ですから，消費者余剰について，個人の需要曲線も市場全体の需要曲線もまったく同じように考えることができます。

表 2-7　消費者と生産者の対称性（その 6）

消費者	生産者
モノを使って効用を得る	モノを作って利潤を得る
効用最大化	利潤最大化
総効用	?
限界効用	?
個人の需要曲線	?
市場全体の需要曲線	?
消費者余剰	?

　消費者余剰はミクロ経済学においてこれから絶大な威力を発揮することになります。しかし，しばらくその秘めた能力はこのままにしておくことにしましょう。

　以上のことから表 2-7 ができあがります。

練 習 問 題

2-1　次の文章の空欄に当てはまる言葉を下から選んでください。なお，以下の文章中にある言葉が空欄に入る可能性もあります。ただし，⑨⑩についてはカッコの中の適切な用語を選んでください。

　　人間は財の消費の総量を増やせば増やすほど効用を増加させることができる。この効用のことを（　①　）と呼ぶ。しかし，人間の生理的な特徴として，（　①　）は増加するけれども，その増加の仕方はしだいに鈍くなっていく。財を 1 単位追加で消費したときの効用の増加分を（　②　）と呼ぶ。つまり（　②　）はしだいに減少する。これを（　③　）と呼ぶ。ただ，これが通用しない例外的な財もある。たとえば麻薬は満足するということがないので，効用の（　④　）を持つ。

　　需要曲線は与えられた（　⑤　）のときにどれだけの量を（　⑥　）するかを示すものだから，効用の大きさを表す単位を価格で示すように工夫しなくては需要曲線を導き出すことができない。そのために，その財の効用の大きさを（　⑦　）で示す。消費者が財の（　⑤　）を受け入れるだけのとき，つまり（　⑧　）がないとき，財の（　⑤　）が（　②　）より小さければ，消費者は（　⑥　）量を（⑨増やす・変えない・減らす）。逆に，財の（　⑤　）が（　②　）より大きければ，消費者は（　⑥　）量を（⑩増やす・変えない・減らす）。

価格　価格支配力　限界効用　限界効用逓減の法則　支払意思　需要　総効用 非飽和性

2-2　次の文章の空欄に当てはまる言葉を下から選んでください。なお，以下の文章中にある言葉が空欄に入る可能性もあります。ただし，②についてはカッコの中の適切な用語を選んでください。

　　　財の価格を（　①　）と等しくするように消費量を決めるとき，消費者の効用は（②最大・不変・最小）になる。このことから（　①　）曲線は（　③　）曲線と一致する。

　　　財を購入・消費して効用を得るためには，支出が必要となる。したがって，消費によって得られる総効用から支出を差し引いた残りを（　④　）という。

　　　需要曲線では価格が（　⑤　）変数，需要量が（　⑥　）変数であることから，需要曲線の読み方には注意する必要がある。需要曲線を読む場合には，まず，（　⑦　）軸を先に読み，次に（　⑧　）軸を読むようにしなくてはならない。

　　　市場全体の需要曲線は個人の需要曲線を（　⑨　）方向に合計すれば導出することができる。もし消費者がすべてそっくりのクローン人間であるとすれば，市場全体の消費者余剰は各個人の消費者余剰の（　⑩　）となる。

限界効用　従属　需要　消費者余剰　整数倍　縦　独立　右　横

2-3　次の文章の空欄に当てはまる適切な数値を入れてください。

　　　ある市場での財の価格を p とし，数量を q として，ある消費者の需要曲線が

$$p=-\frac{1}{2}q+20$$

で表されるものとする。価格が 12 であるとすれば，この消費者の需要量は（　①　）となる。このときこの消費者の支払意思の総額は（　②　），支出額は（　③　）となるので消費者余剰は（　④　）となる。いま価格が 8 に低下したとしよう。このときこの消費者の需要量は（　⑤　），支払意思の総額は（　⑥　），支出額は（　⑦　）となるので，消費者余剰は（　⑧　）となることがわかる。この結果，価格が低下することによって消費者余剰は（　⑨　）だけ増加していることがわかる。また，価格が 12 から 16 に上昇したときは（　⑩　）だけ消費者余剰が減少することになる。

第3章

生産者が利潤を最大にすれば
供給曲線が生まれます

　この章では，消費者と双璧をなす生産者（企業）の行動を分析します。「生産者（企業）なんて，単に売上から費用を引いた利潤を手に入れるだけじゃないか」といってしまえばそれまでですが，経済学者はこの生産者（企業）の動きを綿密に観察します。そして，その観察の結果から供給曲線を導き出します。この章ではこの供給曲線の導き出し方を紹介しますが，この方法が需要曲線ととても似ていることに驚くことになるでしょう。対極にあるように見える消費者と生産者が，実は同じような考え方から行動分析されるのです。さらに消費者行動分析とまったく同じようにして，供給曲線を通じて，生産者（企業）が手に入れたいと思っている利潤を供給曲線と同じグラフの上で形にしてみます。

重要語句の流れ

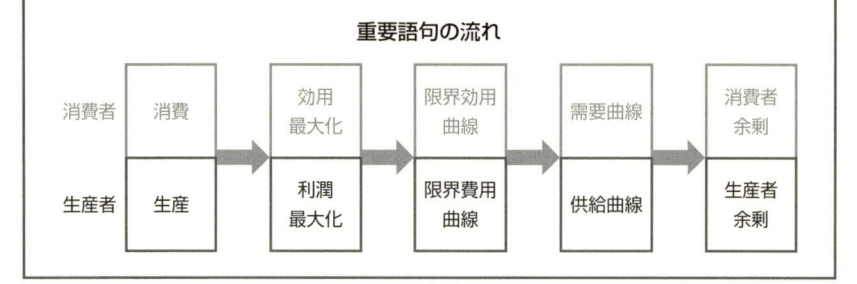

消費者	消費	効用 最大化	限界効用 曲線	需要曲線	消費者 余剰
生産者	生産	利潤 最大化	限界費用 曲線	供給曲線	生産者 余剰

第1節　生産と欲望のパターンは似ている

企業の生産第1第2のパターン

　第2章でインプット（消費する財の数量）とアウトプット（効用）の関係から需要曲線，そして最終的には消費者余剰を手に入れました。消費とまったく同じように，生産にもインプットがあってアウトプットがあります。一般的なミクロ経済学のテキストでは，通常インプットとアウトプットという言葉は生産のときでしか使われません。そして，たいていインプットは原材料となっており，アウトプットは生産物，つまり製品となっています。本書の場合ももちろんそれで構いません。

　欲望とまったく同じように，生産でもすべての企業に共通する2つのパターンがあります。最初に結論を述べてしまいますと，それは，

　　第1のパターン：企業は使う原材料（インプット）の量を増やせば増やすほ
　　　　　　　　　　ど，より多くの生産物（アウトプット）を得られる。
　　第2のパターン：企業は使う原材料（インプット）の量を増やせば増やすほ
　　　　　　　　　　ど，生産物（アウトプット）の増え方が鈍くなっていく。

ということです。「第1」だの「第2」だの書きましたが，これも私が勝手に整理して名付けただけですから順番など気にしなくて構いませんし，こんなまとめ方をしているテキストを私は知りません。ただ，この2つがいずれも消費（欲望）のパターンとしてすでに説明したものとそっくりであることに注意してください。

　まず第1のパターンから始めましょう。あるインプットの総量から生産されるアウトプットの総量を，そのインプットの量のときの**総生産性**と呼びます（総生産物あるいは総生産力と呼ぶテキストもあります）。ここでは総生産性は総生産量と同じことであると考えて差し支えありません。生産第1のパターンを表す仮想的な数値例が表3-1で，(b)の列が総生産性となっています。そして，その数値を図で表した総生産性のグラフが図3-1です。これを図2-1（29ページ）と見比べてみてください。似ていませんか。

　第2のパターンも消費の場合とまったく同じです。その第2のパターンというのは，インプットを増やせば増やすほどアウトプットの増え方は鈍くなる，

表 3-1　　生産のパターンの数値例

(a) インプットの量	(b) 総生産性 (第1のパターン)	(c) 限界生産性 (第2のパターン)
1	12	12 (＝12-0)
2	23	11 (＝23-12)
3	33	10 (＝33-23)
4	42	9 (＝42-33)
5	50	8 (＝50-42)
6	57	7 (＝57-50)
7	63	6 (＝63-57)
8	68	4 (＝72-68)
9	72	5 (＝68-63)
10	75	3 (＝75-72)
11	77	2 (＝77-75)
12	78	1 (＝78-77)

図 3-1　　総生産性曲線

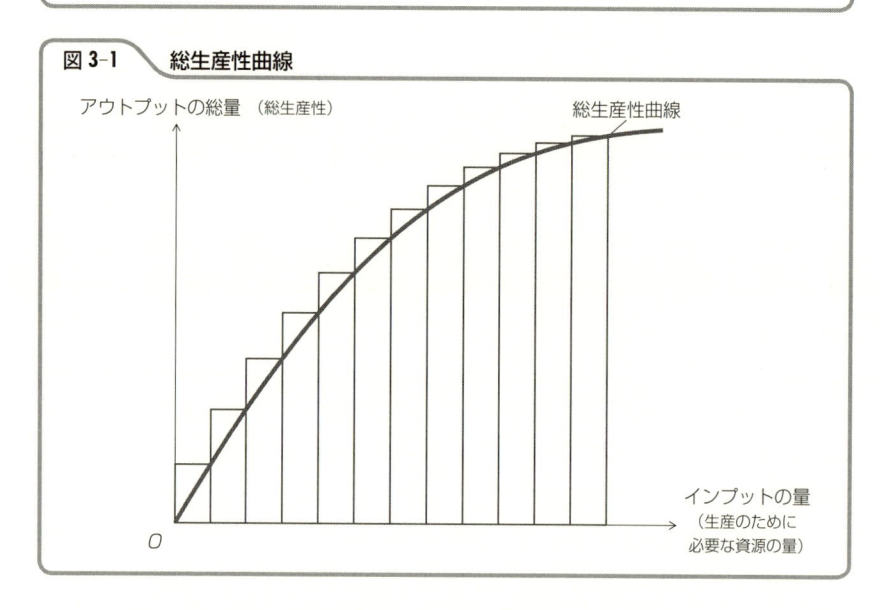

アウトプットの総量　（総生産性）　　　　総生産性曲線

インプットの量
（生産のために
必要な資源の量）

ということです。たとえば農業で，ある土地に穀物の種をまく（インプット）
とする場合，それで最初のうちはたくさんの穀物（アウトプット）が収穫でき
るかもしれません。しかし，まく種の量を増やせば増やすほど，土地の養分が

足りなくなってきます。収穫できる穀物の量は，確かに増えるでしょうが，その増える量はしだいに少なくなっていきます。

　道路工事のときなどに交通整理をしてくれる交通誘導警備員について，最初の1名の道路上への配置（インプット）は大きな効果（アウトプット）を発揮するでしょう。しかし，小規模な交通整理ならば，道路上に10人，11人と交通誘導警備員が増えていっても，その効果は増えるとしてもその効果の増え方は鈍くなっていきます。

　学園祭の模擬店でお好み焼きを作って売るときも，その模擬店に手伝いに来る学生の数が増えれば増えるほど，できあがるお好み焼きの量は増えるとしても，その増え方は鈍くなっていくでしょう。なぜかというと，模擬店のテントが張ってある敷地は狭くて，人数が増えれば増えるほど混雑し，体がぶつかったりして生産効率が落ちてくるからです。他にも，長時間お好み焼きを作り続けるとすれば，長時間労働で疲れてきて，コンロでやけどしたり，キャベツを切るつもりが手を切ったり，あるいは自分で食べ始めるヤツも出てきて，しだいにお好み焼きを作る量は増えるとしてもやはり生産効率が落ちてその増える量は減ってくると思われます。

　「過ぎたるはなお及ばざるがごとし」とはよくいったものですね。何でもやりすぎるとその効果はしだいに小さくなってくるし，やりすぎると逆効果になります。消費の場合では，いくらのどが渇いていても，ジュースを飲み続ければだんだんその有り難みは減っていき，いずれは飲むことが苦痛になることはすでに述べましたし，生産の場合でも，たとえば先の交通誘導警備員の場合は，道路上に交通誘導警備員が100人もいれば，道路が交通誘導警備員だらけになって逆に車が通れなくなってしまいます。ただ，苦痛になるほどジュースを飲み続ける人はいませんし，アウトプットをマイナスにしてまで生産をする企業は常識では考えられません。ですから，今後は生産量が減少するような場合は考えないことにします。

総生産性は増加し，限界生産性は減少する

　この生産第2のパターンについて，経済学の用語を使って整理しますと，インプットを1単位追加したことによるアウトプットの増加量を，そのインプットの量のときの**限界生産性**と呼びます（限界生産物あるいは限界生産力と呼ぶ

テキストもあります）。つまり，総生産性はインプットの増加とともに増加しますが，限界生産性は減少するのです。このことは，第2章で述べた，「総効用はインプット（財）の増加とともに増加しますが，限界効用は減少するのです」(32ページ) ということとまったく同じになっています。

そうなると，需要と供給が左右対称であることを強調する本書の性格からいって，「それじゃ，限界効用とペアを組むのは限界生産性だな」と思ってしまうかもしれません。しかし，本書に関するかぎり，残念ですがそれはハズレです。限界効用と限界生産性はここではペアを組みません（私が勝手にペアリングを考えているだけなのですが）。需要曲線と供給曲線というペアを考えるとき，限界効用は限界生産性とペアを組むよりも，もっとお似合いの相手が後で明らかとなります。

とはいえ，限界生産性はそれだけでもミクロ経済学を深く学んでいくと非常に重要なことを私たちに教えてくれますし，他の多くのテキストを見るとわかるように，限界効用と限界生産性をペアとして考えた方がいいこともあります（というか，本来はその方が普通です）。ただ，それでは本書での目的には合わないので，これ以上は限界生産性には深く立ち入りません（ただし「限界生産性」という言葉自体はこれからもときどき出てきます）。

以上をまとめると，インプットを増やせば増やすほど，アウトプットは増えます（第1のパターン）。しかし，その増え方は鈍くなります（第2のパターン）。くどいようですが，これが第2章で述べた欲望のパターンとまったく同じであることに再度注意してください。

ところで図3-1の棒グラフの幅が広いため，総生産性が増加しているといってもゴツゴツと増えているのであまりスムーズではありません。そこで，この棒グラフの幅を限りなく小さくしていきましょう。そうすると，最終的にはキメが細かくなって同じ図3-1の中に書いてあるような，なめらかな線になります。これを総生産性曲線と呼びます。たとえば横軸のインプットを時間とすれば，これも限りなく細かくしていけます。また，横軸のインプットが液体の場合（ジュースを作るときの水，エンジンを動かすときのガソリン）もまた限りなく小さくしていくことができます。

その一方で，交通誘導警備員や模擬店のテントの中の学生の数は，0.5人とか0.25人とか0.1人といったように分割することができません（これを**不可分**

表 3-2　消費者と生産者の対称性（その7）

消費者	生産者
モノを使って効用を得る	モノを作って利潤を得る
効用最大化	利潤最大化
総効用	総生産性
限界効用	？
個人の需要曲線	？
市場全体の需要曲線	？
消費者余剰	？

性と呼びます）。だからといって，人間というインプットではなめらかな曲線を描けないのかといえば，そうとは限りません。たとえば，従業員が何万人もいる巨大メーカーの場合，メーカー全体を考えると1人1人を表す棒グラフの幅は十分に細くなり，棒グラフはなめらかな線と見なしていいほどになるでしょう。

　これまでのことを消費と対比させると表 3-2 のようになります。

第2節　生産に費用はつきもの

総生産性をひっくり返して総費用へ

　先に述べたように，生産者（企業）の目的は利潤を最大にすることです。利潤は収入から費用を引き算したものですから，生産者の目的達成のためには費用が重要な問題となることは間違いありません。費用がわからないと利潤の大きさもわからないからです。

　ところが，です。図 3-1 の横軸と縦軸の単位に注目してください。横軸にインプットが，縦軸にアウトプットがとられています。このグラフのどこにも費用が出てきません。費用のことを知りたいのに，これではいくら総生産性のグラフを見つめていても仕方がありません。どれほど作ったらどれほど費用がかかるのかということがわかるように，図 3-1 に工夫を施すことが必要です。そのためには，「どれほど作ったら」を横軸に，「どれだけ費用がかかるのか」を縦軸に置くことができればいいでしょう。実はこれがこの章の中心的課題である**供給曲線**の誕生に大いに役に立つことになるのです。この作業をこれから

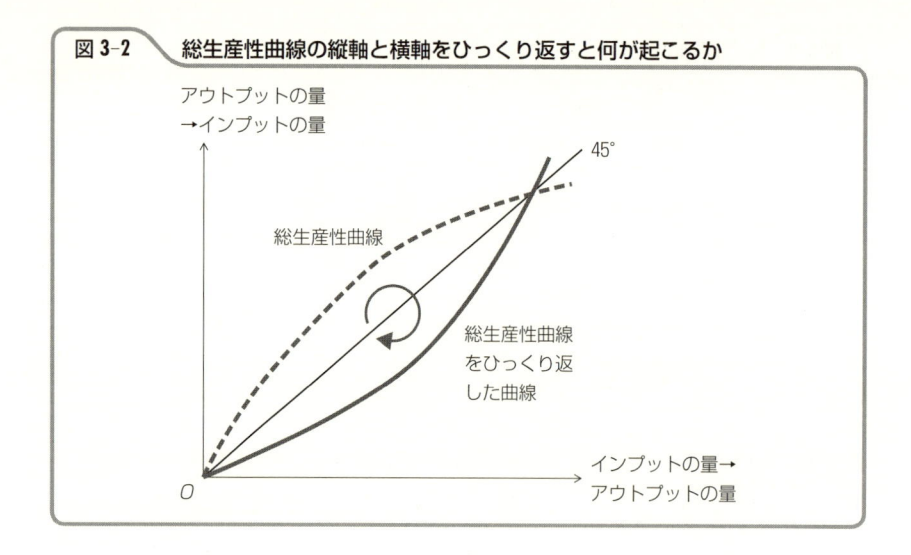

図 3-2　総生産性曲線の縦軸と横軸をひっくり返すと何が起こるか

アウトプットの量
→インプットの量

45°

総生産性曲線

総生産性曲線
をひっくり返
した曲線

インプットの量→
アウトプットの量

O

行います。

　まず，図 3-1 の縦軸と横軸を入れ替えてみます。そうすると何が起こるで
しょうか。横軸にはインプットの代わりにアウトプットの量がやってきて，ア
ウトプット（生産される財）の量が 1，2，3 と原点から上方向ではなく，原点
から右方向にカウントされます。代わりに，縦軸にはインプット（原材料など）
の量がやってきて，インプットの量が 1，2，3 と原点から右方向ではなく，
原点から上方向にカウントされます。

　縦軸と横軸を入れ替えるには，グラフに 45° 線を引き，それを軸として
180° グラフを回転させればいいことになります。あるいは 45° 線を中心とし
て線対称にするといってもいいでしょう。棒グラフだと見にくいですから，キ
メを細かくした曲線で考えてみましょう。紙の上に図 3-1 にあった総生産性
曲線を描き，その曲線上にべったりとインクをつけ，その紙を 45° 線で谷折
りにして折り曲げると，反対側にインクがくっついて別の曲線ができあがりま
す。それを描いたのが，図 3-2 にある「総生産性曲線をひっくり返した曲線」
です。

　図 3-1 の総生産性曲線は，どれだけインプットを投入するとどれだけのア
ウトプットが産出されるかを示す関係だったのに対して，「総生産性曲線をひ
っくり返した曲線（芸のない表現ですが，残念ながら経済学上の用語はありません）」
は，あるアウトプットの量を生産するときにどれだけのインプットの量が必要

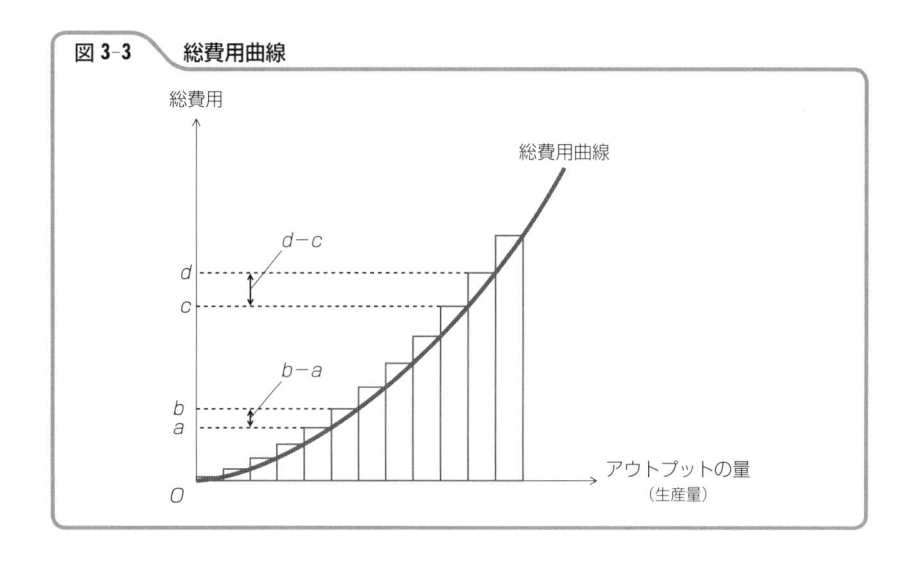

図 3-3　　総費用曲線

か，を示す関係であることがわかります（ともに横軸を先に考えます）。なお，インプットの例として代表的なものである原材料や労働などは，生産に必要な要素ということから，**生産要素**と呼ばれます。

　さて，インプット（生産要素）の例として原材料を考えてみますと，原材料には仕入れ価格がついています。原材料価格は市場の力で決まっていて，生産者はその価格を変えることができない，つまり価格は生産者へ与えられる（生産者に価格支配力がない）ものとしましょう。要するにインプットの価格（このインプットの単位あたり価格は生産要素の価格ですから，これを**要素価格**と呼びます）は一定だということです。そうすると，どれだけインプットの量が必要になろうと，（単位あたりの）要素価格はつねに同じですから，インプットの**総費用**（ここでは原材料費）は，その要素価格に原材料（インプット）の量を単純にかけ算すれば導き出すことができて，それをそのまま縦軸に目盛ることができます。

　たとえば，原材料費が 1 単位 100 円とすれば，縦軸に目盛られているインプットの数量に単純に「00」を書き加えるだけでいいことになります。100円以外の数値でも同じで，このように考えれば縦軸に総費用を問題なく描けます。このことから，「総生産性曲線をひっくり返した曲線」は，縦軸に目盛っていたインプットの量に要素価格をかけ算すると総費用曲線になることがわかります。総費用曲線とは，あるアウトプットの量を生産するときに必要になる総費用を示す曲線です。再び棒グラフを合わせて描いた総費用曲線が図 3-3

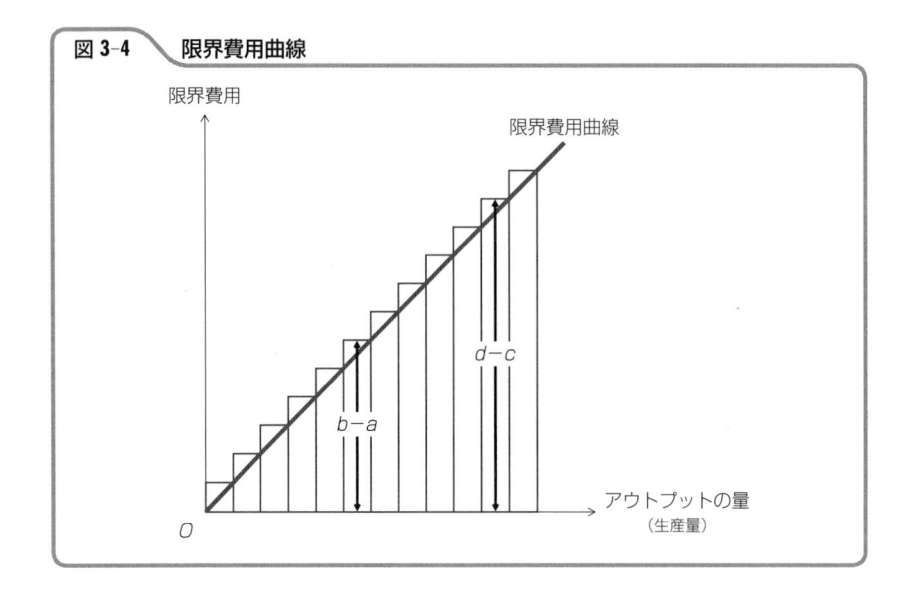

図 3-4　限界費用曲線

- 限界費用
- 限界費用曲線
- $d-c$
- $b-a$
- アウトプットの量（生産量）
- O

です。

総費用から限界費用を求める

　これで総費用曲線が手に入りました。次は**限界費用**曲線を手に入れる段階になります。「限界」とは，第2章でも述べましたように，これ以上増えないという極限状態を意味していて，これ以上増えないくらいギリギリの状態での，ほんのわずかな変化という意味です。ですから，追加1単位のアウトプットの増加による総費用の増加分が限界費用になります。総費用を表した図 3-3 では，それぞれの棒グラフの高さの差が限界費用となります。そしてその棒グラフの高さの差はアウトプットが増えれば増えるほど大きくなっていることがわかります。たとえば，生産量の少ないときの棒グラフの差 $b-a$ よりも生産量が多いときの棒グラフの差 $d-c$ の方が大きくなっています。

　この棒グラフの差の高さを縦軸にとってグラフにしたものが図 3-4 です。この関係は，図 2-1（29 ページ）並びに図 2-2（32 ページ）と対応させて考えるとわかりやすいと思います。このことから明らかなように，限界費用は逓増します。「逓増（ていぞう）」とはだんだん増えていくという意味です。この棒グラフの幅を限りなく小さくしたときのなめらかに増加する曲線が限界費用曲線です。限界費用曲線はいつも直線になるとは限りません。図 3-4 では単に

簡単に書きたかったから直線にしただけです。限界費用の増加の仕方は、もちろん生産する財の種類によっていろいろな曲線になります。ただ、これまでの議論に関するかぎり、どのような形であっても、限界費用は一貫して増加することだけは間違いありません。「限界費用は増加する」というところが大事です。ただ、これはあくまで「これまでの議論に関するかぎり」です。その詳細は第1部エピローグと第9章で説明します（思わせぶりですみません）。

このことは日常生活においても直感できます。モノを作れば作るほど人は疲れ、機械は傷んでいきます。農産物の場合は土地が痩せていきます。同じ土地の大きさしか確保できなければ、米の収穫量を増やせば増やすほど、それを上回ってより多くの肥料をつぎ込まなくてはなりませんから肥料代が高くつきます。洋服を機械で大量生産しようとすると、生産量を増やせば増やすほど機械が傷んで維持補修の費用がよりいっそうかさんでいきます。機械のメンテに人がかかりっきりだと、その人が疲労して生産効率が落ちて追加で別の人を雇うために人件費がさらに必要になってきます。前に述べた模擬店でのお好み焼きの例でも容易に想像がつくでしょう。

これで限界費用曲線が手に入りました。先に触れましたが、限界効用にお似合いの相手は限界生産性ではなく、実は限界費用なのです。どうして限界効用と限界費用がお似合いのカップルなのかということは、この後すぐにわかります。

ところで、限界費用という言葉は教室の中でしか使えないのでしょうか。たとえば、わが家では次のような会話がよく繰り返されます。大学生の娘（不幸にして娘は経済学を勉強しろといっても聞いてくれません）が甘えて妻に大学まで車で送ってもらうとき、私は「オレも途中まで乗せていってくれー（私の勤務先は彼女の大学に行く途中にあります）。限界費用ゼロなんだからー」と叫びます。私1人が乗り込んでも追加でかかるガソリン代や車の傷み具合はほとんど変わりません。ですから限界費用はゼロです。

これまでのことをまとめると、表3-3のようになります。

限界費用曲線が意味するもの

ここまでで、生産の2つのパターンから総生産性曲線、総費用曲線を経て、最終的に限界費用曲線を描くことができること、そして生産者や生産される財

表 3-3 消費者と生産者の対称性（その 8）

消費者	生産者
モノを使って効用を得る	モノを作って利潤を得る
効用最大化	利潤最大化
総効用	総生産性
	（縦軸と横軸をひっくり返して，インプットに要素価格をかけ，総費用を求める）
限界効用	限界費用
個人の需要曲線	?
市場全体の需要曲線	?
消費者余剰	?

の種類によってその形はいろいろであっても，限界費用曲線は一貫して右上がりであることが明らかになりました。

　それぞれの生産者ごとに，そしてそれぞれの財ごとにそれぞれの限界費用曲線を持っていることはわかりましたが，それがわかったことだけではまだ何の役にも立ちません。いま，あなたはある会社の社長さん（生産者）だとしましょう。あなたの目的は自分の会社の利潤を最大にすることです。あなたはどのように行動すれば利潤を最大にできるでしょうか。これを知るために，いま手に入れた限界費用曲線が大きな役割を果たすことになります。

　限界費用曲線を復習しておきましょう。消費者のときの表 2-4（37 ページ）と同じように，これまでの数値例ではあまり実感が湧きませんから，数値を作り直してみることにします。数字は円という貨幣単位をつけてイメージしやすいような数値にしました。これが表 3-4 です。また，これをもとにして描いた限界費用が図 3-5 です。表 3-4 と図 3-5 を見ながら生産者（あなた）の行動を考えていきましょう。

　まずは表 3-4 の説明です。ここでは 60 円ずつ限界費用が高くなるように数値例を設定していますが，これはあくまで見やすくするための数値例であり，どんな数値例でも構いません。「想定した数値」と書いてあるのは，この表のためにあらかじめ適当に数値を作成したという意味です。それ以外の数値はすべて「想定した数値」から計算されたものです。忘れてはいけないのは，必ず限界費用は一貫して増加するということです。

表 3-4 　　限界費用曲線を使った利潤の最大化

(a) インプットの量	(b) 総費用	(c) 限界費用	(d) 1単位あたり財の価格	(e) 追加生産による利潤の増加分	(f) 利潤の合計
	想定した数値	各総費用の差	想定した数値	(d)-(c)	(e)の積算値
1	60	60	400	340	340
2	180	120	400	280	620
3	360	180	400	220	840
4	600	240	400	160	1000
5	900	300	400	100	1100
6	1260	360	400	40	1140
7	1680	420	400	−20	1120
8	2160	480	400	−80	1040
9	2700	540	400	−140	900
10	3300	600	400	−200	700
11	3960	660	400	−260	440
12	4680	720	400	−320	120

図 3-5 　　限界費用を使った利潤の最大化

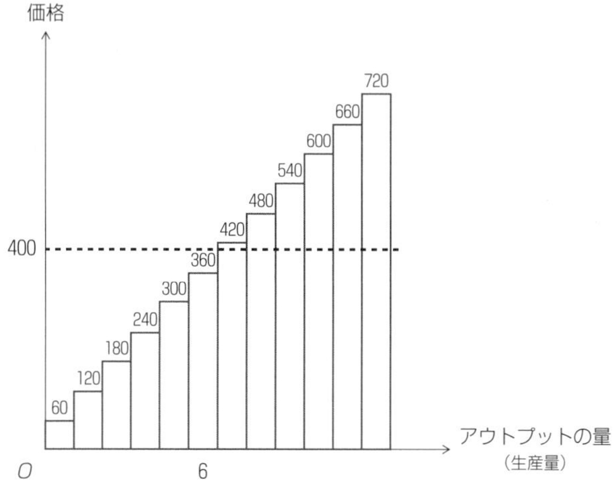

最初の 1 単位の財の生産に必要な費用，総費用は 60 円です。最初の 1 単位の追加にかかる追加の費用は 0 円から 60 円になりますから，60 円が限界費用であり，最初の 1 単位目だけは限界費用と総費用の額は一致します。

　2 単位目の生産のために追加的に必要な費用は，生産のパターンに従って，1 単位目よりも高い 120 円（＝180−60）で，これが 2 単位目の限界費用です。総費用に戻って考えてみますと，総費用は 1 単位目の限界費用と合計して 180 円（＝60＋120）になります。総費用は限界費用の積算値（累計値）といってもいいです。視覚的には，図 3-5 の原点から右に向かって 2 番目までの棒グラフの面積の合計が総費用になります。

　3 単位目の生産のために追加的に必要になる費用は 180 円（＝360−180）です。総費用に戻って考えると，総費用は 1 単位目の限界費用 60 円，2 単位目の限界費用 120 円，そして今回の 3 単位目の限界費用を合計して 360 円（＝60＋120＋180）になります。つまり，総費用は原点から右に向かって 3 番目までの棒グラフの面積の合計です。

　その後も同じようにしていくと，財の生産が増えるに従って，限界費用は 240 円，300 円，360 円と増加していきます。そして棒グラフの面積を合計していくと，それがそのときの生産量での総費用となります。

　さて，いまこの財の価格が 400 円だったとしましょう。第 2 章と同じ価格水準です（38 ページ）。この財は多数の生産者が生産しており，また多数の消費者が買っているので，生産者（あなた）も消費者も勝手に価格を上下させることはできません（あなたに価格支配力はありません）。市場メカニズムの力で価格は自動的に決まっているものとします。たとえ「オレ（私）は社長だぁー」と威張っていても，あなたにとってはこの市場価格を受け入れるしかできません。いってみれば，「相場」というものがあり，それに従わざるをえないのです。そのため，1 単位目を売っても 400 円，2 単位目を売っても 400 円，3 単位目を売っても 400 円，100 単位目を売っても 400 円です。財を 100 単位，1000 単位ほど売ったとしても，あなたは市場全体から見ればちっぽけな存在なので，市場の大勢に影響はありません。ですから 100 単位目でも 1000 単位目でも販売価格は 400 円になります。

　さて，あなたが 1 単位目の財を生産しようとすると，1 単位目の生産のためには 60 円の費用がかかります。しかしこれを生産して販売すれば，あなたは

400円の収入を手にすることができます。これを作らない手はありません。この財の1単位目を売ることで手に入る収入（幸福）は400円で，これを手に入れる代わりにお財布から原材料費などで出ていくお金（これは不幸なことです）は60円です。それで差し引き340円の幸せ（利潤）が手元に残ります。ですから，あなたにとって1単位目の財は「生産（売り）」です。

　さて，これであなたはもう満足でしょうか。もっと利潤を大きくすることはできないでしょうか。そう考えて，次に2単位目の生産を考えてみましょう。2単位目の生産のためには追加で120円が必要になります。そしてこれを生産して販売すれば，あなたは追加で400円の収入を手にすることができます。ということは，差し引き280円の利潤が手元に残ることになります。ですから，2単位目も「生産（売り）」です。

　さらに，利潤を大きくできないでしょうか。3単位目を生産したら出る費用は180円，入ってくるお金が400円，4単位目を生産したら出る費用は240円，入ってくるお金が400円，5単位目を生産したら出る費用は300円，入ってくるお金が400円と，利潤が出ていますから「生産（売り）」の状況が続きます。同じように考えて，6単位目はどうでしょうか。6単位目の生産のためには追加で360円の費用がかかります。そして6単位目も作って売れば400円ですから，差し引き40円（最初のころよりはかなり利潤は少なくなりました）の利潤が手に入るので，これもやはり「生産（売り）」です。かなり利潤の増加分が少なくなってきましたが，6単位目の生産と販売でさらに利潤を大きくすることができました。

　このあたりまでくると，計算のコツがわかってくるでしょう。つまり，私たちは次の式のような計算を頭の中でしていることになります。

　追加1単位の財を生産（販売）して得る収入の増加分（単位あたり価格：(d)列）－追加1単位を生産して出ていく費用の増加分（限界費用：(c)列）

　＝追加1単位を生産して手元に残った利潤の増加分（利潤の増加分：(e)列）

　つまり追加1単位を生産することで手に入れることのできる利潤の増加分(e)列がプラスであるかぎり，私たちは財の生産をし続けることになります。

　さらに，調子に乗って先に進んでみましょう。次の7単位目はどうでしょうか。7単位目の生産のためには追加で必要な費用は420円です。ところが，

この財の価格は 400 円です。7 番目の財を生産して売っても 400 円しか手に入りません。手元にやってくる収入（幸福）は 400 円ですが，原材料などでお財布からお金が出ていく支出（不幸）は 420 円です。ということは，7 番目を生産（販売）すると，差し引き 20 円の損をすることになります。せっかく 6 単位目まで増えてきた利潤が 7 単位目以降を生産すると，逆に減少してしまうことになります。つまり，6 単位目を生産（販売）したところで利潤は最大になっていることになります（利潤を合計すると (f) 列を見ればわかるように全部で 1070 円です）。これは表 3-4 では網かけをしているところになります。生産は 6 単位目でストップするのがあなたにとって最善の策です。

　以上のことから，生産者（企業）は財の価格よりも限界費用が低いときは財を生産し，財の価格よりも限界費用が高いならば財を生産しないということがわかります。そして容易に想像できるように，価格が限界費用と等しくなるまで財を生産するとき，利潤は最大になります。ただし，企業の社長さん（あなた）はいちいち限界費用を計算して生産量を決めているわけではもちろんありません。この点については第 2 章のコラム②を見てください（40 ページ）。

第3節　供給曲線のデビュー

供給曲線，元をただせば限界費用曲線

　以上のことから，生産者にとってはアウトプットの価格が限界費用と等しくなるところまでで財の生産を止めることが最善の策です。図 3-5 の場合では，表 3-4 の数値例を使った棒グラフのためにデコボコしているので，この場合は価格の横線を限界費用が下回っているところまでが生産しますし，それを上回れば生産しないことになります。

　先ほどと同じようにデコボコが嫌なので，棒グラフの幅を限りなく小さくしていくと，デコボコがとれて限界費用は階段状から右上がりの直線（これは単に見やすくするために直線にしただけで，ずっと右上がりであれば曲線でも構いません）になります。これが図 3-6 です。図 3-6 の場合，縦軸の価格 B をそのまま横軸と平行に右方向へ伸ばしていき，限界費用曲線とぶつかったところ（点 E）で縦軸と平行に下方向に伸ばしていって，そこでぶつかった横軸の数値 C が生産量（販売量）となります。そして，その生産量ときに生産者の利潤が最

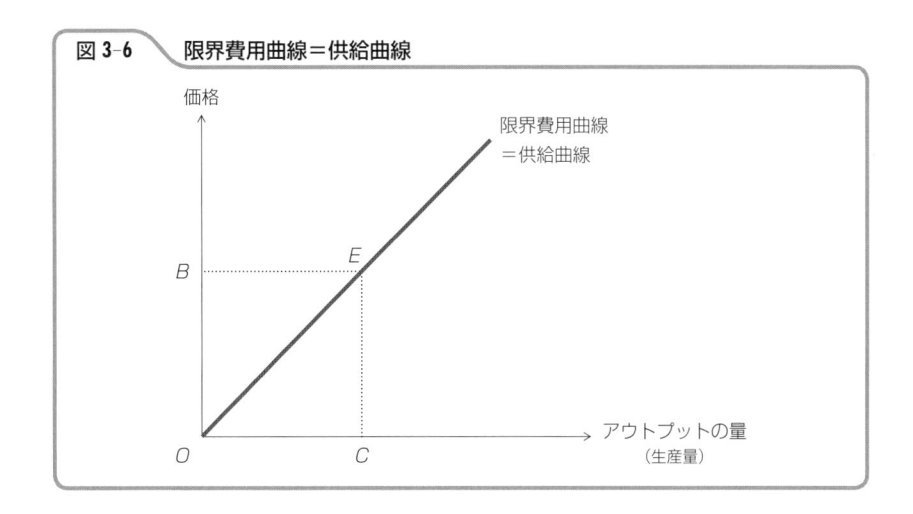

図 3-6　限界費用曲線＝供給曲線

（グラフ：縦軸「価格」、横軸「アウトプットの量（生産量）」。右上がりの直線に「限界費用曲線＝供給曲線」。点Eから縦軸にBへ、横軸にCへ点線。原点O）

大になっています。

　以上を整理しますと，ある価格が与えられたとき，限界費用曲線を使うと自動的に生産者の利潤を最大にする生産量を決定することができます。別の言い方をすると，限界費用曲線は，ある価格のもとで生産者の最適な生産量（供給量）を教えてくれている曲線であるということがわかります。

　さて，そこで気がつくことがあります。ある価格のときに生産者がどれだけの量を供給するのかを示すのが供給曲線です。ということは，限界費用曲線はそのまま供給曲線になっていないでしょうか。この推測は正しいです。限界費用曲線は供給曲線と一致します（第３部でよりはっきりするのですが，厳密にいうと「限界費用曲線が部分的に供給曲線と一致する」ということになります）。限界費用曲線と供給曲線は同一なのです。これでついに供給曲線を手に入れることができました。なんだか最後はあっけなかったような気がするかもしれません。実際のところ，限界費用曲線を導き出した段階で，すでに私たちは供給曲線を手に入れていたのです。

　これまでの生産者の利潤最大化行動のプロセスから自然とわかることですが，供給曲線を読むときに注意するべきことがあります。供給曲線を読むときには，縦軸を先に読み，次に横軸を読むようにしなくてはなりません（図3-7(a)(b)）。

　限界費用曲線では，財の単位が１単位増えるごとに（先に横軸を考えて，数量が原点から右方向に増えていくときに），限界費用がどうなるか（縦軸の高さがどうなるか）を考えてきました。そのときは横軸を先に読み，次に縦軸を読みまし

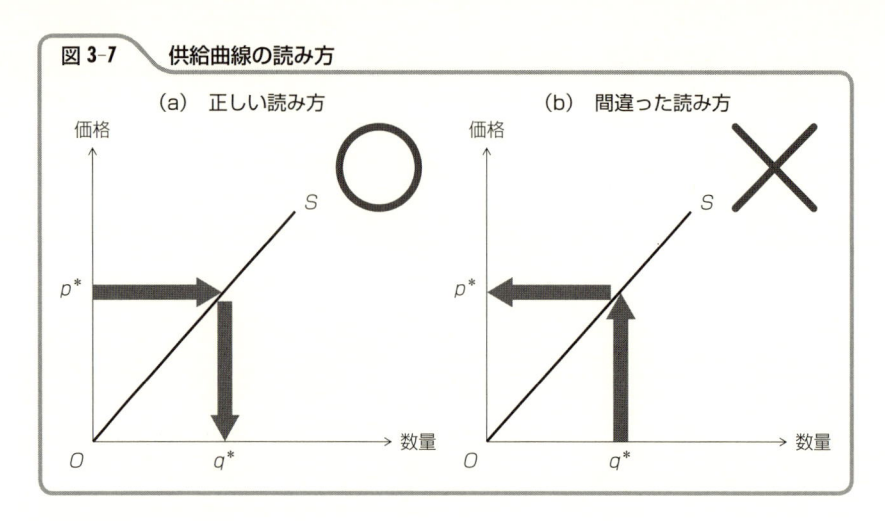

図 3-7　供給曲線の読み方

(a) 正しい読み方　　　　　　　　(b) 間違った読み方

表 3-5　消費者と生産者の対称性（その 9）

消費者	生産者
モノを使って効用を得る	モノを作って利潤を得る
効用最大化	利潤最大化
総効用	総生産性
↓	（縦軸と横軸をひっくり返して，インプットに要素価格をかけ，総費用を求める）
限界効用	限界費用
個人の需要曲線	個人の供給曲線
市場全体の需要曲線	？
消費者余剰	？

た。しかし供給曲線は，ある価格が与えられて，その価格ならば（価格が先）利潤最大化のために生産者がどれだけ生産（供給）するか（供給が後）というように考える曲線です。ですから，「供給量がこれだけだからこの価格」と逆に読んでしまうと訳がわからなくなってしまうので注意が必要です。あえていえば，これが限界費用曲線と供給曲線の違いでしょうか。同じ曲線であっても，限界費用曲線か供給曲線かで軸を読む順番が変わってくるのです。

　以上のことから私たちが手に入れた用語をまとめると表 3-5 のようになります。

　お笑い芸人の中には「一発屋」といって，大ヒットの後でいつの間にかテレビ番組から消えてしまう人がいます。また一発屋ほどではないですが，旬を過ぎた芸人さんはだんだんと露出が少なくなって，懐かしい人のグループの中に入ってしまいます。

　ところが，お正月のテレビ番組を見ていると，そうした懐かしいお笑い芸人さんがたくさん出てくることがあります。「あー，こんな人いたねー」なんてテレビを見ながら仲間うちで懐かしがるのもお正月番組ならではです。その一方，お正月の生番組では超一流といわれる芸人さんたちはあまり現れません。むしろ，お正月の前後にハワイやグアム，オーストラリアなどを行き来する，顔を隠した一流芸能人が芸能バラエティ番組突撃レポーターの格好の餌食となっています。こうした現象はどのように説明できるのでしょうか。

　一流芸能人のギャラは相当高いと思います。高額所得者といっていいでしょう。そういう人たちは十分稼いでいるのでこれ以上働く必要はなく，むしろお正月くらいはゆっくりと休みたいと思うでしょう。つまり労働してお金を稼ぐよりも，余暇の方がよほど大事になります。一方，売れなくて生活も苦しいお笑い芸人さんたちは喜んでテレビ番組に出演します。お正月番組では一流芸能人が出演しないので，こうした芸人さんにもお仕事が回ってくることになります。

　これは労働の供給に関する現象です。通常の労働者は，賃金（労働の価格）が高くなればなるほど多くの時間働こうとします（労働の供給量を増やします）。その方がたくさん稼げるからで，供給曲線が右上がりであることを裏打ちする現象です。ところが，どんどん賃金が上昇していくと，今度はそんなに働くよりも休んで余暇を楽しむことの方が大切になってきます。たくさん稼いでもお金は使えなければ意味がないということなのでしょう。そうなると，賃金の上昇によって余暇時間が増えて，逆に労働の供給量は減るようになります。

　ですから，余暇を考えたとき，労働の供給曲線は一定の賃金までは右上がりですが，ある点を通過すると供給曲線は反転して左上の方向に向かうことになります。これは通常の供給曲線とは異なる形状となります。

　一流芸能人は少し働くだけで高額なギャラを得ます。ですから，少しだけ働いて後は遊んでいたいでしょう。三流芸能人はお金があまりないし，安いギャラでも喜んで働きます。そうした労働の供給曲線があるから，お正月番組で私たちは懐かしいお笑い芸人さんたちと再会できるのでしょう。

各企業の供給曲線と市場全体の供給曲線

　いま手に入れた供給曲線は，ある生産者個人（企業1社）の供給曲線です。

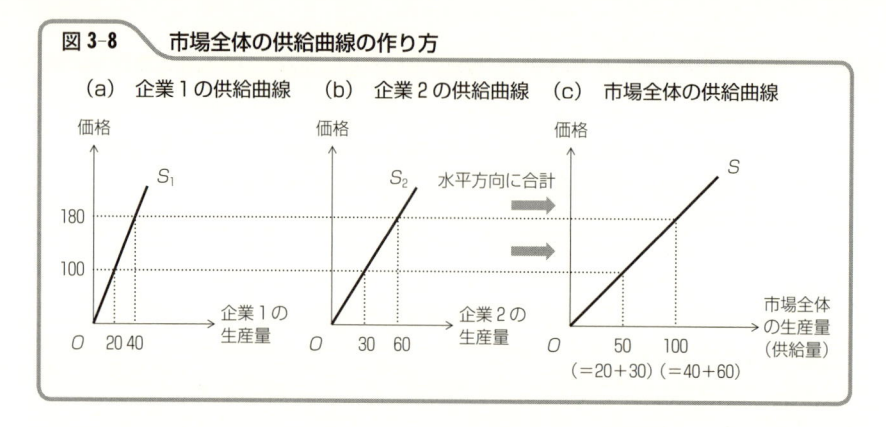

図3-8　市場全体の供給曲線の作り方

（a）企業1の供給曲線　　（b）企業2の供給曲線　　（c）市場全体の供給曲線

ある1社の企業が，それぞれの価格のときに利潤最大化できるような生産量をそれぞれ求め，その組み合わせの点をつなげてみたらそれが曲線（直線）になったということです。

もちろん，市場に参入しているのは企業1社だけではありません（独占市場の場合を除きます）。通常は数百，数千，数万という企業が市場にいるでしょう。そして，企業それぞれにその規模や技術，生産ノウハウが違いますから，ある価格が与えられたときに生産したいと思う量もそれぞれ違います。数万社もの企業に登場してもらうのは大変なので，仮にこの市場に5社の企業がおり，ある価格のときに5社がそれぞれ10，15，8，12，9という生産量を生産するとすれば，その価格での市場全体の供給量は10＋15＋8＋12＋9＝54となります。こうしていろいろな価格と，その価格のときの各企業の各生産量を合計した生産量の組み合わせを描いてみれば，それが市場全体の供給曲線になります。図3-8(a)(b)(c)では市場に2社の企業がいるとした場合の，各企業と市場全体の供給曲線を描いています（数値は適当です）。

図3-8からもわかるように，視覚的にとらえてみると，各企業の供給曲線を横軸に平行に右方向へ合計すると市場全体の供給曲線が描けることになります。もし仮にすべての企業がクローン企業のように同じ規模，技術，生産ノウハウ，つまりまったく同じ供給曲線を持っていれば，その企業の数だけ各企業の供給曲線を右方向に整数倍したものが市場全体の供給曲線となります。やや非現実的ですが，理論の理解を早めたいならば，あまり多様な企業をそのたびにいちいち考えるよりも，とりあえずそっくりさんであるクローン企業がたくさんいると考えておいた方がわかりやすいと思います。

表 3-6　　消費者と生産者の対称性（その 10）

消費者	生産者
モノを使って効用を得る	モノを作って利潤を得る
効用の最大化	利潤の最大化
総効用	総生産性
↓	（縦軸と横軸をひっくり返して，インプットに要素価格をかけ，総費用を求める）
限界効用	限界費用
個人の需要曲線	個人の供給曲線
市場全体の需要曲線	市場全体の供給曲線
消費者余剰	？

　さて，そうやって企業の供給曲線を右方向に合計していきましょう。私たちが右上がりの各企業の供給曲線を，同じグラフの同じ目盛りの上で次々と機械的に右方向に合計していくと何が起こるでしょうか。あら不思議，というか当たり前なのですが，市場全体の供給曲線がどんどん横に寝ていくことがわかります。それでも構わずどんどん右方向に合計していくと，市場全体の供給曲線はほとんど横軸と平行な線になってしまいます（実際に紙と鉛筆を使って試してみてください）。ということは，市場全体の供給曲線は水平になるのでしょうか。

　それは違います。これは単なる縮尺のマジックにすぎません。たとえば，紙の上に市場全体の供給曲線を描くとして，1 ミリを生産量 1 単位としましょう。そして，その市場には 1 万社のクローン企業がおり，ある価格でクローン企業がそれぞれ 10 単位の財を生産するものとしましょう。そうすると，市場全体の供給量は 10 万単位（1 万社×10 単位）ですから，紙の上では 10 万ミリ，つまり 100 メートルの幅が必要なことになります。しかし，そのような紙は普通の家庭では存在しません。こういうとき，私たちは 1 ミリで生産量をたとえば 1000 単位というように書き直すでしょう。そうすれば，横軸の幅は 10 センチとなり，あら不思議（？），市場全体の供給曲線はおなじみの右下がりの供給曲線となります。

　以上のことから表 3-6 ができあがります。

生産者の幸せを形にする

　以上で生産者個人（各企業）の場合と市場全体の場合の供給曲線を手に入れることができました。その一方で，私たちは同時に非常に大きな副産物も手に入れています。単なる曲線（直線）にしか見えない供給曲線が，私たちの利潤の大きさを計算してくれるのです。それを以下で見ていくことにしましょう。

　そのヒントはすでにこれまでの生産者行動の説明の中に仕込まれています。表 3-4 あるいは図 3-5 を再び見てみましょう。最初の 1 単位で私たちが手に入れることのできた収入（幸福）は 400 円です。しかし財はタダでは生産できません。ここでは生産に必要な費用 60 円を支払わなくてはいけませんから，60 円のお金がお財布から出ていきます。お金が出ていくことは不幸です。手に入れることができる収入（幸福）が 400 円，お金が出ていく費用（不幸）が 60 円で，差し引き私たちの 1 単位目の財を生産することで手元に残る利潤（幸福）は 340 円になります。同じように 2 単位目を生産（販売）して手に入れることのできる収入は（幸福）400 円，お金が出ていく費用（不幸）が 120 円ですから，2 単位目の生産・販売から手元に残る利潤（幸福）は 280 円です。

　こうして 6 単位目まで財を生産（販売）しますから，それらを合計したものが私たちの利潤の総額となります。図 3-5 にさらに書き足した図 3-9 (a) を見てみましょう。棒グラフの場合は 400 円という横軸に水平な点線と棒グラフの上端にはさまれた面積の合計（網かけ部分）が利潤の総額となります。これを**生産者余剰**と呼びます。どうして「余剰」という言葉を使うのかというと，財を生産することで得た収入（幸福）から，お金が去っていく費用（不幸）を差し引いた「余り」が自分の手元に残った利潤だからです。

　次に，棒グラフの幅を限りなく小さくしていくことでなめらかになった供給曲線で考えてみましょう。これが図 3-9 (b) です。これまで述べてきたように，価格が B のとき点 B から出発して右方向に行き，供給（限界費用）曲線とぶつかった点 E から下方向に降りていって横軸と交わった点 C を生産量とすれば，この生産量で企業の利潤は最大になります。

　この直線の下に図 3-9 (a) の棒グラフを重ねてみればわかるように，供給曲線の下側の面積は企業がその財の生産のために必要な費用の総額，つまり総費用であることがわかります（棒グラフの面積の合計）。たとえば供給量（生産量）

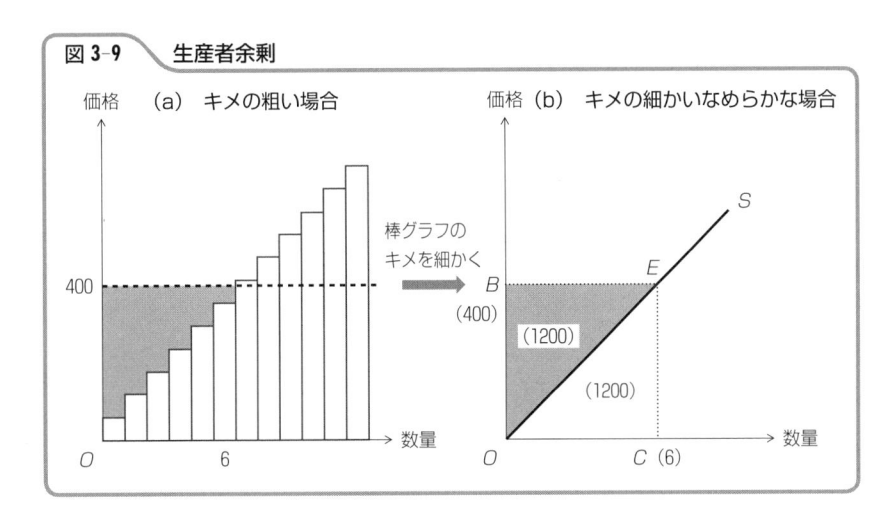

図 3-9　生産者余剰

価格　（a）キメの粗い場合

400

O　　　6　　　数量

棒グラフの
キメを細かく

価格　（b）キメの細かいなめらかな場合

S

B
(400)　　　　　*E*

(1200)

(1200)

O　　　　　　　*C*（6）　数量

が点 *C* までならば，そこまで生産することによる企業の支払う費用の合計（総費用）は△*OEC* となります。これが *C* まで生産したときの総費用（不幸）です。

　一方で，*C* 単位まで生産して売ればそれは収入となります。財の価格は 1 単位あたり *B* 円で，それを *C* 単位売るのですから，これは小学校の算数のように，「1 個 *B* 円の商品を *C* 個売りました。全部でいくらお金をもらえるでしょうか」という問題です。つまり価格に生産（販売）量をかけ算すればそれが収入総額です。価格は縦軸の距離 *OB* で表されていますし，生産量（供給・販売量）は横軸の距離 *OC* で表されていますから，価格×数量とは縦の長さ *OB*（高さ）と横の長さ *OC*（底辺）をかけ算したものです。これは小学校で習った面積の計算方法で，企業の収入総額は長方形 *OBEC* の面積となります。これが企業に入ってくる収入（幸福）です。入ってくる収入（幸福）は長方形 *OBEC* で，出ていく費用（不幸）は△*OEC* ですから，収入から費用を引いて手元に残る利潤，つまり生産者余剰は△*OBE* となります。

　図 3-9 (b) と表 3-4 を対応させてみましょう。点 *B* が 400 となり，利潤を最大化する生産者は 6 単位まで生産・販売しますから点 *C* は 6 となります。このときの総収入は 2400（＝400×6）で，これが長方形 *OBEC* の面積になります。総費用は 1200 で，これが△*OEC* の面積となります（価格を *p*，数量を *q* とすると，直線は *p*＝60*q* となります。この直線と表 3-4 (c) 列は一致しています）。したがって，生産者余剰 1200（＝2400−1200）が△*OBE* の面積に対応します。なお，表 3-4 では 6 単位の生産で総費用が 1260 となっていますが，これと図

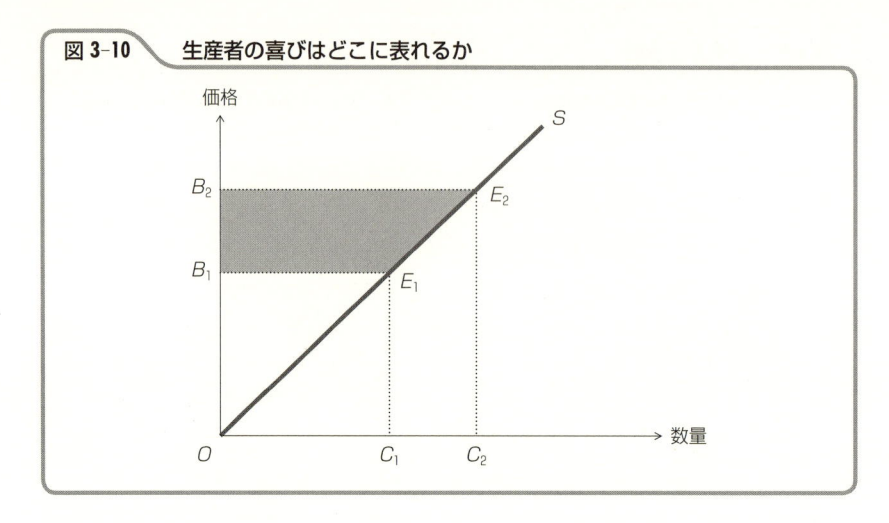

図 3-10　生産者の喜びはどこに表れるか

3-9(b) の 1200 との違いは，キメの粗いグラフを細かくしたことによるズレです（棒グラフと直線の間に隙間があるためです）。

　生産者は生産者余剰が増えれば増えるほど嬉しいことになります。生産者の嬉しさという心理状態は，この供給曲線を使って以下のように説明することができます。図 3-10 を見てみましょう。

　いま，この財の価格が上がって B_1 から B_2 になったとしましょう。このとき自分の利潤を最大にしたい生産者（企業）は購入量を C_1 から C_2 に増やします。その結果，生産者余剰は $\triangle OB_1E_1$ から $\triangle OB_2E_2$ になり，生産者余剰は台形 $B_1B_2E_2E_1$ だけ増加します。ですから，生産者は価格が上がると嬉しいのです。ときどき農家が作っている野菜の値段が高くなると，その農家の人は「儲かった！」と嬉しくなりますが，その嬉しい気持ちがこの台形 $B_1B_2E_2E_1$（網かけの部分）です。

　ただ，消費者余剰と違って生産者余剰について 1 つ注意しておかなくてはならない点があります。それは**固定費用**の存在です。費用は**可変費用**と固定費用の 2 つに分類することができます。可変費用とは，原材料の費用のように生産量に応じて変化する費用で，固定費用とは土地のように，生産量を変えても（生産をしなくても）変化しない費用のことです。

　限界費用は，原材料費を考えればわかるように，生産量を増やせば増やすほど増加します。これは可変費用についてのみいえることです。一方，土地などの固定費用はどれだけアウトプットを生産しても変化せず，限界費用はつねに

表 3-7　消費者と生産者の対称性（その11）

消費者	生産者
モノを使って効用を得る	モノを作って利潤を得る
効用最大化	利潤最大化
総効用	総生産性
↓	（縦軸と横軸をひっくり返して，インプットに要素価格をかけ，総費用を求める）
限界効用	限界費用
個人の需要曲線	個人の供給曲線
市場全体の需要曲線	市場全体の供給曲線
消費者余剰	生産者余剰

ゼロです。それでも確かに費用はかかっています。供給曲線は限界費用曲線ですから，この限界費用曲線には固定費用が含まれていないことになります。このため，生産者余剰はそのままそっくり利潤になるとはいえません。というのは，生産者余剰から可変費用だけではなく，固定費用も合わせて引き算したものが本当の利潤だからです。逆にいえば，固定費用がゼロのときのみ，生産者余剰は正確に利潤と等しいことになります。

　しかし，現時点ではこの点を神経質に考えなくてもあまり影響がありませんので，いささか乱暴ですが，生産者余剰＝利潤と考えていても本書に関するかぎりはとくに差し支えありません。この可変費用と固定費用の区分とその重要性は第9章で明らかになります。

　以上は各企業の供給曲線で表した生産者余剰です。市場全体の供給曲線で表した市場全体の生産者余剰もまったく同じで，市場に参入している企業のそれぞれの生産者余剰を合計したものが市場全体の生産者余剰です。クローン企業の場合，各企業の供給曲線を右方向に整数倍した市場全体の供給曲線に基づいて計算した生産者余剰の面積は，各企業の供給曲線に基づいて計算した生産者余剰の整数倍と等しくなっています。ですから，生産者余剰について，企業の供給曲線も，市場全体の供給曲線もまったく同じように考えることができます。

　生産者余剰は，ミクロ経済学においてこれから絶大な威力を発揮することになりますが，しばらくその秘めた能力はこのままにしておくことにしましょう。

　以上のことから表3-7ができあがります。これで空白が全部埋まりました。

練習問題

3-1 次の文章の空欄に当てはまる言葉を下から選んでください。なお，以下の文章中にある言葉が空欄に入る可能性もあります。ただし，②についてはカッコの中の適切な用語を選んでください。

　　生産者はインプット（投入量）を増やせば増やすほどアウトプット（産出量あるいは生産量）の総量を増やすことができる。このアウトプットの総量のことを（　①　）と呼ぶ。通常の生産のパターンでは，アウトプットの総量は増え，その増え方は（②増える・変わらない・減る）。インプットを 1 単位追加したことによるアウトプットの増加分を（　③　）と呼ぶ。（　④　）がなければ，（　①　）曲線や（　③　）曲線はなめらかな線を描く。これらの曲線を示す図では，（　⑤　）軸にインプットの量がとられ，（　⑥　）軸にアウトプットの量がとられている。いま，この両軸を入れ替えてみよう。生産に必要な原材料などは（　⑦　）と呼ばれるが，その価格である（　⑧　）をアウトプットにかけ算すると，（　⑥　）軸は（　⑨　）となる。

　　（　⑨　）から（　⑩　）を求めることができる。（　⑩　）とはアウトプットを 1 単位追加したことによる（　⑨　）の増加分のことである。（　⑨　）曲線の形状から，（　⑩　）は一貫して増加することがわかる。

> 限界生産性　限界費用　生産要素　総生産性　総費用　縦　不可分性
> 要素価格　横

3-2 次の文章の空欄に当てはまる言葉を下から選んでください。なお，以下の文章中にある言葉が空欄に入る可能性もあります。ただし，①②についてはカッコの中の適切な用語を選んでください。

　　生産者は財の価格が限界費用よりも高いときは生産量を（①増やす・変えない・減らす）。また，財の価格が限界費用よりも低いときは生産量を（②増やす・変えない・減らす）。財の価格が限界費用と等しいとき，生産者の（　③　）は最大になる。したがって，生産者は価格と限界費用が等しくなる量を生産する。このことから（　④　）曲線は限界費用曲線と一致する。

　　限界費用曲線の下側の面積は総費用を表す。したがって，収入から限界費用曲線の下側の面積を差し引いた残りを（　⑤　）という。つまり，生産者の（　③　）の大きさは（　⑤　）で表すことができる。しかし，（　⑤　）は（　③　）とつねに同じにはならない。なぜならば，限界費用曲線の下側の面積は（　⑥　）の総額であって，（　⑦　）は含まれていないからである。（　⑦　）がゼロのときのみ（　⑤　）は（　③　）と等しい。

　　（　④　）曲線は，需要曲線と同じように，まず（　⑧　）軸を先に読み，次に（　⑨　）軸を読むようにしなくてはならない。

市場全体の供給曲線は生産者個人の供給曲線を（　⑩　）方向に合計すれば導出することができる。

可変費用　供給　固定費用　生産者余剰　縦　右　横　利潤

3-3　次の文章の空欄に当てはまる適切な数値を入れてください。なお，空欄の番号が違うからといって違う数値が入るとは限りません。

　　ある市場での財の価格を p とし，数量を q として，ある生産者の供給曲線が

$$p=\frac{1}{3}q$$

で表されるものとする。価格が 12 であるとすれば，この生産者の供給量は（　①　）となる。このときのこの生産者の収入は（　②　），供給曲線（限界費用曲線）の下側の面積は（　③　）となるので生産者余剰は（　④　）となる。いま価格が 18 に上昇したとしよう。このときのこの生産者の供給量は（　⑤　），収入は（　⑥　），供給曲線（限界費用曲線）の下側の面積は（　⑦　）となるので，生産者余剰は（　⑧　）となることがわかる。この結果，価格が上昇することによって生産者余剰は（　⑨　）だけ増加していることがわかる。もし固定費用が（　⑩　）ならば，生産者余剰は利潤と等しい。

第4章

需要曲線と供給曲線が出会って
市場が生まれます

　第2章と第3章で手に入れた需要曲線と供給曲線をこの章でぶつけてみましょう。需要曲線と供給曲線が出会うところ，それが市場です。あたかも酸素と水素が反応するように需要曲線と供給曲線が出会うと，いろいろなことが起こります。それを見ていくのがこの章の目的です。需要曲線と供給曲線をぶつけて発生した価格がいろいろな動きをすることで市場メカニズムがどういうものであるかがわかってきます。また，なぜ市場メカニズムを経済学者が重視するのかもわかるようになります。それに加えて，市場メカニズムの簡単な説明を使うだけで，社会現象を分析することもできるようになります。

重要語句の流れ

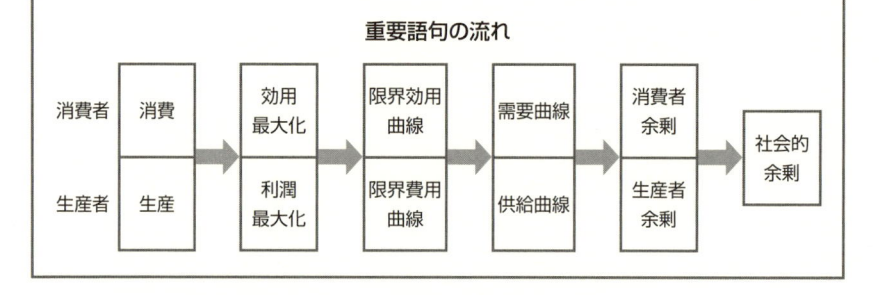

消費者	消費	効用 最大化	限界効用 曲線	需要曲線	消費者 余剰	社会的 余剰
生産者	生産	利潤 最大化	限界費用 曲線	供給曲線	生産者 余剰	

第1節　完全競争市場デビュー

市場：需要曲線と供給曲線の出会い

　私たちはこれまでに需要曲線と供給曲線という，経済学の分析上非常に有力な武器（モデル）を手に入れることができました。次にこれらを使いこなす段階に来ました。それが市場です。

　「市場」というと，ある人は狭い路地の両側にせり出すように鮮魚店や乾物店，果物店が並んでいて裸電球がぶら下がり，通路は水で濡れているというような情景を想像するかもしれません。しかし，それは「いちば」であって，経済学の想定する「しじょう」そのものとは違います。またある人は，株式市場や外国為替市場などを思い出して，しばしばテレビのニュースで映る，株価が次々と流れていく東京証券取引所のディスプレイの風景が市場であると思うかもしれません。そして東京証券取引所ならば，そこは取引「所」ですから市場の場所だと思うかもしれません。しかし，これも経済学の想定する市場そのものとは違います。「いちば」もそうですが，株式市場や外国為替市場も取引時間が決められていて，お休みになることがあります。

　しかし，経済学でいう「市場」には時間も場所も関係がありません。言い換えれば，需要曲線と供給曲線が出会えばいつでもどこでもそれが市場です。たとえば，ネットオークションは市場です。また，海外旅行先で土産物を値切るのが楽しいという人の場合，その交渉は市場です。鉄道に乗ろうとして自動改札を IC カードで通過することも市場です。消費者と生産者が出会ったとき，それぞれが持っている需要曲線と供給曲線が出会います。それが市場です。先に述べた「いちば」や東京証券取引所，外国為替市場などもこの意味で「市場」ですが，経済学の考える市場では時間や場所は関係ないということに注意してください。

　ただ，市場といってもいろいろな形態があって千差万別ですから，ここでそれらの1つ1つを取り上げて説明するのは不可能です。そこで経済学において最もよく論じられる市場として，ここでは**完全競争市場**を取り上げることにします。それ以外の市場は**不完全競争市場**と呼ばれます。不完全競争市場については，第11章で不完全競争市場の1つである独占市場を取り上げます。

さて，完全競争市場とは何でしょうか。しばしば世間では「市場メカニズム」という言葉が使われます。このとき，たいてい想定されているのは完全競争市場です。完全競争市場であるための条件については，テキストによっていろいろな表現方法があり，必ずしも統一的なものがあるわけではありません。その中でも，最も典型的と思われる定義を取り上げるとすれば，次に述べるような4つの条件をすべて満たすものが完全競争市場とされます。

　⑴　市場で取引される財は同質である。

　⑵　多数の消費者と生産者が存在する。

　⑶　情報が完全である。

　⑷　参入と退出が自由である。

　⑴について。これは1つの市場で取引される財やサービスはただ1つだけで，どの生産者が生産するものであっても，まったく同じものでなくてはならないということです。これはある意味では当然のことで，もし違うものであればそれぞれの財やサービスについて別の市場が成立することになります。また，まったく同質の財・サービスのように見えても，その販売に関する付帯的な条件が異なっていると違う財と見なすことがあります。たとえば，ある商品の送料が無料である場合と有料である場合，品質保証期間が半年の場合と3年の場合では，その商品は厳密には相互に異なると考えることになります。

　⑵について。この条件はそれ自体が重要というよりも，これによって消費者も生産者も自分で勝手に価格を変えられないということの方が重要です。つまり，消費者も生産者も価格を単に受け入れることしかできない存在である，ということです。こうした消費者や生産者のことを**プライス・テイカー**（価格を受け入れる人）と呼びます。先に述べた「価格支配力」がないということです。

　数多くの消費者，生産者がいる市場の中では1人の消費者，生産者は非力な存在です。たとえある消費者が「オレ（私）はこんな価格じゃ嫌だ！」と叫んだところで，自分の思うとおりに価格は下がりませんし，ある生産者が「わが社はこんな価格じゃ嫌だ！」と叫んだところで，自分の思うとおりに価格は上がりません。価格はあくまで市場の力で決まります。

　もちろん，消費者や生産者がいっせいに同じ方向に動けば価格は動くでしょう。しかし消費者も生産者も，通常はバラバラに勝手な思惑で動いています。

ですから，お互いがいろいろな方向に押し合い，引っ張り合う力が働いて，全体として価格が決まってくることになります。

　読者のみなさんの中には，学校の理科の授業で「ブラウン運動」という言葉を学んだことがあるかもしれません。たとえば，牛乳などの液体の中の微粒子はそれぞれ勝手にさまざまな方向に動いていて，全体としての動きは不規則です。特定の微粒子のみがその動きを作り出しているのではありません。消費者や生産者はこうした微粒子にたとえられます。

　プライス・テイカーの正反対に位置するのが，自ら価格を設定できる**プライス・メイカー**（価格を作る人。プライス・セッターという場合もあります）であり，プライス・メイカーが該当するのは主に第 11 章で述べるような独占市場です。

　条件 (2) のあるときは，消費者も生産者もプライス・テイカーとして価格を受け入れなくてはなりませんから，その与えられた価格のもとで，消費者は自己の効用を最大にするように消費量を決め，生産者は自己の利潤を最大にするように生産量を決めます。これが需要曲線と供給曲線のグラフを，縦軸を先に，横軸を後に読んだ理由です。

　(3) について。これはその市場において取引される財がどのようなものであるか，また価格がどうなっているかというようなことについて，市場に参加している消費者も生産者もみんな等しく同じ情報を持っており，またその情報を得るのに時間差などがないという条件です。

　この条件の意味するところは，市場に参加する経済主体（消費者，生産者）は全員同じ条件のもとで取引をするということです。これはスポーツでいえば，いわばフェアプレーをするための条件であるともいえます。特定の人が特定の情報を持っていて別の人がその情報を持っていなければ，公正な取引ができないことはいうまでもないでしょう。インサイダー取引はこの条件を満たさない典型です。たとえ最終的にすべての経済主体が同じ情報を得ることになったとしても，時間差を利用して利益を上げようとするのがインサイダー取引の一例です。これを**情報の不完全性**と呼びます。

　この情報の不完全性には**情報の非対称性**もあります。情報の非対称性とは，市場の参加者間で情報が偏っていることをいいます。たとえば，医療サービスの生産者である医師と，消費者である患者の間には圧倒的な情報量（医学的知識）の差があります。したがって，医療サービスは完全競争の条件を満たさな

いということがよく指摘されます。

　(4) について。これはいわば「来る者は拒まず，去る者は追わず」の条件です。ある市場に参加したい人はいつでも自由に自分の意思で参入できますし，出て行きたい人はいつでも自由に自分の意思で退出できます。ある消費者がスーパーでキャベツの価格を見て，「今日は高いから買うのをやめよう」と思えば，その市場から退出していることになります。また，ある生産者がキャベツの価格が高いということでキャベツを生産し，スーパーで売るとすればその市場に参入することになります。そうしたことに一切の障害がないということがこの条件です。

　しかし，現実には参入と退出が自由ではない事例がたくさんあります。たとえば，特許がある場合，ある商品が売れているからといって，それを作っている会社の技術をそっくりまねして同じ商品を生産・販売することはできません。これは参入が自由でない例です。また，鉄道会社は「儲からないから明日から列車の運行を止める」などと突然言い出すことはできません。これは退出が自由でない例です。

　以上が4つの条件の細かな説明です。経済学者が「市場メカニズムの活用」というときには，頭の中でこの完全競争市場というものを描いていることが多くあります。ですから，今後は「市場」といえば完全競争市場を指すものと考えることにしましょう。以上の完全競争市場であるための条件のうち，どれか1つでも欠けると，それは不完全競争市場になります。不完全競争市場については，完全競争市場の理解ができた後で学ぶと理解しやすいでしょう。

　なお，しばしば世間では「自由競争市場」とか「自由市場」といった言葉がバラバラに使われています。しかし，経済学においてはこうした言葉はあまり使われず，「完全競争市場」という言葉で統一されています。言い換えれば，「自由競争市場」や「自由市場」といった言葉は経済学用語として認定（?）されていません。ですから，ここでも自由競争市場とか自由市場という言葉は使わないことにします。

バッテンで決まる価格

　需要曲線と供給曲線が出会えば，それが市場であるということを述べました。市場では「買って使いたい」という人と「作って売りたい」という人が出会う

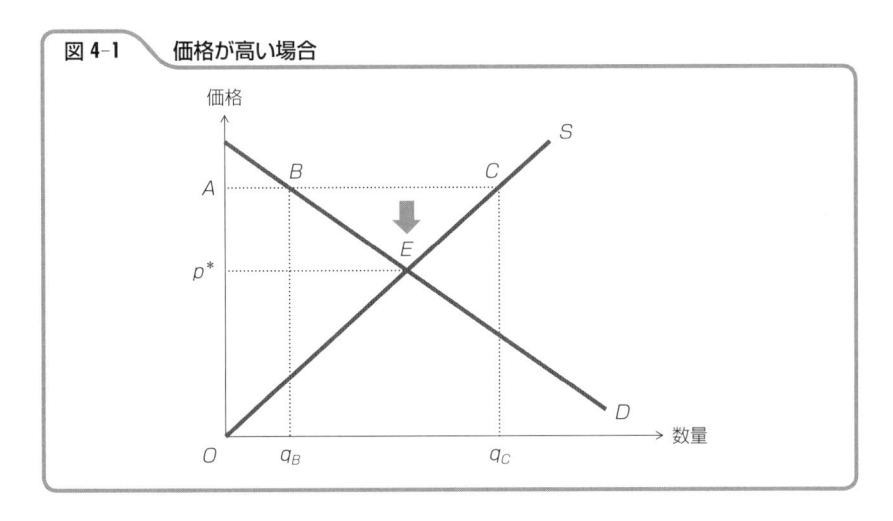

図 4-1　価格が高い場合

のですから，当然そこでは両者の間で取引が起こります。その取引の結果，市場では価格（**市場価格**）が決まります。

　高校の政治・経済の教科書では，需要曲線と供給曲線が同じグラフの上に書かれれば，その交点で価格が決まるということが教えられます。私も高校時代，教科書を見るといきなり需要曲線と供給曲線の交わっているバッテンのようなグラフが載っていました。しかし，誰が需要曲線と供給曲線の交点（バッテン）で価格が決まると定めたのでしょうか。この交点が大事だといわれることが多いのですが，なぜそこで価格が決まるのかを明らかにしてくてなりません。そこで，ここではこのことを考えましょう（経済学用語では**ワルラスの調整過程**と呼ばれている説明方法です）。

　いつも需要曲線と供給曲線の交点で価格が決まっているということから始めるのはしゃくですから，あえてこの交点とは違うところから話を始めることにします。図 4-1 を見てください。縦軸に財の価格をとり，横軸に財の数量をとります。D は需要曲線で，S は供給曲線です。まず，価格が交点よりも高いところにある場合（価格 A）を考えます。

　効用を最大化したい消費者は，価格が A ならば，点 A から出発して点線を右方向に動き，点 B にぶつかったら下方向に降りて行って，q_B まで買いたいと考えていることがわかります。つまり，消費者は価格が A ならば，効用を最大にするために q_B の量を需要します。一方，利潤を最大にしたい生産者は，価格が A ならば，点 A から出発して点線を右方向に動き，点 C にぶつかった

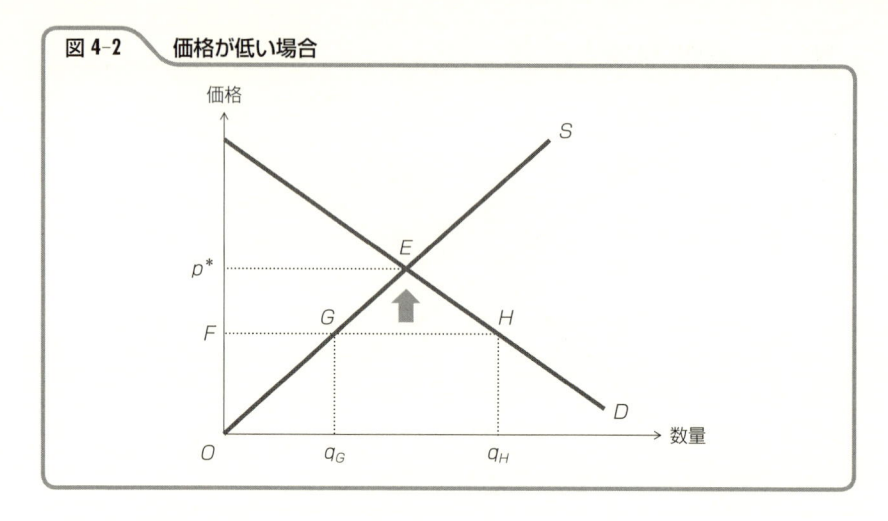

図 4-2　価格が低い場合

価格 / S / p^* / E / F / G / H / D / O / q_G / q_H / 数量

ら下方向に降りて行って，q_C まで生産したいと考えていることがわかります。つまり価格が A ならば，生産者は利潤を最大にするために q_C の量を供給します。

　この結果，市場に出回る財の量は q_C，消費者がほしがる財の量は q_B となりますから，この市場では幅 BC だけ財が余ってだぶつくことになります（この BC の部分を**超過供給**と呼びます）。そうなると容易に想像できるように，この財の値崩れが始まります。ちょうど農業でいう「豊作貧乏」のような状況です。生産者は消費者に財を買い叩かれて価格は低下します。BC の幅が存在するかぎり，財はだぶついているので価格は低下し続けます。しかし価格が p^* のときには超過供給（BC の幅）はなくなりますから，それ以上価格は低下しません。市場価格は p^* で下げ止まることになります。

　今度は反対に，価格が交点よりも低いときにある場合を考えます（価格 F）。図 4-2 の縦軸，横軸，D と S などは図 4-1 と同じです。効用を最大化したい消費者は，価格が F ならば，点 F から出発して点線を右方向に動き，点 H にぶつかったら点線を下方向に降りて行って，q_H まで買いたいと考えていることがわかります。つまり価格が F ならば，消費者は効用を最大にするために q_H の量を需要します。一方，利潤を最大にしたい生産者は，価格が F ならば，F 点から出発して点線を右方向に動き，点 G にぶつかったら点線を下方向に降りて行って，q_G まで生産したいと考えていることがわかります。つまり価格が F ならば，生産者は利潤を最大にするために q_G の量を供給します。

　学者というのは率直にいって，その道の「オタク」であるといってもいいでしょう。とくに経済学者の場合は，あるモデルや理論が打ち立てられれば，それを徹底的に極めようとしますし，おまけに疑い深いので，どこかに欠点はないかと悪くいえば「アラ探し」をします。しかし，そうした経済学者が多くいるおかげで経済学の理論はしっかりとした論理体系を構築できたのだともいえます。

　市場均衡についても，右下がりの需要曲線と右上がりの供給曲線があるのですから，1つの点で交わって価格と数量が決まるからいいじゃないか，ということではすまされません。市場均衡を考える場合，経済学者は市場均衡の存在（あるの？），一意性（1つなの？），安定性（落ち着いているの？）ということを気にします。

　(a)の図は，市場均衡が存在しない事例です。価格がどれだけ上がろうと，つねに需要が供給を上回っています。このような実際の事例はなかなか見つけにくいのですが，理論的には均衡が存在しない例です。

　(b)の図は，市場均衡の一意性が満たされない事例です。第3章のコラム④（69ページ）で述べたような労働の供給曲線がこれに当てはまります。市場均衡点が2つあって，どちらが成立するのか検討の必要があります。

　(c)の図は，市場均衡が安定性を持たない事例です。本文で述べたやり方で価格の動きを見てみましょう。いったん市場均衡価格からずれてしまうと，価格は永遠に市場均衡価格に戻ってきません。ですから不安定であるといわれます。

　このように市場均衡も突き詰めて考えると，いろいろな状況がありえます。詳細な分析は中級や上級のミクロ経済学の本に任せましょう。

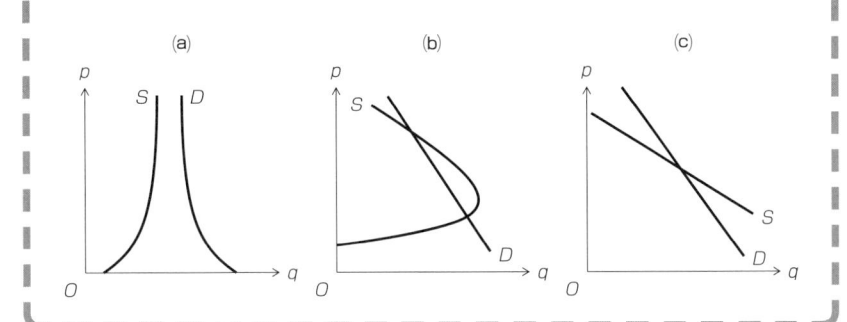

　この結果，市場に出回る財の量は q_G，消費者がほしがる財の量は q_H となりますから，この市場では幅 GH だけ財が足りなくなって，財を消費者が奪い合うことになります（この GH の部分を**超過需要**と呼びます）。そうなると容易に想像できるように，この財の値上がりが始まります。ちょうど人手不足による

賃金の上昇のような状況です。消費者は生産者に足元を見られて，財の価格が上昇します。GH の幅が存在するかぎり，財が足りないので価格は上昇し続けます。しかし，価格が p^* のとき超過需要（GH の幅）はなくなりますから，それ以上価格は上昇しません。市場価格は p^* で上げ止まることになります。

　以上のことからわかることは，需要曲線と供給曲線の交点のときの価格 p^* よりも高いとき，価格には下がろうとする力が働き，その結果，価格は下がり続けて最終的には価格は p^* になります。一方，両者の交点のときの価格よりも低いとき，価格には上がろうとする力が働き，その結果，価格は上がり続けて最終的には価格は p^* になります。

　したがって，両者の交点での価格 p^* 以外では，価格はじっとしていることができず，低下あるいは上昇して最終的にはいつも価格は p^* で落ち着こうとします。ですから，完全競争市場で p^* 以外の価格はありえないことになります。この価格 p^* を（完全競争）**市場均衡価格**と呼び，このときの需要と供給の一致した量 q^* を（完全競争）**市場均衡量**と呼びます。また両曲線の交点を（完全競争）**市場均衡点**と呼びます。

第2節　市場均衡は望ましいのか

市場均衡の望ましさ

　完全競争市場では，放っておいても自然に価格は需要曲線と供給曲線の交点に落ち着きます。そして，何らかの理由でこの市場均衡価格からズルッとずれたとしても，価格が上にずれれば下に向かう力が働き，下にずれれば上に向かう力が働いて，市場均衡価格は安定的に維持されます。

　すでに私たちは第2章と第3章で消費者余剰と生産者余剰という分析の道具を手に入れています。消費者余剰は消費者の幸せ（純効用）を，生産者余剰は生産者の幸せ（利潤）を表すものでした。これを完全競争市場に当てはめたものが図4-3です。縦軸にはいつものとおり価格をとり，横軸にはいつものとおり数量をとります。市場均衡点は点 E で，市場均衡価格が p^*，そして市場均衡量が q^* となります。ここで $\triangle p^*AE$ が消費者余剰になり，$\triangle Op^*E$ が生産者余剰になります。

　ミクロ経済学では社会が消費者と生産者から成り立っていると考えますから

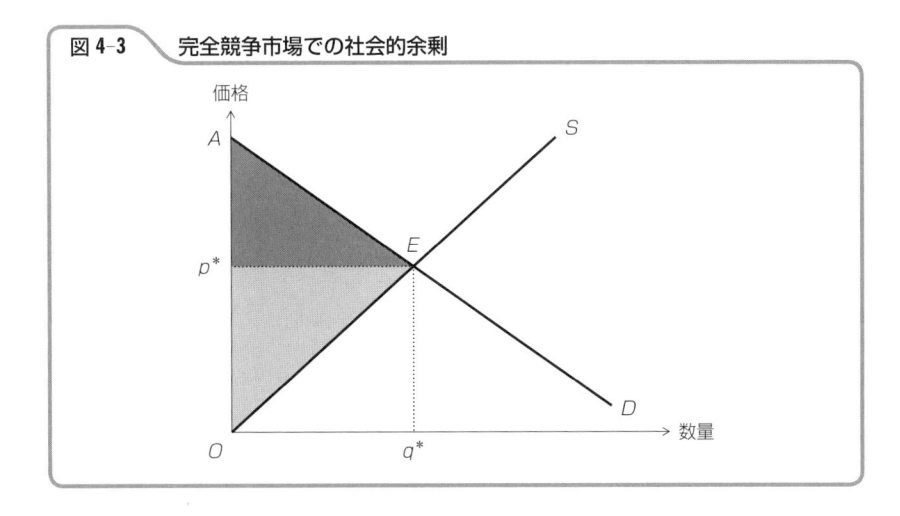

図4-3 完全競争市場での社会的余剰

(21ページ)，社会全体の幸せを**社会的余剰**と呼び，それは消費者余剰と生産者余剰の合計で定義されます。ですから社会的余剰（＝消費者余剰＋生産者余剰）は△OAEとなります。つまり，市場メカニズムを使うことで社会全体の幸せが△OAEの面積で表されるということになります。

さて，ここからが山場です。なぜほとんどの経済学者は市場均衡点，そしてそのときの市場均衡価格がいいというのでしょうか。それを明らかにするためには，市場均衡価格が社会的余剰を最も大きくするということ，逆にいえば，市場均衡価格以外の価格では社会的余剰を最大にできないということがわかればいいことになります。

以下では，市場均衡価格よりも価格が高い場合と低い場合の2つに分けて，順に考えていくことにしましょう。高い場合でも低い場合でも，つねに価格は固定されるものとします。先ほど見たように，価格が市場均衡価格からずれていると，市場均衡価格に向かおうとする力が働きます。しかし，今はその力を強引に抑え込んで，価格をその場所に無理矢理とどまらせるようにします。これには，政府が価格を固定していて，それ以外の価格で取引すると処罰されるというような場合が考えられます。たとえば，市場均衡価格より高い価格に維持する規制としてはこの後すぐに出てくる最低賃金制度があります。

図4-4の縦軸，横軸，DとSなどは図4-3と同じです。なお，図中の丸囲みの数字はその実線と破線で囲まれた部分の面積を表しています。まず市場均衡価格よりも価格が高い場合を考えましょう。その価格をp_uとします（uは

図 4-4　市場均衡価格より高い価格が固定されたときの余剰分析

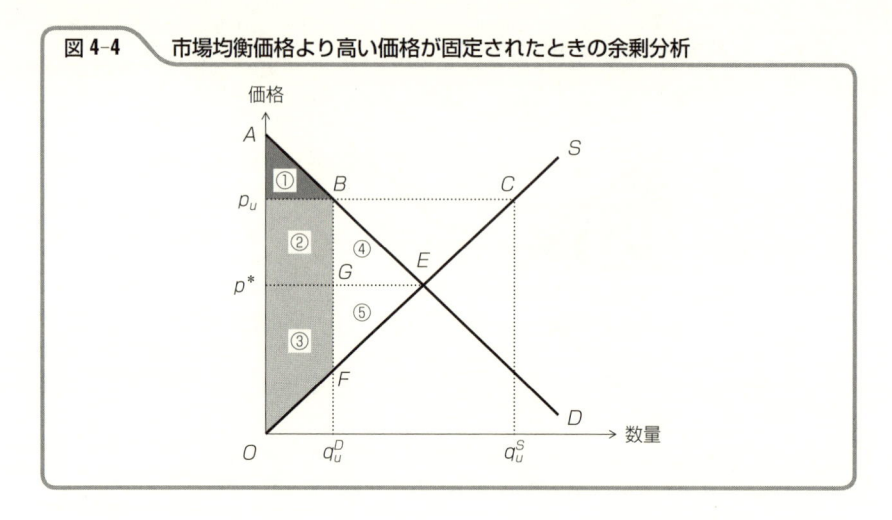

「上（*ue*）」の *u* です）。図 4-4 を見ればわかるように，効用を最大にしようとする消費者は，p_u から右方向に出発した点線が需要曲線 D とぶつかった点 B から下方向に降りていった q_u^D までしか財をほしいと思いません。一方，利潤を最大にしようとする生産者（企業）は，p_u から右方向に出発した点線が供給曲線 S とぶつかった点 C から下方向に降りていった q_u^S まで財を生産したいと思います。

　しかし，生産者が利潤を最大にできるからといって財を q_u^S まで生産したところで，消費者が q_u^D までしか買ってくれないのですから，q_u^S まで生産しても在庫の山を抱えるだけとなります。本来ならば財がだぶついていますから市場メカニズムの力が働いて価格が下がって生産量は減るはずですが，今は価格が固定されています。そのため，生産者はやむなく q_u^D までしか生産しないか，あるいは在庫の山を抱える状態となります。このことから市場に出回る財の量は q_u^D になって，図 4-4 では q_u^D から右の状況は存在しないことになります。

　市場均衡点は点 E ですから，本来は消費者余剰が $\triangle p^*AE$（①＋②＋④），生産者余剰が $\triangle Op^*E$（③＋⑤）で，合計して $\triangle OAE$（①＋②＋③＋④＋⑤）の社会的余剰（社会全体が受け取ることのできる幸せの合計）が実現できるはずです。しかし，q_u^D から右の範囲では市場に財は存在しませんから，$\triangle FBE$（④＋⑤）だけの社会的余剰が失われることになります。

　なお，p_u という価格は市場均衡価格よりも高いので，消費者にとっては不利であり，生産者にとっては嬉しい価格かもしれません。消費者余剰は市場均

衡価格のときに比べて台形 $p^*p_u BE$ （②＋④）だけ小さく，$\triangle p_u AB$ （①）となっています。つまり，それだけ消費者全体の効用は減少しています。一方，生産者余剰は台形 $Op_u BF$ （②＋③）となっています（利潤が最大のとき生産者余剰は $\triangle Op_u C$ となるはずですが，q_u^D から右側は市場に存在しませんから $\triangle FBC$ が $\triangle Op_u C$ の中から消え去って，残るのが台形 $Op_u BF$ 〔②＋③〕です）。この価格のときには，少なくとも図 4-4 に関するかぎり，相対的に消費者余剰よりも生産者余剰の方が大きいので，どちらかというと生産者に有利な価格であることがわかります（①＜②＋③）。さらにいえば，市場均衡価格ならば消費者が得ることのできた消費者余剰 $p^*p_u BE$ （②＋④）の一部である四角形 $p^*p_u BG$ （②）が，生産者に生産者余剰として移っていることもわかります。

　ただ，生産者に有利な価格といっても，市場均衡価格のときよりも生産者余剰が大きいかどうかは，四角形 $p^*p_u BG$ （②）と $\triangle FGE$ （⑤）の大小関係によります（生産者は価格が p_u になったことで，四角形 $p^*p_u BG$ 〔②〕を得た代わりに $\triangle FGE$ 〔⑤〕を失っています）。この大小関係は固定された価格の高さの程度や需要曲線，供給曲線の形状によるので確定的なことはいえません。

　いずれにしても社会は $\triangle FBE$ （④＋⑤）だけの余剰を失っていることは確かです。この失われた余剰のことを**死荷重**と呼びます。この言葉は英語の「デッド・ウェイト・ロス」を訳したものです。何だか気味の悪い言葉ですが，いかにも無駄，もったいないを表している言葉らしいですね。以上のことから，価格 p_u が市場均衡価格からどれだけ高いところに離れていても，死荷重である $\triangle FBE$ （④＋⑤）は，大小の差があるとしても必ず発生しています。ですから，市場均衡価格よりも高いとき，その価格は完全競争市場で実現できる社会の幸せよりも少ない幸せしか実現することができません（図 4-4 から明らかなように，p_u が市場均衡価格に近づけば近づくほど死荷重は小さくなっていきます）。

　次に市場均衡価格よりも価格が低い場合を考えましょう。その価格を p_s とします（s は「下（shita）」の s です）。図 4-5 を見ればわかるように，効用を最大にしようとする消費者は p_s から右方向に出発した点線が需要曲線 D とぶつかった点 C から下方向に降りていった q_s^D まで財をほしいと思います。一方，利潤を最大にしようとする生産者（企業）は，p_s から右方向に出発した点線が供給曲線 S とぶつかった点 B から下方向に降りていった q_s^S までしか財を生産しようと思いません。

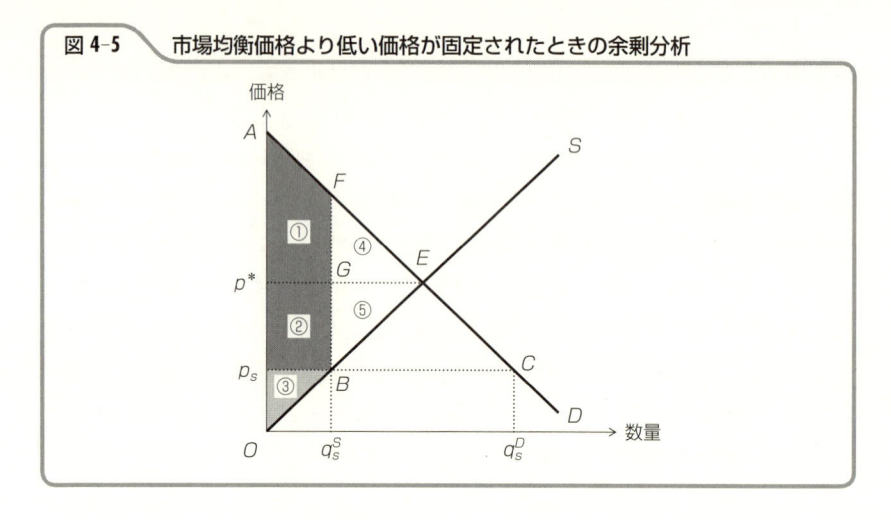

図 4-5 市場均衡価格より低い価格が固定されたときの余剰分析

しかし消費者が，効用を最大にできるからといって財を q_s^D までほしいと思ったところで，生産者は q_s^S までしか生産してくれません。ですから，市場には q_s^S しか財は出回りません。本来ならば物不足ですから市場メカニズムの力が働いて価格が上がって生産量は増えるはずですが，今は価格が固定されています。そのため，消費者は q_s^S の量で指をくわえて我慢するしかありません。このことから，市場に出回る財の量は q_s^S になって，図 4-5 では q_s^S から右の状況は存在しないことになります。

市場均衡点は点 E ですから，本来は消費者余剰が $\triangle p^* AE$ （①+④），生産者余剰が $\triangle Op^* E$ （②+③+⑤）で，合計して $\triangle OAE$ （①+②+③+④+⑤）の社会的余剰（つまり社会全体が受け取ることのできる幸せの合計）が実現できるはずです。しかし，q_s^S から右の範囲では市場に財は存在しませんから，$\triangle BFE$ （④+⑤）だけの社会的余剰が失われることになります。

なお，p_s という価格は市場均衡価格よりも低いので，消費者にとっては嬉しい価格で，生産者にとっては不利な価格かもしれません。生産者余剰は市場均衡価格のときに比べて台形 $p_s p^* EB$ （②+⑤）だけ小さく，$\triangle Op_s B$ （③）となっています。つまり，それだけ生産者の利潤は減少しています。一方，消費者余剰は台形 $p_s AFB$ （①+②）となっています（効用が最大のとき消費者余剰は $\triangle p_s AC$ となるはずですが，q_s^S から右側は市場に存在しませんから $\triangle BFC$ が $\triangle p_s AC$ の中から消え去って，残るのが台形 $p_s AFB$ 〔①+②〕です）。この価格のときには，少なくとも図 4-5 に関するかぎり，相対的に生産者余剰よりも消費者余剰の方

が大きいので，どちらかというと消費者に有利な価格であることがわかります（①＋②＞③）。さらにいえば，市場均衡価格ならば生産者が得ることのできた生産者余剰 $p_s p^* EB$（②＋⑤）の一部である四角形 $p_s p^* GB$（②）が消費者に消費者余剰として移っていることもわかります。

　ただ，消費者に有利な価格といっても，市場均衡価格のときよりも消費者余剰が大きいかどうかは四角形 $p_s p^* GB$（②）と $\triangle GFE$（④）の大小関係によります（消費者は価格が p_s になったことで，四角形 $p_s p^* GB$〔②〕を得た代わりに，$\triangle GFE$〔④〕を失っています）。この大小関係は固定された価格の低さの程度や需要曲線，供給曲線の形状によるので確定的なことはいえません。

　いずれにしても社会は $\triangle BFE$（④＋⑤）だけの余剰を失っていることは確かです。以上のことから，これは価格 p_s が市場均衡価格からどれだけ低いところに離れていても，死荷重である $\triangle BFE$（④＋⑤）は大小の差があるとしても必ず発生しています。ですから市場均衡価格よりも低いとき，その価格は完全競争市場で実現できる社会の幸せよりも少ない幸せしか実現することができません（図4-5から明らかなように p_s が市場均衡価格に近づけば近づくほど死荷重は小さくなっていきます）。

　以上のことから，市場均衡価格以外のどの価格でも，社会的余剰を最大にすることができず，市場均衡価格のときのみ社会的余剰が最大になっています。これまで説明してきたように，市場メカニズムを使えば自然と市場均衡価格が実現され，市場均衡価格のときの社会的余剰は最大になります。ですから，多くの経済学者が市場均衡点，そして市場均衡価格をお勧めするということになるわけです。

最低賃金制度は失業者に優しいのか：政策分析の例

　完全競争市場が機能するように市場環境を整備し（完全競争市場の条件4つをそろえるということです），公正な競争を行うことで決まった価格（市場均衡価格）は社会全体の幸せを最大にするということがわかりました。きわめて単純なこの結果だけでも，現在行われている重要な政策を分析することができます。ここでは身近な政策を，私たちが手に入れたミクロ経済学の道具（完全競争市場モデル）を使って解き明かしていくことにします。

　ここで取り上げるのは最低賃金制度です。最低賃金制度はアルバイトなどを

している人たちにとっては大変気になる制度です。この制度により最低賃金が設定され，その賃金水準以下では労働者を雇用してはいけないことになっています（初めてこのことを知ったという人は今すぐ自分の賃金を確認してくださいね）。このルールを破れば，最低賃金法により雇用者には懲役刑または罰金刑が科されることになります。最低賃金制度のうち，地域別最低賃金は都道府県ごとにその地域の実情に合わせて決定されます。最低賃金を下回って労働者を雇用すると処罰されるので，これは政府による価格規制の一種であるといえます。

　この規制があるのは，おそらく完全競争市場で決まる賃金では安すぎて労働者の生活環境が悪くなるからなのでしょう。それで，そのような賃金水準での労働を禁止することになっているのだと思われます。ということは，最低賃金は市場均衡価格より高い価格（賃金）に設定されているということになります。実際，最低賃金法第1条の中では，「賃金の低廉な労働者について，賃金の最低額を保障することにより，労働条件の改善を図り，もつて，労働者の生活の安定，労働力の質的向上及び事業の公正な競争の確保に資するとともに，国民経済の健全な発展に寄与することを目的とする」と書かれています。

　この最低賃金制度を分析するために用意した図4-6は，先ほど示した図4-4とほとんど変わりはありません。今は労働市場を対象としているので，需要（消費）者は企業です。一方，供給（生産）者は労働者で，労働者は自分の労働を企業に供給します。この場合，消費者余剰を得るのは企業であり，生産者余剰を得るのは労働者です。図4-6の縦軸には賃金水準（価格，たとえば時給）が，横軸には労働の量がとられています。また丸囲みの数字はその実線と破線で囲まれた部分の面積を表しています。

　完全競争市場ならば，市場均衡点は点Eで，賃金はp^*に決まります。そして，そのときに供給（あるいは需要）される労働の量はq^*になります。需要と供給が一致しているので，労働力に余りも不足も生じていません。つまり，失業している人（労働の超過供給）はいません。これは**完全雇用**の状態と呼ばれます。

　いま，最低賃金が設定されることになったとして，その賃金水準がp_uになったとしましょう。そうすると，消費者余剰を最大にしたい企業は，p_uから右方向に出発した点線が需要曲線Dとぶつかった点Bから下方向に降りていった点線が横軸にぶつかるq_u^Dまでしか労働量をほしいと思いません。一方，

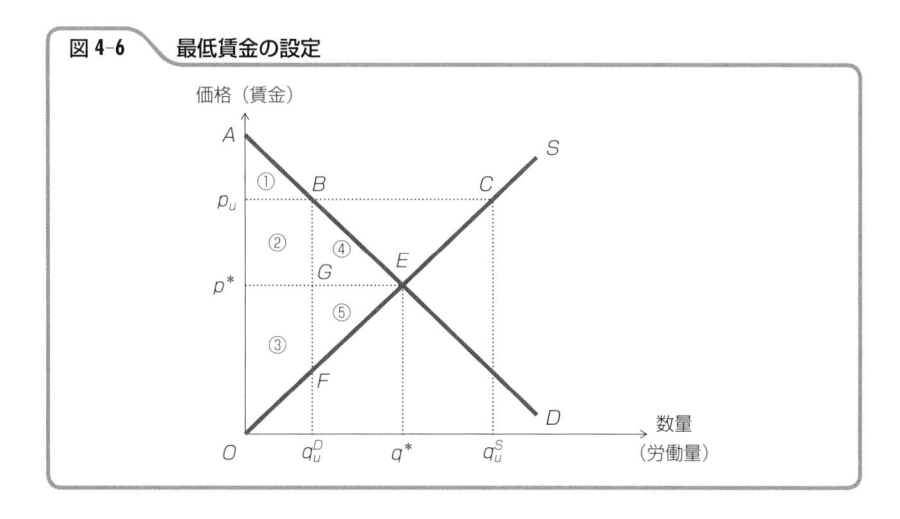

図 4-6　最低賃金の設定

生産者余剰を最大にしたい労働者は，p_u から右方向に出発した点線が供給曲線 S とぶつかった点 C から下方向に降りていった点線が横軸にぶつかる q_u^S まで労働を提供したいと思います。つまり，q_u^S から q_u^D を引いた量 BC（超過供給）は働きたくても雇用の場がない失業者の量（非自発的失業）だということになります。

　この図 4-6 では，企業が得ることのできる消費者余剰は，△p_uAB（①）です。また，労働者が得ることのできる生産者余剰は Op_uBF（②＋③）です。というのは，この労働市場では，実際に職を得ることのできる労働量は q_u^D までですから，ここから右側の範囲には働ける労働者はいないからです。このため，図 4-4 と同じように，完全競争市場で実現される社会的余剰と比べて，△FBE（④＋⑤）という死荷重（資源配分上の無駄）が発生しています。

　このことから，この経済モデルに関するかぎり，最低賃金制度は社会的余剰を最大にしません。言い換えれば，労働という資源を最適に配分することができません。「理論的にはわかるけれども，労働者の生活を向上させることになる最低賃金がなぜ社会を幸せにできないのかしっくりこない」という読者の方がいれば，以下のような説明が直感に訴えることになるでしょう。

　確かに，最低賃金制度は労働者の生活の維持・向上に役立ついい政策だということがいわれます。そして，最低賃金水準を引き上げたことに成功した人（政治家など）はそれを手柄とする風潮があります。しかしそれが正しいのは，あくまで現在職を得ている労働者に関してのみいえることです。その点が見落

とされている場合があります。

　先ほど見たように，この賃金では BC の幅だけの超過供給，つまり，働きたいのに働けない失業者がいます。最低賃金は，職を得ている人だけが恩恵を受けることになるので，働き口が見つからない人はどんな最低賃金であっても関係なく放置されることになります。

　さらに悪いことには，図4-6が教えるように，最低賃金が上がれば上がるほど職を得られない人が増えていく，ということです。最低賃金制度は労働者に優しい政策といわれますが，それは職のある人に対してのみ優しく，失業者に対しては厳しい政策です。言い換えれば，残酷な言い方になりますが，労働者の生活水準が向上したといっても，それは失業者を犠牲にしたうえで生活水準が向上しているということになるわけです。社会を構成している人々は職を得ている労働者だけではありません。失業者も社会を構成する人々です。その点を経済学は見落としません。

　「最低賃金法は労働者に優しい政策である」と一般的に信じられていることを感情的に，かつ一方的に鵜呑みにしてしまうことは危険です（もっとも，失業者は労働者ではないというのならば正しいでしょうが）。働きたくても働けない失業者も労働者の一部であると考えれば，最低賃金制度は労働者すべてに優しい制度ではないということが経済学の冷静な分析からわかります。

　もっとも，「だからといって市場メカニズムに任せておいては（最低賃金制度を廃止しては），賃金が低くなりすぎて，生活していけなくなるのではないか」という疑問も起こります。もっともなことです。その可能性は十分にあり，市場メカニズムがそこまでは面倒を見切れないのも事実です（この点については第4節で述べます）。

　市場メカニズムでは，たとえ生活が苦しくなる賃金水準であっても，それによって失業者がいなくなり，全員が職を得られる方が社会的余剰を最大にします。むしろ経済学の理論は，いわば「貧しくても（賃金が低くても）みんなで就職口を分け合う方が社会全体は幸福になる」ということを物語っていると考えられなくもありません。

第3節　市場メカニズムという資源配分方法は望ましいのか

他の資源配分方法

　第2節を通じて，市場均衡価格が社会全体の幸せ（社会的余剰）を最大にすることがわかりました。しかし，読者のみなさんの中には次のように思う方がいるかもしれません。

　「確かに市場メカニズムで決まる市場均衡価格は，他のどの価格よりも社会全体の幸せを最大（資源配分を最適）にすることはわかった。しかし，それは市場メカニズムの中だけの話にすぎない。もしかすると，市場メカニズム以外の資源配分の方法の方がもっと社会全体の幸せを大きくできるかもしれないではないか。市場メカニズム（そしてその結果としての市場均衡価格）が本当に望ましいというのならば，市場メカニズムという資源配分の方法がそれ以外の資源配分の方法よりも優れていることを示す必要がある。」

　この疑問はもっともなことで，非の打ちどころのない反論です。もし市場メカニズムによる資源配分の方法が他の資源配分の方法より劣っていれば，どんなに経済学者が市場均衡点や市場均衡価格をお勧めしても，何の説得力もないことになります。そこで，資源配分のための1つの方法にしかすぎない市場メカニズムが，他の資源配分の方法よりも社会の幸せを大きくすることができるかどうかをここで明らかにすることにしましょう。

　限られた資源を無限の欲望を持つ人々に配分するための方法はいくつかあります（このうちのいくつかは13ページで取り上げました）。その中でも，ここでは代表的な資源配分の方法をいくつか取り上げて，簡単な数値例を作って考えてみることにしましょう。

　いま，ある商品（資源）が10単位あって，その購入を希望する人が20人いる状況を考えます。そして，簡単化のためにその商品はおひとり様1単位しか手に入れることはできないものとします。つまり，10単位しかない商品を20人の中から10人だけに配分する方法です。その20人は，その商品にそれぞれ以下のような効用の数値で表される価値を認めているものとします。

　　1, 3, 4, 4, 5, 6, 8, 8, 8, 9, 11, 13, 14, 15, 16, 16, 17, 18, 18, 20

それから，どの資源配分の方法を使っても 10 単位を生産するのに必要な総費用は同じなので，総費用をゼロと考えても結論には変化ありません。ですから，ここでは簡単化のために生産に関する費用は考えないことにします。

　はじめに行列という資源配分の方法を考えてみましょう。これは人気レストランでの食事の順番（食材が尽きたところでおしまい），家電量販店での人気商品の発売初日の行列（在庫がなくなったところでおしまい），人気コンサートのチケットの電話予約（電話がつながった順で空席がなくなったところでおしまい）などで使われる資源配分の方法です。ある財（資源）を手に入れるために行列という方法を使うことは，早く行列に並んだ人から順番にその財を手に入れる権利を持つということを意味します。先に並んだ人からそれを手に入れることができ，遅くやってきた人はそれを手に入れることができません。ここでの想定では，「おひとり様 1 点かぎり」の状況なので，先着 10 名様が商品を手に入れることができます。

　おそらくその財に対して高い価値を認める人は，早めに行列に並んで待ち時間をたくさん使うことになるでしょう。でも，必ずしも高い価値を認める人から順番に並んでいるという保証はありません。たとえば，ノドから手が出るほどそれがほしい（その財に認める価値が高い）人でも，時間に余裕がない人はその行列に並べないか，行列の後方に並ぶしかないことがあります。どんなにほしい商品があっても，早く並ぶつもりだったのに寝坊したとか，電車が遅れてしまったという人もいるでしょう。その一方で，それほどほしくはない（でもあればあったで嬉しい）人でも，そんなに長時間並ぶ気はないけれども，その日はたまたまヒマだったので早くから並んでみた，という人もいるでしょう。

　そうした状況を表したものが図 4-7 (a)です。縦軸にその商品に認める価値の大きさ（効用の大きさ）をとり，横軸には左端（原点）を行列の先頭として右に行くほど行列ができているものとします。行列の先頭の人はその商品に 20 の価値を持ち，2 番目の人は 18 の価値を持ち，3 番目の人は 11 の価値を持っているという具合です。全体として，価値の高い人ほど行列の先の方に並んでいる傾向はありますが，先ほどのような事情があるので，必ずしも価値の高い人がつねにその順に行列に整然と並んでいるとは限りません。この例の場合，商品が 10 単位しかないので，先頭から 10 番目の人までしか商品を手に入れることができません。このときに社会が実現できる価値は，

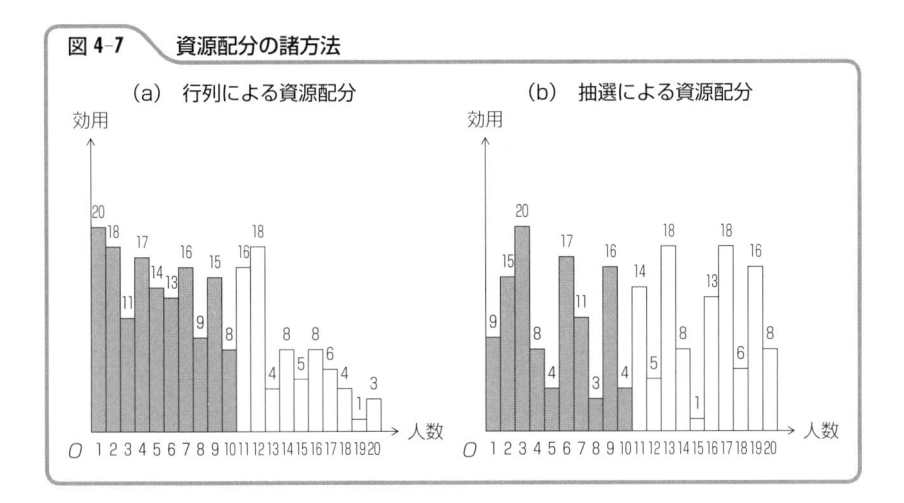

図 4-7　資源配分の諸方法

(a)　行列による資源配分　　　　　　(b)　抽選による資源配分

$$20+18+11+17+14+13+16+9+15+8=141$$

となります。

　しかし，この価値の総額は最大になっているでしょうか。どうしても手に入れたいレアものの商品があったときなどに，

　　「オレ（私）はノドから手が出るほど○○（レアもの商品の名前）がほしかったのに，その日は仕事で並べなかった。テレビを見ていると，ヒマでやることないから並んでいるような連中が先頭にいた。チクショー」

というような思いをした読者の方もいることでしょう。つまり，行列に並ぶことができなかったあなたがその商品に認める価値の方が，ヒマだから並んでみたというような人の持つ価値より大きいかぎり，価値の総額は最大になっておらず，資源配分は最適になっていません。

　しかも，行列で実現できる価値はこの 141 よりさらに低くなります。なぜならば，ここでは行列に並んだために犠牲にされた時間という資源の損失を無視しているからです。行列に並んでいれば，自分の行動が制約されて退屈に耐えて並ばなくてならず（せいぜい本を読むかスマホをいじるくらい），時間という資源を無駄にしているといえます。これは，行列に並んだことで，本来ならばその時間にすることができた他の選択肢（たとえばその時間を他のことに使っていたら何かもっといいことができていたことでしょう）を犠牲にしていることを意味します。この犠牲にされた選択肢を選んでいたならば得られただろう価値のこ

とを**機会費用**と呼びます。機会費用は経済学にとってとても大切な考え方です（246 ページ）。

　つまり正確には，141 という価値から，行列に並んだ人の機会費用を差し引かなければなりません。このことを考えると，行列で実現できる社会の価値は 141 よりもさらに小さくなります。

　次に抽選でこの商品を手に入れることができるという資源配分の方法を考えてみましょう。この例としては，分譲マンションの人気の角部屋の購入権，NHK 紅白歌合戦の観覧の権利などがあります。さて，抽選を希望する人に 1 から 20 までの札を引いてもらい，1 番から 10 番の札を持つ人を当選として商品を渡すようにしましょう。このときは完全にランダムに当選者が決まります。そのときの状況がたとえば図 4-7 (b) のようであるとして，横軸の左端（原点）から右方向に 10 番目の人までが当選としましょう。このときに社会が実現できる価値は，

$$9+15+20+8+4+17+11+3+16+4＝107$$

となります（抽選の場合は，行列の場合に発生したような時間の機会費用はありません）。

　たとえば，大好きなアーティストのコンサートチケットの抽選に外れたときなどに，

　　「私ほど○○（アーティストの名前）を愛している人はいないのに，そんな私がチケットの抽選に外れるなんて」

というような思いをした読者の方もいることでしょう。つまり，抽選から外れたあなたがそのチケットに認める価値の方が，あなたほどそのアーティストを愛していない（別にそれほど関心はないけれど何となく応募してみたら当たってしまった）人の持つ価値より大きい限り，資源配分は最適になっていません。

　この他の資源配分の方法としては，大学入試のように入試の成績順に定員まで入学を認めるという資源配分の方法もあります。この資源配分の方法については，これまでと同じようなことになるのでもう数値例では繰り返しません。ある有名大学を志望する受験生で入試成績のいい人が必ずしもその大学に進学する価値を高く認めているとは限りません。たとえば，成績優秀でハーバード大学に行きたいけれど，とりあえず一応東京大学でも受けておくか，という受

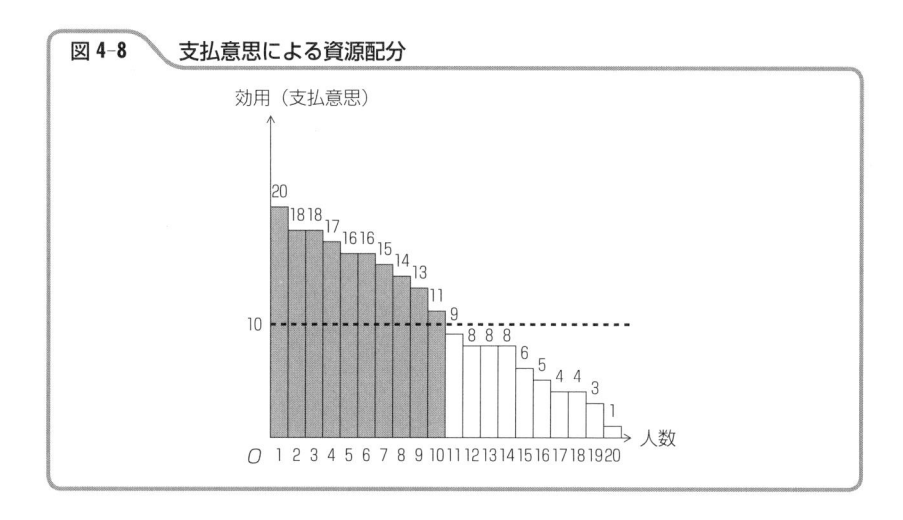

図 4-8　支払意思による資源配分

効用（支払意思）

人数

験生もいれば，成績はよくなくても何が何でも東京大学に行きたいという人も
いるでしょう。これまでの数値例から明らかなように，成績順という資源配分
も社会全体が実現できる価値を最大にしません。

支払意思（価格）との比較

　次に支払意思（価格）による資源配分の方法を考えてみましょう。つまり，
これは市場メカニズムを利用した資源配分の方法です。このときは自分の支払
意思（効用の大きさ）が価格以上であれば，この商品を購入しますし，支払意
思が価格以下であればこの商品を購入しません。図4-8では，支払意思の高
い人から順番に，横軸の左端（原点）から右方向に並べてあります。商品は10
単位ありますから，価格を10に設定すればちょうど10人の手に商品が渡る
ことになります。そうなると，その商品に認める価値（支払意思）が11までの
人は商品を買い，9以下の人は商品を買いません。このときに社会が実現でき
る価値は，

$$20+18+18+17+16+16+15+14+13+11＝158$$

となります（支払意思の場合も，行列の場合に発生したような時間の機会費用はあり
ません）。

　以上のことから，社会が実現できる価値が最大になるのは支払意思，つまり
市場メカニズム（価格）による資源配分の方法であることがわかります。支払

意思以外の，行列と抽選と成績順の3つの資源配分方法の中で，どの方法が一番社会全体の幸せを実現できるかはわかりません。抽選はまったくの運ですから，もしかしたら，偶然にも支払意思の方法と同じ状況が現れるかもしれません。しかし，そういうことはほとんどありそうもないでしょう。結局，市場メカニズムという方法が一番社会の実現できる価値の高い方法ということになります。

ところで，「商品は10単位ありますから，価格を10に設定すればちょうど10人の手に商品が渡ることになる」といいましたが，支払意思の方法では，その10という価格を誰が決めるのかという問題が残されています。10という価格を設定することは神様ではない人間にはほとんど不可能です。なぜならば，人間は事前に商品の購入を希望する人の効用の大きさ（支払意思）を正確に知ることはできない，つまり誰も人の心の中を読み取ることはできないからです。ところが有り難いことに，市場メカニズムを利用すれば，市場均衡価格の説明をしたところで明らかになったように，この10という数値が市場の力で自然と決まります。

市場メカニズムには，さらにもっと優れている点があります。ここでは「商品が10単位ある」などとはじめから勝手に決めました。しかし，この商品を10単位生産するとして，10単位という生産量が社会にとって最適であるという保証はありません。これも，10単位という商品の数が最適な生産量であるかどうかは神様ではない人間にはわからないのです。

これまでの行列，抽選，成績順という資源配分の方法では，何のためらいもなくいい加減に最初に10単位と数字を決めました。これは，誰かが「これだけ生産しよう」と決めたという，いわば計画経済的な決め方です。人間は神様ではありませんから，最適な生産量を決めることはまず不可能です。ところが市場メカニズムを利用すれば，市場均衡の説明をしたところで明らかになったように，社会的余剰が最大になるように市場の力で市場均衡量（生産量）が自然と決まります。

経済学の始祖であるアダム・スミスは，その著書の中で市場均衡点が自然と決まることを「見えざる手」と呼びました。ところが，後世になっていつの間にかこの言葉に「神の」という言葉がつけ加えられることになったようです。以上のようなことを考えれば，アダム・スミスのいう「見えざる手」という言

葉に，いつのまにか「神の」という言葉がくっついてしまったこともわかるような気がします。経済学者が市場メカニズムを有り難がり，お勧めするのも以上のような理由からなのです。

独占禁止法や公正取引委員会がある理由

なぜ大半の経済学者が市場メカニズムを信奉し，資源の配分は市場メカニズムに任せればいいと考えているのか，という理由が以上のことから明らかになりました。つまり，完全競争市場の環境を確保し，そのもとで消費者同士と生産者同士，そして消費者と生産者が互いに公正（フェア）な競争を行うことで実現された価格（市場均衡価格）は，社会全体の幸せ（社会的余剰）を最大にするということです。これまでに出てきた用語を使って別の言い方をすると，市場メカニズムを使うと資源配分が最適になり，有限な資源が無駄なく効率的に使われるということになります。

このことから，いわゆる独占禁止法と，それを主管する公正取引委員会の存在理由が明らかになります。なぜ特定の企業が市場を支配することが独占禁止法に違反するのかというと，それは完全競争市場であるための条件 (2)（多数の消費者と生産者が存在する）を破るからです。大企業同士の合併が公正取引委員会の審査の対象となることがある 1 つの理由は，合併後の企業が市場価格を自社の思いのままに操作し，市場メカニズムによって決まるべき価格を歪めることにならないかどうかを調べるためです。

なぜ**カルテル**や**談合**がよくないのかも，このことから明らかになります。カルテルとは複数の企業が価格や生産量についてこっそり示し合わせて，各企業が一致して行動することですから，これでは独占企業と変わらないことになります。また，談合も公正な競争に基づいて決まる価格ではなく，市場の力とは別のところで落札企業を決めるという点で，完全競争市場成立の条件を阻害します。

インサイダー取引が犯罪となるのは，完全競争市場の条件 (3)（情報が完全である）を破るからです。特定の経済主体だけがある情報を先に手に入れて行動すれば，それは完全競争市場下での公正な競争を阻害します。また，株式上場企業の経営状態の公開が義務づけられ，リアルタイムで証券会社のディスプレイに株価が刻々と表示されるのは，情報の完全性を満たそうとすることに他な

りません。価格の不当表示が独占禁止法に触れるのは，消費者を惑わせることが情報の完全性を阻害するからです。

特定の企業や消費者を市場から締め出したり，仲間に入れないようにしたりすることも完全競争市場の成立を阻害します。市場に参加する企業が特定の事業者団体を作り，その団体に加盟しないと営業させないとか，あるいはその団体が非加盟企業にさまざまな妨害工作を行うことは原則として許されません。これは完全競争市場の条件 (4)（参入と退出が自由である）を破ることになるからです。

日本では 20 世紀末ごろから，急速にいろいろな産業の分野で規制緩和が進みました。これはイギリスやアメリカをはじめとする世界的な規制緩和の潮流と同じもので，この規制緩和も市場メカニズムに信を置いた政策であるといえます。規制緩和によって政府が市場に不必要な介入をすることを止めさせ，市場メカニズムの力（しばしば民間活力と一緒に論じられることがあります）で良好な成果を出そうとするところに規制緩和の意図があります。

完全競争市場という市場環境を整備し，そこでフェアプレーを行うことで達成できた状態（市場均衡点）は社会にとって最も望ましいことはすでに指摘しました。そのために完全競争市場という環境を作ること，そしてそこで市場のプレーヤー（消費者，生産者）にフェアプレーをさせることが必要になります。そして，フェアプレーをしない消費者や生産者には市場から退場してもらわなくてはなりません。

たとえば，完全競争市場を相撲にたとえてみましょう。土俵の円形が歪んでいたり，あちこちに穴が開いていたり，一部がぬかるんでいたりすれば，正々堂々とした勝負はできません。土俵を円形にして歪みをなくすこと，穴を埋めること，ぬかるみを直すこと，つまり完全競争市場の市場環境を整備するということが政府の役割です。

さらに土俵に登場する力士（市場のプレーヤー）の体格が極端に違うことはないか（巨大企業 vs. 零細企業など），凶器を隠し持っていないか，試合中に反則行為をしないかなどをチェックするのも政府の仕事で，反則の力士を退場させることも政府の仕事です。つまり，公正な競争の確保ということが政府の役割です。そして正々堂々と決着のついた勝負について，審判役（行司）の政府は勝敗の決着に不当な介入（物言い）をしないようにすることも大切です。

がんじがらめの市場への規制では，政府自らがフェアプレーを阻害している可能性があります。ですから，政府はあくまで公正な土俵作りと勝負の審判に徹するべきであるというのが市場経済を信奉する多くの経済学者の指摘するところです。

　市場メカニズムの活用というと，弱肉強食の世界の肯定，強者による弱者イジメというようなことがしばしばいわれます。しかし，だからといってフェアプレーをする優秀な力士を，優秀だからという理由で手や足に鉄の玉を鎖でつないで，優秀でない弱者に凶器を持たせて戦わせることが本当にいいことかどうかを考えなくてはなりません。問題なのは勝ち負けそのものではなく，土俵上で勝負に敗れた力士に再度挑戦する機会を持たせるかどうかというところにあります。相撲の世界は番付の世界です。負けてもまた繰り返し努力をして勝ち上がっていくことができます。市場メカニズムも同様で，競争に敗れて倒産した企業にまたやり直せる環境を整備することの方が重要です。ですから，「市場メカニズム＝弱肉強食」を市場メカニズムの欠点とすることはどうも違うのではないかと思います。もちろん，市場メカニズムがどんなときにも万能だということはないのですが，これについては次の節で述べます。

第4節　完全競争市場なんて勉強する価値があるのか

経済学は勉強しても意味がないのか

　そろそろ第1部も終わりに近づいてきました。そこで根本的な問題に立ち返ってみましょう。これは下手をすると経済学の存在自体が危ぶまれるような問題です。本書がこの問題にまともに答えられないとすれば，本書はそのままゴミ箱に直行することになってしまいます。その問題とは，以下のようなものです。そもそも，経済学者がこれほどまでに有り難がる完全競争市場というものが，はたして現実に存在するのでしょうか。

　経済学部（経済学科）で経済学を勉強しているあなたに，理学部や工学部で勉強している友人がいるとしましょう。あるとき，その友人たちとあなたとの間でそれぞれの勉強している専門分野について議論になったとします。理系の友人は次のようにあなたにいってきました。

　「オレ（私）たちは客観的な事実に基づいた学問をしている。たとえば，リ

ンゴは木から落ちるというのは厳然たる事実であって，その事実から重力の考え方が生まれ，そこから物理学が発展し，それを活用することで世の中に役立ついろいろな発明が生み出されている。また水素と酸素を混ぜ合わせると爆発的な反応が起こるという客観的な事実があり，これを応用して燃料電池が開発されている。まさに理学や工学は実際に存在する諸現象を解明することで人類社会に役立つ学問である。

それに比べて，オマエが勉強しているという経済学というものは，需要曲線と供給曲線で作った完全競争市場というものを考えて分析しているらしいが，完全競争市場というのはこの世のどこに存在するのか。ありもしない市場を有り難がって分析して何か理論めいたことをいっているようだが，それはまさに机上の空論じゃないのか。まったく意味のないことをオマエは勉強しているのではないか。そんなことをして世の中の役に立つのか？」

さて，あなたは友人のこのツッコミにどのように反撃できるでしょうか。ミクロ経済学のどのテキストを取り上げても，完全競争市場がミクロ経済学での基本的なテーマとなっており，完全競争市場の分析に基づいていろいろなことが書かれています。しかし，確かにあなたの友人のいうように，完全競争市場はこの世には存在しません。これは事実であり，本書の著者である私も否定しません。

もし，あなたが反論できずに黙り込んでしまったとしたら，あなたはこの世に存在しないものを扱う学問を一生懸命勉強していることになります。そして，机上の空論をもてあそび，世の中の役に立たない，意味のないことについてあなたは自分の貴重な時間を費やし，学生ならば高い授業料を学校に納めていることになります。それでいいのでしょうか。経済学を学ぶことは無意味なことなのでしょうか。

このことをよく考えてみてほしいと思います。

さて，もしあなたが反論するとすれば，次のようにいうことができるでしょう。

「確かに完全競争市場はこの世の中には存在しない。しかし，それならば物理学や化学でいう，『摩擦が存在しない世界』や，『理想気体の世界』というのは実際にこの世に存在するのか。物理学や化学だって，ありもしないことから理論を導いているのではないか。」

経済学でいう「完全競争市場」というのは，物理学でいう「摩擦のない世界」であり，化学でいう「理想気体の世界」なのです。物理学も化学もありもしない状況をあたかも存在するかのように仮定すればこそ，さまざまな意味のある理論を構築することができています。そして，それに基づいて有用な発見・発明がなされ，物理学も化学も人類社会に貢献しています。

　同じように，経済学も完全競争市場というありもしない世界を想定することによって，さまざまな意味のある理論を構築しているのです。その意味で，経済学は机上の空論ではありません。経済学が以上の理由から仮に机上の空論だとすれば，物理学も化学も机上の空論となってしまいます。

　さて，あなたは黙り込んでしまったでしょうか，それとも上記のようにちゃんと反論できたでしょうか。もし黙り込んで反論することができないままでミクロ経済学の勉強を終わったとしたら，この世で役に立たない意味のないことを勉強してきたとずっと思い込んだままで，一生この友人たちに引け目を感じながら付き合っていくことになっていたでしょう。そうだとすれば本書に出会ってよかったね，ということになります。

市場メカニズムの崩壊

　以上の理論が教えるように，市場メカニズムが社会全体の幸せを最大にするのであれば，この世のいわゆる市場取引はすべてが完全競争市場で行われなくてはなりません。確かに，株式市場や，外国為替市場，債券市場，そして身近なところでは農産物の市場などは，完全競争市場の条件を完璧とはいえないまでも，その条件をかなり満たしているといえます。

　しかし，この広い世の中を見回すと，完全競争市場とはほど遠い市場が数多くあることに気がつきます。というよりも，完全競争市場に近い市場を見つける方が難しいくらいに市場が不完全であることが当たり前となっています。たとえば，電力事業はかなり規制緩和が進みましたが，送電部門は独占です。鉄道会社も独占であることが多いです（東海道新幹線は JR 東海，東北新幹線は JR 東日本など）。携帯電話会社は独占ではないにしても限られた数の会社しかありません。国内の空も，日本航空と全日本空輸あるいはそれらと関連の深い会社でほとんどが支配されています。なぜ公正取引委員会はこんなに歪んだように見える市場を放置しているのでしょうか。

これは公正取引委員会がサボっているわけではありません。世の中は広いので，完全競争市場自体が機能しないような財・サービスもいろいろとあるのです。

　これまでの理論によると，財・サービスは価格と限界効用が等しくなる点まで個人は自分の好きな量を購入できるはずです。そして，その限界効用の考え方に基づいて私たちは需要曲線を手に入れることができました。ところが，財・サービスの種類によっては，そんな当たり前のことが通用しない場合があります。たとえば，自衛隊などの国防サービス，警察や消防のサービスは，自分の効用を最大にするために好きなだけ買うことができません。価格と自分の限界効用を等しくできるように自衛官や警察官や消防士の数を雇うことができません。また仮に自分の好きなだけ雇えたとしても，自分だけが守られるのではなく，支払いをしない他の人まで守られてしまうことになります。

　さらに他の現象もあります。あなたが自分自身の限界効用や限界費用に基づいて行動したとしても，それが他人の限界効用や限界費用に影響を与えるようなことがあれば，その影響を受けてしまった相手は自分の判断で望ましい行動ができなくなります。たとえば，環境汚染がある場合は，企業が価格と生産の限界費用を等しくするように行動した結果，周囲の住民に迷惑をかけることになります。企業にとっては周辺に及ぼしている迷惑も生産に必要な費用なのにそれを負担せず，過大な生産をして周囲の人々の行動に（悪）影響を与えています。

　以上のような問題はまとめて**市場の失敗**と呼ばれています（他にも市場の失敗の要因はあります）。つまり完全競争市場の環境を作ったとしても，このような状況の場合，市場メカニズムは自らを崩壊させてしまうようなメカニズムを内部に持っているのです。こうした場合は政府などの公共部門の市場への介入が正当化されます。先の２つの市場の失敗は，それぞれ**公共財**，**外部効果**と呼ばれています。こうした問題については本書では取り上げていません（一部は第10章第３節で述べます）。

市場メカニズムが格差社会をもたらしたのか

　さらに重要なもう１つの問題があります。

　完全競争市場であれば資源は無駄なく使われて，社会全体の幸せが最大にな

ることが明らかになりました。しかし，その幸せが誰に発生するかについて完全競争市場は答えを与えてくれていません。たとえば，社会全体の幸せが最大になったとしても，その幸せが一部の人ばかりに集まってしまって，他の人にはほとんど幸せが回ってこないことも可能性としてはあります。いわゆる世間でいう「格差社会」の問題です。

そもそも何をもって「格差」があるというのか，ということについては万人共通の客観的な基準がありません。格差については，科学的ではなくて感情的に論じられることが多いために，この言葉は大変扱いにくいものになっています。しかし，ここではこの点には深入りせず，よくはわからないのですが「格差」というものがあるものとして考えてみます。

この問題は市場メカニズムでは解決できない問題です。格差の明確な定義がないこともあり，しばしば「市場メカニズムが格差社会を生み出した」と非難されることがあります。確かにこれまで述べてきたように，市場メカニズムは社会全体の幸せを最大にしますが，その幸せを人々にどのように分配するべきか，ということについては述べてはくれません。このように，確かに市場メカニズムは優れた機能を持っていますが，万全ではありません。

しかし，市場メカニズムが原因で格差という結果がもたらされたという主張には無理があります。そうではなくて，市場メカニズムは格差の問題まで含めて解決できるほど何でもできるというわけではない（そこまで面倒見がよくない？）という方がより的確な表現だと思われます。

市場メカニズムが取り組むべき対象は格差の問題とは別個に存在しているといっていいでしょう。市場メカニズムそれ自体が格差社会を生み出す原因を持っているわけではなく，幸せの分配には市場メカニズムとは別に政策が必要になるということです。このことから，格差の問題は完全競争市場の外部で取り扱うべきものであるという指摘も多くあります。たとえば，累進課税や相続税のような政策を通じてすべての人に公平な出発点を確保し，後は市場メカニズムに任せるなどです。

実際，**厚生経済学の基本定理**と呼ばれる理論（これは本書の内容を超えるのでここでは詳細には立ち入りません）によると，格差が生じないように各個人に適切に所得を分配してやると，市場メカニズムはそのもとで最適な資源配分を達成できることが証明されています。先ほど述べた累進課税や相続税などはその具

体的な政策の例です。こうした仕事は政府の仕事であって，市場メカニズムの仕事ではありません。格差社会の責任を市場メカニズムに押しつけるというのは，その意味ではお門違いということになります。

このような問題は**所得分配**あるいは**公正（衡平，公平）**に関する問題であるといわれます。この問題は，先に述べたように人間の感情や主観が入ってくる**価値判断**の問題なので，問題の根は相当深いです。場合によっては経済学のみならず，科学の定義の根幹を揺るがすくらいの大きな話になります。

以上述べてきたような完全競争市場が持つメカニズムでは面倒を見切れない市場の失敗や公正の問題は，本書の範囲を超えます。これらを議論するためにはミクロ経済学理論のかなり奥深くまでわけ入って理論をマスターしなければならないので，本書が扱う「大体こんな感じ」レベルでは残念ながら手に負えません。ここではこうした問題があるということだけを指摘しておくことにします。関心のある読者のみなさんは，ミクロ経済学の基本をマスターした後で公共経済学や厚生経済学のテキストを読むことをお勧めします。

ともあれ，世間は広いので，何でもかんでも市場メカニズムに任せておけばいいというほど世の中は単純でもないし甘くもありません。もし単純にすませられてしまうのならば，経済学者はこの世で不要になってしまい，経済学者の居場所はなくなります。経済学者が多くの仕事を抱えているのは，そして大学や研究機関で養われているのは，世の中がそう単純ではないからだということになります。

練 習 問 題

4-1　次の文章の空欄に当てはまる言葉を下から選んでください。なお，以下の文章中にある言葉が空欄に入る可能性もあります。

完全競争市場であるための条件は，通常，(1)取引される財の同質性，(2)多数の生産者と消費者の存在，(3)情報の完全性，(4)（　①　）の自由の４つである。このうち条件(2)は，市場に参加する経済主体が価格を受け入れるだけであるという（　②　）であることを意味する。逆に価格を自らが設定できる場合は（　③　）と呼ばれる。条件(3)は情報の完全性だけではなく，情報の偏在を意味する情報の（　④　）がないことも含まれる。

市場では需要と供給が出会い，そこでは取引がなされ，価格が決定される。そ

の説明として代表的な（　⑤　）に従って価格の決まり方を考えてみよう。価格が高い場合には，供給が需要を上回るので（　⑥　）が発生する。（　⑥　）があるかぎり価格は下方に向かう力が働く。一方，価格が低い場合には，需要が供給を上回るので（　⑦　）が発生する。（　⑦　）があるかぎり価格は上方に向かう力が働く。こうして価格はある一定の値をとることになる。このときの価格を（　⑧　）と呼び，このときの取引量を（　⑨　）と呼び，この両者の組み合わせを（　⑩　）と呼ぶ。

参入・退出　市場均衡価格　市場均衡点　市場均衡量　超過供給　超過需要
非対称性　プライス・テイカー　プライス・メイカー　ワルラスの調整過程

4-2　次の文章の空欄に当てはまる言葉を下から選んでください。なお，空欄の番号が違うからといって違う言葉が入るとは限りませんし，以下の文章中にある言葉が空欄に入る可能性もあります。

　　市場メカニズムが資源配分上望ましいのは，市場均衡価格において（　①　）が最大になるからである。（　①　）は消費者余剰と生産者余剰の和として定義される。（　①　）が最大になっていない状態で実現されていない余剰のことを（　②　）という。このように市場メカニズムを機能させることは社会にとって望ましいことなので，完全競争市場の条件を乱すことは一般的に好ましくないとされる。

　　たとえば，（　③　）や談合が違反とされるのは，多数の生産者と消費者の存在という条件を阻害するからである。また（　④　）が禁止されるのは，情報の完全性という条件を阻害するからである。そのため，政府はつねに良好な競争環境を維持する必要がある。これがいわゆる（　⑤　）ならびにそれを主管する（　⑥　）が存在する理由である。

　　しかし，すべての財・サービスを市場メカニズムに全面的に任せることは望ましいとはいえない。市場メカニズムに任せるとその市場自体が正しく機能しなくなる場合がある。これを（　⑦　）という。その要因にはいくつかある。そのうちの1つは環境問題などに代表される（　⑧　）である。また市場メカニズムはそれ自体に格差のような問題を解決するメカニズムを持たない。こうした公平の問題あるいは（　⑨　）に関する問題は（　⑩　）を含むために，その解決には市場メカニズム以外の方策も必要で，これは政府に求められることが多い。

インサイダー取引　外部効果　価値判断　カルテル　公正取引委員会　死荷重
市場の失敗　社会的余剰　所得分配　独占禁止法

4-3　次の文章の空欄に当てはまる適切な数値を入れてください。なお，空欄の番号が違うからといって違う数値が入るとは限りません。

ある完全競争市場での財の価格を p とし，数量を q として，市場全体の需要曲線が

$$p=-q+40$$

で，供給曲線が

$$p=q$$

で与えられているものとする。このとき，市場均衡価格は（　①　）であり，市場均衡量は（　②　）である。そしてこのときの消費者余剰は（　③　）となり，生産者余剰は（　④　）となるので，社会的余剰は（　⑤　）である。いま政府が，生産者保護を理由として，この市場に価格規制を導入したものとする。政府は価格を 30 に固定した。この場合には，（　⑥　）の超過供給が発生することになる。企業が在庫を嫌って生産量を（　⑦　）に抑えるならば，消費者余剰は（　⑧　）となり，生産者余剰は（　⑨　）となる。その結果，（　⑩　）の死荷重が発生する。

ここでお別れしましょうか，それとも先に進みましょうか

　これで第1部は終了となります。

　ここまで読んでいただいた読者のみなさんには，次のようなことがわかったのではないでしょうか（わからなかったという人はすみません。私の非力のいたすところです。お詫びします。どうか他の書籍を当たってみてください）。

　「ミクロ経済学って大体こんな感じということはつかめた」

　「ミクロ経済学が大体どんな方法で社会を分析するのかがわかった」

　「経済学者がとにかく市場メカニズムを有り難がる理由だけはわかった」

　「ミクロ経済学なんてたいしたことねぇな（著者より…もっと奥は深いのですよ）」

　こういう印象を持って，「もうこれで十分だ」「もうミクロ経済学に見切りをつけた」「自分の所期の目的は達成できた」と思われた読者の方は，ここで本書を読むのを止め，本書を閉じていただいて構いません。それでも私は本書の目的の70〜80% は達成できたと考えています。長い間お疲れさまでした。

　しかし，読者のみなさんの中には次のような疑問を持った方がいるかもしれません。

　「効用という考え方はわかった。でも，効用は支払意思額で表せるということだそうだが，Aという人の効用が100円で，Bという人の効用が300円だからといって，Bの人の効用がAの効用よりも200円大きいとか3倍だとかいっていいのか。そもそも，人の気持ちというか，主観にすぎない効用を加減乗除できるのか。そんなあやふやなことで市場メカニズムが一番いいなどといえるのか。」

　あるいは次のように考える方がいるかもしれません。

　「総生産性は一貫して増加し，その増加の程度（限界生産性）は一貫して低下していくということから，それをひっくり返した形で考える限界費用は一貫して増加していくという説明だった。しかし，総生産性は最初からその増加の程度が一貫して低下していくというのは本当か。そして，それをひっくり返した

形で考える限界費用がずっと増加していくというのは本当か。

　たとえばアダム・スミスが語った『分業と協業』というものがある。彼はある程度生産量が増えてくると分業や協業ができて生産の能率がいっそう上がり，しだいに総生産性の増加の程度（限界生産性）が増大していくといっている。

　さらに，それに加えて学習効果というのもある。最初のうちは不慣れで熟練していないけれども，生産をしていくうちに生産技術に慣れ，しだいに技能が蓄積されて熟練していき，生産効率が上がっていく，つまり，生産をすればするほど総生産性の増加の程度は大きくなってくるのではないか。だとすれば，限界費用は総生産性の裏返しということだから，限界費用は増加するのではなくしだいに減少していき，供給曲線は右下がりになって需要曲線と同じ形になってしまう。そうだとすれば市場均衡などなくなるのではないか」。

　こうした疑問はもっともなことで，第１部に関するかぎりは，このようなツッコミを受ければ私はグウの音も出ません。まさにそのツッコミのとおりです。しかし，経済学は長い歴史の間にそうした疑問に答えてきた経緯があります。その扉が開かれるのが第２部です。しかし，第２部になるとさすがに多少ややこしくなってきます。私はできるだけわかりやすくするように頑張るつもりですが，それでも新たに習得しなければならない言葉がありますし，グラフに描かれる線も複雑になってきます。

　そうした厄介なことがあっても，このような疑問でモヤモヤするくらいなら，多少ややこしくても構わない，もっとちゃんとミクロ経済学を知りたいという読者のみなさんにはぜひ第２部に進んでいただきたいと思います。しだいにややこしくなってくることは残念ながら否定しません。しかしややこしいだけに，それが理解できたときは，さらにミクロ経済学の奥義をのぞき込むことができます。また，それだけミクロ経済学が面白くなってきますし，より複雑な社会問題を分析し，理解できる道具を手に入れることができます。

　どんなものでもそうでしょうが，楽をしているだけでは得られる果実は少ない，というのは経済学の学習でも例外ではありません。第２部を読了してその内容を理解していただけたならば，第１部を終えて帰っていった人とはまた違ったミクロ経済学の印象を持つことになることでしょう。

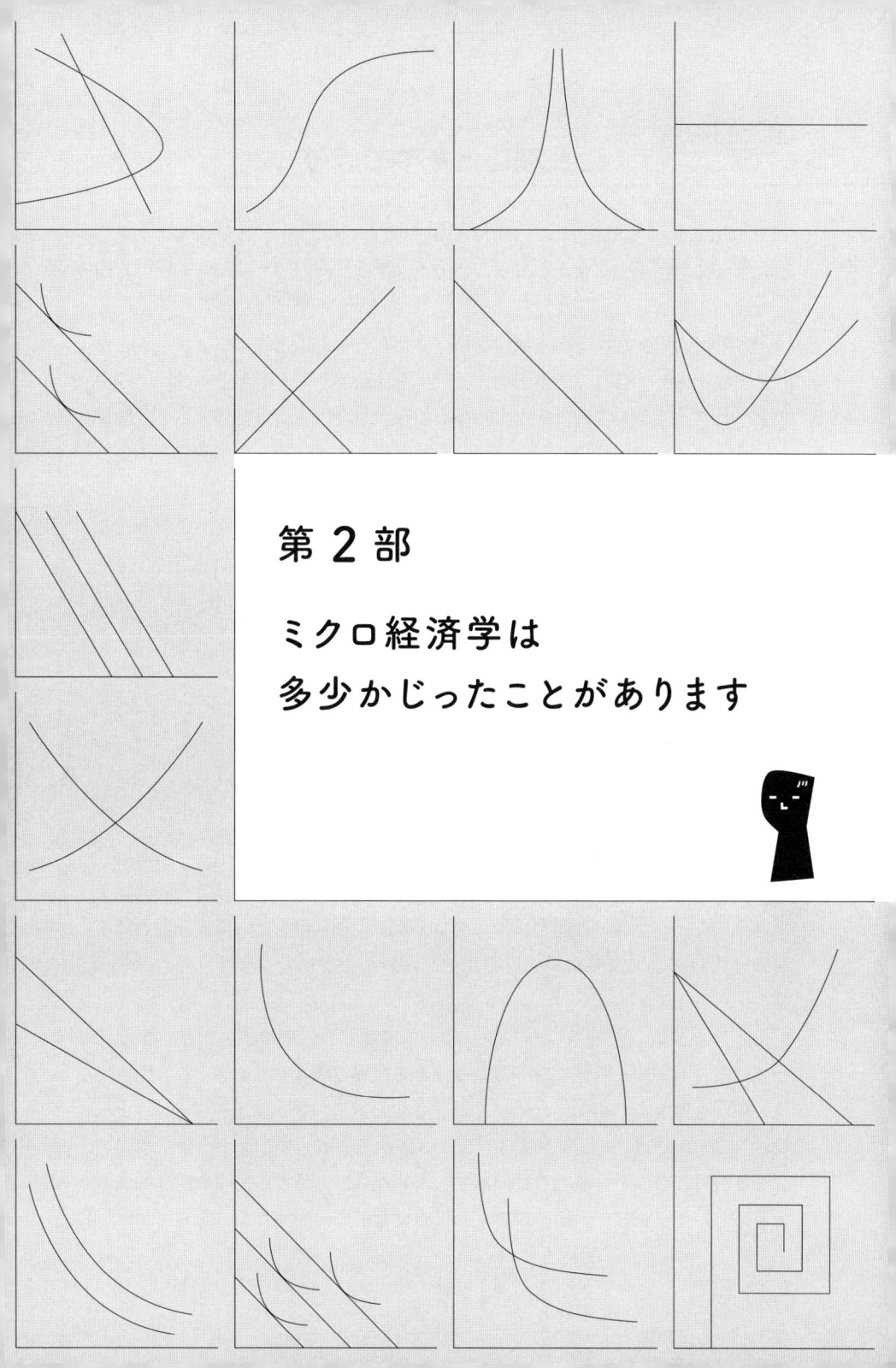

第 2 部

ミクロ経済学は
多少かじったことがあります

こんなことをやります

第1部で述べられてきたことのおかしな点についてもう一度簡潔にまとめておきますと，消費（需要）について1点，生産（供給）について1点のおかしな点がありました。

(1) 効用の大きさに適当に数値をつけて足したり引いたりするようなことができるのか。自分の効用と他人の効用を比較することができるのか。

(2) 分業と協業，学習効果などが現実に存在していることを考えると，総生産性の増加の程度がしだいに鈍くなるということ，つまり，限界費用が一貫して増加することはありえないのではないか。

これらの疑問点はもっともなことです。効用が足したり引いたり比較したりできなければ，需要曲線を生み出すための前提が崩れて，需要曲線自体が描けなくなります。また，限界費用曲線が下がるようなことがあれば，供給曲線が右下がりになります。しかし，右下がりの供給曲線なんてありそうもないことです。なんとしてもこの両方の問題を解決しなくてはなりません。

そこに第2部の目的があります。ただ，第2部だけでこの2つの問題を同時に解決するのはちょっと荷が重すぎます。まず第2部では(1)について片付けることにします。(2)については第3部で片付けることにしましょう。

(1)への対策として，以下のような方法を考えてみましょう。効用を加減乗除したり他人と比べるということを前提として需要曲線を導き出したのがいけないのならば，効用を足し引きしたり，比べたりすることを避けて需要曲線を導き出すことができれば問題はないでしょう。より具体的にいえば，限界効用曲線を使わないで需要曲線を導き出せればいいことになります。それが第5章の主な目的です。

第1部を読破した読者のみなさんは，生産者と消費者の理論が非常に似通っていて，対称的な関係になっていることを理解したはずです。それについては，何度も繰り返し出てきた両者を対比させた数々の表が物語っています（最終的には表3-7〔75ページ〕です）。「はじめに」でも述べましたように，本書ではとりわけこのことを重視しています。なぜならば，消費と生産を対称的に考えることができれば，理論習得のために必要な労力の節約になるからです。

実は，(1)にある効用の足し引きや比較を巧みに回避して需要曲線を導き出す手法とほぼそっくりな手法を使うことで，供給曲線もまた導き出すことができます。これはある意味で驚きです。消費に関する(1)という問題を回避するために考え出された需要曲線導出の手法とそっくりのことが供給曲線でもできるのなら，こんな楽なことはありません。第6章では，第5章の手法をそっくりまねて供給曲線を導出します。

　生産に関する(2)の疑問をあえて第3部に回したのは，この両者の対称性を活かしたいということも1つの理由です。(2)の疑問も解決したくてウズウズはするのですが，やはりエネルギーを節約する方が楽です。消費と生産をまったく同じように考えることができるという点の理解を優先することもあって，(2)の解決は第3部までしばらくお預けにします。

　このように，第1部よりもよりしっかりとした形で需要曲線と供給曲線を導き出してから，再びこの両者を巡り合わせて完全競争市場を考えてみることにしましょう。これは第7章で行われます。ここでは第4章よりもさらに深く完全競争市場の理解とその応用を考えます。具体的には，第4章では動くことのなかった需要曲線と供給曲線が第7章では動き出します。また，それを通じてより興味深い社会現象を解き明かすこともできますから，これはこれで楽しくなります。

　さて，このページをめくって，まずは第5章で限界効用の考え方を使わない，新しい需要曲線を導き出しましょう。そのためには，また新たに線をいくつか作って考えなくてはなりません。面倒くさいですけれども，それで(1)の疑問が解決できるなら儲けものです。

第5章

無差別曲線が予算制約線と出会って需要曲線が生まれます

第2章では，限界効用という考え方を使ってそれに数値を当てはめました。限界効用に数値が当てはまるのならば，限界効用は足したり引いたり，他の人と比べて限界効用がどれだけ大きいというようなことがいえます。でも，人の幸せはそのように足したり引いたり，あるいは比べたりすることができるものでしょうか。そう思うと，これまで導き出した需要曲線を堂々と使うのにはちょっと気が引けますね。この章では，人の幸せ（効用）を足したり引いたり，他人と比較したりというようなことを巧みに回避して需要曲線を導き出すことにします。第2章で需要曲線を導出するときに使った限界効用という方法を使わない，いわばグレードアップされた需要曲線を導き出すことができれば，これからは抵抗なく需要曲線を使うことができるようになります。

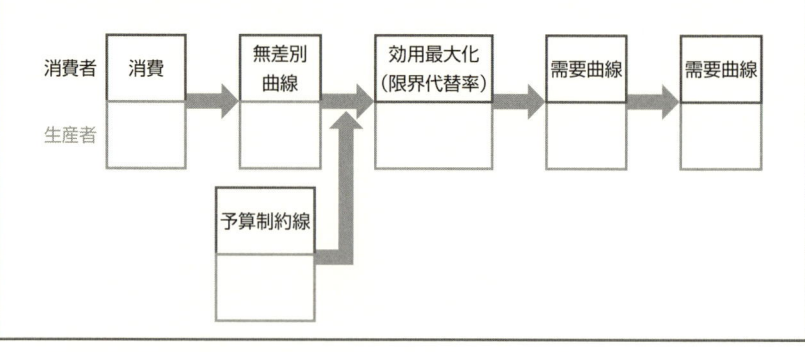

第1節　消費者の気持ち

消費者の気持ちは3種類：好き・嫌い・同じくらい

　レストランで最後のデザートのときに，「コーヒーになさいますか，それとも紅茶になさいますか？」と聞かれることがあります。それぞれが自分の思いのままに，「コーヒー！」とか「紅茶！」とか注文する一方で，なかなか決まらない人もいます。しばらく考えてから「どっちでもいいよ」と言い出す人もいます。こんな光景を見ていると，人間には「紅茶よりコーヒーが好き」「コーヒーより紅茶が好き」そして「コーヒーと紅茶どちらでもいい」という3種類の気持ちがあるといえます。

　人間がある行動を起こすときはこの3種類のどれかを考えて行動しているのではないか，とミクロ経済学は考えます。選択肢Aと選択肢Bがあって，それ以外の選択肢がないとき，人間は以下の3つのうちどれかの気持ちを持っているといえます。

　(1)　AよりもBが好き

　(2)　BよりもAが好き

　(3)　AとBは同じくらい好き（どちらでもいい）

経済学の言葉を使えば，(1)は「AよりもBを選好する」(2)は「BよりもAを選好する」(3)は「AとBは無差別である」といいます。

　こうしたことを**選好関係**と呼びます。実際のミクロ経済学の選好関係の定義はもっと厳密ですから，その点には注意してください（詳細は中級か上級レベルのミクロ経済学のテキストを参照してください）。

　コーヒーや紅茶といった単品では議論を広げることができませんので，ここではもう少し拡張して考えましょう。私たち消費者が消費したい財を2種類取り上げて，それを財1，財2と名付けましょう。財（商品の名前）が「イチ」とか「ニ」というのがなじめないようでしたら，さしあたり，「イチ」は「イチゴジュース」，「ニ」は「ニンジンジュース」とでも考えておけばいいでしょう。消費者が選ぶある選択肢Aを「財1を10単位，財2を10単位消費するという財の消費量の組み合わせである」とします。文章にすると，かえってややこしくなるので，これを次のように表すことにします。

$$A(\text{財 1 の消費量, 財 2 の消費量}) \text{ つまり } A(10, 10)$$

また選択肢 B を, 財 1 を 11 単位, 財 2 を 11 単位消費する財の組み合わせとすれば, それは,

$$B(\text{財 1 の消費量, 財 2 の消費量}) \text{ つまり } B(11, 11)$$

と書けます。

この選択肢 A と B を比べて, どちらが好き (選好する) でしょうか。選択肢 B は, 財 1 も財 2 も, ともに選択肢 A よりも消費できる財の量が多いですね。第 1 部で述べたように消費者にとって財の量が多いほど効用は大きいですから (欲望第 1 のパターン), 選択肢 B の方が選択肢 A よりも効用が大きいことになります。ですから, 選択肢 A よりも選択肢 B の方が好き (選好する) ということになります。これを,

$$A(10, 10) \prec B(11, 11)$$

と書くことにします。

ここで注意してほしいのは, この表記に出てくる記号は不等号ではない, ということです。不等号は直線でできた「く」の字形になっていますが, この記号は少しグニャリと曲がっているところに違いがあります。不等号は数字の大小の比較に使われます。しかし, ここでは数字の大小を比較しているのではなく, 単に「こっちの方があっちより好き」という順番を示しているだけにすぎません。ですから, 不等号とは似ているようでも違う記号をあえて使っています。

以下も同じように考えていきましょう。選択肢 C は財 1 を 9 単位, 財 2 を 9 単位消費する財の組み合わせだとすれば, 欲望第 1 のパターンから次のような関係になります。

$$C(9, 9) \prec A(10, 10) \prec B(11, 11)$$

これもまた異論はないでしょう。

さて, 読者のみなさんを困らせるように, 選択肢 D や選択肢 E を新たに登場させることにします。選択肢 D や選択肢 E が次のような財の組み合わせだ

本文で説明した人間の 3 つの気持ちを考えるとき，そこでは $C \prec A$ であり，かつ $A \prec B$ ならば，$C \prec B$ が成り立っていることにも注意してください（これは**推移性**と呼ばれます）。こんなことは当たり前じゃないか，と思われるかもしれませんが，あながちそうとはいえません。たとえばジャンケンがいい例です。Aをグー，Bをパー，Cをチョキとすれば，A（グー）はC（チョキ）に勝ち，B（パー）はA（グー）に勝ちますが，B（パー）はC（チョキ）に勝てません。これを「推移性を満たさない」といいます。

また，めったにないことですが，大相撲では，優勝決定戦に 3 人の力士が残ると，「巴戦（ともえせん）」といって，1 人の力士が残り 2 人の力士に連勝しないと優勝が決まらない優勝決定方法を採用しています。連勝しないと永遠に対戦は続くのです。なぜこのような決まりになっているのかというと，そうしないと推移性を満たさない（一番強い力士が決まらない）からです。

ただ，こうしたことは消費の世界では通常ありそうもないことなので，本書ではこうした状況はないものとして考えています。しかし，この「推移性」は，消費者行動分析も高度な分析になってくると大切な性質になってきます。

ったとしたら，選択肢 A と比べてあなたはどう判断するでしょうか。

$$D(12, 9) \lesssim A(10, 10)?\quad E(9, 12) \lesssim A(10, 10)?$$

たぶん，迷うでしょうね。迷う理由は，財 1 と財 2 の消費量のどちらか一方が 10 よりも多く，他方が 10 よりも少なくなっているからです。このように一方の消費量が多くて，他方の消費量が少ない財の組み合わせはいろいろとあるでしょうが，数ある組み合わせの中には，選択肢 A と同じ効用（無差別）となるような選択肢がきっと見つかることでしょう。つまり同じくらい好き，あるいはどっちでもいいという選択肢です。仮に先の選択肢 D や選択肢 E が選択肢 A と同じ効用を実現できるのなら，「選択肢 A と選択肢 D はどっちでもいい（無差別）」，「選択肢 A と選択肢 E はどっちでもいい（無差別）」となり，結果として「選択肢 A と選択肢 D と選択肢 E は無差別（どっちでもいい）」ということになります。簡単に書きたいので，これを次のように書くことにします。

$$D(12, 9) \frown A(10, 10)\quad E(9, 12) \frown A(10, 10)$$

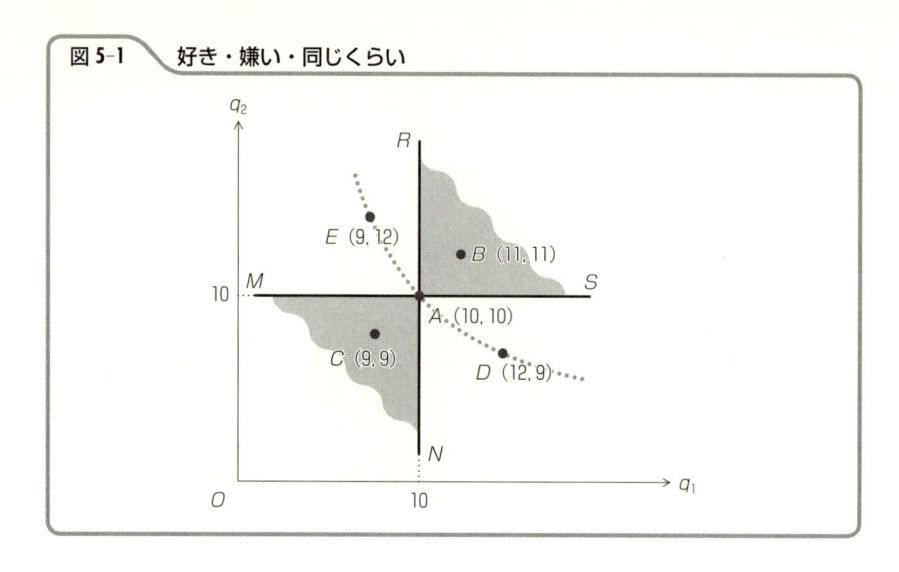

図5-1　好き・嫌い・同じくらい

q_2

R

E (9, 12)

B (11, 11)

M　10　A (10, 10)　S

C (9, 9)

D (12, 9)

N

O　10　q_1

本当は等号（「＝」）で書く方がイメージに合っているのでそうしたいのですが，ここはぐっとこらえて，この分野での正規の記述に従うことにします。というのも，等号にすると数値が等しいと誤解してしまう可能性があるからです。ここでの両者の関係は，あくまで数値が等しいという意味ではなく，「あっちとこっちが同じくらい好き（どっちでもいい）」ということだけを表していますから，あえて等号とは違う記号が使われています。「〜」が気持ち悪い，なじめない，という方は慣れるまで「＝」を使ってもいいですが，上記のような違いをわかったうえで「＝」を使ってください。

以上のことをグラフにしたのが図5-1です。財1の消費量を q_1 として横軸にとり，財2の消費量を q_2 として縦軸にとります（縦軸は価格ではありません）。座標 A が選択肢 A を表し，座標 B は選択肢 B を表しています。選択肢 B に代表されるように，実線 RAS よりも右上の座標は両方の財の量がともに多いので，すべて選択肢 A よりも好ましい点の集まりとなります（実線部分を含みます）。一方，選択肢 C に代表されるように，実線 MAN よりも左下の座標は両方の財の量がともに少ないので，すべて選択肢 A よりも好ましくない点の集まりです（実線部分を含みます）。

点 A（選択肢 A）の左上と右下の部分は，「好き」とも「嫌い」ともどちらとも断定しにくい点の集まりです。というのは，一方の財の量は多くても，他方の財の量は少ないからです。これらの多くの点の集まりのうち，どこかに点 D

図 5-2　　無差別曲線

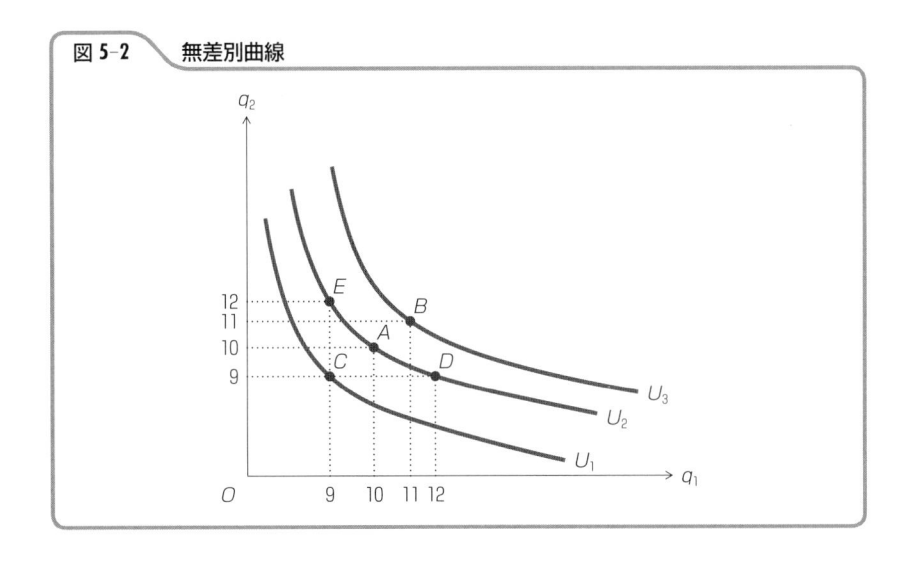

（選択肢 D）や点 E（選択肢 E）のような選択肢 A と同じ効用水準を達成できる，「どっちでもいい」点が存在しているはずです。なお，図 5-1 では現時点で意味不明のうっすらとした点線が書いてあります。この点線については次を読み進むと明らかになります。

「どっちでもいい」組み合わせの集まり

　さて，私が突然「好き」だの「嫌い」だの言い出したので，「いったいオマエは何をしているのだ？」という声が聞こえてきそうです。今の段階では，こんなことをしていて需要曲線を求めるのに何の役に立つのだろうかというように見えるかもしれません。でも，しばらく我慢してください。私たちが限界効用曲線に頼らないで需要曲線を求めるためには，これはどうしても避けることのできない道なのです。

　図 5-1 のうち，点 A の右上，左下（網かけの部分）ではなく，左上，右下の部分に注目してください。この中には $D(12, 9)$ や $E(9, 12)$ のように，点 A と同じ効用水準を持つ「どっちでもいい」という組み合わせの点が数多く存在しているはずです。それらをつなぎ合わせたものが図 5-2 に描いてあります。これを**無差別曲線**と呼び，ここでは U_2 が該当します。この無差別曲線 U_2 上にある点は，どのような点（財の組み合わせ）もすべて点 A と同じ効用を実現できるので，どの点を比べたってみんな同じくらい好きという「どっちでもいい

（無差別な）」点の集まりです。ですから，U_2 上には選択肢 A と選択肢 D と選択肢 E が乗っかっているのです。なお，同じく図 5-2 にある点 B と点 C は図 5-1 の選択肢 B と選択肢 C に対応しています。

図 5-1 からわかるように，無差別曲線は必ず右下がりとなります。図 5-1 の薄い色の点線は，選択肢 A と同じ効用を持つ無差別曲線で，これが図 5-2 の無差別曲線 U_2 です。そして，同じく図 5-1 からわかるように，無差別曲線は右上に位置するものほど効用が大きくなります。右上にある無差別曲線ほど効用が高いので，消費者はできるだけ右上にあるような無差別曲線上にある財の組み合わせを消費したいと望むことになります。図 5-2 では，無差別曲線 U_1（の線上にある財の組み合わせ）よりも U_2（の線上にある財の組み合わせ）を，そして U_2（の線上にある財の組み合わせ）よりも U_3（の線上にある財の組み合わせ）を消費者は好みます（選好します）。

図 5-2 では，無差別曲線は代表的な 3 本（U_1, U_2, U_3）しか描いていませんが，この前後の間にも無差別曲線はびっしりと無限に存在します。それを全部描くと図が真っ黒になってしまうので，ここではそのうち 3 本の無差別曲線しか代表として描いていません。

この無差別曲線の読み方について気をつけなければいけないことは，無差別曲線が右上に位置するものであればあるほど，左下に位置する無差別曲線のそれよりも「好き」という順番のことをいっているだけだということです。ここでは「どれくらい好き」か，という量的なことはまったくいっていません。確かに図 5-2 を見てみると，3 本の無差別曲線に間には隙間があるので，モノサシを使って測れば，その距離だけ右上にある無差別曲線が左下の無差別曲線に比べて「どれくらい」好きかがわかりそうなものですが，この距離の長い短いは関係ないです。

ですから，この無差別曲線の間隔について距離の大小を取り上げることは意味がありません。「意味がないといわれてもねぇ」と思うでしょうが，極端にいえば，無差別曲線の間の縮尺をむちゃくちゃにしても構いません。とにかく右上にあれば左下よりも「より好きだ」ということだけでいいのです。たとえば，U_1 と U_2 の間の距離の縮尺を 10 分の 1，U_2 と U_3 の間の距離の縮尺を 100 分の 1 といったようにバラバラにしたって全然構いません。距離などはどうでもいいのです。位置関係だけが大切なのです。

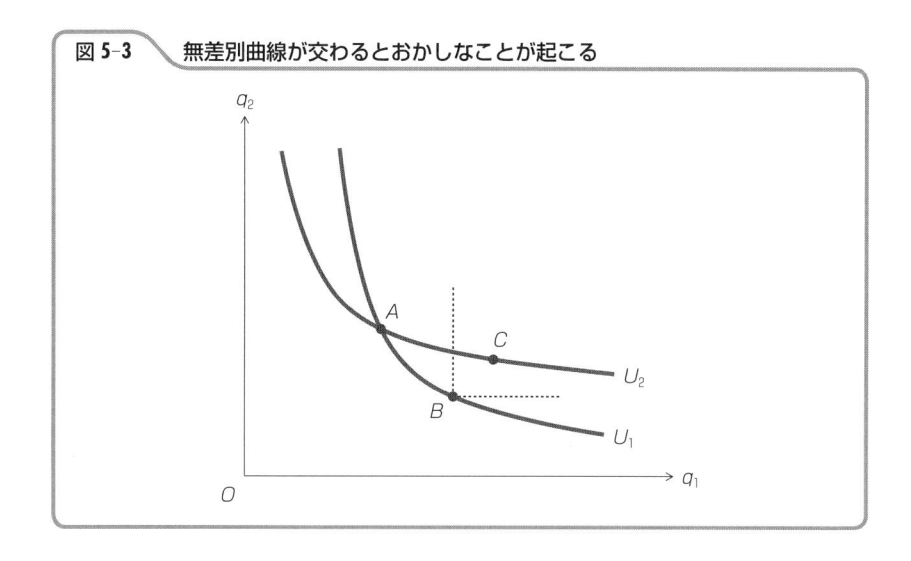

図 5-3　無差別曲線が交わるとおかしなことが起こる

なぜこんなことをくどくどいうのかというと，ここで「どれくらい好き」といういうように量的な考えを入れてしまうと，効用に数値を当てはめることになり，足したり引いたりできてしまうからです。足したり引いたりしてはいけません。それを避けるために順番だけを気にしていることに気をつけてください。慣れないうちは気持ちが悪いでしょうが，割り切ってくださいね。慣れると何でもなくなります。

無差別曲線の特徴

さて，そのうえで無差別曲線の性質をあと 2 つだけ述べておくことにしましょう。1 つ目の特徴は，無差別曲線は互いに交わらないということです。仮に，図 5-3 のように無差別曲線 U_1 と U_2 が互いに交わると考えてみます。点 A に注目すると同じ無差別曲線 U_1 上にある点 B とは同じ効用となります（どっちでもいい）。また同じように，点 A は同じ無差別曲線 U_2 上にある点 C と同じ効用となります（どっちでもいい）。とすれば，点 B と点 C は同じ効用になる（どっちでもいい）はずです。ところが，点 C は明らかに点 B より右上にあるために効用水準が高く，点 C は点 B より明らかに好ましい点となるのでおかしなことが発生してしまいます。ですから無差別曲線は互いに交わりません。私たちが複数の無差別曲線を図に描くときには，それらが交わらないように気をつけて描かなくてはいけません。

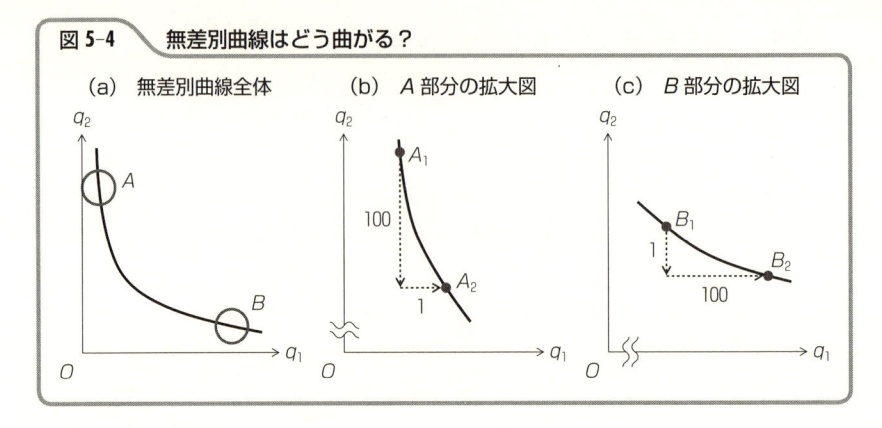

図 5-4　　無差別曲線はどう曲がる？

(a)　無差別曲線全体　　　(b)　A 部分の拡大図　　　(c)　B 部分の拡大図

　２つ目の特徴は，無差別曲線は右下がりであるうえに，原点から見て出っ張った（原点から見て凸〔とつ〕といいます）形になっているということです。なぜそうなのかを明らかにしておきましょう。ちょっとわかりにくいかもしれませんよ。

　図 5-4(a) は無差別曲線の全体像です。そのうち左上方にある A の部分を取り上げて拡大したのが図 5-4(b) です。A の部分では財 1 の絶対量が少ない（横軸のゼロに近い）ことに注意してください。この状況で，財の組み合わせを点 A_1 から点 A_2 に移動させてみます。この移動は同じ無差別曲線上の移動ですから，同じ効用水準を維持するためには，財 1 を 1 単位増やすために財 2 を 100 単位犠牲にしなくてはならないことを意味しています。つまりこの部分では，財 1 の 1 単位の価値が財 2 の 100 単位分もある貴重なものであることがわかります。

　一方，図 5-4(a) の右下方にある B の部分を拡大したものが図 5-4(c) です。B の部分では財 1 の絶対量がかなり多くなっている（横軸のゼロから遠い）ことに注意してください。この状況で財の組み合わせを点 B_1 から点 B_2 に移動させてみます。この移動は同じ無差別曲線上の移動ですから，同じ効用水準を維持するためには，財 1 をたとえ 100 単位増やすとしても財 2 を 1 単位犠牲するだけで十分であることを意味しています。逆に考えれば，財 1 を 1 単位増やすために犠牲にされなくてはならない財 2 の量はわずか 100 分の 1 単位にしかすぎず，財 1 の価値がかなり低いことがわかります。

　以上の要点をまとめますと，財 1 の量が少ないときは財 1 を得るために犠牲にしなくてはならない財 2 の量は非常に多く，それだけ財 1 の価値が高い

| 表5-1 | 消費者と生産者の対称性（その12） | |

消費者	生産者
無差別曲線	?

ということがわかります。そして財1の量が多いときには，財1を得るために犠牲にしなくてはならない財2の量は少なく，それくらい財1の価値は低いということがわかります。このことから思い出すことができるのは，第2章で述べた「限界効用逓減の法則」です（32ページ）。つまり，最初のうちは追加1単位から得られる財の価値（効用）は高く，財の消費量が多くなるにつれて，追加1単位から得られる財の価値（効用）はしだいに低くなり（逓減し）ます。

このことから，無差別曲線は原点に向かって出っ張っているということになります。もし原点から見てへこんでいれば（原点から見て凹〔おう〕といいます），限界効用逓増となってしまい，これでは人間が持つ欲望第2のパターンに反することになってしまいます。限界効用逓減の法則を説明するときには，数値例を勝手に作りました。しかし無差別曲線を使うと，そんな数値を適当に作らなくても無差別曲線の曲がり方だけで限界効用の逓減を示せます（図5-4(a)(b)(c)で説明に使った100単位やら1単位やらというのは財の量の単位であり，限界効用の数値ではないことに注意してください）。

「なんだかだまされているような気がする」と納得しない読者のみなさんには，無差別曲線が原点から見てへこんでいる状況を考えると，私たちの直感からしても都合の悪いことが起こってしまうので，それを別の箇所で説明することにします。これは第3節でやります。

以上のことから，表3-7から引き続き表5-1を作ることができます。

第2節　幸せになりたいのになれない理由

お財布の中身と相談しよう

第2章で，消費者は自己の効用を最大化することが目的であると述べました。それはそうなのですが，実際には無理でしょう。何の不自由もなく効用の最大化ができるのなら，私は今ごろ，田園調布や芦屋の豪邸，六本木のタワマンの

最上階に住み，何十台という高級車に囲まれて，いつも海外旅行に出かけては
スィートルームに泊まっていることでしょう。しかし，それができないから辛
いのだというのは第1章で述べたとおりで，それは資源が有限だからです。

　つまり，いくら効用を最大にしたくても手元にある自由に使えるお金が有限
であるということが問題なのです。消費者は効用を最大化するといっても，そ
の前提として，自分の手持ちのお金（経済学では**所得**と呼びます）の中でしか，
効用を最大にできません。ですから，「消費者は自己の効用を最大にする」と
いうのは確かなのですがそれだけでは不十分で，正確には，消費者は自己の予
算制約のもとで効用を最大化する，といわなければなりません。ですから，消
費者は自分の所得の範囲内で予算を立て，その中で最も望ましい財の組み合わ
せを選んで買うことになります。

　私たちの日々の生活を振り返ってみましょう。私たちは，朝起きてから夜寝
るまでの生活で，お財布から現金を出して（電子マネーを使って）必要なものを
買います。そのとき，私たちは朝起きてから夜寝るまでの一日を一番幸せに暮
らせるように（つまり効用を最大にするように）お金を使っているはずです。昼
食をアンパン1個にするか，ウナ重にするか迷ったときも，その後で別の買
い物の予定があれば，私たちはその買い物のためにウナ重をあきらめて，アン
パン1個ですませるのです。いろいろな財の組み合わせがある中で，効用が
最大になるような財の組み合わせを選んで私たちは日々を生活しているといえ
ます。これが「消費者の合理的な行動」であり，このように行動する人を**合理
的な経済人**と呼びます。なお，この「合理的な経済人」像を疑うのが行動経済
学です。

　ですから，私たちはこれまでに手に入れた「好き」「もっと好き」の順番を
表した無差別曲線とは別に，私たちの使える所得（予算制約）を表す線を手に
入れる必要があります。これを**予算制約線**と呼びます。さすがに第2部ともな
ると，申し訳ないですが少しだけ数式のお世話にならざるをえません。「はじ
めに」で述べたように，中学生レベルの数学を使わせてもらうことをお許しく
ださい。そうすると，予算制約線は次のように表すことができます。

$$p_1q_1+p_2q_2=y \qquad\qquad (5\text{-}1)$$

　さてここで，q_1 と q_2 は財1と財2の消費量，p_1 と p_2 は財1と財2の価格

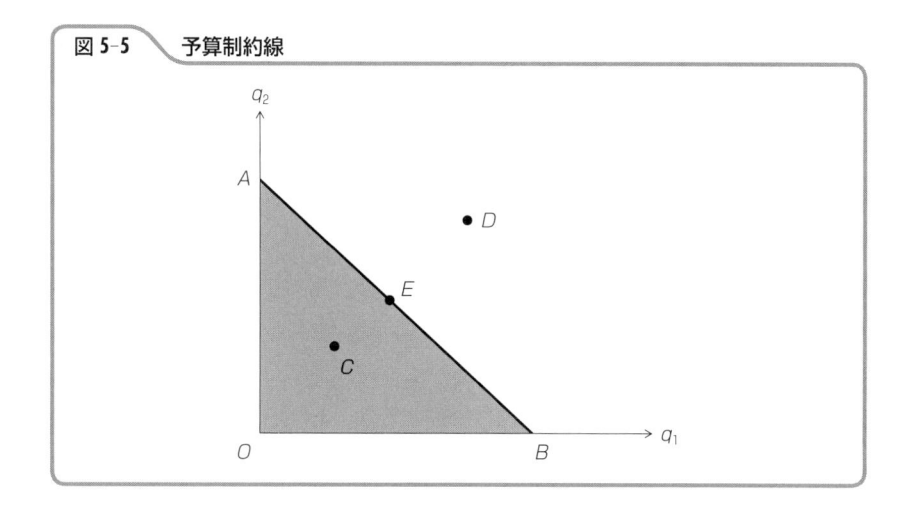

図 5-5　予算制約線

（市場の力で決まっており，消費者にとっては外から与えられるだけ），y は所得（お財布の中身で，これも外から与えられるだけ）です。式にすると難しげに見えますが，内容は小学生の算数です。つまりこれは，「タローさんは持っている1000円で，1個80円のリンゴを5個，1個50円のミカンを12個買いました」というだけの話です。このとき，リンゴを財1，ミカンを財2とすれば，$q_1=5$，$q_2=12$，$p_1=80$，$p_2=50$，$y=1000$ ですから，

$$80\times5+50\times12=1000$$

といっているにすぎません。

　式（5-1）を変形しますと，次のような形になります。

$$q_2=-\frac{p_1}{p_2}q_1+\frac{y}{p_2} \qquad (5\text{-}2)$$

これは中学校のときに習った1次関数なので，横軸に q_1，縦軸に q_2 をとると，式（5-2）は縦軸の切片が y/p_2 で，傾きが $-p_1/p_2$ の1次関数（右下がりの直線）になることがわかります。このことから，予算制約線の直線の傾きは2つの財の価格の比率にマイナスをつけたものであることがわかります。また右辺の2番目の項は所得 y を財2の価格 p_2 で割ったものなので，すべての所得を使って財2を買ったらどれだけの量の財2が買えるかを示しています。したがって，その買える量が縦軸にとられていることになり，それは図5-5

の縦軸上の点 A となります。ちなみに，図 5-5 の横軸上の点 B はすべての所得を使って財 1 を買ったらどれだけの量の財 1 が買えるかを表しています。こうして，式 (5-2) をグラフにしたものが図 5-5 の直線 AB です。

この予算制約線が私たちの消費生活の運命を分ける境界線となります。図 5-5 の点 C は予算制約線より原点に近い内側にあります。この点での組み合わせで財を買ったとしても，それに必要な支出額は所得よりも少ないことがわかります。つまり，お財布の中にお金が余る状態です。一方，点 D は予算制約線の外側にあります。この点での組み合わせで財を買うと，支出額は所得を上回ります。つまり，お金が足りない状態です。点 D のようなお買い物は実現不可能なので，この組み合わせは消費者にとって夢のような話となります。お財布の中身を使い切るのが直線 AB の線上の点で，たとえば点 E の組み合わせのお買い物では，お金を使い切ってお財布の中はちょうど空っぽになります。

このことからわかるように，図 5-5 の網かけの三角形部分（境界を含む）の中でのみ私たちはお買い物をすることができ，その中での財の組み合わせ (q_1, q_2) だけでお買い物をすることになります。そして，三角形の外側（境界を含まない）はお買い物ができない部分となります。

なお，これからは予算制約線よりも内側の部分は考えないことにします。なぜかといえば，お金を余らせると，それを別の機会に使ったらどうなるかなどという余計なことを考えなくてはならなくなり，ややこしくなるからです。また実現不可能な三角形の外側の部分も，確かに借金をすればお買い物は可能ですが，返済や利子のことなど余計なことを考えなくてはならないので，これもややこしくなります。ですから，こちらも考えないことにします（ただし，経済学の進んだ理論では，お金を余らせるあるいは借金をするときの分析もしっかりとあります）。したがって，これからは予算制約線上の点だけを考えます。つまり，お財布の中身を使い切ることにしましょう。需要曲線を導き出すためにはそれで十分です。

以上のことを整理すると，表 5-2 を作ることができます。

縦横無尽に変化する予算制約線

消費者が自由に選べるのは 2 つの財の消費量 q_1 と q_2 だけです。財 1 の価格 p_1，財 2 の価格 p_2 そして所得 y の 3 つが外部から与えられて，はじめて図

表 5-2　　消費者と生産者の対称性（その13）

消費者	生産者
無差別曲線	?
予算制約線	?

図 5-6　　予算制約線の変化

(a) 所得と財2の価格一定　(b) 所得と財1の価格一定　(c) 財1と財2の価格一定
　　財1の価格低下　　　　　財2の価格低下　　　　　所得の増加

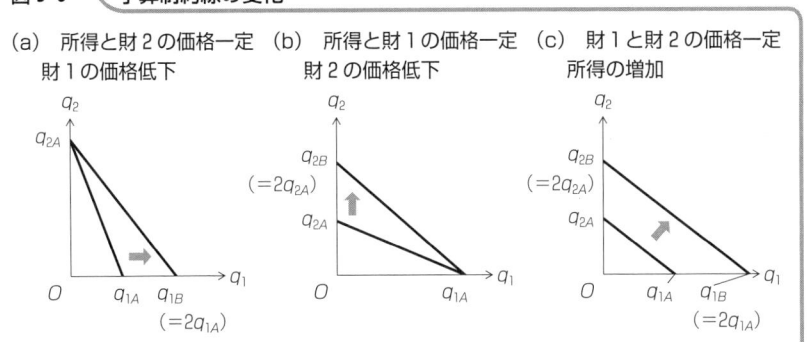

5-5 の直線 AB のような予算制約式を描くことができます。そこで p_1, p_2, y の3つが変わってくると予算制約線も変化することになります。これらが変化したらどのように予算制約線が変化するのかをここで観察してみることにします。というのは，これが需要曲線を求めるのに必要だからです。

　とはいっても，この3つを同時に動かしてしまうと直線がぐちゃぐちゃに動いてしまうので何が何だかわからなくなってしまいます。そこで，1つずつ動かしてみることにして，他の2つは動かさないで固定しておくことにします。これは「他の事情を一定として」という経済学での常套手段となっている方法です。大げさにいうと，これはコラム⑦にあるように科学（実験）的手法としても確立されているものです。この「他の事情を一定として」という表現は，経済学の論文で頻繁に出てくる表現で，ラテン語で ceteris paribus（セテリス・パリバス）といいます。なかなかカッコいい表現で，このラテン語を使うと「こいつ，経済学できるな」と思われるので，一度試されることをお勧めします。

　図 5-6(a) に注目しましょう。これは財1の価格 p_1 だけを動かして，財2の価格 p_2 と所得 y を固定する場合です。価格 p_1 を下げていきましょう。すると予算制約線は縦軸上の q_{2A} を軸として反時計回りにしだいに横に寝ていくよ

うな状況になります。

それはなぜでしょうか。もしお財布の中身をすべて財2に使えば縦軸のq_{2A}だけ買うことができます。財2の価格p_2は変わらないし，所得yも固定されていますから，お財布の中身を全部財2に使うのなら，財1の価格にかかわらず財2の購入量q_{2A}は変わりませんから，どんな予算制約線もq_{2A}を通ります。

そこで今度は，財2を買わないで，お財布の中身を全部財1に使ってしまいましょう。そうすると横軸だけを考えればいいことになります。価格が下がる前はお財布の中身をすべて使うと，横軸上のq_{1A}の量だけ財1を買うことができます。しかし財1の価格が下がってくると，財1をより多く買うことができるようになります。たとえば財1の価格が半額（50％の低下）になったとします。このときは財1の購入量は値下がり前の2倍の量になります。図5-6(a)の横軸の距離を見ると，Oq_{1A}の距離の2倍がOq_{1B}となっています。財1の値下がり前は縦軸のq_{2A}と横軸のq_{1A}を通過する直線が予算制約線になり，財1の値下がり後は縦軸のq_{2A}と横軸のq_{1B}を通過する直線が予算制約線になります。つまり，予算制約線は横に寝た状態になります。

次に図5-6(b)に注目しましょう。これは財2の価格p_2だけを動かして，財1の価格p_1と所得yを固定する場合です。このような図になる理由はいま述べた財1の価格p_1と財2の価格p_2をそっくりそのまま入れ替えればいいので，説明は省略します。要するにこの図に関するかぎり，p_1とp_2は対称的なものとして考えていいということです。

最後に図5-6(c)に注目しましょう。お財布の中身である所得yだけを動かして，財1の価格p_1と財2の価格p_2を固定しておきましょう。そして所得yを増加させていきましょう。すると，予算制約線は図5-6(c)のように平行移動しつつ，しだいに原点から遠ざかっていくようになります。

それはなぜでしょうか。先に1次関数のグラフを示したときに，式（5-2）から予算制約線の傾きは2つの財の価格の比率にマイナスをつけたものに等しいということがわかりました。いま，式（5-2）でyを増加させると，財1の価格p_1と財2の価格p_2は不変ですから，予算制約線の傾きは変わらないまま，縦軸の切片だけが増加することがわかります。つまり，yが増加すると平行移動によって縦軸のy切片が上方向に移動するので，全体として予算制約

線が平行移動して原点から遠ざかっているように見えます。

　ちょっと頭が混乱してしまった場合のことを考えて別の見方をしておきましょう。増加した所得 y を全部財 1 に使ってしまいましょう。そうすると，所得が増加する前に買うことができた財 1 の量は q_{1A} だけだったのに，それが q_{1B} に増加します。図 5-6 (c) の場合，横軸の距離で Oq_{1A} の距離の 2 倍が Oq_{1B} となっていますから，これは所得が 2 倍になったことを示しています。同じように，増加した後の所得 y を全部財 2 に使ってしまいましょう。そうすると，所得が増加する前に買うことができた財 2 の量は q_{2A} だけだったのに，それが q_{2B} に増加しています。図 5-6 (c) の場合，縦軸の距離で Oq_{2A} の距離の 2 倍が Oq_{2B} となっていますから，これは所得が 2 倍になったことを示しています。ですから図 5-6 (c) は，所得が 2 倍になったときの予算制約線の変化と

なっています。

　実際の世の中では，財 1 の価格 p_1，財 2 の価格 p_2，所得 y は同時にさまざまに変化することでしょう。ですからその場合は，図 5-6 (a) (b) (c) のそれぞれの予算制約線の動きが同時に起こってぐちゃぐちゃに変化するのが通常です。そうしたときにはどのように分析できるのかというと，残念ながら数学の力を借りなくては説明できません。そのため，そのことについては本書では触れないでおくことにします。しかし，これは需要曲線を求めるために直接関係のないことなので心配ご無用です。

第3節　グレードアップした需要曲線

無差別曲線と予算制約線の出会い

　出会いがあればそこに何かが起こります。第 1 部で述べた需要曲線と供給曲線の出会いが市場をもたらしたように，無差別曲線と予算制約線の出会いで需要曲線の誕生がいよいよ近づいてきます。ちょうど精子（無差別曲線）と卵子（予算制約線）の受精（接触）の瞬間のような説明がここでは行われます。

　私たちの方針は一貫して変わりはありません。消費者は，

(1)　与えられた予算制約のもとで効用を最大化する

(2)　与えられた所得は使い切る

という方針です。

　そこで，図 5-7 を見てみましょう。ここでは無差別曲線と予算制約線が同じグラフの上に描かれています。無差別曲線は，相変わらず無限の本数を描くと図が真っ黒になってしまうので，3 本だけ代表として描かれています。方針 (1) から，消費者はできるだけ原点から遠く離れた無差別曲線上にある財の組み合わせがほしいと思っています。また，方針 (2) から，予算制約線 AB 上にある財の組み合わせの中からしか買い物ができないことになっています。この両方を満たすような点とはどのようなものでしょうか。これを今から探っていくことにします。

　「絶対に予算制約線上から離れてはならず，同時にできるだけ原点から遠い無差別曲線に見つけ出すようにすること」

　これが至上命令です。このことを考えて，まず無差別曲線 U_1 と，そのとき

図 5-7　　無差別曲線と予算制約線の出会い

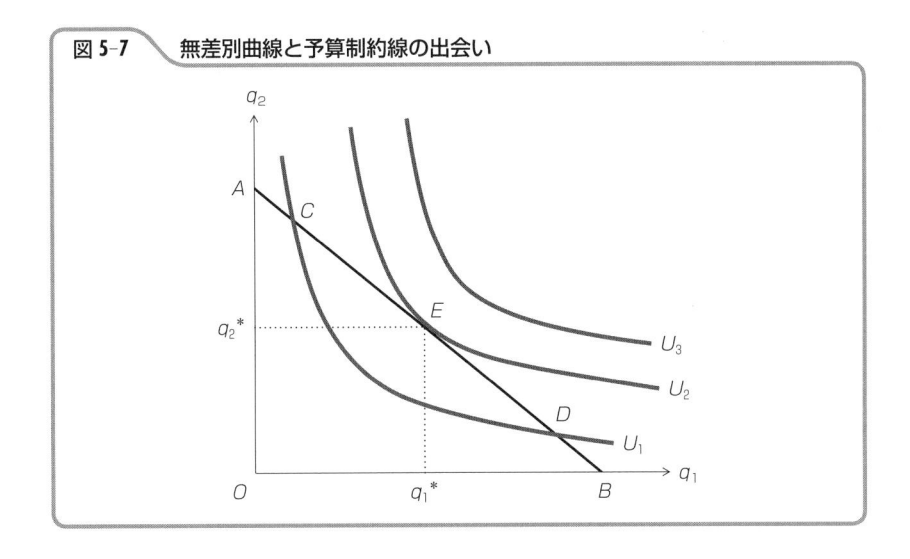

に実現できる効用水準を考えてみましょう。このときに実現できる財の組み合わせは点 C と点 D になります（方針 (2) より）。しかしこの点は効用を最大にしていません。なぜならば，予算制約線 AB と無差別曲線 U_1 に囲まれた凸レンズになっているような部分で，より右上に位置する無差別曲線が存在するからです（この図ではそうした無差別曲線は描かれていません）。点 C や点 D では，確かにお財布の中身は使い切りますが，こうしたお買い物の仕方はまだ自分の幸せを十分大きくしていないということになります。これはいわば，下手なお買い物です。

　それならばいっそのこと，極端に無差別曲線が右上の U_3 の場合はどうでしょうか。この状況は相当幸せですね。ところが，この無差別曲線は予算制約線と交点を持ちません。私たちは予算制約線から離れてはいけませんから，それよりはるか右上にあるこの予算制約線は実現できない効用の大きさとなっています。いわば高嶺の花というか，前にも述べた夢の世界です。お財布に 1 万円しかないのに田園調布や芦屋の豪邸，六本木のタワマンの最上階に住み，何十台という高級車に囲まれて，いつも海外旅行に出かけてはスィートルームに泊まろうとするようなものです。そのためこれは実現不可能です。

　読者のみなさんには，頭の中で動画を作ってもらいたいと思います。予算制約線 AB 上にとどまること（無差別曲線と交点を持つこと）を維持しながら，無差別曲線を左下から右上に向けてズルズルと頭の中で動かしてみてください。

一番右上に無差別曲線が来たときの状況というのは，無差別曲線が U_2 となったときの状況ではないでしょうか。つまり，これは点 E で予算制約線と無差別曲線が接している状況です。これ以上少しでも右上に行こうとすると，もはや予算制約線と交点を持てなくなります。ですから，無差別曲線 U_2 のときに効用は最大になっており，このときの財の組み合わせ，$E\,(q_1^*,\ q_2^*)$ が消費者の合理的な行動の結果選ばれた，最適な財の組み合わせということになります。これはいわば，上手なお買い物です。

なお，経済学では「好ましいもの」「最適なもの」というようなものには記号「＊（アスタリスク）」をつけるクセがあります。本書に限らず，これを知っておくと何かと便利です。

この点 E で起きていることは，予算制約線の傾き（財1と財2の価格の比率にマイナスをつけたもの）と無差別曲線の接線の傾き（傾きは右下がりなのでマイナス）が一致しているということです。図5-8を見てみましょう。点 C での無差別曲線の接線の傾きは，予算制約線 AB の傾きよりも立っています。逆に，点 D での無差別曲線の接線の傾きは予算制約線 AB の傾きよりも寝ています。点 E において両者の接線の傾きがちょうど一致しているのです。

無差別曲線の接線の傾きにマイナスをつけたものを**限界代替率**と呼びます。「限界」はおなじみの極限でのギリギリという意味であり，「代替」は「とっかえひっかえ」という意味であり，「率」は比率です。つまり限界代替率とは，同じ効用水準を維持するため（同じ無差別曲線上に居続けようとするため）に一方の財の量を減らしたときに，他方の財の量をどれだけ増やさなくてはならないか（代替させなくてはならないか）を考えて，一方の財をギリギリまで少なく減らしたとき，それと引き換えに他方の財を増やさなければならないギリギリに増えた量の比率という意味です。そして図5-8からもわかるように，限界代替率は無差別曲線上のそれぞれの点において異なる数値になります。

さて，話を元に戻しますと，点 E ではマイナスを外した予算制約線の傾きが限界代替率に等しくなっているということ，そしてマイナスを外した予算制約線の傾きは2つの財の価格の比率に等しいこと，ということから，

消費者が自己の予算制約のもとで効用を最大化するとき，消費者は限界代替率と2つの財の価格の比率を等しくする

という重要な結論が導き出せます。

図 5-8 　無差別曲線と予算制約線の接線の傾き

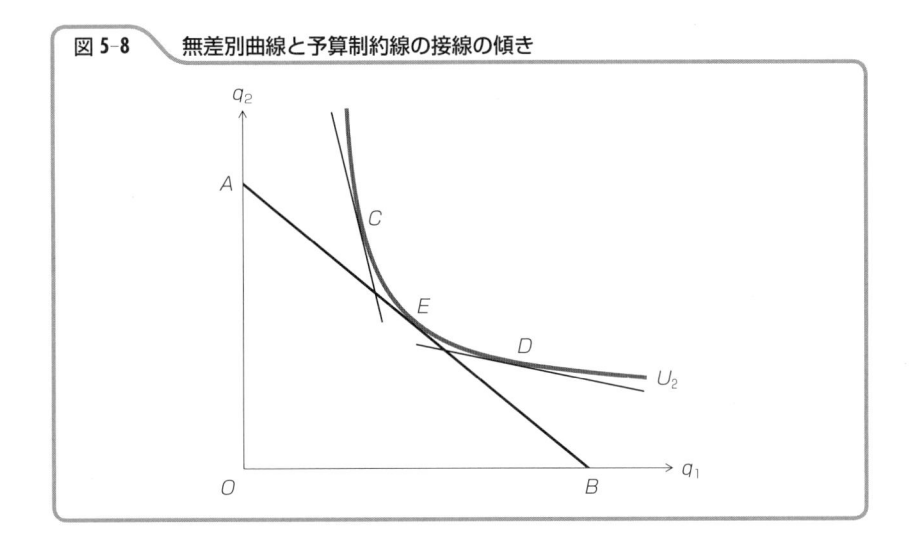

　なんだか大げさな結論ですが，私たちは自分の限界代替率の数値をいちいち知っているわけではありませんし，それを計算に入れて，価格の比率まで調べ上げて最適な財の組み合わせを選んでいるわけではありません（第2章コラム②〔40ページ〕）。しかも，私たちは生活するうえで2つの財だけをお買い物するわけでもありません（3つ以上の財の分析をする場合は数学のお世話になります）。私たちの日常生活を観察する経済学者が，私たちの買い物行動を見て，このように行動しているに違いない，と分析したということです。このように分析しておくと，さらに複雑な問題を分析していくときにこの結論が大変役立つということなのです。

　この限界代替率という言葉は，本書ではこれ以上用いることはありません（消費と生産は対称的なので，第6章でも似たような考え方が少しだけ出てきます）。しかし，本書を離れてミクロ経済学をさらに深めていこうとする読者にとっては，この言葉は将来大変重要な言葉になるので，あえてここで説明しておきました。というか，「『ミクロ経済学は多少かじったことがあります』といっているくせに限界代替率という言葉も知らんのか！」などと誰かにいわれないように説明したということです。

　以上をまとめたものが表5-3です。

表 5-3　消費者と生産者の対称性（その 14）

消費者	生産者
無差別曲線	?
予算制約線	?
（消費の）限界代替率	?
予算制約線の傾き＝限界代替率	?

無差別曲線が原点に向かって出っ張っている理由：直感編

さて，ここでお約束をしていたことがありました。無差別曲線がなぜ原点から見て出っ張っているのかということを，直感的というか，常識から説明しようというお約束です。このことを考えるためには，逆に無差別曲線が原点から見てへこんでいるときに非常識な状態というか，通常ありえないだろうという状態が起こることを示せばいいことになります。

無差別曲線が原点から見てへこんでいるグラフが図 5-9 です。これまでと同じように，消費者は予算制約線 AB 上にいながらにして，できるだけ右上の無差別曲線と交点を持っていたいと思っています。みなさんの頭の中で予算制約線 AB を固定しておいて，原点から見てへこんでいる無差別曲線を左下から右上に向けて動かしてみてください。無差別曲線 U_1 は効用を最大にできていません。なぜならば，予算制約線上の線分 AC と DB 上の点は U_1 よりも高い効用を実現できるからです（U_1 よりも外側にある無差別曲線は，線分 AC あるいは DB 上の点と交点を持つことができます）。

一方，U_3 は予算制約線 AB とは完全に交点を持っていないので，これは高嶺の花というか夢の世界のお話で，私たちの懐具合では実現できない世界のものです。

そこで U_2 を見てみましょう。これが予算制約線と交点を持てるギリギリ最大の効用水準をもたらす無差別曲線です。この場合は横軸上の点 B で交点を持っていますが，無差別曲線の形によっては縦軸上の点 A で交点を持つ場合もあるでしょう。どちらの場合にしても，これはすべての所得を一方の財のみの購入に使い，他方の財はいっさい買わない（使わない）という消費行動です。このことが非常識であることは明らかでしょう。

通常の私たちの生活ではいろいろな財を適度に組み合わせることで効用を最

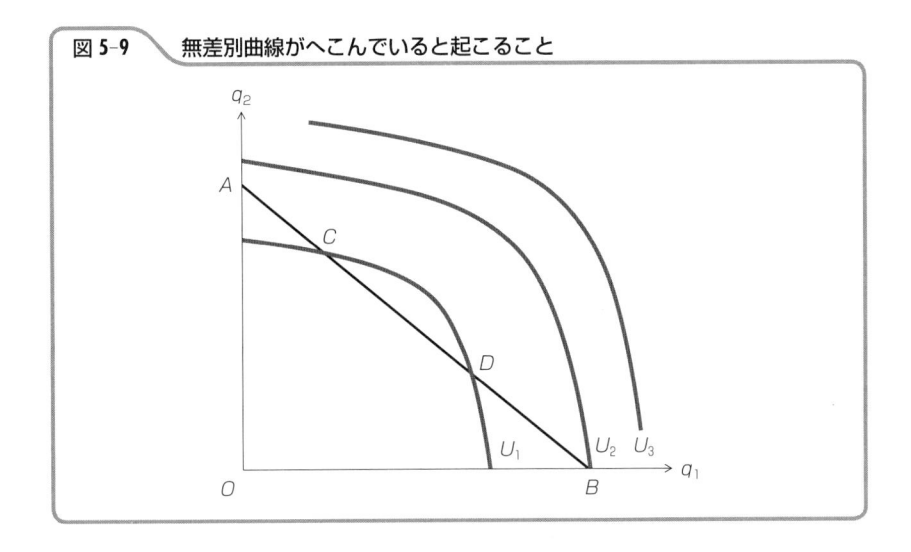

図 5-9　無差別曲線がへこんでいると起こること

大にしていることが多いと思われます。効用を最大にするために 1 つの財の
みを使い続けるということは直感的にもおかしいですよね。ですから，無差別
曲線は原点に向かって出っ張っていると考えることが自然でしょう。

　たとえば，お財布にお金を入れて，スーパーに夕食の食材を買いに行くとし
ましょう。今日の献立は「鍋」です。お財布のお金を使い切って，一番美味し
い鍋を作って食べたい（効用を最大にしたい）と私たちは思っています。もし私
たちの無差別曲線が原点から見てへこんでいたら，一番美味しい鍋のために，
お金のすべてで野菜だけを買う（肉や魚はなし），あるいはお金のすべてで肉か
魚だけ（野菜なし）を買うということになります。鍋がおいしいのは，いろい
ろな食材が適切に組み合わされているからでしょう。日常生活の私たちの効用
を最大にする消費活動はこのような適度な財の組み合わせではないでしょうか。

需要曲線の再デビュー

　以上で準備は整いましたので，限界効用曲線を使わずに需要曲線を再び降臨
させることにしましょう。まず財 1 の需要曲線です。需要曲線とは価格（縦軸）
と数量（横軸）の関係を表すものですから，財 1 の価格とそのときの財 1 の需
要量の関係を導き出すことになります。ですから，ここでは財 2 の価格 p_2 と
所得 y は不変とします。つまり，「他の事情を一定として」です。

　図 5-10(a) の横軸には財 1 の数量 q_1，縦軸には財 2 の数量 q_2 がとられてい

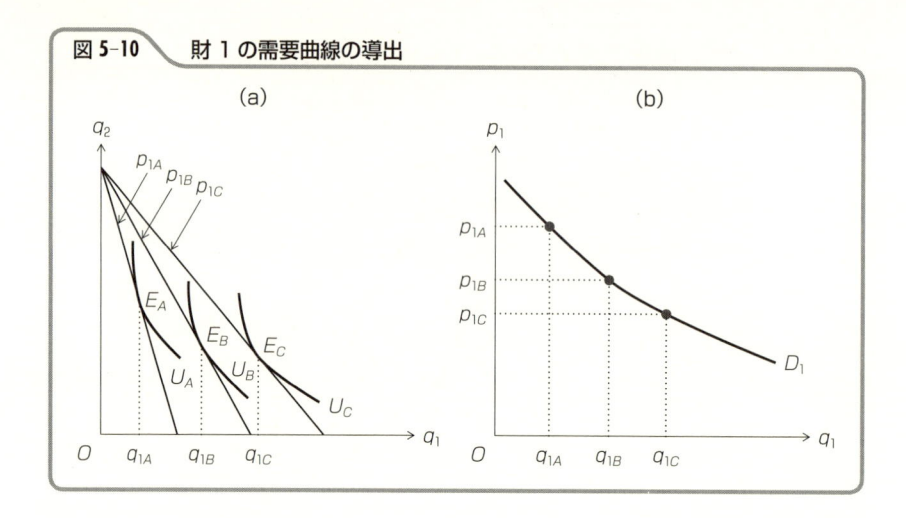

図 5-10 財 1 の需要曲線の導出

ます。そこで財 1 の価格 p_1 を低下させていくことにします。そうすると，図 5-6(a) のような状況がここでは当てはまります。図 5-10(a) にある 3 本の予算制約線は変化した財 1 の価格 p_{1A}, p_{1B}, p_{1C} に対応しています。そして，これも図 5-6(a) からわかるように，価格の大小関係は $p_{1A} > p_{1B} > p_{1C}$ となっています（これはいつもの不等号で，価格という数値の大小を表しています）。消費者はそれぞれの財 1 の価格に応じて，自己の効用を最大にするように行動します。それには，無差別曲線と予算制約線が接する点での財の組み合わせを選べばいいことになります。

　すると，財 1 の価格 p_{1A} では接点 E_A に対応する財 1 の量 q_{1A} が，財 1 の価格 p_{1B} では接点 E_B に対応する財 1 の量 q_{1B} が，財 1 の価格 p_{1C} では接点 E_C に対応する財 1 の量 q_{1C} がそれぞれ選ばれることになります。図 5-10(a) の横軸を見れば明らかなように，需要量の大小関係は $q_{1A} < q_{1B} < q_{1C}$ となっています。それぞれの座標 (q_{1A}, p_{1A})，(q_{1B}, p_{1B})，(q_{1C}, p_{1C}) の点をグラフ上に落としたものが図 5-10(b) の上にある 3 点です。ここでは縦軸に財 1 の価格 p_1，横軸に財 1 の量 q_1 がとられていますので，図 5-10(a) と縦軸の単位が異なっていることに注意しましょう。

　財 1 の価格 p_1 はどのようにも変化できるので，予算制約線は 3 本の他に無限に引くことができますし，それに接する無差別曲線も 3 本の他に無限に引くことができます（全部書くとグラフが真っ黒になります）。ですから，無限にある価格にそれぞれ対応する最適な点 E も無限にありますし，その点 E で示さ

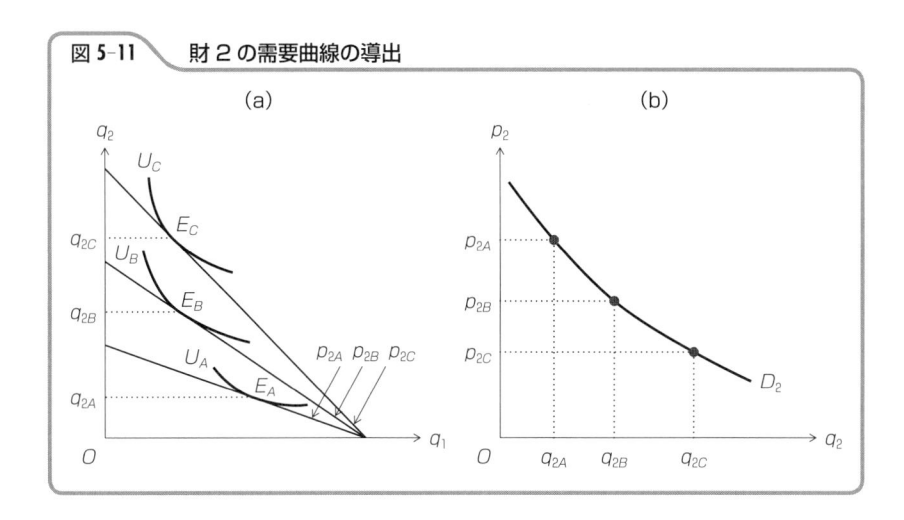

図 5-11 財2の需要曲線の導出

れる財1の量 q_1 も無限にあります。それらの無限の点を結んで線にしたもの
が図 5-10 (b) に描かれていて，これが財1の需要曲線 D_1 となります。

　財2の需要曲線 D_2 の導出については図 5-11 (a) (b) に表されています。こ
の導出方法は財1のそれとまったく同じなので，説明の必要はないでしょう。

　改めてここで示された需要曲線の導出方法について考えてみると，ここでは
限界効用曲線が使われていません。限界効用曲線が使われていませんから，効
用の大きさがどれだけの数量かというようなことにも触れていません。使って
いる数量は価格と財の量に関してだけで，効用に関しては使われていません。
ただ，右上にある無差別曲線の方が効用が高く，消費者の選ぶ順位が高いとい
う順番だけしか問題にされていないのです。要するに，効用を数値化してどう
こうしているわけではなく，それを巧みに回避しながら需要曲線が導出されて
いることに注意してください。これで効用の数値化に頼らないグレードアップ
した需要曲線ができあがったわけです。

　こういうと読者のみなさん中には，「これまた，なんだかだまされているよ
うだ」と感じる方がいるかもしれません。ただ，こじつけといわれようが（理
論的には「こじつけ」ではないのですが），屁理屈といわれようが，この方法を使
えば効用の加減乗除や個人間での効用比較などというような面倒なことから確
かにうまく逃げ回って需要曲線を導出できていることに間違いはありません。
それでもなお，まだ納得しないという方は，残念ながら本書の内容を超えるの
で，**効用の基数的性格**と**効用の序数的性格**というキーワードでより高度なテキ

表 5-4　　消費者と生産者の対称性（その 15）

消費者	生産者
無差別曲線	?
予算制約線	?
（消費の）限界代替率	?
予算制約線の傾き＝限界代替率	?
個人の需要曲線	?
市場全体の需要曲線	?

ストにあたってみてください。

　少しだけこの 2 つの性格について簡単に説明しておきますと，限界効用の世界は効用が「1（ワン），2（ツー），3（スリー）」という基数（数字が量を示す）の世界で，これらの数字は足したり引いたり，比較してどれだけ大きいとか小さいとかがいえます。しかし，限界効用を回避した無差別曲線の世界は，「1st（ファースト），2nd（セカンド），3rd（サード）」という序数（数字が順番を示す）の世界で，好き，嫌い，どっちでもいい，というように順番だけを問題にして需要曲線を導出しています。1st と 2nd を足したり引いたりすることには意味がないということは簡単にわかるでしょう。

　以上で個人の需要曲線が再びよみがえりました。これから市場全体の需要曲線を導き出す方法はすでに第 1 部で行ったとおりで変わりはありません。このようにして，再び需要曲線を第 7 章で述べる完全競争市場に登場させることができるのです。

　以上をまとめると表 5-4 ができます。消費者の欄についてはすべて埋まりました。

練 習 問 題

5-1　次の文章の空欄に当てはまる言葉を下から選んでください。なお，以下の文章中にある言葉が空欄に入る可能性もあります。ただし，④⑤⑥⑦についてはカッコの中の適切な用語を選んでください。

　　　財 1 と財 2 を取り上げ，この 2 財の消費量の組み合わせ A，B を考えよう。消費者の選択は A よりも B を好むか，B よりも A を好むか，あるいは A と B は同

じぐらい好むかの３つのうちどれかになる。こうした関係を（　①　）関係という。とくに３番目の関係を持つ消費量の組み合わせを取り出してグラフ上で表したものを（　②　）曲線という。したがって，（　②　）曲線上のすべての財の消費量の組み合わせは同じ（　③　）水準になる。（　②　）曲線には次のようないくつかの特徴がある。(1)（④左上・左下・右上・右下）に位置すればするほど消費者の効用は高まる。(2)一般的に（⑤垂直・水平・右上がり・右下がり）になる。(3)互いに（⑥共通の接線を持つ・交わらない・交わる）。(4)原点に向かって（⑦凹である・凸である・平坦である）。とくに(4)の特徴には（　⑧　）が反映されている。

この２つの財の購入のために消費者は所得を必要とする。所得を使い切るときの２つの財を購入できる組み合わせをグラフ上で表したものを（　⑨　）線という。（　②　）と（　⑨　）を使うことによって消費者の（　⑩　）行動を分析することができる。

限界効用逓減の法則　効用　効用最大化　選好　無差別　予算制約

5-2　次の文章の空欄に当てはまる言葉を下から選んでください。なお，以下の文章中にある言葉が空欄に入る可能性もあります。ただし，①②⑦についてはカッコの中の適切な用語を選んでください。

グラフ上の横軸に財１の量を，縦軸に財２の量をとって予算制約線を考えてみよう。財２の価格と所得を不変として，財１の価格が低下すると，予算制約線は縦軸上の１点を軸として（①時計回り・反時計回り）に動く。また，財１と財２の価格を不変として所得を増加させると，予算制約線は（②時計回りに動く・反時計回りに動く・平行移動する）。このように１つの状況のみを変化させて，他の状況は変化させないことを「（　③　）」という。

消費者は自己の予算制約のもとで効用を最大にする。このような消費者を（　④　）と呼ぶ。予算制約線の傾きは財の（　⑤　）の比率にマイナスをつけたものに等しい。そして無差別曲線の接線の傾きにマイナスをつけたものを（　⑥　）という。消費者は上記の合理的で最適な行動をとるためには，無差別曲線と予算制約線を（⑦接する・離れる・交わる）ようにする，つまり（　⑤　）の比率と（　⑥　）を等しくすればよい。

その最適な消費者行動に基づいて，予算制約線の傾きから財の価格が求まり，また最適点からその財の消費量が求まるので，それによって（　⑧　）を求めることができる。

以上では，効用の大きさに特定の数値を当てはめず，選好関係の順序だけで分析が行われている。効用に特定の数値を当てはめて個人間の比較を許す場合，これを（　⑨　）と呼び，順序だけに注目して個人間の比較を回避する場合，これを（　⑩　）と呼ぶ。

価格　限界代替率　効用の基数的性格　効用の序数的性格　合理的な経済人
需要曲線　他の事情を一定として

等量曲線が等費用曲線と出会って 供給曲線が生まれます

　第5章では，効用に数値をつけて需要曲線を導き出すのではなく，単に好みの順番だけで需要曲線を求めることができました。その手段として無差別曲線と予算制約線を手に入れ，それを使いこなしました。実はこれと同じ方法で供給曲線を求めることができます。この章では，無差別曲線に対応する等量曲線と，予算制約線に対応する等費用曲線が登場します。そして，これを巧みに操って第5章と同じような方法で供給曲線を求めます。この章を終了すると，供給曲線と需要曲線がまったく違っているようでいて，実は似ているということがわかって驚くことになるでしょう。

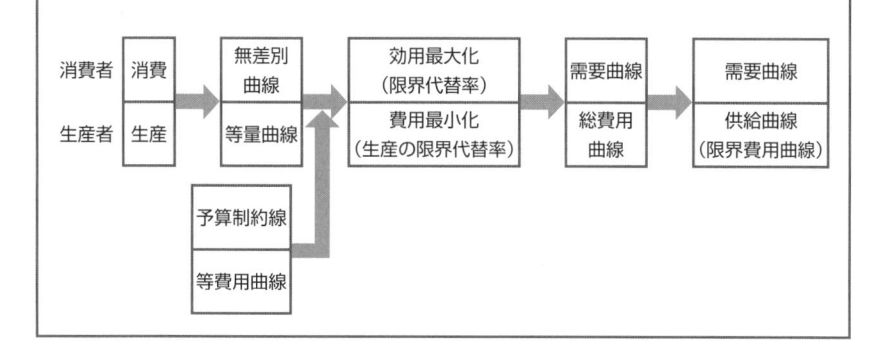

第1節　いろいろな組み合わせで同じ量を生産する

生産者が利潤最大化のためにやらなくてはならないこと

「生産者（企業）は利潤を最大化する」というのは，ミクロ経済学での生産者行動の鉄則です。利潤は収入から費用を引いたものですから，このことは，言い換えれば，「一定の収入のもとで費用を最小化する」あるいは「一定の費用のもとで収入を最大化する」ということと同じになります。

前者については，アウトプットである財の価格が一定ならば（生産者は市場価格を受け入れるだけならば），「一定の生産量のもとで費用を最小化する」と言い換えても構いません。なぜならば，アウトプットの価格がいつも同じならば，一定の収入とは一定の生産量と同じことをいっていることになるからです。

また後者については，アウトプットである財の価格が一定ならば（生産者は市場価格を受け入れるだけならば），「一定の費用のもとで生産量を最大にする」と言い換えても構いません。なぜならば，アウトプットの価格がいつも同じならば，一定の収入とは一定の生産量と同じことをいっていることになるからです。

なお，ここで言い換えた「一定の生産量のもとで費用を最小化する」ということと，「一定の費用のもとで生産量を最大にする」ということは，ともに同じことをいっていることが数学的に証明されています。

この「一定の生産量のもとで費用を最小化する」あるいは「一定の費用のもとで生産量を最大にする」ことが供給曲線の導出につながります。いま述べたように両者は同じことをいっているだけですから，今後は「一定の生産量のもとで費用を最小化する」という方に統一して考えていくことにしましょう。

第5章では，限界効用曲線を使わないで需要曲線を導き出しました。消費者行動の場合，効用は加減乗除できない，他人同士を比較できない，という問題がありました。それで限界効用曲線を使わないようにして需要曲線を求めました。生産者行動の場合には効用のような厄介な問題は発生しません。しかし興味深いことに，需要曲線の場合と同じようにして，供給曲線を導き出すことができるのです。そして，その方法は第5章で述べた需要曲線の導出方法とそっくりです。

その対称性の面白さを示すためにも，この章では再び供給曲線の導出を考えてみたいと思います。消費も生産も思考のパターンがまったく同じですから，一方をマスターすれば，さほど苦労せずにもう一方の考え方をマスターできます。もし読者のみなさんの中で第5章の考え方が十分に理解できなかったとしたら，この章の考え方を学んでそのパターンをまねすれば，元に戻って第5章の考え方も理解できるようになります。このように消費と生産が互いにシンメトリック（左右対称）の関係にあることが，この章を読破した後で実感できるようになるでしょう。

生産者の行動は3種類：多く作る，少なく作る，同じくらい作る

ある1種類の生産物（アウトプット）を生産するときに必要となるインプットの種類は，たいていの場合複数あります。たとえばこの原稿を書いている1台のパソコンを生産する場合，プリント基板，集積回路，コンデンサー，銅線，製造する工場と土地，組み立てを行う人員など，さまざまな種類のインプットが必要になります。実際，最近の自動車の場合は数万点の部品から構成されているそうです。そして，それらの部品は部品メーカーから仕入れなくてはいけませんから，仕入れる部品の価格の数も数万種類になります。そして，仕入れ部品の量と仕入れ価格によって生産の総費用が決まります。

そんな数万種類のインプットを相手とした分析は本書ではできません。ですから，ここでは最も単純な形としてインプットは2種類とし，それを使って1種類のアウトプットを生産するというように考えましょう。それは，このように想定すると簡単にグラフが書けるから，という実用的な理由があるからです。しかし，2種類のインプットだけで1種類のアウトプットを生産する実例は，厳密に考えると，なかなか見つけにくいですね。

そのため，経済学では2種類のインプットに**資本**と**労働**という名前をつけておおざっぱに分けて考えることが多くあります。たとえば，農業を考えてみましょう。種子を植えて収穫するまで，さまざまな農作業が必要となりますが，現代ではこれを機械（田植機やトラクター，稲刈り機など）と人間が分担して作業を行っています。この場合，機械が資本に，人間が労働になります。この両者を組み合わせて作物ができあがります（種子はインプットに入っていませんが，その点は大目に見てください）。

農業に限らず，生産は資本と労働の組み合わせで行われているといっていいでしょう。そのインプットの最適な組み合わせが生産者としての腕の見せどころとなります。いくら機械化が進んだ現代でも，すべてを機械（資本）に任せることはできませんし，もちろん人間（労働）だけでは作れない製品もたくさんあります。

　この資本と労働という区別は経済学でよく行われます（他にも土地や技術，企業家精神などといった区分方法もあり，テキストによってもバラバラです）。しかし，抽象的すぎてわからないときは，読者のみなさんが自分の好きな財を想像してもらって，それを作るときに必要な 2 種類の主なものをインプットとして考えてもらって構いません。誤解を恐れずにいえば，取り上げるインプットの種類があまりにも多くありすぎるので，ミクロ経済学はそれらを整理して資本だの労働だのという言葉にまとめて扱いやすくしたにすぎません。もちろん，重要な言葉なので覚えてもらいたいのですが，これらの言葉をあまり気にしすぎると前に進めませんし，その点は気軽に考えてください。

　さてそこで，私たち生産者（企業）が必要とする 2 種類のインプットの名前をそれぞれインプット 1，インプット 2 とし，その量をそれぞれ x_1, x_2 としましょう。そしてこれら 2 種類のインプットを組み合わせて生産する（x_1 と x_2 を使って生産される）アウトプット（財）の量を q とします。

　あるアウトプットの量 q_A は，2 種類のインプットの量 x_{1A} と x_{2A} を使えば生産できるとします（これを組み合わせ A とします）。たとえばインプット 1 が 10 単位，インプット 2 が 10 単位ならば，$x_{1A}=10$ と $x_{2A}=10$ ということになり（たとえば機械を 10 台，人間を 10 人などです），その組み合わせ A のときの生産量が q_A となります。文章にすると，かえってややこしくて面倒になるので，これを次のように表すことにします。

$$A(\text{インプット 1 の投入量，インプット 2 の投入量}) = A(x_{1A}, x_{2A}) = A(10, 10)$$

そして，この組み合わせのときにアウトプットの量 q_A を生産することができるのですから，

$$q_A = A(10, 10)$$

と書いていいでしょう。同じように，あるアウトプットの量 q_B を生産するの

に，インプットの量 x_{1B} と x_{2B} が必要であるとします（これを組み合わせ B とします）。q_B の生産にインプット 1 を 11 単位（$x_{1B}=11$），インプット 2 を 11 単位（$x_{2B}=11$）が必要ならば，

$$B(\text{インプット 1 の投入量，インプット 2 の投入量})=B(x_{1B}, x_{2B})=B(11, 11)$$

と書けるので，

$$q_B=B(11, 11)$$

となります。

　このインプットの組み合わせ A と B を比べて，どちらの組み合わせの方がアウトプットの量 q を多く生産できるでしょうか。組み合わせ B では，インプット 1 もインプット 2 も，ともに組み合わせ A よりも使えるインプットの量が多いですね。アウトプットの量（生産量）はインプットの量が多いほど多くなりますから（生産第 1 のパターン），$q_A<q_B$ となり，組み合わせ B の方が組み合わせ A よりも生産量 q が大きいことになります。$q_A=A$ (10, 10)，$q_B=B$ (11, 11) と書けますから，これを，

$$A(10, 10)<B(11, 11)$$

と書くことにしましょう。この不等号は数学で使うありのままの不等号です。というのは，効用と違って，生産量は明確に数量で表すことができるからです。この点は消費の場合と違っていますね。

　消費の場合と同じように考えていきましょう。組み合わせ C はインプット 1 が 9 単位，インプット 2 が 9 単位という組み合わせだとすれば，生産第 1 のパターンから $q_C<q_A<q_B$ となって，$q_A=A(10, 10)$，$q_B=B(11, 11)$，$q_C=C(9, 9)$ と書けますから，アウトプットに関しては次のような関係になります。

$$C(9, 9)<A(10, 10)<B(11, 11)$$

これもまた異論はないでしょう。

　さてそれならば，読者のみなさんを困惑させるように，組み合わせ D や組み合わせ E を新たに登場させることにします。組み合わせ D や組み合わせ E

が次のようなインプットの組み合わせだったとしたら，組み合わせ A と比べて生産量はどう変化するでしょうか。

$$D(12, 9) \lessgtr A(10, 10)? \quad E(9, 12) \lessgtr A(10, 10)?$$

たぶん，迷うでしょうね。迷う理由は，インプット 1 とインプット 2 の投入量のどちらかが 10 よりも多く，他方が 10 よりも少なくなっているからです。このように一方のインプットの量が多くて，他方のインプットの量が少ない財の組み合わせはいろいろとあるでしょうが，数ある組み合わせの中には，インプットの組み合わせ A と同じ生産量となるようなインプットの組み合わせがきっと見つかることでしょう。つまり，同じアウトプットの量を生産できる違うインプットの量の組み合わせです。仮に先の組み合わせ D や組み合わせ E が組み合わせ A と同じアウトプットの量 q を生産できるのなら，これは次のように書けます。

$$D(12, 9) = A(10, 10) \quad E(9, 12) = A(10, 10)$$

この記号も文字どおりの等号であり，アウトプットの量という数値 q が互いに等しいという意味です。

具体的なイメージとして先ほどの農業を考えてみましょう。人間の働く量を減らす代わりに機械化を進めて機械に仕事をさせることができる一方で，逆に機械を人間に置き換えることもできます。この場合，同じ収穫を得るための人間（労働）と機械（資本）の量の組み合わせはいろいろあります。

以上のことをグラフにしたのが図 6-1 です。インプット 1 の投入量を x_1 として横軸にとり，インプット 2 の投入量を x_2 として縦軸にとります（縦軸は価格ではありません）。座標 A がインプットの組み合わせ A を表し，座標 B はインプットの組み合わせ B を表しています。組み合わせ B に代表されるように，実線 RAS よりも右上の座標は両方のインプットの量がともに多いので，すべて組み合わせ A よりも多くアウトプットを作れる点の集まりとなります（実線部分を含みます）。一方，組み合わせ C に代表されるように，実線 MAN よりも左下の座標は両方のインプットの量が少ないので，すべて組み合わせ A よりも少ないアウトプットしか生産できない点の集まりです（実線部分を含みます）。

点 A（インプットの組み合わせ A）の左上と右下の部分は，アウトプットの量

図 6-1 多く作る，少なく作る，同じくらい作る

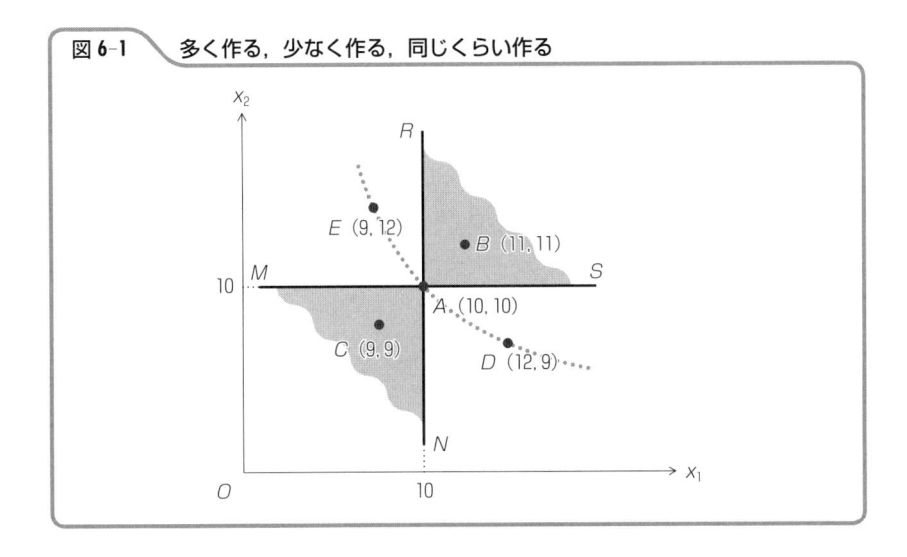

が多いとも少ないともいえない点の集まりです。というのは，一方のインプットの量は多くても，他方のインプットの量は少ないからです。これらの多くの点の集まりのうち，どこかに点 D（組み合わせ D）や点 E（組み合わせ E）のような組み合わせ A と同じ生産量水準を達成できる点が必ず存在しているはずです。なお，図 6-1 では現時点で意味不明のうっすらとした点線が書いてあります。この点線については次を読み進むと明らかになります。

同じ量を生産できるインプットの組み合わせの集まり

さて，需要曲線のところと同じように，「いったいオマエは何をしているのだ？」という声が聞こえてきそうです。今の段階では，こんなことをしていて供給曲線を求めるのに何の役に立つのだろうかというように見えるかもしれません。でも，しばらく我慢してください。私たちが第 5 章と同じようにして供給曲線を求めるためには，これはどうしても避けることのできない道なのです。

図 6-1 のうち，点 A の右上，左下（網かけの部分）ではなく，左上，右下に注目してください。この中には組み合わせ $D(12, 9)$ や組み合わせ $E(9, 12)$ のように，点 A と同じ生産量を実現できる点が数多く存在しているはずです。それらをつなぎ合わせたものが図 6-2 に描いてあります。等しい量のアウトプットを生産できる曲線ということで，これを**等量曲線**あるいは**等産出量曲線**

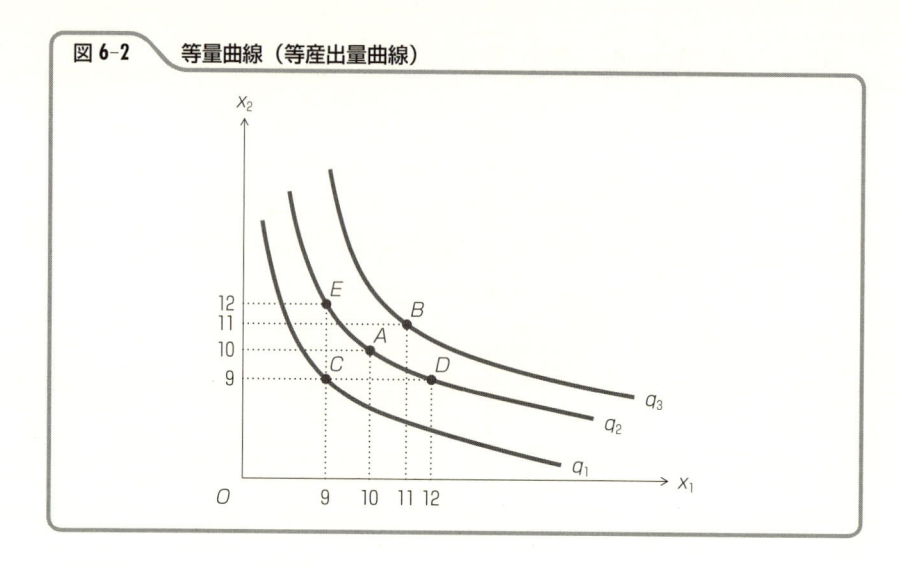

図6-2　等量曲線（等産出量曲線）

と呼び，ここでは q_2 が該当します。この等量曲線上にある点は，どのような点（インプットの組み合わせ）でもすべて点 A と同じアウトプット（生産量）を実現できるインプットの量の組み合わせの点の集まりです。ですから，q_2 上にはインプットの組み合わせ A と D と E が乗っかっているのです。なお，同じく図6-2にある点 B と点 C は図6-1のインプットの組み合わせ B と C に対応しています。

図6-1からわかるように，等量曲線は右下がりとなります。図6-1の薄い色の点線は，インプットの組み合わせ A と同じアウトプットの量を生産できる等量曲線で，これが図6-2の等量曲線 q_2 です。そして，同じく図6-1からわかるように，等量曲線は右上に位置するものほど生産量が多くなります。右上にある等量曲線ほど生産量が多いので，同じ費用ですむのなら，生産者はできるだけ右上にあるような等量曲線に対応するアウトプットの量の生産を望むはずです（そうでなければ無駄な費用をかけていることになりますから）。したがって，図6-2では，等量曲線 q_1 よりも q_2 を q_2 よりも q_3 を生産者は望むことになります（$q_1 < q_2 < q_3$）。

図6-2では，等量曲線は代表的な3本（q_1, q_2, q_3）しか描いていませんが，この前後の間にも等量曲線はびっしりと無限に存在します。それを全部描くと図が真っ黒になってしまうので，ここではそのうち3本の等量曲線しか代表として描いていません。

消費者と生産者の対称性（その 16）

消費者	生産者
無差別曲線	等量曲線
予算制約線	?
（消費の）限界代替率	?
予算制約線の傾き＝限界代替率	?
個人の需要曲線	?
市場全体の需要曲線	?

　さて，そのうえで等量曲線の性質をあと 2 つだけ述べておくことにしましょう。1 つ目の特徴は，等量曲線は互いに交わらないということです。これは図 5-3 で説明したこと（123 ページ）とまったく同じことになるので，説明は省略します。

　2 つ目の特徴は，等量曲線は右下がりであるうえに，原点から見て出っ張った凸形になっているということです。なぜそうなるのかについては，消費のところで述べた無差別曲線の事例のように明快に説明することはなかなか難しいものがあります。ミクロ経済学の多くのテキストを見ると，どのテキストもこの説明には苦労しているように見えます（数学を使う必要があります）。

　本書では，他のテキストと同じようにこの説明に分量と時間を割いて四苦八苦して読者に辛い思いをしてもらうよりも「大体こんな感じ」がわかればいいという言葉に甘えて，この説明は省略します。とはいえ，そのまま無責任に放置するのも申し訳ありませんから，等量曲線が原点から見てへこんでいる凹形の状況を考えると，私たちの直感からしても都合の悪いことが起こってしまうので，それを別の箇所で説明することにします。これは第 2 節でやります。

　これまでの内容をまとめると表 6-1 を作ることができます。このように，無差別曲線には等量曲線が対応しています。これまで書かれた第 6 章の文章の中で，消費に関する説明と用語以外は第 5 章とそっくりそのままの文章が繰り返し出てきていることに注意してください。用語を入れ替えるだけで同じ説明ができるほど両者は対応しているのです。

第2節　もっと安くできないか

資金力と相談しよう

この章の最初で述べたように，企業は一定の生産量のもとで費用を最小化しなくては利潤を最大化できません。等量曲線は一定の生産量を実現するインプットの組み合わせを示した曲線でした。生産量については等量曲線で示すことができたので，今度は費用の番です。

2つのインプットから1つのアウトプットを生産するという想定はこれまでと同じです。企業は2つのインプットを使うことになりますから，このそれぞれのインプットを仕入れなくてはなりません。この2つのインプット1とインプット2の仕入れ価格（要素価格という名前でしたね）をそれぞれr_1，r_2とします。そしてこの要素価格は市場の力によって決まっており，インプットを購入する企業は，その要素価格を自由に決める（たとえば買い叩く）ことはできず，価格をそのまま受け入れるしかできないとします。すると，この企業が生産のために必要となる総費用Cは次のように表すことができます。

$$r_1 x_1 + r_2 x_2 = C \tag{6-1}$$

これは小学校でやった算数の問題と一緒です。「タローさんは，オレンジジュースを作るのに，1リットル20円の水を10リットル，1個50円のオレンジを8個買いました。全部でいくらかかったでしょう」という問題です。この算数の問題の答えは，

$$20 \times 10 + 50 \times 8 = 600$$

となります。

さて，式（6-1）を変形しますと，次のような形になります。

$$x_2 = -\frac{r_1}{r_2} x_1 + \frac{C}{r_2} \tag{6-2}$$

縦軸にインプット2の量x_2を，横軸にインプット1の量x_1をとると，式（6-2）は縦軸の切片がC/r_2で，傾きが$-r_1/r_2$の1次関数（右下がりの直線）になることがわかります。このことから，この直線の傾きは2つのインプット

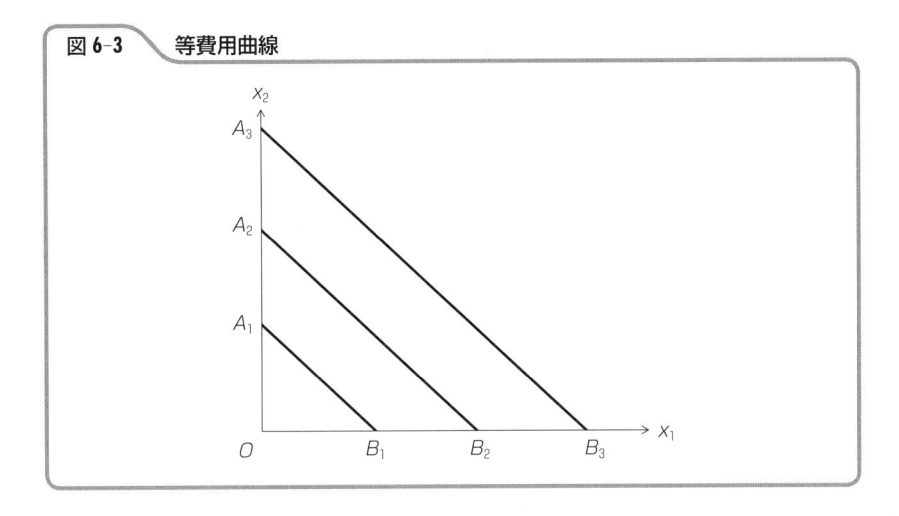

図 6-3　等費用曲線

の価格の比率にマイナスをつけたものであることがわかります。また右辺の 2 番目の項は総費用 C をインプット 2 の要素価格 r_2 で割ったものなので，すべての費用をインプット 2 の仕入れに使ったらどれだけの量のインプット 2 が買えるかを示しています。したがって，その買える量が縦軸にとられていることになり，それは図 6-3 の縦軸上の点 A_1，A_2，A_3 になります。ちなみに，図 6-3 の横軸上の点 B_1，B_2，B_3 は，すべての費用をインプット 1 の仕入れに使ったときに買えるインプット 1 の量を示します。

　こうして式（6-2）をグラフにしたものが図 6-3 の直線 AB（A_1B_1，A_2B_2，A_3B_3）です。この直線のことを**等費用曲線**と呼びます。なぜこれを「等費用曲線」と呼ぶのかというと，C を一定の数値（等費用）で固定した場合，式（6-1）あるいは式（6-2）は，インプット 1，インプット 2 の量の組み合わせがすべて直線 AB 上に存在していることを表しているからです（r_1，r_2 は外部から与えられた決まった数値で，企業が自分で変えられる変数は x_1，x_2 の 2 つのみです）。つまり直線 AB 上のあらゆるインプットの組み合わせ（x_1，x_2）については，すべて等しい費用がかかるということをこの直線は示しています。

　図 6-3 では 3 本の等費用曲線が描かれています。もちろん，この 3 本の他にも等費用曲線は無限に書けますが，それを描くと図が真っ黒になるので代表として 3 本を取り上げて書いています。式（6-2）にあるように，傾き $-r_1/r_2$ は外部から与えられた数値ですから変わることがなく，したがって 3 本とも互いに平行な直線です。先ほど述べましたように，縦軸で考えると，縦軸の距

表 6-2　消費者と生産者の対称性（その 17）

消費者	生産者
無差別曲線	等量曲線
予算制約線	等費用曲線
（消費の）限界代替率	?
予算制約線の傾き＝限界代替率	?
個人の需要曲線	?
市場全体の需要曲線	?

離つまり切片でいえば C/r_2 はすべての費用をインプット 2 に振り向けたときに買えるインプット 2 の量を表しています。縦軸の距離に関して，インプット 2 を多く買えば買うほど（縦軸を上に行けば行くほど）費用は大きくなることになりますから，等費用曲線が外側にあればあるほど総費用 C は大きいということがわかります。

　同じように，横軸の距離に関して，横軸の距離はすべての費用をインプット 1 に振り向けたときに買えるインプット 1 の量を表しています。インプット 1 を多く買えば買うほど（横軸を右に行けば行くほど）費用は大きくなることになりますから，横軸の場合から見ても，やはり外側の等費用曲線ほど総費用 C の値は大きくなります。したがって総費用の大きさについて，等費用曲線は $A_3B_3 > A_2B_2 > A_1B_1$ の順になります。企業にとってみれば，同じ生産量を生産するなら費用は小さいにこしたことはないので，等費用曲線はできるだけ原点に近い方が望ましいことになります。

　これまでの内容をまとめると，表 6-2 のようになります。予算制約線には等費用曲線が対応しています。

等量曲線と等費用曲線の出会い

　出会いは消費だけではありません。生産でも出会いがあればそこに何かが起こります。第 1 部で述べた需要曲線と供給曲線の出会いが市場の誕生をもたらしたように，第 5 章で述べた無差別曲線と予算制約線の出会いが需要曲線の誕生をもたらしたように，等量曲線と等費用曲線の出会いによる供給曲線の誕生がいよいよ近づいてきます。ちょうど精子（等量曲線）と卵子（等費用曲線）の受精（接触）の瞬間のような説明がここで行われます。

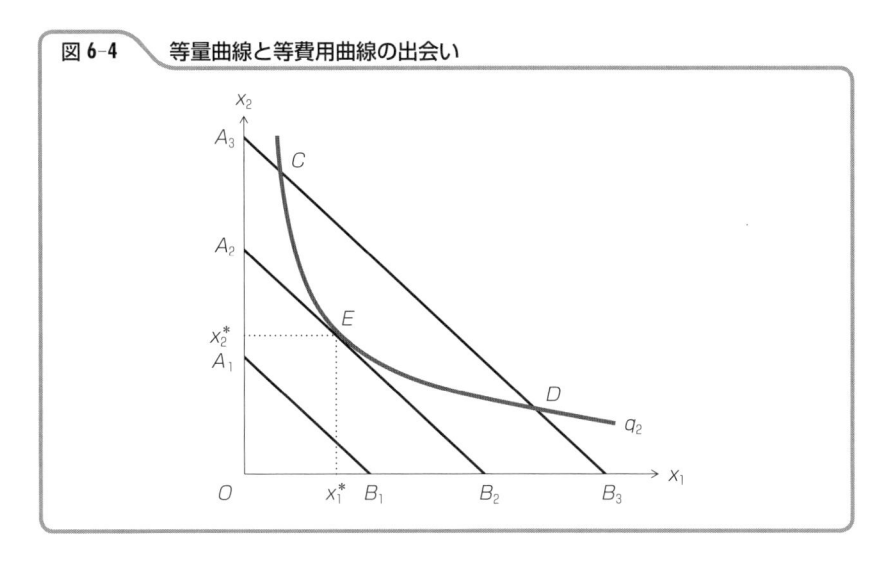

図6-4 　等量曲線と等費用曲線の出会い

　私たちの方針は一貫して変わりはありません。生産者（企業）は，

(1)　与えられた生産量のもとで費用を最小化する。

という方針です。

　そこで，図6-4を見てみましょう。ここでは等量曲線と等費用曲線が同じグラフの上に描かれています。等費用曲線は，相変わらず無限の本数を描くと図が真っ黒になってしまうので，3本だけ代表として描かれています。方針(1)から，生産者は生産したいアウトプットの生産量（q_2とします）を確保するという条件のもとで，できるだけ原点に近い等費用曲線ABを選びたい（最も費用を小さくしたい）と思っています。これを今から探っていくことにします。

　「絶対に等量曲線上から離れてはならず，同時にできるだけ原点に近い等
　費用曲線に至るようにすること」

　これが至上命令です。このことを考えて，まず等費用曲線$A_3 B_3$を考えてみましょう。等費用曲線$A_3 B_3$は等量曲線q_2と交点を持っているので，この費用で生産量q_2の実現は可能です。しかし，これでは費用を最小化できません。なぜならば，等量曲線q_2と等費用曲線$A_3 B_3$に囲まれた凸レンズになっているような部分で，より左下に位置する等費用曲線が存在するからです（この図ではそうした等費用曲線は描かれていません）。この費用ではまだ生産に無駄が生じていることになります。これはいわば，下手なものづくりです。

　それならばいっそのこと，極端に等費用曲線が左下の$A_1 B_1$の場合はどうで

しょうか。この状況ならかなり費用が安くすみますね。ところが，この等費用曲線は等量曲線 q_2 と交点を持ちません。私たちは等量曲線から離れてはいけませんから，この費用では q_2 だけのアウトプットの量を生産することはできません。この費用で q_2 を生産しろといったところで無理な相談です。ですから，この等費用曲線もまた却下です。

　読者のみなさんには，頭の中で動画を作ってもらいたいと思います。等量曲線 q_2 にとどまること（等費用曲線と交点を持つこと）を維持しながら，等費用曲線を右上から左下に向けてズルズルと頭の中で動かしてみてください（平行移動を忘れずに）。一番左下に等費用曲線が来たときの状況というのは，無等費用曲線が A_2B_2 となったときの状況ではないでしょうか。つまり，これは点 E で等量曲線と等費用曲線が接している状況です。これ以上少しでも左下に行こうとすると，もはや等量曲線と交点を持てなくなります。ですから，このときに費用は最小になっており，このときのインプットの組み合わせ，$E(x_1^*, x_2^*)$ が生産者の合理的な行動の結果選ばれた，最適なインプット（生産要素）の組み合わせということになります。これはいわば，上手なものづくりです。

　この点 E で起きていることは，等費用曲線の傾き（インプット1とインプット2の価格である r_1 と r_2 の比率にマイナスをつけたもの）と等量曲線の接線の傾き（傾きは右下がりなのでマイナス）が一致しているということです。図6-5を見てみましょう。点 C での等量曲線の接線の傾きは，等費用曲線 A_2B_2 の傾きよりも立っています。逆に，点 D での等量曲線の接線の傾きは等費用曲線 A_2B_2 の傾きよりも寝ています。点 E において両者の接線の傾きがちょうど一致しているのです。

　等量曲線の接線の傾きにマイナスをつけたものを**生産の限界代替率**と呼びます（テキストによっては「技術的限界代替率」とか「技術的代替率」などと呼ぶこともあります）。消費のときと同じように，「限界」はおなじみの極限でのギリギリという意味であり，「代替」は「とっかえひっかえ」という意味であり，「率」は比率です。つまり生産の限界代替率とは，同じ生産量を維持するため（同じ等量曲線に居続けようとするため）に一方のインプットの量を減らしたときに，他方のインプットの量をどれだけ増やさなくてはならないか（代替させなくてはならないか）を考えて，一方のインプットをギリギリまで少なく減らしたとき，それと引き換えに他方のインプットが増やさなければならないギリギリに増え

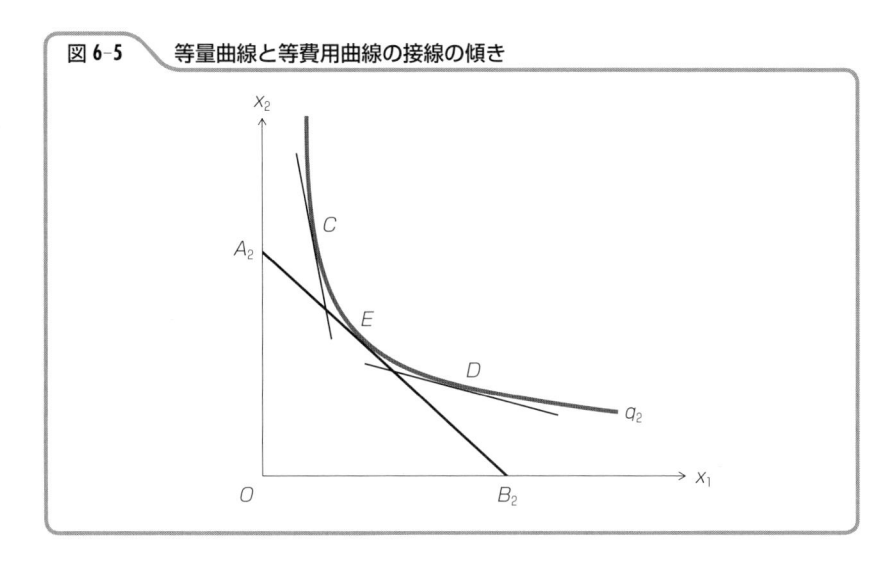

図 6-5 　等量曲線と等費用曲線の接線の傾き

た量の比率という意味です。そして図 6-5 からもわかるように，生産の限界代替率は等量曲線上のそれぞれの点において異なる数値になります。

さて，話を元に戻しますと，点 E ではマイナスをはずした等費用曲線の傾きが生産の限界代替率に等しくなっているということ，そしてマイナスをはずした等費用曲線の傾きは 2 つのインプットの価格（要素価格）の比率に等しいこと，ということから，

　　　生産者が生産量一定のもとで費用を最小化するとき，生産者は生産の限界
　　代替率と 2 つのインプットの価格の比率を等しくする

という重要な結論が導き出せます。

なんだか大げさな結論ですが，生産者は生産の限界代替率の数値をいちいち知っているわけではありませんし，それを計算に入れて，価格の比率まで調べ上げて最適なインプットの組み合わせを選んでいるわけではありません（第 2 章コラム②〔40 ページ〕）。しかも，企業は 2 つのインプットだけで生産するわけでもありません（3 つ以上のインプットの分析をする場合は数学のお世話になります）。企業の生産活動を観察する経済学者が，企業行動を見て，このように行動しているに違いない，と分析したということです。このように分析しておくと，さらに複雑な問題を分析していくときにこの結論が大変役立つということなのです。

この生産の限界代替率という言葉を本書ではこれ以上用いることはありませ

表6-3　　消費者と生産者の対称性（その18）

消費者	生産者
無差別曲線	等量曲線
予算制約線	等費用曲線
（消費の）限界代替率	（生産の）限界代替率
予算制約線の傾き＝（消費の）限界代替率	等費用曲線の傾き＝（生産の）限界代替率
個人の需要曲線	？
市場全体の需要曲線	？

ん。しかし，あえてこの言葉を説明したのは，消費のところの限界代替率で述べたことと同じ理由からです。

　以上をまとめたものが表6-3です。このように，消費の限界代替率には生産の限界代替率が対応しています。これまで書かれた第6章の文章の中で，消費に関する説明と用語以外は第5章とそっくりそのままの文章がいくつも出てきていることに注意してください。用語を入れ替えるだけで同じ説明ができるほど両者は対応しているのです。

等量曲線が原点に向かって出っ張っている理由：直感編

　さて，ここでお約束をしていたことがありました。等量曲線がなぜ原点から見て出っ張っているのかということを，直感的というか，常識から説明しようというお約束です。このことを考えるためには，逆に等量曲線が原点から見てへこんでいるときに非常識な状態というか，通常ありえないだろうという状態が起こることを示せばいいことになります。

　等量曲線が原点から見てへこんでいるグラフが図6-6です。これまでと同じように，生産者は等量曲線 CB_2（生産量は q_2）上にいながらにして，できるだけ左下の等費用曲線と交点を持っていたいと思っています。みなさんの頭の中で等量曲線 q_2 を固定しておいて，原点から見てへこんでいる等費用曲線を右上から原点に向けて動かしてみてください（平行移動ですよ）。等費用曲線 A_3B_3 は費用を最小にできていません。なぜならば，等量曲線上の線分 DC と FB_2 上の点は A_3B_3 よりも低い費用を実現できるからです（A_3B_3 よりも原点に近い等費用曲線は，DC あるいは FB_2 上で交点を持つことができます）。

　一方，A_1B_1 は等量曲線 CB_2 とは完全に交点を持っていないので，これくら

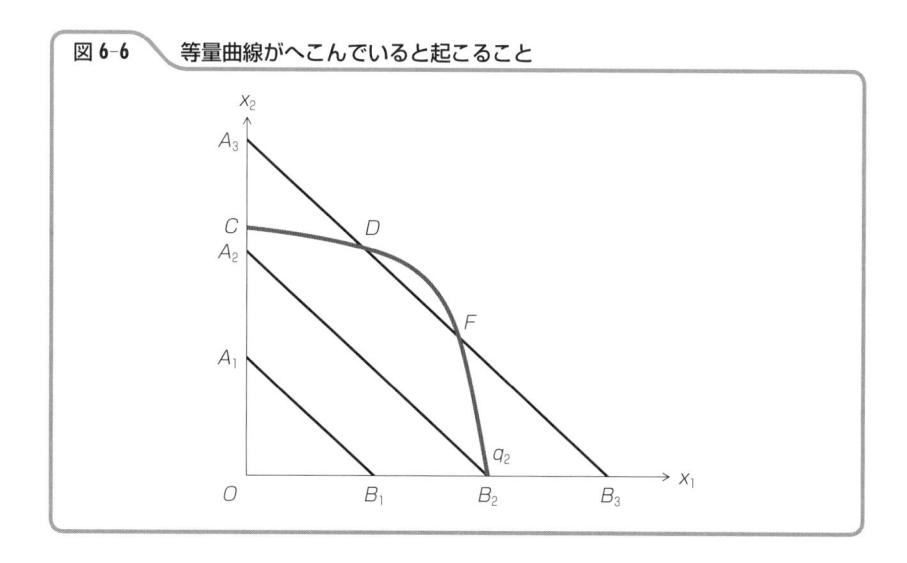

図 6-6　等量曲線がへこんでいると起こること

いのわずかな費用では生産量 q_2 を達成するのは不可能です。

　そこで，$A_2 B_2$ を見てみましょう。これが等量曲線と交点を持てるギリギリ最小の費用をもたらす等費用曲線です。この場合は横軸上の B_2 点で交点を持っていますが，等量曲線の形によっては縦軸上の点 C で等費用曲線と交点を持つ場合もあるでしょう。どちらの場合にしても，これはすべての費用を一方のインプットの利用のみに使い，他方のインプットはいっさい使わないという生産行動です。これが非常識であることは明らかでしょう。

　通常，企業はいろいろな原材料を適切に組み合わせることで生産していることが多いと思われます。費用を最小にするために 1 つのインプットのみを仕入れ続けるということは直感的にもおかしいですよね。たとえば，オレンジジュースはオレンジだけが山ほどあって絞る人がまったくいなければ生産できませんし，あるいはオレンジがまったくなくて絞る人だけがワンサカいても生産はできません。ですから，等量曲線は原点から見て出っ張っていると考えることが自然でしょう。

第3節　別ルートからの供給曲線

供給曲線の再デビュー

　以上で準備は整いましたので，供給曲線を再び降臨させることにしましょう。

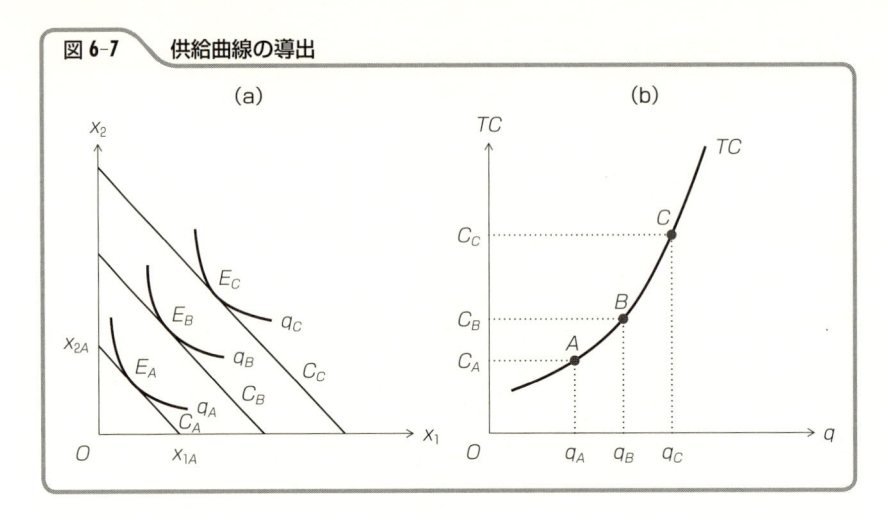

図 6-7 供給曲線の導出

（a）

（b）

その前に，供給曲線は限界費用曲線であったこと，そして限界費用曲線は総費用曲線から求められたことを思い出しておいてください。

図 6-7 (a) の横軸にはインプット 1 の数量 x_1，縦軸にはインプット 2 の数量 x_2 がとられています。この生産者がアウトプットを q_A だけ生産したいと思っているとしましょう。生産者は生産すると決めたアウトプットの量 q_A のもとで総費用を最小化しようとするので，最小化された総費用を表す等費用曲線は点 E_A で接する等費用曲線となり，その総費用は C_A となります。図 6-7 (b) の縦軸にはアウトプットの総費用 TC，横軸にはアウトプットの数量 q がとられていますので，アウトプットの数量 q_A とそのときの総費用 C_A のペアを点 A として図 6-7 (b) に書き込むことができます。

もしかすると読者のみなさんの中には，この場合の等費用曲線で表される総費用が C_A だといっても，その額自体は図 6-7 (a) の上では表されていないから，図 6-7 (b) に書き込めないじゃないか，と思われる方がいるかもしれません。そのときは等費用曲線に対応している式，

$$r_1 x_1 + r_2 x_2 = C \tag{6-1}$$

を見てください。その右辺が（この場合は）C_A になっています。あるいは次のように，図 6-7 (a) からも簡単に C_A は求められます。インプット 1 の価格 r_1 は確定しています。等費用曲線が横軸と交わっているところは，すべての費用をインプット 1 に振り向けたときの量を表していますから，この横軸で表さ

れたインプット 1 の量 x_{1A} と r_1 をかけ算すれば C_A は出てきます（等費用曲線上ではどの点でも同じ費用）。あるいはインプット 2 の価格 r_2 で考えたければ，等費用曲線が縦軸で交わったときのインプット 2 の量 x_{2A} と r_2 をかけ算すれば C_A は出てきます。

　次に，この生産者が q_A より多い q_B を生産したいと思ったとします。このときは等量曲線と点 E_B で接する等費用曲線が選ばれ，そのときの総費用は C_B となります。そこで，アウトプットの数量 q_B とそのときの総費用 C_B のペアを点 B として図 6-7(b) に書き込むことができます。

　さらに，この生産者が q_B より多い q_C を生産したいと思ったとします。このときは等量曲線と点 E_C で接する等費用曲線が選ばれ，そのときの総費用は C_C となります。そこで，アウトプットの数量 q_C とそのときの総費用 C_C のペアを点 C として図 6-7(b) に書き込むことができます。

　もちろん，等量曲線も等費用曲線もこれ以外にびっしりと図 6-7(a) に書き込むことができますから，それぞれのときのアウトプットの量と総費用の組み合わせのペアとなる点を次々にびっしり書き込むと，図 6-7(b) にあるような曲線ができあがります。これが総費用曲線 TC です。

　あとは第 3 章で述べたように，総費用曲線から限界費用曲線を求めればいいことになります。そして，それがそのまま供給曲線となります。

　それから念のためですが，等費用曲線と総費用曲線の区別に気をつけてください。等費用曲線も式（6-1）を見ればわかるように右辺の C は総費用です。その意味では両者は同じ総費用を表していますが，等費用曲線はインプットの量 x_1, x_2 に基づいて計算されている一方で，総費用曲線はアウトプットの量 q に基づいて計算されています。そこが違います。

　以上で個人（一企業）の供給曲線が再びよみがえりました。これから市場全体の供給曲線を導き出す方法は，すでに第 1 部で行った方法と同じです。このようにして，再び供給曲線を第 7 章で述べる完全競争市場に登場させることができるのです。

　以上をまとめると表 6-4 ができます。

企業単独では右下がりの需要曲線に直面しない

　いきなり矛盾したようなタイトルをつけてしまいましたが，この点はしばし

表 6-4　消費者と生産者の対称性（その 19）

消費者	生産者
無差別曲線	等量曲線
予算制約線	等費用曲線
（消費の）限界代替率	（生産の）限界代替率
予算制約線の傾き＝限界代替率	等費用曲線の傾き＝（生産の）限界代替率
個人の需要曲線	個人の供給曲線
市場全体の需要曲線	市場全体の供給曲線

ば誤解されることですので，あえてこのようなタイトルをつけてみました。

　需要曲線は消費者個人の需要曲線であれ，市場全体の需要曲線であれ，右下がりの曲線であることは厳然たる事実です。しかし個別の企業レベルでは，こうした右下がりの需要曲線に企業は直面しません。「また訳のわからないことを言い出した。需要曲線は右下がりだろうが」といわずに，まずは読んでみてください。要するに，需要曲線はそれを誰が見るかによって，その形が異なってくるということです。この事実は第 4 部で大切になってきます。

　あなたは完全競争市場で財を生産・供給している企業の社長さんです。あなたが利潤を最大にしようとして生産量を決定するときには，さまざまな財の価格と需要量の組み合わせである右下がりの需要曲線と格闘する必要はありません。

　いま市場メカニズムで決まった価格が p^* としましょう。もちろん，こんな価格ではおいしい利潤は出ません。あなたはきっとこんな価格は嫌でしょうから，「わが社は製品を値上げするぞ！」と市場に向かって宣言するかもしれません。しかしすでに述べたように，完全競争市場で扱われる財は同質ですから，このときは誰もあなたの製品に見向きもしなくなります。というのは，消費者は他社の生産するまったく同じ製品を，あなたの設定した価格よりも低い市場均衡価格で買えるからです。ですから，あなたが自分で勝手に決めた価格ではあなたの製品を誰も買わないことになります。つまり，あなたにとって完全競争市場均衡価格よりも高い価格は考えられません。

　それなら財は同質なのだから，わが社の製品の価格を値下げして市場の消費者すべてを独り占めにしようとあなたは考えるかもしれません。しかし完全競

争市場では，みんなで競争し合っていますから，今の市場均衡価格は採算割れギリギリで競争した結果決まっている価格です。これよりも価格を下げればあなたは損失を出すしかありません。つまり，あなたにとって完全競争市場均衡価格よりも低い価格は考えられません。

　ということは，あなた（一企業）が直面する需要曲線とは，完全競争市場均衡価格そのものでしかないということになります。これを示したものが図6-8の水平な直線 D です。横軸はあなたの企業の生産量です（市場全体の生産量ではありません）。あなたがいくら生産してそれを売ってもいつも価格は p^* で変

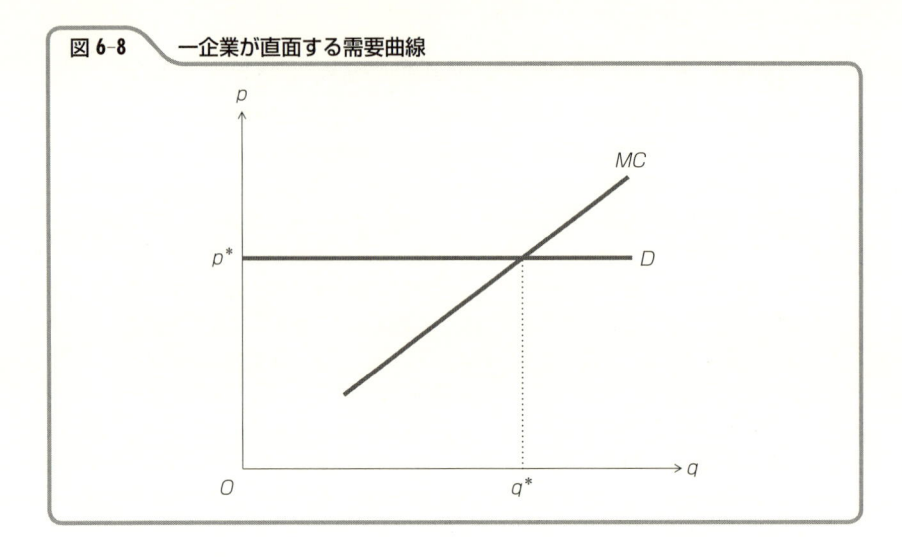

図 6-8 一企業が直面する需要曲線

わりません。ですから，1つの企業の立場から眺めたとき需要曲線は水平になり，それは完全競争市場均衡価格 p^* に等しいということになります。

このようにいうと，賢明なあなたは次のように考えるでしょう。

「いやいや，そんなことはない。ウチの企業が生産を増やせば，市場に多くの財が出回ることになり，価格は低下する。だから，たとえ1社の企業から見ても需要曲線は右下がりになるはずだ。」

この疑問については次のように考えるといいでしょう。たとえば，いまこの完全競争市場には1万社が財を生産・供給しているものとします。そして，1万分の1の企業であるあなたの企業が生産量を増やしたとします。しかし，あなたがどれだけ頑張って生産量を増やしたとしても，市場全体の供給曲線を1万分の1程度しか動かすことができません。そのような状況では市場均衡価格はほとんど変わらないでしょう。ですから，やはり一企業にとっては完全競争市場均衡価格以外には考えられないのです。そして，その価格を甘んじて受け入れて，図6-8にあるように，利潤最大化のためには価格が限界費用（簡単化のために直線にしてあります）と等しい点である生産量 q^* を生産するしかないのです。

これは完全競争市場にいるメーカーの社長さんの場合だけに限りません。私たちのような一般投資家が外国為替市場で外貨を売買する場合もそうです。大した元手もない私が外貨を売買しても世界規模で変化する為替レートの変化に

影響を与えることはありません。こうした一般投資家は市場で決まった為替レートを与えられたものとして行動するしかありません。これはあたかも，1万人の受験生が参加した模擬試験で，あなたの英語の点数が2倍になったところで全体の英語の平均点が変わらないのと同じことなのです。

　以上で述べたことは，これまで繰り返し述べてきた「完全競争市場では，企業は市場価格を受け入れるだけしかできない」ということと同じことをいっていることになります。ですから，「どうもこの水平な需要曲線というのにはなじめない」という方は，第4部第11章まで読破する予定がないかぎり，完全競争市場にいる生産者（企業）は，つねに市場から与えられた価格でしか行動できない，ということだけを頭に入れておいていただければそれで構いません。ただ，多くのミクロ経済学のテキストでは「完全競争市場下での生産者は水平な需要曲線に直面する」と書かれているので，他のテキストを見たときに驚かないようにしてください。要は，完全競争市場で生産者は「プライス・テイカー」だということです。

　ただし，企業1社から見た需要曲線が水平だというのは完全競争市場の場合しか成立しません。本書の第11章で述べるような独占市場では，市場全体の需要曲線がそのまま独占企業の需要曲線となりますから（市場を独り占めしていますから），このときはこの独占企業から見た需要曲線は右下がりとなります。これは第4部で考えましょう。

　以上で需要と供給の対応関係がおわかりになったことと思います。これまで表を使って両者がシンメトリックであることを示しましたが，以上を図式化すると，この章の冒頭の図のようになります。こうすると，ますます需要（消費者行動）と供給（生産者行動）の考え方がそっくりであることが改めてわかることでしょう。

練 習 問 題

6-1　次の文章の空欄に当てはまる言葉を下から選んでください。なお，以下の文章中にある言葉が空欄に入る可能性もあります。ただし，④⑤⑥⑦についてはカッコの中の適切な用語を選んでください。

　　インプット1と2を使ってアウトプット1つを生産する状況を考えよう。この

ようにインプットを 2 種類とするとき，ミクロ経済学ではそれを人間に代表される（　①　）と，機械などに代表される（　②　）という言葉でまとめることが多い。そして，一定のアウトプットを実現できるさまざまなインプットの量の組み合わせが存在する。横軸と縦軸に 2 種類のインプットの数量をとってこの組み合わせの点をつなげたものを（　③　）曲線と呼ぶ。（　③　）曲線は以下のような特徴を持つ。(1)（④左上・左下・右上・右下）に位置すればするほどアウトプットの量は大きくなる。(2)一般的に（⑤垂直・水平・右上がり・右下がり）である。(3)互いに（⑥共通の接線を持つ・交わらない・交わる）。(4)原点に向かって（⑦凹である・凸である・平坦である）。

　一方，生産のためにはインプットつまり（　⑧　）を購入しなくてはならない。インプット 1 と 2 のそれぞれの（　⑨　）にそれぞれのインプットの購入量をかけ算して合計したものが（　⑩　）である。

資本　生産要素　総費用　等量　要素価格　労働

6-2　次の文章の空欄に当てはまる言葉を下から選んでください。なお，以下の文章中にある言葉が空欄に入る可能性もあります。ただし，③⑥⑧⑩についてはカッコの中の適切な用語を選んでください。

　（　①　）を一定とすると，そのもとで生産者はインプットの量の組み合わせを選べることになる。その組み合わせの点をつなげたものを（　②　）曲線と呼ぶ。（　②　）曲線の傾きは要素価格の比率にマイナスをつけたものに等しい。（　②　）曲線は原点に近ければ近いほど（　①　）は（③大きくなる・小さくなる・変化しない）。

　生産者は利潤を最大にするために，与えられた費用のもとで生産量を（　④　）にする。これは与えられた生産量のもとで費用を（　⑤　）にすることと同じである。後者で生産者行動を考えてみよう。このときは，ある生産量のときの等量曲線と交点を持ちつつ（　②　）曲線をできるだけ（⑥原点・縦軸・横軸）に近づければよい。そのとき，等量曲線は（　②　）曲線と接する。言い換えれば，等量曲線の接線の傾きが（　②　）曲線の傾きと等しくなる。等量曲線の接線の傾きにマイナスをつけたものを（　⑦　）という。以上のことをまとめると，生産者は（　⑦　）を 2 つのインプットの要素価格の比率と等しくするとき，費用は（⑧最小・最大・不変）になる。

　それぞれのアウトプットの量を表す等量曲線と，それに対応する総費用を表す（　②　）曲線の組み合わせが得られたので，それらから総費用を導出することができる。それに基づいて，限界費用曲線を導出し，最終的に限界費用曲線と一致する（　⑨　）が得られる。

　なお完全競争市場においては，個々の生産者が直面する需要曲線は（⑩垂直・水平・右下がり・右上がり）となり，市場全体の需要曲線とは形状が異なる。

供給曲線　最小　最大　生産の限界代替率　総費用　等費用

第7章

揺れ動く完全競争市場

> この市場ではグレードアップした需要曲線と供給曲線を使って完全競争市場を考えていきます。第3章では需要曲線と供給曲線はじっと動かないままでの分析でしたが，この章ではいよいよ需要曲線と供給曲線が動き出します。需要曲線と供給曲線が動くことで新しい完全競争市場の世界が広がります。その例として，ここでは課税の問題とリサイクルの問題を取り上げます。需要曲線や供給曲線が動くという，たったそれだけで，課税に対して生じがちな誤解や複雑なリサイクルの問題に取り組むことができます。それだけではなく「リサイクルは進めば進むほど，進まない」という矛盾も明らかになるでしょう。

第1節　需要曲線も供給曲線も落ち着かない

動き出す需要曲線・供給曲線

　第4章で需要曲線と供給曲線が出会った完全競争市場の分析をしました。そこでは需要曲線と供給曲線がお行儀よく所定の場所に収まってくれていて，少しも動きませんでした。

　しかし，需要曲線と供給曲線がいつもお行儀よくじっとしてくれていること

は現実にはありそうもありません。たとえば，完全競争市場に近いといわれる株式市場や外国為替市場を見てみましょう。株価や円相場は分単位どころか秒単位で動き回っています。野菜の取引価格やガソリンスタンドでのガソリン価格も1日も経てばその価格は変わっています。これは需要曲線と供給曲線が少しもじっとしてくれていないことの証拠です。需要曲線も供給曲線もフラフラと動き回るために，価格もフラフラと落ち着きがありません。

こうして動き続ける需要曲線と供給曲線の動き方を解明しようとするのがここからの当面の目的です。

需要曲線はどうして動くのでしょうか。第5章第2節で述べたように，需要曲線を導出するときには，「他の事情を一定として」ということが前提となっていると述べました（129ページ）。世の中には無数の財がありますし，所得もいろいろ変化しますし，さらに周辺環境も変化します。それらをすべて「動くな！」と命令して，問題となっている財の価格と需要量だけに変化を許して描いたのが需要曲線です。

ですから，他の事情が変化すれば，需要曲線も動き出します。最もありそうな大きな影響を与える要因の1つは，消費者の所得の変化でしょう。お財布の中身が寂しいので買い物を控えていたのに，懐が暖かくなれば同じ価格でも買う量を増やすのはよくあることです。このときは図7-1にあるように，当初の需要曲線 D は右方向の D_A にシフトします。

それから，財に対する好みが強くなったときも需要曲線は動きます。たとえば，これまで全然人気のなかった商品が突然何らかの理由で人気商品になれば，同じ価格でも需要量は増えるでしょう。これまでバナナ・ダイエットやリンゴ・ダイエットがテレビや雑誌で紹介されたことがあります。そんなときはスーパーでバナナやリンゴが飛ぶように売れました。本書が大して売れないような状況であっても，ネットや有名雑誌や有名な先生が紹介してくれれば，これまで以上によく売れるようになるでしょう。いわゆるヒット商品とか，人気に火がついた商品の状態というのは，需要曲線が動いた状態だといえます。

逆に需要曲線が逆方向にシフトする状況も簡単に想像できます。それは，今までの事例を逆に考えればいいのです。消費者の所得が少なくなれば，お財布のヒモを引き締めて商品の買い控えをするようになります。すると図7-1の需要曲線 D は左方向の D_B にシフトします。それから，バナナ・ダイエットも

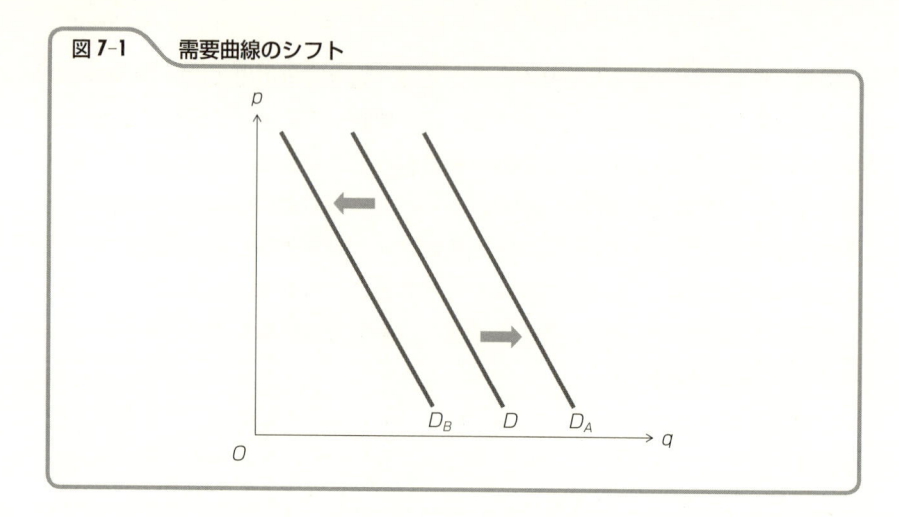

図7-1　需要曲線のシフト

リンゴ・ダイエットもブームが過ぎれば需要は落ち込みますし，たとえ本書が有名人にネットで紹介されても，やっぱり大したことのない本だと読者に見切りをつけられれば需要は減少します。これも需要曲線 D が D_B にシフトする要因となります。その他にも，いわゆる「風評被害」などといわれる現象が起きると需要曲線は D から D_B へ動きます。

　なお，図7-1 での需要曲線は個人の需要曲線を考えてもらっても，市場全体の需要曲線を考えてもらってもどちらでも構わないのですが，後のことを考えると市場全体の需要曲線を考えておいた方がわかりやすいかもしれません。というのは，個人の需要曲線を考えると，消費者によって所得が上がる人もいれば下がる人もいますし，価格が上昇して他の商品に乗り換えるというような商品間の代替性の強さ弱さも人によりけりだからです。市場全体の需要曲線の場合は，それらの動きが相殺し合って，最終的な結果が市場全体の需要曲線の動きを作り出しているといえます。

　需要曲線と同じように，供給曲線の動きも「他の事情を一定として」という条件がなくなれば動き出します。個人の供給曲線のシフトについてはなかなかいい事例を見つけ出しにくいので，市場全体の供給曲線の場合を考えます。図7-2 を見てみましょう。市場全体の供給曲線の場合，最もありそうなのは新たな企業が参入してくる場合です。このとき，当初の供給曲線 S は右方向の S_A にシフトします。

　供給曲線が逆方向にシフトする場合は今の場合の逆を考えればいいことにな

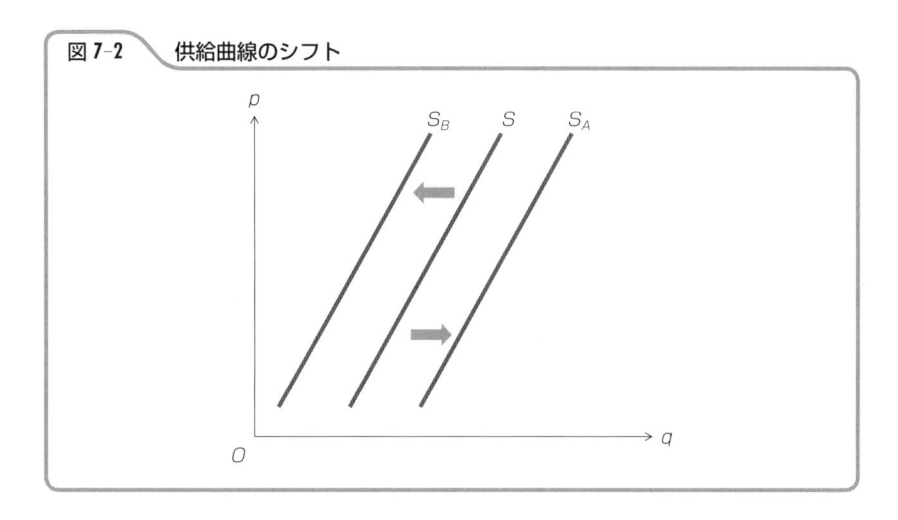

図 7-2　供給曲線のシフト

りします。つまり，その市場にとどまることのうま味がなくなり，場合によっては損失を出すような状況になると，参入していた企業が退出しはじめて，供給量が減ります。このとき，当初の供給曲線 S は左方向の S_B にシフトします。こうした供給曲線のシフトは第 10 章第 2 節でも出てきます。

上下に動く供給曲線

　これまで，需要曲線であれ供給曲線であれ，シフトの動きは左右でした。しかし，上下方向に動くこともあります。たとえば図 7-3 を見てみましょう。上下の動きについては供給曲線の事例がわかりやすいので，ここでは供給曲線を取り上げています。図 7-3 (a) の 2 つの供給曲線の位置関係は図 7-3 (b) のような下方向への動きの結果でしょうか，それとも図 7-3 (c) のような右方向への動きの結果でしょうか。

　供給曲線の上下方向シフトの例としては，次の節で解説する，企業に税金を課す場合の分析があげられます。たとえば，財 1 単位あたりの定額の税金を課す場合は，限界費用曲線をその課税額だけ上にシフトさせます。なぜならば，第 3 章第 2 節で述べたように，1 単位生産を増やすことによる追加的な費用の増加分が限界費用でしたから，新たに費用として加わる 1 単位あたりの税額はそのまま限界費用に上乗せされることになるからです。このとき，供給曲線は上方向にシフトします。上方向にシフトした結果，出てきた個々の企業の供給曲線を，これまでと同じように右方向に合計すると市場全体の供給曲線がで

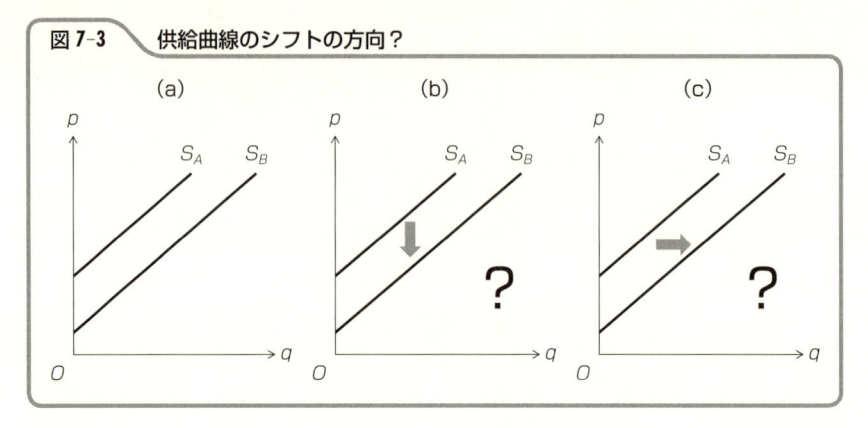

図7-3　供給曲線のシフトの方向？

(a)　(b)　(c)

きあがります。ですから，市場全体の供給曲線も1単位あたりの税額分だけ上方向にシフトすることになります。

　それとは逆に，**技術革新**が進んで財の生産に関するコストがこれまでよりも安価ですむようになると，限界費用は低下しますから，限界費用と一致する供給曲線も下方シフトすることになります。

　しかし，どの方向に動くにせよ，2つの曲線は一瞬にして移動し，その位置の違いだけを問題として分析が行われるので，ちょっと乱暴な言い方になりますが，その移動のプロセスや移動に必要な時間の経過は気にしなくて構いません。こうした分析のことを**静学分析**と呼びます。移動の前後に変化した状況を比較すれば，それは**比較静学分析**です。本書で行われる分析はすべて（比較）静学分析です。一方，移動のプロセスや時間の経過を気にする分析は**動学分析**と呼ばれます。動学分析は本書では取り扱っていません。

　図7-3(a)のような状況になるときのシフトの方向（図7-3(b)か図7-3(c)か）を考えることは，この本に関するかぎりはあまり気にしなくて構いません。またテキストによっては，斜め方向の矢印を使っている場合もあります。どういうときに上下左右そして斜め方向に需要曲線と供給曲線がシフトするのかを考えてみるのも興味深いでしょう。

動く需要曲線・供給曲線，動かない需要曲線・供給曲線

　いま，私たちはある市場に注目していたとしましょう。そこで市場全体の需要量が50から100に増えたことが観察されたとします。はてさて，この現象をどのように解釈するべきでしょうか。

　まず考えられるのは図 7-4(a) にあるように，１本の需要曲線上の点 A から点 B への移動があったという場合です。この場合はよく観察すると，価格が p_A から p_B に低下していることも同時に観察されることになるでしょう。つまり，価格が下がる一方で，需要は 50 から 100 に増加したのです。

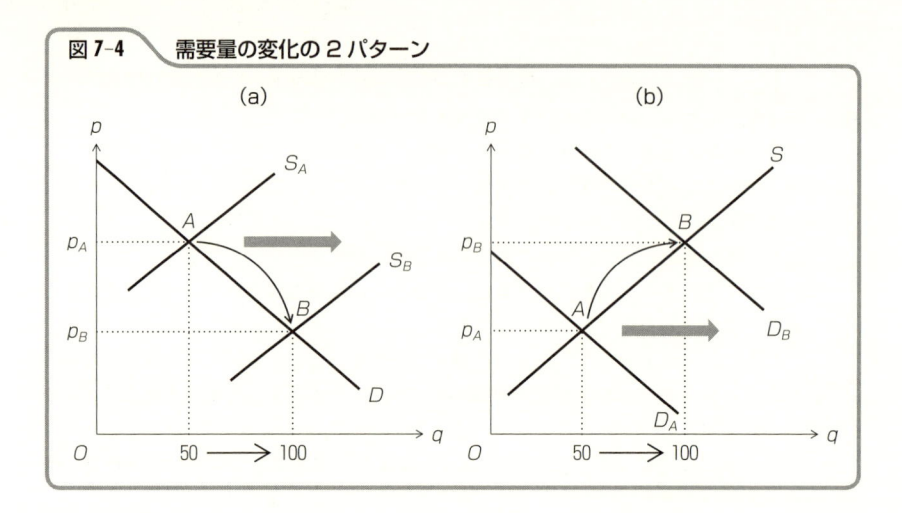

図 7-4　需要量の変化の 2 パターン

　もう 1 つ考えられるのは，図 7-4(b) にあるように，需要曲線が右方向にシフトし，その結果として需要量が増えたという場合です。この場合，価格が p_A から p_B に上昇していることも同時に観察されることになるでしょう。価格が上昇したのに需要量は増えています。こうした場合は需要曲線がシフトして，点 A から点 B への移動が起こったと考えられます。つまり，「価格が上昇したのに需要量が増えた」のではなく，「需要量が増えたので価格が上昇した」というわけです。

　こうした動かない 1 本の需要曲線上の動き（図 7-4(a) の点 A から点 B への動き）と，右方向にシフトした需要曲線間での動き（図 7-4(b) の点 A から点 B への動き）という両者の違いをしっかりと見極める必要があります。なぜそれが必要なのかといいますと，私たちが仮にこの市場にいる企業だとすると，この動きの解釈が経営判断上のミスを誘う恐れがあるからです。

　本当は 1 本の需要曲線上の動きなのに，十分な調査もロクにしないで価格の変化も気にせずに取引量の多さばかりに目を奪われて「需要が増えた，ビジネスチャンスだ！」などと思い込んで生産計画を変更したりすれば，それは損失を発生させることになるかもしれません。それは単に，他の企業が参入してきて供給曲線が右方向にシフトしただけかもしれないのです（図 7-4(a)）。逆に，需要曲線の右方向へのシフトなのに，1 本の需要曲線上の動きと勘違いすれば，せっかくのビジネスチャンスを失うことになります（図 7-4(b)）。

　この両者の見極めの 1 つの手がかりは価格の変化です。価格（市場均衡価格）

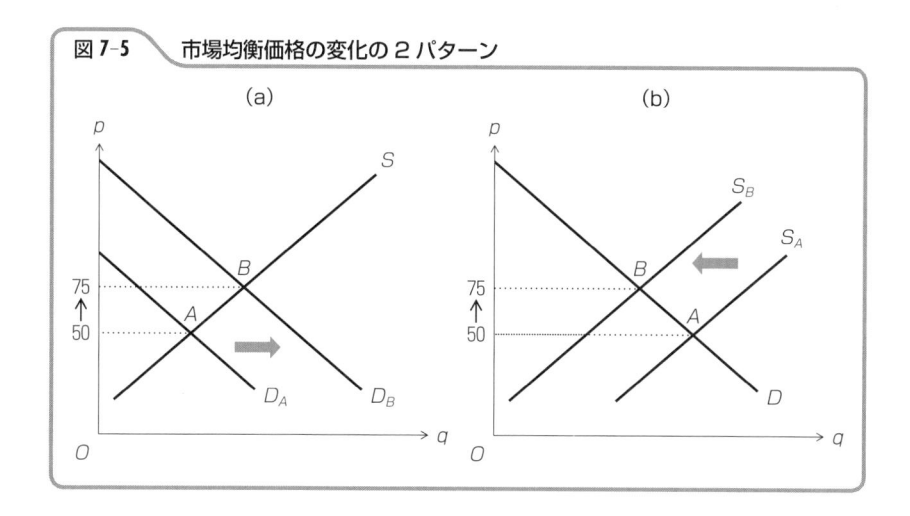

図 7-5　市場均衡価格の変化の 2 パターン

が低下し，取引量（市場均衡量）が増加していれば，まず 1 本の需要曲線上の動きだと疑った方がいいでしょう。一方，価格が上昇し，それでも取引量が増加していれば需要曲線の右方向へのシフトの可能性があります。価格が上昇して取引量が増加する場合，それは他の事情が一定ではなくなったからだと判断することができます。本当のビジネスチャンスを狙う企業家であれば，そこで発生した「他の事情」が何なのかを探ることが重要になります。しかし，現実には需要曲線も供給曲線も同時にフラフラ動いているでしょうから，判断はそう簡単ではないでしょう。

　以上のことは供給曲線（供給量）においても当てはまります。市場の取引量の変化は 1 本の供給曲線上の動きなのか，あるいは供給曲線のシフトによる動きなのか，その判断が重要になります。

　同じような判断の誤りの危険性は，数量だけではなく価格でも見られます。たとえば，図 7-5 (a)(b) のように，価格が 50 から 75 に上昇したことが観察されたとしましょう。たとえば，先の例のようにバナナ・ダイエットが世間をにぎわせていたとして，そうしたさなかにバナナの価格が 50 から 75 に上昇したような場合です。この場合を描いたのが図 7-5 (a) です。この場合，供給曲線は不変で，需要曲線が D_A から D_B にシフトした結果，市場均衡点が点 A から点 B に移動し，価格が 50 から 75 に上昇しています。

　この例としては，バナナ・ダイエットがもてはやされた結果，多くの消費者がこれまでよりも多くのバナナを需要するようになって需要曲線がシフトした，

というような状況が考えられます。バナナが一気に人々にもてはやされるようになった，という他の事情を一定にしない状況が生じたので，これは需要曲線の右方向へのシフトです。

ところが，同じ価格の上昇でありながら，図7-5(b)のような状況も考えられます。この状況では需要曲線の位置は変わらず，供給曲線がS_AからS_Bへと左方向にシフトしています。このときも市場均衡点が点Aから点Bに移動しており，価格が50から75に上昇しています。

この例としては，輸入先のバナナが不作であり，輸入できるバナナの量が減ってしまったような状況が考えられます。バナナの不作という，他の事情を一定にしない状況が生じたので，これは供給曲線の左方向へのシフトです。

市場均衡量のときと同じように，市場均衡価格についても，その市場の状況をしっかりと把握しておかないと大変なことになります。たとえば，バナナ価格の上昇という情報から「これからバナナはどんどん売れる」と判断し，バナナ関連製品の生産に向けて大きな投資をしようとする企業は，それは需要曲線のシフトだと考えていることになります。しかし，実際には消費者はそれほどバナナ・ダイエットブームに踊らされておらず，それはバナナの不作によって引き起こされているのかもしれません。バナナの輸入量の統計などの情報を十分に収集しておかないと大やけどするかもしれません。

逆に，実際には消費者がバナナ・ダイエットブームでとても多くのバナナをほしがっている（需要曲線の右方向シフト）にもかかわらず，それを単にバナナの不作によるものだろうと安易に判断してしまうと，大きなビジネスチャンスを失うことになりかねません。

このように，市場均衡の動きを読み取ることはなかなか難しいものがあります。これまで述べてきたように，現実の世の中は需要曲線と供給曲線が同時にフラフラと動き回っています。バナナ市場の場合，需要曲線の右方向へのシフト以上に供給曲線が右方向にシフトすれば，バナナ・ダイエットの人気以上にバナナの輸入量が増えて，そのブームにもかかわらずバナナの価格は低下します（図7-6(a)）。また，バナナ・ダイエット人気が収束して需要曲線の左方向シフトが進んでも，それ以上にバナナの不作で供給曲線が左方向へシフトすれば，「今どきバナナ・ダイエットなんてダサ～イ」などいわれていても，バナナの価格は上がるのです（図7-6(b)）。

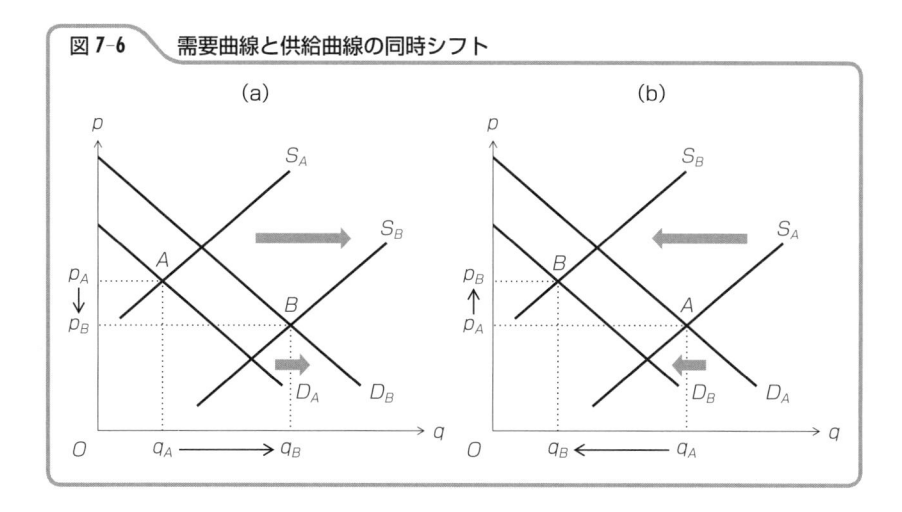

図 7-6 需要曲線と供給曲線の同時シフト

(a)

(b)

　こうしたことは市場均衡の分析によってこそはじめて明確に指摘することができます。いま述べたような単純なことだけではなく，需要曲線や供給曲線のシフトを使うとさまざまな現実社会の現象をさらに深く分析することができます。このように，市場均衡の分析は大きな可能性を秘めているのです。次では，この大きな可能性の一端を示すことにしましょう。以下の分析を見るだけでも，世の中の動きが手にとるようにわかりますし，あるいは世間に行き渡っている常識に盲目的に従っていることがどれほど危険なことであるかも明らかになります。

第2節　税を知りミクロ経済学を知れば百戦危うからず

税金の影響を市場均衡理論で分析する

　税金をとられるというのはあまり楽しいものではないでしょう。税金をとられると自分が自由に使えるお金（**可処分所得**といいます）が少なくなりますから，予算制約線が原点に近づいてしまい（第5章第2節），そのため実現できる効用は小さくなるように思われます。

　しかし，税金というのはとられっ放しというわけではありません。単に税金をとられて，それが何もしない公務員さんの生活のためだけに使われるのでしたら，「税金泥棒」とののしってもいいかもしれません。しかし，公務員さんはその税金を使っていわゆる公共サービスというものを生産し，そして国民に

供給しています。

たとえば，国防（自衛隊），警察，消防，義務教育，福利厚生，公衆衛生などの諸サービスは民間部門に任せることができないか，民間部門が手を出したがらない分野です。しかし，これらは大変重要なサービスですから，民間部門の代わりにこれらのサービスは公共部門が生産し，供給することになります。そのための資金が税金ということになります。

民間部門の生産者は，財やサービスを消費者に供給する対価として価格を受け取ります。それと同じように，公共部門はサービスを消費者に供給する対価として受け取るのが税金に他なりません。税金は，巡り巡って公共部門の供給するサービスという形で消費者に還元されることになります。この「税金は巡り巡って消費者に還元される」というところが大切です。これについては後で言及します。

そういう理屈がきちんとあるということをわかっていながらも，やはり多くの人にとって税金をとられるのはあまり愉快でないことは確かなようです。たとえば，新しい種類の税金が徴収されるようになったり，あるいは税率などが上がったりするときには世間は大騒ぎとなります。そして，その騒ぎを聞きつけたマスコミは外に飛び出して，いわゆる「庶民の声」を聞こうとします。テレビカメラの前でマイクを向けられた街ゆく人は，しばしば次のようなことを語ります。

「また税金ですか。どうせ税金は商品の値段に上乗せされて，結局はわれわれのような立場の弱い消費者がぜ〜んぶ負担することになるんですよね。庶民イジメですよね」

読者のみなさんはこんなセリフを聞いたことが一度や二度はあるでしょう。このセリフの中に出てくる税金というのは**間接税**です。間接税とは，財やサービスの供給者（たとえば企業）が支払う税金であり，供給者が支払わなくてはなりませんから，通常は供給される財やサービスに税金が上乗せされて価格が上がると考えられています。一方，**直接税**というのは所得税や法人税などのことです。

ここでは，間接税という政府の徴税方法が市場均衡にどのような影響を与えるのかを分析することが目的です。さらに突っ込んでいえば，先ほどのインタビューで出てきた「庶民の声」は正しいのか，ということを確認することも目

的です。単に需要曲線と供給曲線をグラフ上に置くだけで，そしてそれをシフトさせるということだけで，このようなすごい分析ができるのだという，その醍醐味を味わってもらいたくてこの分析を紹介してみたいと思います。

従量税の支払いは消費者への丸投げか

　間接税は大きく分けて**従量税**と**従価税**に分けることができます。従量税というのは生産物 1 単位あたりに一定額の税金を課すものです。現在，日本で行われている代表的な従量税には，揮発油税（ガソリン税）やたばこ税があります。揮発油税はガソリン 1 キロリットルあたりいくら，という形で徴収されていますし，たばこ税はたばこ 1000 本あたりいくらという形で徴収されています。一方，従価税は商品の取引価格に対する一定割合として徴収されます。代表的な例としては，日本の消費税が大体当てはまります。

　ここで問題にしたいのは，このうち従量税の方です。従価税も同じような分析ができますが，従価税はグラフ上では扱いにくいのでここでは取り上げません。

　ある財に対する従量税の課税前の状況を考えましょう。図 7-7 では，縦軸に価格 p，横軸に財の数量 q がとられています。それから，消費者のその財に対する需要曲線を D として，これは課税前後で変化しないものとします。課税前の供給曲線は S_A です。図 7-7 では，供給曲線が縦軸の途中からいきなり出発しています。これは余剰の大きさを比較したいためにこんな供給曲線にしているだけで，結論に影響はありません。

　完全競争市場では，課税前の市場均衡点は点 E_A になり，市場均衡価格は p_A になります。また，第 4 章で述べたとおり，このときの消費者余剰は $\triangle p_A A E_A$ で，生産者余剰は $\triangle F p_A E_A$ です。その結果，社会的余剰は $\triangle F A E_A$ となり，社会的余剰は最大（死荷重はゼロ）になっています（第 4 章第 2 節）。

　さて，このように資源が適切に配分されており，消費者も生産者も幸せが最大の状態になっているときに，政府が間接税を従量税の形で生産者に課すことにしたとしましょう。従量税は単位あたりいくらというように生産者に課されますので，生産に必要な限界費用に単位あたりの税額だけ上乗せしたものが課税後の限界費用となります。課税後（シフトした後）の供給曲線が S_B です（このあたりの理解のためには，第 6 章の供給曲線の導出方法よりも，第 3 章で述べた供給

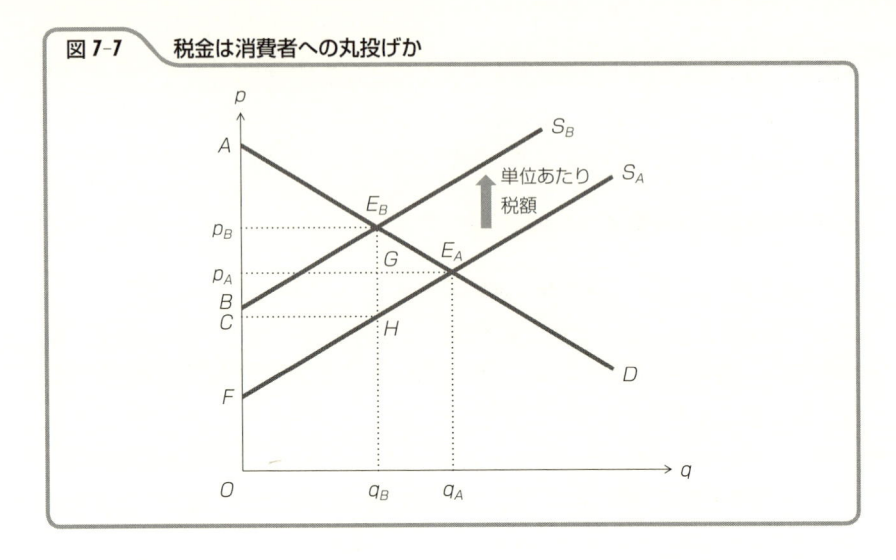

図7-7 税金は消費者への丸投げか

曲線の導出方法を使った方がわかりやすいと思います)。追加 1 単位あたりつねに同じ税額が課されますから，S_A から S_B への上方向へのシフトは平行移動となります。

　個々の企業が従量税を支払いますので，課税前の個々の企業の限界費用曲線（供給曲線）を右方向に合計した市場全体の供給曲線 S_A と，課税後の個々の企業の限界費用曲線（供給曲線）を右方向に合計した市場全体の供給曲線 S_B との垂直方向の幅がどうなっているのかについて，もしかしたらわからなくなってしまうかもしれません（おわかりの方は次の段落は飛ばしてもらって構いません）。その場合は次のように考えてください。

　図 7-7 の供給曲線は，S_A, S_B ともに各企業の供給曲線を右方向に合計した市場全体の供給曲線です。たとえば，この市場に 1000 社のクローン企業が存在しているとすれば，1 社の課税前の限界費用曲線（供給曲線）を右方向に 1000 倍したものが横軸に圧縮されて書かれています（第 3 章第 3 節）。同じように，各企業の持つ限界費用曲線に 1 単位あたりの税額を上乗せした課税後の限界費用曲線（供給曲線）も右方向に 1000 倍したものが横軸に圧縮されて書かれています。しかし，課税前後の限界費用曲線（供給曲線）を単に右に合計して横軸を圧縮しているだけなので（垂直部分は圧縮なし），縦軸については個別の企業でも市場全体でも目盛りは変わっていません。ですから，たとえ 1000 社の企業が合計されていても，市場全体の供給曲線の上方シフトの幅は単に 1

単位あたりの税額が上乗せされた分だけの幅になっている，ということになります。

これにより市場均衡点は E_A から E_B に移り，市場均衡価格は p_A から p_B に上昇し，市場均衡量は q_A から q_B に減少します。また余剰に関しては，消費者余剰が $\triangle p_B A E_B$ となり，生産者余剰は $\triangle B p_B E_B$ となります。その結果，社会的余剰は $\triangle B A E_B$ となります。明らかに消費者余剰は台形 $p_A p_B E_B E_A$ だけ減少しています。また，社会的余剰は台形 $F B E_B E_A$ だけ減少しているようにも見えます。社会的余剰の減少部分は現段階ではまだ減少したと断言できないのですが，少なくとも消費者余剰は確実に少なくなっています。

ここで注目してほしいことがあります。課税額は供給曲線の上方シフトの距離，つまり $FB(=HE_B)$ であるのに対して，この財の価格の上昇幅は $p_A p_B$ となっています。明らかに単位あたり課税額よりも価格の方が，上げ幅が小さくなっています。もし，先ほどのテレビのインタビューを受けた人の語ったことが正しいとすれば，税金はまるごと価格に上乗せされるので，$FB(=HE_B)$ と $p_A p_B$ は等しいはずです。しかし，そうはなっていません。だとすれば，この差額はいったいどこに消えてしまったのでしょうか。いくら意地の悪い私でも，図 7-7 では図形のごまかしなどはいっさいやっていません。

この不可解な現象を解くために，図 7-7 に点線を追加し，新たに点 C，G，H を追加します。価格というのは消費者が支払うものですから，価格の上昇幅 $p_A p_B$ は明らかに消費者が負担します。一方，単位あたり税額は $FB(=HE_B)$ ですから，これは作図上 $C p_B$ に等しく，その幅のうち一定部分を消費者が負担する $p_A p_B$ が占めています。この世界には政府を別とすれば消費者と生産者しかいませんから，$C p_B$ から $p_A p_B$ を差し引いた部分 $C p_A$ は生産者が負担していることになります。つまり，単位当たり税額 $C p_B$ のうち，$p_A p_B$ を消費者が，そして $C p_A$ を生産者が，それぞれ分担して負担していることになります。

これは明らかに先ほどのインタビューを受けた人の発言とは違う結果になっています。完全競争市場では，従量税は消費者がその全額を負担するのではなく，その一部は生産者も負担するのです。私たちは税金をとられるという嫌な思いから感情的になりがちで，インタビューを受けた人のように，ついつい「また税金の丸投げか！」思いたくなるのかもしれません。しかし，この人は（このモデルに関するかぎり）冷静に考えると間違えたことをインタビューでしゃ

べっていることになります。経済学はこうした感情的な対応が間違っていることを冷静に指摘してくれるのです。

従量税は市場を歪めるのか

　さてそれはそれとして，余剰分析をすることでこの課税政策が資源配分にどのような影響を与えるのかをさらに分析してみましょう。これまでの段階では，消費者余剰は確実にどれだけ減ったかはわかりましたが，生産者余剰あるいは社会的余剰については確定的なことはまだわかっていません。

　まず，生産者余剰は図7-7から$\triangle Fp_AE_A$から$\triangle Bp_BE_B$に変化しています。どうやら生産者余剰は減っているようには見えますが，このままでは三角形の面積を比べることができませんので，どれだけ減ったかがわかりません。そこで，中学生のときに学んだ三角形の合同の方法を使います。いま確認したい三角形の合同は，$\triangle Bp_BE_B$と$\triangle FCH$です。まず，両三角形の角度について$\angle Bp_BE_B = \angle FCH$となっています（直角）。次に$\angle p_BE_BB = \angle CHF$となっています（供給曲線は上方へ平行にシフトしているから傾きは等しく，同位角です）。そして直線$p_BE_B =$直線CHです。以上のことから$\triangle Bp_BE_B \equiv \triangle FCH$であることがわかります。したがって，この両方の三角形は合同ですから，面積が等しくなります。

　そこで，$\triangle Bp_BE_B$を切り取ってそのまま$\triangle FCH$の場所にはめ込むことができます。そうすると，生産者余剰は$\triangle Fp_AE_A$から$\triangle FCH(=\triangle Bp_BE_B)$に変化し，その結果，台形$Cp_AE_AH$だけ余剰が減少したことがわかります。ですから，消費者余剰の損失分の台形$p_Ap_BE_BE_A$と生産者余剰の損失分の台形Cp_AE_AHの合計の面積である五角形$Cp_BE_BE_AH$の社会的余剰が失われていることがわかります。

　しかし，話はまだ終わりません。課税後のこの財の市場均衡量はq_Bであり，これに$FB(=HE_B=Cp_B)$という単位あたり税収をかけ算したものが政府の税収となります。底辺の距離がq_B，高さがCp_Bとなりますから底辺×高さを計算して，四角形の面積Cp_BE_BHが税収です。先に述べたように，税金は公共部門が提供するサービスの財源とされるものであり，税金は巡り巡ってサービスの供給という形で私たちに還元されます。つまり，五角形$Cp_BE_BE_AH$の社会的余剰を失う一方で，その後に政府の税収の四角形Cp_BE_BHはいずれ返って

くることになります。しかし $\triangle HE_BE_A$ は返ってきません。この $\triangle HE_BE_A$ が真に失われた余剰であり，死荷重となります。以上のことから，従量税は完全競争市場で達成されていた最適な資源配分を歪めることがわかります。

　同じことを別の角度から見てみましょう。課税前の社会的余剰は $\triangle FAE_A$ で課税後の社会的余剰は $\triangle BAE_B$ ですから，社会的余剰は台形 FBE_BE_A だけ減少しているように見えます。しかし政府の税収である四角形 Cp_BE_BH の面積は平行四辺形 FBE_BH と等しくなっています（中学校の幾何の勉強を思い出してください）。したがって，この部分は還元されますから，差し引き $\triangle HE_BE_A$ が死荷重であり，資源配分の歪みであるといえます。

第3節　需要曲線と供給曲線を動かせばリサイクル問題がわかる

リサイクルは進めば進むほど，進まない

　世の中では「断捨離」ブームがすっかり定着したようです。無駄なモノは未練を持たずにバッサリと捨てて身軽になろうということなのでしょう。また，リフォームもマスコミを通じて格好のネタになっています。リフォームに合わせて，これまで狭い部屋を占拠していたいろいろなモノが要らなくなります。それから，片付けテクニックも流行っています。狭いスペースを有効に使うために，無駄に場所をとっているような家財道具などはさっさと断捨離して，スペースを有効に使う提案がテレビや雑誌からあふれ出ています。

　そのようなわけで，粗大ゴミはこれまで以上に多く家庭から排出されるようになってきています。それに伴って，粗大ゴミの自治体による有料引き取りもすっかり定着したようです。私の住む自治体でも，コンビニなどで買った「粗大ゴミ処理券」を貼り付けておかないと，回収業者は粗大ゴミを持って行ってくれません。

　考えてみると，この現象は不思議です。消費者と生産者，需要と供給はギブ・アンド・テイクの関係にあるはずです。商品がAさんからBさんに引き渡されると，その対価としてBさんからAさんへお金（代金）が引き渡されます。ところが，粗大ゴミの有料回収は家庭から見ればギブ・アンド・ギブです。粗大ゴミを引き渡すと，同時にお金も一緒に引き渡さなくてはなりません。

　まだ生活水準が高くなかった時代は，今なら粗大ゴミになるようなものでも

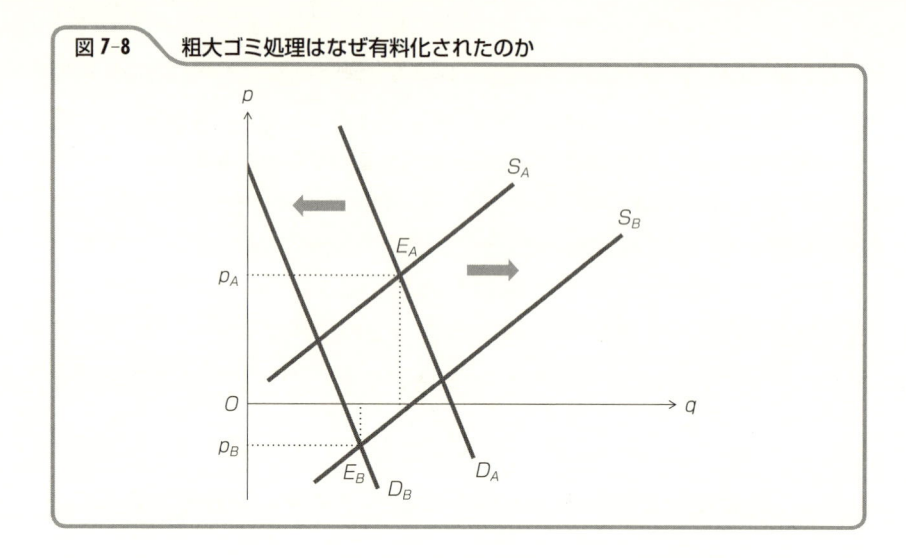

図7-8　粗大ゴミ処理はなぜ有料化されたのか

何とか修理して使えるようにして，本当にダメになるまで徹底的に使い倒しました。そんな時代には，新品を買えないような所得水準の低い家庭にとっては中古の家財道具は人気の的で，喜んでお金を出して中古品をもらい受けることが多くありました。つまり昔は，今なら粗大ゴミ扱いされるようなまだ使えるモノを，まさにギブ・アンド・テイクでお金を出して誰かが買い取ってくれたのです。

　ところが，現代では逆にお金を出さないと引き取ってくれません。どうして昔と違って現代ではこのような状況になったのでしょうか。これを市場メカニズムの動きから考えてみようとするのがここでの目的です。ここでは需要曲線と供給曲線が動き出して，パフォーマンスを見せてくれることになります。

　図7-8で昔の状況を再現してみましょう。需要曲線と供給曲線を扱うので，縦軸は粗大ゴミ（中古の家財道具）の価格 p で，横軸は粗大ゴミ（中古の家財道具）の数量 q です。そして図7-8の需要曲線と供給曲線はいずれも市場全体の需要曲線と供給曲線です。

　ここで図7-8の需要曲線も供給曲線も「市場全体」の需要曲線，供給曲線であることに注意してください。たとえば供給曲線について個人の供給曲線を考えてしまうと，「取引価格が上昇したからといって，家財道具をどんどん家から売り払ってしまったら家の中が空っぽになってしまう」という非現実的なことになってしまいます。しかし，市場にはおびただしい数の供給者がいます。

その人たちがある価格で1つしか家財道具を売りに出さないとしても，全体としてはその価格に応じた数多くの家財道具が市場に出回りますので，市場全体の供給曲線は右上がりになります。

　それから，供給曲線を限界費用曲線と考えることも，ここではいったんお休みした方が理解を早めることになるかもしれません。個人の家で多くの中古の家財道具を生産するわけではないからです。ここでは，単に価格が上昇すると供給量が増えるという関係だけにこだわって考えた方が理解しやすいと思います。同じことが需要曲線にもいえます。

　さて，昔はモノが少なくて所得水準も低かったので，家財道具や鍋釜を本当に使い物にならなくなるまでトコトン使い切っていました。ですから，たまにそれが使える状態で古道具市場に出ることはあったとしても，その量はそれほど多くありませんでした。そのころの家財道具（現代の粗大ゴミ）の供給曲線を S_A とします。

　一方，当時は新品にこだわるような豊かな家庭はまだ少なかったですし，別にオシャレな生活がしたいというほどの所得水準でもありませんでしたので，昔は安く買えれば別に中古品でも構わないというような家庭も多くありました。そのような家庭にとっての家財道具に対する需要曲線が D_A です。このときの市場均衡点は点 E_A で，このときの家財道具の売り渡し価格は p_A となります。そうなると古道具店の商売が成立するわけで，まだ使える中古の家財道具や鍋釜が古道具店で売られ，それと引き換えに対価を支払うことで家庭は家財道具を手に入れることができました。

　ところが，いまや断捨離の時代です。身軽に過ごすことは流行りのライフスタイルとなり，マスコミはテレビなどでオシャレな内装や家具やキッチン用具を紹介します。所得水準が高くなったので，使い古した家財道具は見た目が悪くなったり少し傷がついたりしただけで，すぐ捨てることができるようになりました。こうした風潮になれば，当然，粗大ゴミ（昔の家財道具）の量は増えます。つまり，粗大ゴミの供給曲線は S_A から S_B にシフトします。

　その一方，昔なら古くなった家財道具でも喜んで買っていた家庭の所得水準が高くなり，そんな家庭でもオシャレな生活がしたくなります。古びて傷のついた家財道具をわざわざ買わなくても，素敵でオシャレな家財道具はいくらでも売っていますし，所得水準が高いのでそれを買えるだけの購買力があります。

ですから，中古の家財道具に手を出す必要がなくなりました。このため，粗大ゴミに対する需要は減少し，需要曲線は D_A から D_B にシフトします。

　そうなると，新しい市場均衡点はグラフの第1象限を突き破り，それより下の点 E_B が市場均衡点となります。このとき価格はマイナスとなっています。マイナスの価格というのは，粗大ゴミにお金をつけて相手に引き渡すことを意味します。これが粗大ゴミの有料回収という現在の姿です。

　このことは重要な示唆を私たちに与えてくれています。これはリサイクル社会という言葉に安易に踊らされることへの警鐘にもなっています。端的にいえば，「リサイクルは進めば進むほど，進まない」ということです。この文章は私が作ったキャッチコピーで，竹内（2013）に解説があります。

　「リサイクルはいいことだ」「循環型社会を実現するために不要になったモノはリサイクルに出そう」という姿勢は決して悪いことではありません。しかし，そのことを考えるだけだと，この粗大ゴミの有料回収のような現象が起こります。リサイクルが進めば進むほど供給曲線は右方向にシフトします。そして，そのリサイクル品をほしがる需要曲線は以前のままか，あるいは上記のように左にシフトしますと，そのリサイクル品の価格はどんどん低下します。誰もほしがらない無価値な，あるいはマイナスの価値にさえなるモノをいくらリサイクルに出したとしても，それは全然リサイクルにはなりません。

　いろいろなモノをリサイクルに出しては「私リサイクルに協力する環境に優しい人！」などとひとり悦に入っているようではこのような困った事態になります。しかし，こうしたことは現実に起こっています。リサイクルは進めば進むほど，（リサイクル品の価格が低下して）進まなくなります。これを避けるためには，単に「リサイクルは大切」というお題目だけに感情的に流されず，需要曲線もまた右方向にシフトさせるような工夫をすることの重要性を図7-8は教えています。

なぜチリ紙交換車は消えたのか

　昔，新聞や雑誌をトイレットペーパーに取り替えてくれる「チリ紙交換車」というものが街中を流していたことを覚えている読者の方はいらっしゃるでしょうか。「そういえば，そんなことがあったよなぁ」と思い出せる人がいれば，それはとても「昭和」な人でしょう。さしずめ，「平成・令和」ならば，チリ

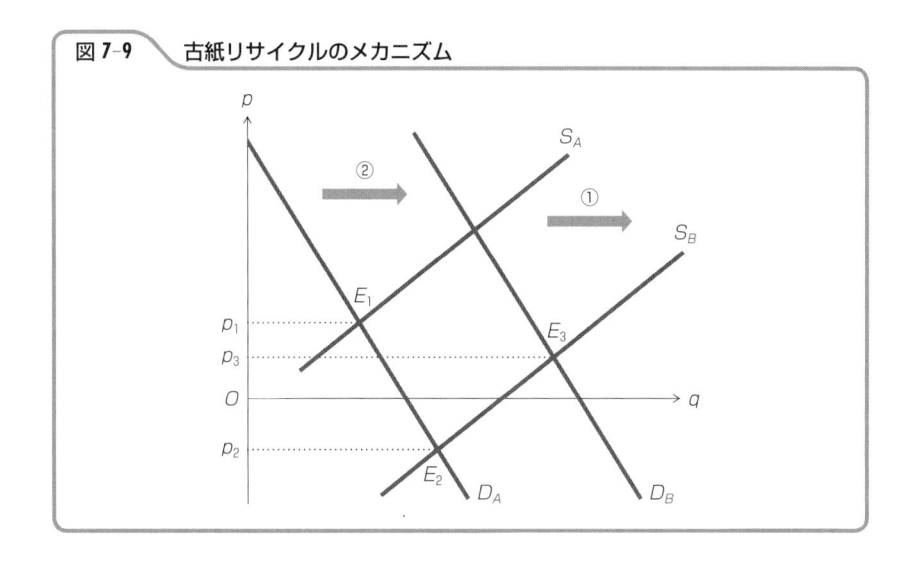

図 7-9　古紙リサイクルのメカニズム

紙交換車は，壊れた電気機器や携帯電話を引き取ってくれる廃品回収車がそれにあたるでしょうか。現代の廃品回収車や竿竹販売のように，住宅街を巡回していたチリ紙交換車を呼び止めて新聞や雑誌の束を差し出すと，当時はそれをトイレットペーパーと交換してくれたものです。しかし，そのチリ紙交換車も気がつくと，今ではすっかり姿を消してしまいました。

その代わり，今では新聞や雑誌のような古紙回収は主に自治体が行うようになりました。そして，自治体が回収する前に民間の古紙業者が玄関先に出た新聞や雑誌の束をこっそり持ち去ってしまい，その行為に対して自治体がカンカンになって怒っているというニュースもよく聞きます。

この一連の現象をどのように解釈し，分析することができるでしょうか。これもまた市場メカニズムによって説明することができます。図 7-9 を見ながら考えていくことにしましょう。図 7-9 の縦軸は古紙の価格 p であり，横軸は古紙の数量 q です。また図 7-9 の需要曲線と供給曲線はいずれも市場全体の古紙に関する需要曲線，供給曲線です。ここでの「市場全体」の需要曲線と供給曲線も図 7-8 と同じように考えるのがいいと思います。

チリ紙交換車が行き来していたころは，「リサイクル」などという言葉はまだ一般的ではありませんでした。積極的に資源の循環に貢献しようという人は，当時はおそらく珍しい人だったでしょう。まだ「燃えるゴミ」という表現もそれほどなかった時代ですから，多くの紙ゴミは他のゴミと一緒に捨てられるこ

とが多く，新聞紙や雑誌のようにまとまったものだけが束となって交換に出されていました。つまり当時の古紙の供給量は少なかったのです。このときの古紙の供給曲線は図 7-9 の S_A で表されます。またその当時の古紙の需要は，せいぜい国内の再生紙をまかなえる程度のものであればよかったので，それほど需要が多かったというわけではありません。ですから，その当時の需要曲線は図 7-9 の左寄りの D_A でした。

このことから，当時の古紙市場での市場均衡点は D_A と S_A の交点である点 E_1 であったと考えられ，そのときの古紙の価格は p_1 と考えられます。つまり古紙の価格はプラスであり，これを回収することは十分ビジネスになったのです。ですからチリ紙交換車が現れ，新聞や雑誌の束をトイレットペーパーと喜んで交換してくれたのでしょう。トイレットペーパーの仕入れ価格より古紙価格の方が高ければ，採算がとれるのでチリ紙交換車は街中を走り回れます。

ところが時代が進み，環境への関心が高まるにつれて，リサイクルという言葉が流行りだし，資源を大切に使おうという風潮が広く行き渡るようになりました。リサイクルに貢献するためには，どのような古紙でもできるだけこまめに集めて古紙回収に出すようにするでしょう。そうした結果，古紙が市場に大量に出回るようになりました。それによって，供給曲線は S_A から S_B へと右方向にシフトしたと考えられます（矢印①の動き）。

ところがその当時の社会環境は，国内の古紙需要に劇的な変化をもたらすような状況ではなく，以前と同じ D_A のままであったと考えられます。そうなると市場均衡点は点 E_1 から点 E_2 に移ります。このときの古紙の価格は p_2 です。価格はマイナスとなり，粗大ゴミと同じように，誰もそれをほしいとは思わなくなります。つまり，古紙回収はビジネスとはならなくなったのです（「リサイクルは進めば進むほど，進まない」）。それが，チリ紙交換車が街から消えてしまった主な理由なのでしょう。同じように，今でも見かける廃品回収車は，金属価格が低下すればチリ紙交換車と同じ運命をたどることになるでしょう。

チリ紙交換車がいなくなった街でも，リサイクルの風潮は続きます。また，自治体もリサイクル運動を強く推進する立場でしたから，これまでチリ紙交換車が担当してくれていた古紙回収を自治体が肩代わりせざるをえなくなりました。もちろん，各家庭にはリサイクルの精神が行き渡っていますから，古紙があふれています。価格はマイナスなので，まさか地域住民からお金をとるわけ

にもいかず，自治体は民間（チリ紙交換車）に代わって無償で古紙を回収するようになりました。

ところが，そこから事態は急変します。中国をはじめとするアジア諸国の経済が急成長しはじめたのです。中国をはじめとするアジア諸国の古紙に対する需要が急激に高まり，アジア諸国はすでに多くの古紙を生み出している日本に目をつけるようになりました。他の事情が一定ではなくなったのです。そのため古紙に対する需要は激増し，需要曲線は D_A から D_B へと右方向にシフトしました（矢印②の動き）。

その結果として生じた均衡点が点 E_3 であり，このときの古紙の価格は p_3 となります。古紙の価格はプラスになり，再び採算ベースに乗るようになったのです。ビジネスになると見込んだ民間業者は，再び古紙を回収するビジネスを始めるようになります。

ところが，チリ紙交換車が消えて以来，自治体による古紙回収システムはすでに十分に確立しています。プラスの価格を持つ古紙が，自治体の回収を待って各家庭の前に転がっているのです。ですから，民間事業者は自治体が回収に来る前にこっそりと古紙を持って行ってしまうような状況が発生したのです。

このように考えると，チリ紙交換車が消えたという現象は，図7-9の矢印①のような供給曲線のシフトによって説明され，自治体が回収する前に民間がこっそり古紙を持ち去るようになったという現象は矢印②のような需要曲線のシフトによって説明されます。社会現象が需要曲線と供給曲線のシフトという単純な市場分析によって説明できるようになるのです。

同じように，しばしばニュースとなるマンホールの蓋や橋の銘板の盗難などの犯罪行為は，金属価格の上昇がその背景にあるといわれています。これも図7-9のような分析で説明することができます。犯罪の発生についても，ミクロ経済学はそのメカニズムを分析できるのです。

練習問題

7-1　次の文章の空欄に当てはまる言葉を下から選んでください。なお，以下の文章中にある言葉が空欄に入る可能性もあります。ただし，②③④⑤⑦⑧についてはカッコの中の適切な用語を選んでください。

需要曲線も供給曲線も価格と需要量，供給量以外の要因はいっさい変化しないものとして描かれている。これは「（　①　）」という経済学においてよく行われる仮定である。この仮定が外れると需要曲線も供給曲線もシフトするようになる。

　たとえば需要曲線を考えてみよう。消費者の所得が増えると需要曲線は（②左に・右に）シフトする。また，その財が人気商品となったとき，需要曲線は（③左に・右に）シフトする。根拠のない噂が広がり風評被害が出たときは，需要曲線は（④左に・右に）シフトする。

　次に供給曲線を考えてみよう。ある市場に他の企業が参入したとき，供給曲線は（⑤左に・右に）シフトする。供給曲線は（　⑥　）と一致するので，費用の変化もシフトに影響を与える。たとえば生産者に従量税が課されたとき，供給曲線は（⑦上に・下に）シフトする。また技術革新があったとき，供給曲線は（⑧上に・下に）シフトする。

　こうした需要曲線と供給曲線のシフトにおいては，シフトする過程の時間は直接的には考慮されない。こうした分析のことを（　⑨　）といい，これらは時間を考慮する（　⑩　）と対応関係にある。

> 限界費用曲線　静学分析　他の事情を一定として　動学分析

7-2　次の文章の空欄に当てはまる言葉を下から選んでください。なお，以下の文章中にある言葉が空欄に入る可能性もあります。ただし，④⑤⑥⑦⑧⑨についてはカッコの中の適切な用語を選んでください。

　需要量が変化するとき，その動きが（　①　）上の動きである場合と，（　①　）自体がシフトしたときの違いについて注意する必要がある。同様に供給量が変化するときも，その動きが（　②　）上の動きである場合と，（　②　）自体がシフトしたときの違いについて注意する必要がある。いずれの場合も数量の変化と同時に（　③　）の変化も起こっている。

　さらに，需要曲線と供給曲線が同時にシフトすることによって価格や数量がさまざまに変化することにも注意する必要がある。その例を考えてみよう。供給曲線は動かないままで，需要曲線が右方向にシフトすると，市場均衡価格は（④低下し・上昇し・不変で），市場均衡量は（⑤減少する・増加する・不定である）。しかし，需要曲線の右方向への平行移動の距離以上に供給曲線が右方向へ平行移動した場合は，市場均衡価格は（⑥低下し・上昇し・不変で），市場均衡量は（⑦減少する・増加する・不定となる）。また，需要曲線の右方向への平行移動の距離以上に供給曲線が左方向へ平行移動した場合は，市場均衡価格は（⑧低下し・上昇し・不変で），市場均衡量は（⑨減少する・増加する・不定となる）。このように，シフト前後の市場の状態を比べる分析方法を（　⑩　）という。

> 価格　供給曲線　需要曲線　比較静学分析

7-3 次の文章の空欄に当てはまる適切な数値を入れてください。空欄の番号が違うからといって違う数値が入るとは限りません。

ある完全競争市場において，市場の価格を p，数量を q とするとき，市場の需要曲線と供給曲線（各生産者の限界費用曲線を水平に合計したもの）がそれぞれ以下のとおりであるとする。

$$需要曲線：p = -\frac{1}{2}q + 20 \qquad 供給曲線：p = q + 2$$

このときの市場均衡価格は（ ① ），市場均衡量は（ ② ）である。いまこの財に単位あたり6の従量税が課されたとしよう。その結果，新しい市場均衡価格は（ ③ ），市場均衡量は（ ④ ）となる。このとき，従量税6のうち（ ⑤ ）は消費者が負担し，（ ⑥ ）は生産者が負担することがわかる。また，この課税によって消費者余剰は（ ⑦ ）減少しており，生産者余剰は（ ⑧ ）減少する。このとき，税収は（ ⑨ ）となる。税収は消費者と生産者にいずれ還元されるとすると，死荷重は（ ⑩ ）となり，従量税の課税は資源配分の状況を悪化させる。

ここでお別れしましょうか，それとも先に進みましょうか

　これで第2部は終了となります。

　第1部で出てきた，効用を足したり引いたりできるのか，他人同士で効用を比較できるのかという問題について，第2部では，そうした問題を回避して需要曲線を導き出すことができました。簡単にいうと，効用に数字などを与えなくても，「あっちよりこっちが好き」ということだけで需要曲線が出てきたということになります。そして，この需要曲線の導き出し方と同じ考え方で供給曲線も導き出すことができました。

　実は，この無差別曲線と予算制約線，等量曲線と等費用曲線の部分は比較的わかりにくいので，ミクロ経済学の初歩のまた初歩のテキストでは省略されていることが多くあります。ただ私自身は，こんなに消費と生産をうまく対称的に扱えるのにこの理論を省略するのはもったいないと考えています。なぜかというと，需要曲線を学んだ努力をそのまま供給曲線の導出に使えるわけですから，こんな効率的な勉強方法はないと考えるからです。

　ですから，読者のみなさんに「消費と生産の理論というのはそっくりなんだなー。」という感想を持っていただけたとすれば，第2部の目的は達成されたといっていいでしょう（わからなかったという人はすみません。私の非力のいたすところです。お詫びします。どうか他のテキストにあたってみてください）。

　第2部まで到達した段階で，

　　「ミクロ経済学って消費と生産を似たようにして扱うんだね（著者より…後になるとだんだん違ってくるのですが）」

　　「効用の比較なんて怪しいことをしなくてもよかったんだ（著者より…問題が解消できてほんとよかったですね）」

　　「インフレや失業なんてデカいことだけでなく，身近な社会現象でも経済学で解けるんだなー（著者より…他にも分析できる問題を探してみてくださいね）」

　　「一応第2部まで付き合ってやったけれど，やっぱりミクロ経済学なんて大したことねぇな（著者より…もっともっと奥は深いのですよ）」

こういう印象を持って，「もうこれで十分だ」「もうミクロ経済学に見切りを
つけた」「自分の所期の目的は達成できた」と思われた読者の方々は，ここで
本書を読むのを止め，本書を閉じていただいて構いません。長い間お疲れさま
でした。

しかし，すでに指摘していますように，まだ生産の側に重要な疑問が残って
います。それをもう一度復習しておくと，第2部のプロローグに書いたように，

(2)　分業と協業，学習効果などが現実に存在していることを考えると，総生
　　　産性の増加の程度がしだいに鈍くなるということ，つまり，限界費用が一
　　　貫して増加することはありえないのではないか。

という疑問にはまだ答えていないままです。これは大変重要なことです。とい
うのは，この疑問に答えることができなければ，分業・協業，学習効果によっ
て供給曲線が右上がりではなくて，右下がりになってしまうからです。それで
はこれまで想定していた市場メカニズム自体が崩壊してしまいますし，そもそ
も第1部でせっかく学んだことがすべてウソになってしまいます。

そうなってしまえば大変です。「大変だぁ」と思った読者のみなさんは，ぜ
ひ第3部に進んでいただきたいと思います。第3部に進みますと，第1部で
出された疑問が全面解決となります。しかし，疑問の全面解決のためには，グ
ラフがややこしくなり，聞き慣れない言葉が出てくることもやはり仕方のない
ことになります。第1部より第2部，第2部より第3部とグラフはややこし
くなりますが，それだけの価値はあることが学べるはずですし，それにより，
さらにミクロ経済学の懐の深さを読者のみなさんに感じとってもらえることに
なるでしょう。

第2部で帰ってしまった人に比べて，多少苦労することにはなりますが，
供給曲線が右上がりであることについて自信を持って語れることは愉快なこと
ではないでしょうか。そうなれば，さらに自信を持って市場メカニズムのこと
も語れるようになりますし，さらに面白く社会問題を分析できるようになりま
す。そのために第3部に向けて頑張ってみましょう。

第 3 部

ミクロ経済学のことは
ある程度わかっているつもりです

こんなことをやります

第3部へようこそ！

ここで生産に関する疑問がいよいよ解き明かされることになります。長い間お待たせしました。

確かに分業・協業や学習効果があること，そしてそのために総生産性と限界生産性の増加，つまり限界費用の減少があることは，私も認めなくてはなりません。しかし分業・協業，そして学習効果の存在があっても，やはり供給曲線は右上がりなのだということが，この第3部で明らかになります。

もちろん，生産ばかりを扱うのが第3部の目的ではありません。上記の大切な疑問を解決する前に，消費の部分（第8章）では，無差別曲線と予算制約線を使って，これまで消費者行動分析でやってこなかった大切な経済学用語を解説することにします。たとえば，代替財，補完財，必需財，下級財などなどといった，ミクロ経済学では当たり前に出てくる（また日常生活でもたまに出てくる）言葉が登場します。こうした重要な用語を理論的に説明することもまた，第3部の重要な目的です。

ただし，これまでとは違って，第3部では消費と生産は対称的にはなっていません。というのは，さすがにこの段階まで読者のみなさんの理解が進んでくると，需要の世界と供給の世界は，それぞれ独自の世界を持ち始めるからです。しかし，これまでの両者の対称性をしっかりと身につけていれば，両者ともその延長線上にあるのですから（経済学は積み重ねの学問ですからね），恐れるには及びません。むしろ，それぞれの世界の違いを楽しんでいただきたいと思います。

それから，せっかく手に入れた需要曲線と供給曲線なのですから，これを再び出会わせてもっと市場均衡の分析を深めていくことにしましょう。さらに，ブラッシュアップされた需要曲線と供給曲線が第2部以上にますます動き出します。

たとえば，第7章で述べた社会問題をさらに深く分析することができるようになります。また，完全競争市場の理論はこれで最後になりますので，市場メカニズムを応用した擬似的な市場まで考えていくことにしましょう。

ここまでくると，ミクロ経済学理論が世間の常識と正反対の結果をもたらすことにアッと驚くかもしれませんし，世間さまのいいなりになって感情的に物事を考えることの危険性，そして論理的思考の重要性が十分納得できるようになるかもしれません。私はこれこそがミクロ経済学を学ぶことの醍醐味だと思っています。私は大学生あるいは大学院生のころ，ミクロ経済学理論がこうした世間の常識や感情的な思い込みをひっくり返してくれることにとても快感を覚えたものでした。第10章の最後の方で展開される分析は，本来は環境経済学や公共経済学で分析される分野です。第3部まで訪問してくれた読者のみなさんは，こうした応用経済学の入口までたどり着けるようになるのです。

　第3部を終えるころには，少なくとも完全競争市場においては「大体こんな感じ」どころではない境地にまで達することができます。いろいろなグラフや用語も出てきますが，その境地に至るまで汗をかきかき登っていくことにしましょう。

第8章

無差別曲線が教える弾力性，
代替・補完財，上級・下級財

> 　第5章で述べた無差別曲線と予算制約線は単に需要曲線を導き出すだけのものではありません。この章ではこの2つを使ってさまざまなミクロ経済学上の重要な考え方や言葉が解説されます。まずは弾力性です（他の入門テキストより少し詳しく紹介します）。この考え方を応用すると，ミクロ経済学ではおなじみの上級財，下級財，代替財，補完財という用語を理解することができます。

第1節　需要と供給は弾んだり弾まなかったり

需要の変動を数値化する

　第5章で述べた需要曲線の他にも，無差別曲線と予算制約線の組み合わせを使うと経済学で重要ないくつかの用語を説明することができます。しかし，入門用のテキストでは，無差別曲線は難しいからという理由で省略する一方で，これらの重要な用語は別の方法で説明するというタイプのものが多くあります。しかし，本書では無差別曲線をせっかく手に入れたのですから，これを使わないのはもったいないですよね。

　図8-1(a)(b)を見てみましょう。図8-1(a)も図8-1(b)も，それぞれ予算制

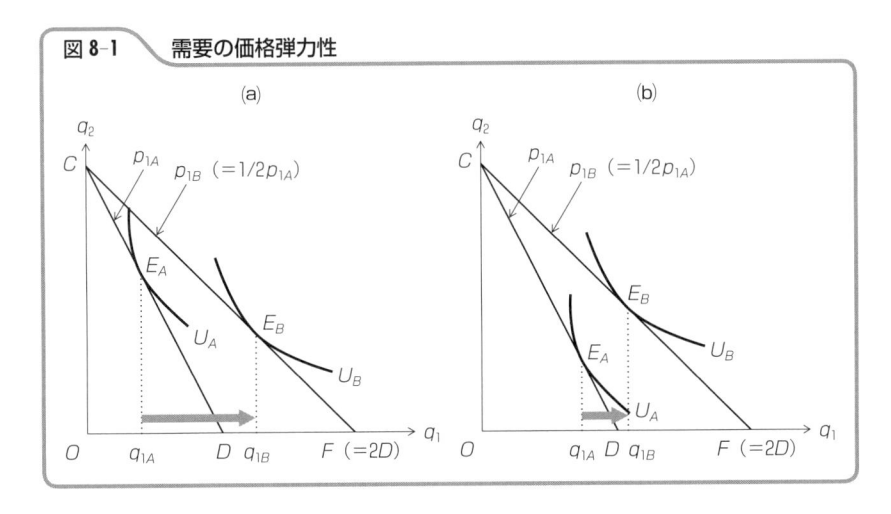

図 8-1 需要の価格弾力性

約線が 2 本描かれています。両方とも縦軸の出発点は同じで，横軸では $OD=DF$ となるように予算制約線が描かれています。ですから，これは図 5-6 (a) と同じ見方をして構いません（129 ページ）。

図 8-1 (a)(b) は次のようなことを表しています。予算制約線 CD から CF への動きは財 2 の価格と所得が不変で，財 1 の価格が半分つまり 50% 低下したということです。ところが，それに反応する消費者の行動は (a) と (b) で違っています。図 8-1 (a) の場合は価格の低下によって財 1 の需要量が q_{1A} から q_{1B} へかなり増加しているのに対して，図 8-1 (b) の場合は q_{1A} から q_{1B} へとそれほど増加していません。

これは消費者によって需要の反応が違うことを示しています。つまり，図 8-1 (a) では反応が鋭く，図 8-1 (b) では反応が鈍くなっています。しかし，財の価格の変化によって需要量の変化が「鋭い」とか「鈍い」とかいっても，人によってはどこまでを「鋭い」と感じ，どこからが「鈍い」と感じるかはバラバラで，曖昧すぎます。ある人は「これくらいなら『鋭い』といっていいだろう」といい，別の人は「いやこれは『鈍い』というべきだ」などと言い合うことになってしまうと，どこに「鋭い」と「鈍い」の境界線を引いたらいいのかわかりません。

こんな表現のままでは分析はできません。曖昧な言葉ではなく，もっと科学的に，できれば数値で明確に表すことはできないでしょうか。1 つの数字で示すことができれば，誰も「鋭い」「鈍い」のような中途半端な表現を使わずに

すみますし，そもそも便利です。

　そこで，次のように考えてみましょう。価格の変化率（%）に対して，財の需要量の変化率（%）を分数で表すのです。この比率を**需要の価格弾力性**と呼びます。まず価格の変化率についてです。たとえば，価格の数値が変化前の1.5 倍になれば，価格は 50% 増ということですし，価格の数値が半分（半額）になれば価格は 50% 減ですし，価格の数値が 2 倍（倍額）になれば価格は100% 増です。需要量の変化率もまったく同じように考えます。ですから，需要の価格弾力性は，

$$\text{需要の価格弾力性} = -\frac{\text{需要量の変化率（%）}}{\text{価格の変化率（%）}} \tag{8-1}$$

を計算することで求まります。ただし，ここでは財 2 の価格と所得を一定としています（「他の事情を一定として」です）。

　需要曲線はいつも右下がりです。ということは，一方がプラスに変化すれば他方は必ずマイナスに変化することになります。式（8-1）にマイナスの符号がついているのは，いつもくっついてくる，このうるさいマイナスをとってしまおうという横着な考えです。もし価格が半分に低下（−50%）して，その結果，需要量が 1.5 倍（+50%）増加すれば，需要の価格弾力性は−1 のマイナスをとって 1 となります。一方，価格が 2 倍（+100%）になって需要が半分（−50%）になれば，需要の価格弾力性は−0.5 のマイナスをとって 0.5 になります。

　ただテキストによっては，需要の価格弾力性をマイナスつきのままで取り扱うこともありますので注意してください。ややこしいのでどちらかに統一してくれれば助かるのですが。

　図 8-1 (a) の場合は需要の価格弾力性が 1 より大きくなっています。というのは，価格は半分になっていますから価格の変化率は−50% で，変化後の需要量 Oq_{1B} の長さは変化前の Oq_{1A} の長さの 2 倍よりも長くなっているので，需要量の変化率は+100% より大きいからです。

　一方，図 8-1 (b) は 1 よりも小さくなっています。というのは，価格は半分になっていますから価格の変化率は−50% で，変化後の需要量 Oq_{1B} の長さは変化前の Oq_{1A} の長さの 1.5 倍よりも短くなっているので，需要量の変化率は+50% より小さいからです（どちらの場合も，モノサシで測るとわかります）。

通常，需要の価格弾力性が 1 より大きいと「需要の価格弾力性が大きい（高い）」といい，1 より小さいと「需要の価格弾力性が小さい（低い）」といいます。

　需要の価格弾力性は，同じ消費者でも財の種類で違ってきます。需要の価格弾力性が大きい例としては，観光旅行に対する需要があるでしょう。観光旅行は生活上どうしても必要なものではありませんから，価格が低いと出かけてみようかという気になりますし，価格が高いと真っ先に家計の切り詰めのターゲットになります。

　一方，需要の価格弾力性が小さい例としては，通勤・通学に関する交通需要が考えられます。鉄道やバスの運賃が半額に値下げされたからといって，職場や学校まで行く回数を大幅に増やすことは考えにくいですね。逆に運賃が 2 倍に値上げされたからといって，職場や学校に行く回数を減らすことはできません。もし行く回数がまったく変化しなければ，（0% の変化なので）需要の価格弾力性はゼロになります。

　需要の価格弾力性は企業経営上も重要な役割を果たします。その厳密な証明は残念ながら数学を使わないと示すことはできませんが，結論だけを示すと次のようになります。需要の価格弾力性が 1 より大きいと，ある企業の生産するオリジナル製品の価格を値上げすることは収入の減少をもたらします。逆に，需要の価格弾力性が 1 より小さいと製品の価格の値上げは収入の増加をもたらします。需要の価格弾力性が 1 の場合，収入は変わりません。あなたがあるメーカーの社長さんならば，これを知らないとビジネスに失敗する可能性があります。

　それから，**供給の価格弾力性**も定義できます。考え方は需要の価格弾力性と変わりません。供給の価格弾力性では，分子の「需要量の変化率（%）」を「供給量の変化率（%）」に置き換えるだけです（マイナスはつけません）。供給の価格弾力性が 1 よりも大きいと「供給の価格弾力性が大きい（高い）」といい，供給の価格弾力性が 1 よりも小さいと「供給の価格弾力性は小さい（低い）」といいます。

需要の価格弾力性で起こりやすい誤解

　以上のことを知ったうえで，需要曲線を直線としたときの図 8-2 を見てみ

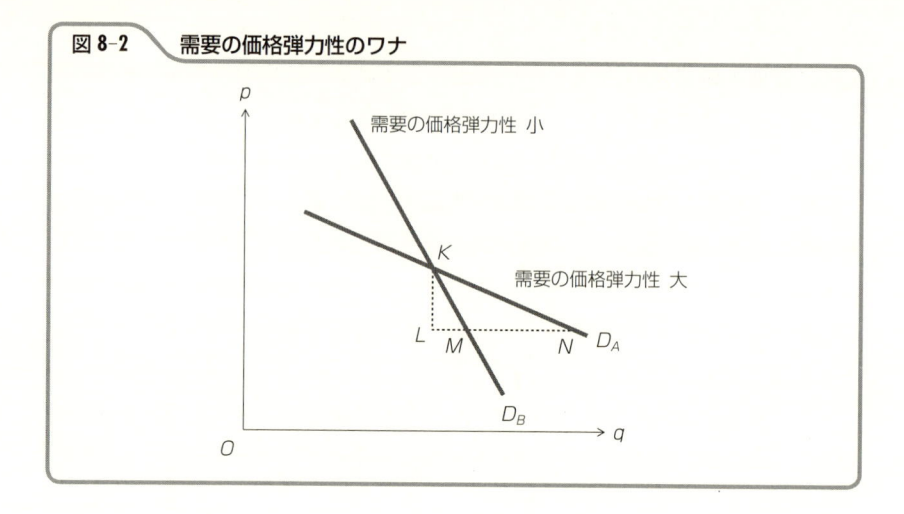

図 8-2 需要の価格弾力性のワナ

ましょう。

　しばしば誤解を招きやすいのは，（あくまで需要曲線が直線であるという前提なのですが）たとえば点 K に注目してみると，線分 LM, LN, KL の長さについて，

$$\frac{LM}{KL}<\frac{LN}{KL} \tag{8-2}$$

が成り立っているから，これで需要の価格弾力性の大小が決まると考えてしまうことです。式（8-2）では，「（横軸の長さ）/（縦軸の長さ）」となっていて，通常の傾きの大きさを考えるときの分母と分子が入れ替わっていますが，それでもこれで傾きの大きさが決まることに変わりはありません。言い換えれば，需要曲線の傾きの大小で需要の価格弾力性の大小が決まると考えてしまうことです。

　これは正確には正しくありません。なぜかというと，需要の価格弾力性を定義した式（8-1）の分母も分子も変化の割合の比率となっているのに対して，式（8-2）では分母も分子も変化の絶対量（グラフ上での線分の長さ）の比率で考えているからです。需要曲線の傾きだけで弾力性を判断していいのは，2つの直線上に共通したある1つの点（図8-2では両直線の交点である点 K）の上においてのみです。

　どうしてそうなるのかを少し詳しく見ていきましょう。需要の価格弾力性は式（8-1）から，下の式のように変形することができます。何だか目がチカチカするので読み飛ばしたくなるかもしれませんが，ぐっとこらえてしっかりと

式の変形を追っていってください。手抜きをすると積み上げるブロックの隙間を大きくしてしまいますよ。電車の中で本書をお読みの方は，落ち着いてから紙と鉛筆で確かめてください。

需要の価格弾力性

$$= -\frac{需要量の変化率（\%）}{価格の変化率（\%）}$$

$$= -\frac{需要量の変化の差/変化前の需要量}{価格の変化の差/変化前の価格} \tag{8-3a}$$

$$= -\frac{需要量の変化の差（＝横軸の距離）}{価格の変化の差（＝縦軸の距離）} \times \frac{変化前の価格}{変化前の需要量} \tag{8-3b}$$

$$= -直線の傾き \times \frac{変化前の価格}{変化前の需要量} \tag{8-3c}$$

分数がゴチャゴチャ出てきてため息が出ますね。式（8-3c）が重要です。需要曲線が直線のとき，直線の傾きは直線上のどこをとっても一定の値をとります。ただし，式（8-3b）を見るとわかるように，「直線の傾き」といっても通常の1次関数を示すときの傾きとは違って，分母と分子が入れ替わっていることには注意してください（1次関数のグラフを書くときは分母に横軸の長さ，分子に縦軸の長さですよね）。それでも，傾きを表していることに変わりはありません（式［8-2］と同じです）から，この部分は一定の値をとります。ところが，その隣にある変化前の価格と需要量の分数は需要曲線（直線）上のあらゆる点で異なっています。

図8-3を見てみましょう。ここでeという記号は需要の価格弾力性を表しています。たとえば，需要曲線と横軸が交わる点Aでは価格はゼロですから，式（8-3c）からこの点での需要の価格弾力性はゼロです。一方，需要曲線と縦軸が交わる点Bでは需要量はゼロですから，式（8-3c）からこの点での需要の価格弾力性は無限大になります（分母が限りなく小さくなるので）。このことから，需要曲線と横軸が交わる点Aから出発して需要曲線上を左上方向にたどり，需要曲線と縦軸が交わる点Bに到着するとき，需要の価格弾力性はゼロから無限大へとひたすら増加していくことがわかります。なお，縦軸と横軸にはさまれた需要曲線の中間点M（$AM=MB$）では需要の価格弾力性が1になることが知られています（このことは第11章で大事になってきます）。

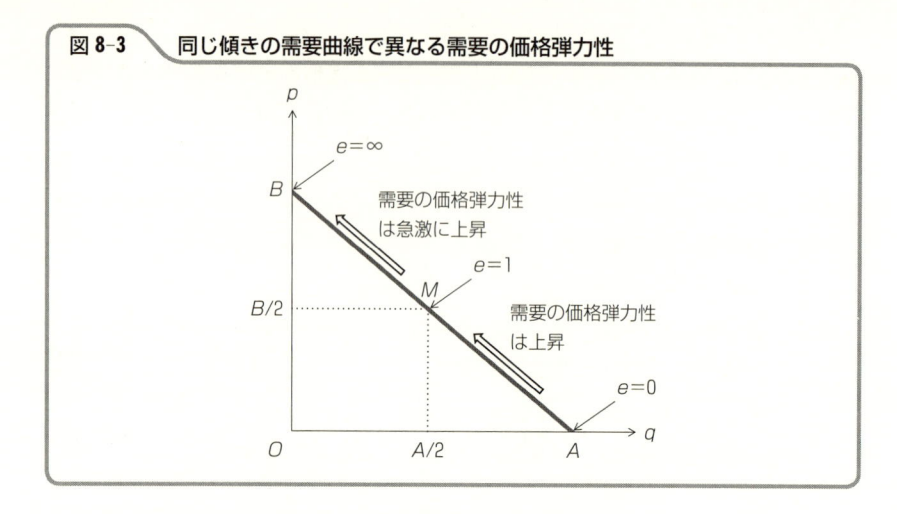

図 8-3 同じ傾きの需要曲線で異なる需要の価格弾力性

このように，1本の需要曲線上で需要の価格弾力性はいろいろな値をとります。しかし，図 8-2 の点 K のように，2本の需要曲線の交点では式 (8-3c) にある変化前の価格と変化前の需要量の分数は同じ数値になりますから，そのときだけは2本の直線の傾きだけで需要の価格弾力性の大小を判断していいことになります。

少し詳しく述べますと，以上のような弾力性は**点弾力性**と呼ばれます。これに対して，2点間の数値変化だけを取り上げてそれを式 (8-1) で考える弾力性は**弧弾力性**と呼ばれます。入門レベルのミクロ経済学のほとんどの入門書はこの弧弾力性だけを取り扱っているようです。

「でもやっぱり弧弾力性の方がわかりやすいから，弧弾力性でいいよ」と思う読者のみなさんには，ちょっとショッキングな結果をお見せしましょう。たとえば需要曲線 $p = -q + 100$ 上の2つの点，$A(50, 50)$ と $B(40, 60)$ について，A から B への変化のときの需要の価格弾力性と B から A への変化のときの需要の価格弾力性を，たとえば式 (8-3a) を使って計算してみてください。

$$A \text{ から } B \text{ への動き：} -\frac{\dfrac{50-40}{50}}{\dfrac{50-60}{50}} = 1 \qquad B \text{ から } A \text{ への動き：} -\frac{\dfrac{40-50}{40}}{\dfrac{60-50}{60}} = 1.5$$

このことからわかるように，同じ需要曲線の傾きでありながら，弧弾力性では両方の数値が違ってきてしまうのです。単に需要曲線の傾きだけで需要の価格弾力性の大小を安易に考えてはいけないことが，ここからわかるでしょう。

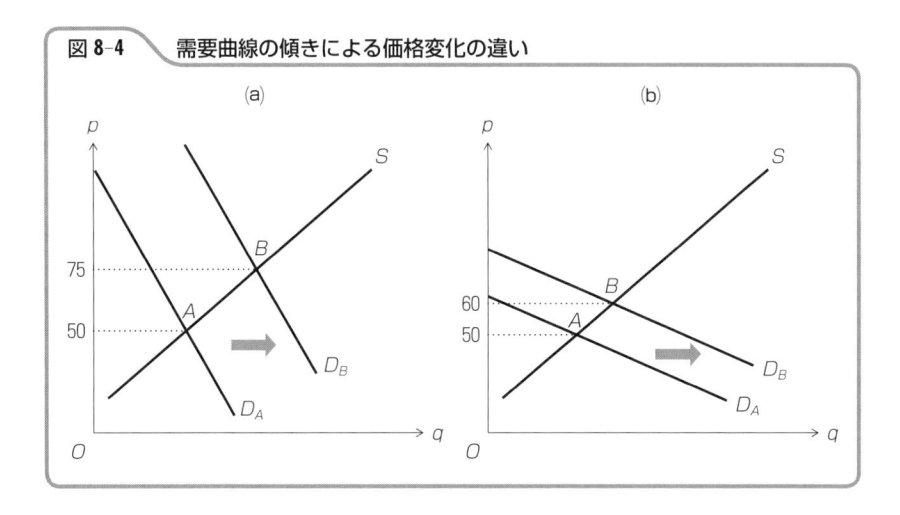

図 8-4　需要曲線の傾きによる価格変化の違い

これを回避するために2点間の平均値をとって計算する方法もあることはあるのですが，これは一般的にはあまり多くのテキストでは紹介されていないようです。

　とはいうものの，今後の本書の説明に関するかぎりは，そんなに弾力性に関する厳密さは求められませんので，とりあえずはうるさくはいわずに，需要曲線の傾きの大小でおおむね需要の価格弾力性を判断していいとしておきましょう（私としてはちょっと気持ち悪いのですが）。ただ傾きだけで弾力性を判断するのは，点弾力性を考えると厳密には正確ではないということだけは覚えておいてください。

第2節　弾力性で世界は広がる

需要曲線の傾きの市場への影響

　さて，需要の価格弾力性を直線の需要曲線の傾きで判断していいとすると，完全競争市場均衡においては需要の価格弾力性の違い，つまり需要曲線の傾きの違いが市場均衡点の変化に大きな影響を及ぼすことになります。図 8-4 (a)
(b) はそれを表したものです。図 8-4 (a)(b) を通じて点 A の座標の位置は同じにしてありますので，ここでは堂々と需要曲線の傾きで需要の価格弾力性を判断して構いません。

　図 8-4 (a) は需要の価格弾力性が小さい需要曲線 D_A が右方向へシフトして

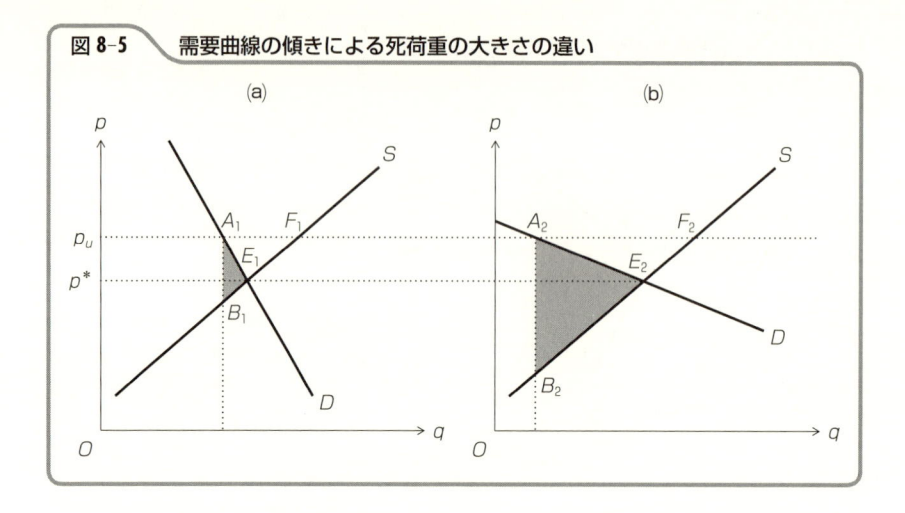

図 8-5　需要曲線の傾きによる死荷重の大きさの違い

D_B になった場合の市場均衡点の変化を表しています。最初の市場均衡価格が 50 だったのが，需要曲線の右方向へのシフトによって市場均衡価格が 75 に上がります。図 8-4 (b) は需要の価格弾力性が大きい需要曲線 D_A が右方向へシフトして D_B になった場合の市場均衡点の変化を表しています。図 8-4 (b) では，右方向への需要曲線のシフトの幅も供給曲線 S の位置も図 8-4 (a) とまったく同じになっています（目の錯覚もあるので，水平の距離をモノサシで測って確認してください）。ところが，市場均衡価格は 50 から 60 にしか上がっていません。このように需要の価格弾力性の大小で，市場均衡価格の上下動に変化が現れます。

　さらに，需要の価格弾力性の大小は余剰分析においても影響を与えます。図 8-5 (a) (b) はこれを示したものです。たとえば，第 1 部で述べた最低賃金制度の導入による死荷重の損失（図 4-6〔93 ページ〕）の大小を考えてみましょう。

　いま市場均衡価格が p^* であるにもかかわらず（点 E_1 と点 E_2 は図 8-5 (a) (b) を通じて同じ位置にしてあります），価格（最低賃金）が p_u で固定されたとしましょう。供給曲線 S は同じ位置で変わりません。図 8-5 (a) の需要曲線 D は需要の価格弾力性が小さい場合です。このときの死荷重は △$B_1A_1E_1$ です。図 8-5 (b) の需要曲線 D は需要の価格弾力性が大きい場合です。このときの死荷重は △$B_2A_2E_2$ となっており，これは △$B_1A_1E_1$ よりも大きくなっています。この理由は需要曲線の傾きによります。このことを政策的に解釈しますと，企業の労働に関する需要の価格弾力性が大きい（賃金の上昇に敏感に反応して雇用量を下げ

る）場合，最低賃金制のもたらす資源配分の歪みは大きいということになります。それに，労働量の超過供給量（失業）の点から見ても，需要の価格弾力性が大きい方が，失業者が多くなっています（$A_1F_1<A_2F_2$）。

代替性や補完性を反映する弾力性

　これまで述べてきた需要の価格弾力性は，ある財の価格の変化がそれ自身の需要量にどのような変化を及ぼすかを示した指標でした。その他に，ある財の価格の変化が他の財の需要にどのような変化を及ぼすかという指標を作ることももちろん可能です。たとえば，財1の価格変化の割合で財2の需要量の変化の割合を割り算することができます。これを財1の価格に対する財2の**需要の交差価格弾力性**と呼びます。もちろん，これを逆にして財2の価格の変化の割合で財1の需要量の変化の割合を割り算すると，それは財2の価格に対する財1の需要の交差価格弾力性となります。これは次のような式で表すことができます。

$$財1(2)の価格に対する財2(1)の需要の交差価格弾力性$$
$$=\frac{財2(1)の需要量の変化率（\%）}{財1(2)の価格の変化率（\%）}$$

　需要の交差価格弾力性の便利なところは，これを使うと2つの財の代替性（代替財）や補完性（補完財）を客観的に見られるようになるということです。需要の交差価格弾力性にはマイナスの符号をつけません。というのは，2つの財の代替性や補完性によって弾力性の値がプラスの値にもマイナスの値にもなるからです。

　代替財とは，ある目的を達成するためにどちらの財を使っても同じ目的を達成できるような財のことをいいます。多くのテキストに書かれている，たとえば「コーヒーと紅茶」は代替財の例です。

　財1と財2が代替財の関係を持つときは，財1(2)の価格に対する財2(1)の需要の交差価格弾力性はプラスになります。なぜならば，消費者は一方の価格が上昇すれば（分母はプラス）その財の需要量を減らして，代替性のある他方の財の需要量を増やして（分子はプラス）同じ目的を達成しようとするからです。そして，その代替性の強さはこの弾力性の数値で判断することができます。

　一方，**補完財**とはある目的を達成するためには両方の財をあわせて使わない

とその目的を達成できないような財のことをいいます。多くのテキストに書かれている，「コーヒーと砂糖」は補完財の例です。

　財1と財2が補完財の関係を持つときは，財1(2)の価格に対する財2(1)の需要の交差価格弾力性はマイナスになります。なぜならば，消費者はある財の価格が上昇すれば（分母はプラス）その財の需要量を減らすことになり，その財と一緒に利用しなくては目的が達成されない他の財の需要量も減らす（分子はマイナス）からです。そして，その補完性の強さはこの弾力性の数値で判断することができます。

　したがって，もし2つの財の間で需要の交差価格弾力性がゼロならば，その2つの財の間には代替財でも補完財でもない，何の関係もない財ということになります。たとえば，インスタントラーメンとミサイル，豚と真珠，海に住むタコと空に浮かべるタコなどの需要の交差価格弾力性を計測すると，きっとゼロかゼロに近い数値になるに違いないでしょう。

所得でも需要は弾む

　これまでは財の価格のみを変化させ，所得は一定としましたので，今度は価格を一定として，所得を変化させたときの弾力性を考えてみましょう。これを説明するのが図8-6(a)(b)(c)です。図8-6(a)(b)(c)は，どの場合も図5-6(c)のように（129ページ）財1と財2の価格を不変として，所得のみを変化させています。ともに$OD＝DG$あるいは$OC＝CF$となるようにしていますので，外側の予算制約線の所得y_Bは内側の予算制約線の所得y_Aの2倍（＋100％）になっています。

　図8-6(a)の場合，所得が2倍になると，財1の消費量は2倍以上となっています（$q_{1B}＞2×q_{1A}$）。一方，図8-6(b)においては所得が2倍になっても，消費量の伸びは2倍よりも小さくなっており（$q_{1B}＜2×q_{1A}$），あまり増加していません。

　これも「所得の変化による需要量の変化が鋭い」とか「鈍い」とかいっても，曖昧すぎるので，先の需要の価格弾力性の計算式と同じように，この**需要の所得弾力性**を科学的に定義することができます。

$$需要の所得弾力性＝\frac{需要量の変化率（\%）}{所得の変化率（\%）}$$

図 8-6　需要の所得弾力性

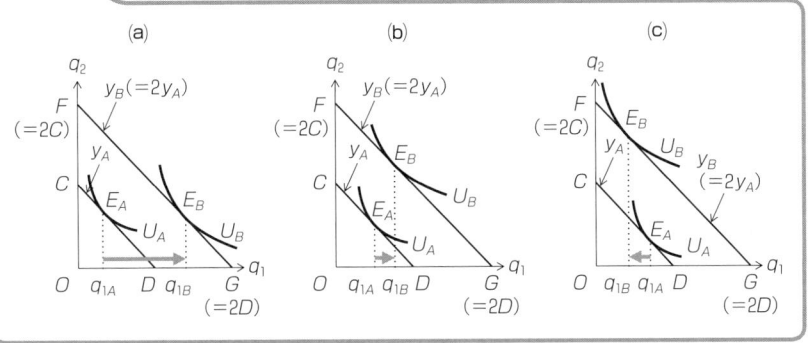

通常，所得が増加すると需要量も増加する（フトコロが暖かくなれば買い物の量が増える）ので，こちらでは分数にマイナスの符号はつけません。もし所得が半分（−50%）になって，その結果需要量が 4 割減（−40%）になれば，需要の所得弾力性は 0.8 となります。一方，所得が 2 倍（+100%）になって，需要が 1.5 倍（+50%）増加すれば，需要の所得弾力性は 0.5 になります。

　図 8-6 (a) では，財 1 に関して需要の所得弾力性が 1 より大きく，図 8-6 (b) は 1 よりも小さくなっています。図 8-6 (c) は需要の所得弾力性がマイナスの場合です。通常，需要の所得弾力性が 1 より大きいと，「需要の所得弾力性が大きい（高い）」といい，1 より小さいと，「需要の所得弾力性が小さい（低い）」といいます。

　この需要の所得弾力性を利用することで，経済学でよく使う言葉がさらに説明できます。財の中には，図 8-6 (c) のように，所得が増加しても逆に需要量が減るような財があります。この場合は需要の所得弾力性がマイナスとなります。このような財を**下級（劣等）財**と呼びます。下級財の例としては，扇風機（所得が増加すれば扇風機をやめてエアコンに需要が移ります），発泡酒（所得が増加すれば発泡酒を買うのをやめて通常のビールに需要が移ります）などがあります。たいていの場合，需要の所得弾力性はプラスになりますので，プラスになるような財は**正常（普通）財**と呼ぶか，あるいは，下級財という言葉に対応させて**上級財**と呼びます。

　一方，需要の所得弾力性がプラスであっても，それが 1 を超える場合，つまり所得が倍になったときに需要量が倍以上になるような財のことを**奢侈財**と呼びます。平たくいえば，お金持ちになったらたくさん使いたくなる財のこと

| 表 8-1 | 需要の所得弾力性による財の区分 | | |

需要の所得 弾力性の数値	名称		
＋ 1	奢侈財	上級財	
	必需財	（正常財・普通財）	
0 －	下級財（劣等財）		

です。この例としては観光旅行（とくに海外旅行？）や高級アルコール飲料（最上級クラスのプレミアム・ビールやワイン）などがあげられるでしょう。

　需要の所得弾力性が 1 よりも小さい財は**必需財**と呼ばれます。先ほどの通勤・通学に関する交通需要などはその典型です。仮にお給料やバイト収入が 2 倍になったからといって，職場や学校に行く回数を 2 倍以上に増やすことはないでしょう。どうしても必要な量しかいりませんから，とくに需要量を増やしたいと思う気持ちは起こりませんし，逆に大きく需要量を減らすわけにもいかないような財が必需財です。

　財の名称がいろいろ出てきたので整理しますと，これらは表 8-1 のようになります。

　この弾力性という考え方は大変便利なもので，経済学に限らず，いろいろなところで応用可能です。なんといっても，どのような単位を持ってこようが，弾力性を求めることができるという万能な点が強みです。分母と分子に好きな単位の変化率を入れることでいろいろな計測ができるわけです。たとえば私は，分母にその年の確定申告の所得の対前年度比（％）をとり，分子にその年の納税額の対前年度比（％）をとって計算し，毎年一喜一憂しています。また学生の間では，私は厳しくて難しいことばかりいって，すぐ怒る怖い教員だという評価（ウワサ）が定着しています。そうしたウワサが学生の間で少しでも広がると，あっという間に私のゼミの志望者数が少なくなります。ですから，私はこれを「ゼミ志望者数のウワサ弾力性が大きい」と呼んでいます。

　なお，ウェブ上では価格変化による影響をさらに詳しく分析した「消費者の謎めいた行動」（所得効果・代替効果の解説）を公開しておきますので，関心のある方はそちらも見てください。

コラム⑩　下級財の事例

　本文で，下級財とは需要の所得弾力性がマイナスになるものであると述べました。ミクロ経済学のテキストでは，いろいろな下級財が例示されています。

　しかし，こうした事例はたびたび引用されるものの，本当にそれらの事例で需要の所得弾力性がマイナスになっているのかを数値で立証してくれている初級テキストはあまり多くないようです。そこで，いささか無理をしている点もあるのですが，誤解を恐れずにあえて実証例をあげることに挑戦してみたいと思います。

　ここで取り上げるのは，白黒テレビです（いまどき見かけませんが）。しかし，こうした耐久消費財は各家庭で1台か，あっても2，3台程度であるために需要の所得弾力性を家庭レベルで計測することは困難です。そこで代理変数（代わりに使う数値）として，内閣府『消費動向調査』に「100世帯あたりの白黒テレビの保有数量」というデータがあるのでこれを利用します。また同じように，消費者1人の所得データでは分析に耐えられないために，同じく内閣府『国民経済計算』にある国民所得を代理変数として利用します。それぞれの数値の対前年度比伸び率を求め，前者を後者で割って求められた需要の所得弾力性（もどき？）は表のようになります（紙幅の都合上，1年おきのデータを掲載します）。

　これを見るとわかるように，白黒テレビは1960年代初頭までは需要の所得弾力性は2を超えており，むしろ奢侈財といえるくらいのものでした。しかしその後，急速にカラーテレビが普及し，1965年には弾力性は1を切り，69年にはマイナスとなっています。このデータに関するかぎり，白黒テレビは1969年には下級財になったといえます。

　もちろん，この途中で白黒テレビの価格が変化するなど他のいろいろな要因がこれらのデータに影響を与えていることでしょう。したがって，あくまで「他の事情を一定として」という仮定があることをお忘れなく。

白黒テレビの需要の所得弾力性

年	白黒テレビ保有数量伸び率(a)	国民所得伸び率(b)	需要の所得弾力性(a)/(b)
1961	0.422	0.206	2.049
1963	0.159	0.154	1.030
1965	0.062	0.115	0.539
1967	0.058	0.381	0.153
1969	−0.016	0.176	−0.090
1971	−0.092	0.093	−0.995
1973	−0.144	0.231	−0.622
1975	−0.133	0.110	−1.212
1977	−0.097	0.104	−0.932
1979	−0.091	0.078	−1.160
1981	−0.129	0.063	−2.064

（注）　1967年は66年の白黒テレビ保有数量のデータが欠落しているので，65年度からの伸び率で計算。

（出所）　内閣府『消費動向調査』，内閣府『国民経済計算』

第3節　無差別曲線だけでも社会を分析できる

現物給付と現金給付のどちらがお得？

　第4章や第7章で市場均衡の理論を使って現実の問題についての分析を見てきました。しかし，現実の問題の分析には市場均衡の理論だけが役に立つというわけではありません。無差別曲線と予算制約線だけを使っても十分現実の問題に切り込むことができます。ここでは，その一例を紹介することにしましょう。

　福祉政策の一環で，高齢者などに対していわゆる「シニア割引」というような，通常よりも安い価格でサービスを提供する政策が行われることがあります。たとえば，高齢者の外出の機会を増やすことや，移動のための足の確保を目的として，多くの自治体でバス利用のために割引回数券や無料で乗り放題のパスの支給など地域によっていろいろな政策があります。

　これらはいずれもバスの利用のためだけに支給されるものです。これを現物給付と呼びます。高齢者に無料あるいは割引運賃でサービスを提供したために損失が出るバス会社は，その損失に見合った額を自治体などから後で補助の形で受け取ることになります。

　ただ，よく考えてみますと，この方法は無駄なように見えます。というのは，どっちみち自治体がバス会社に補助金を出すのなら，回数券やパスのような現物給付の形ではなく，その補助金額相当分を現金として直接高齢者に支給して，それでバスを定額利用してもらうという方法もあるはずです。これを現金給付と呼びます。高齢者にとって，現物給付と現金給付のどちらが望ましいのでしょうか（以下は拙著『交通経済学入門（新版）』第9章〔252〜255ページ〕に加筆修正したものです）。

　いまあるバス・サービスについて，半額パス（そのパスを提示すると運賃が半額になる）が配られる場合（現物給付）と，そのために必要とされる自治体の必要経費をそのまま補助対象者に現金で給付する場合（現金給付）とを比較することにしましょう。

　図8-7はこれをグラフで表したものです。横軸にバス・サービスの利用量 q_1 をとり，縦軸にその他の財2（何でもいいのですが，代表的な財を1つ）の数量

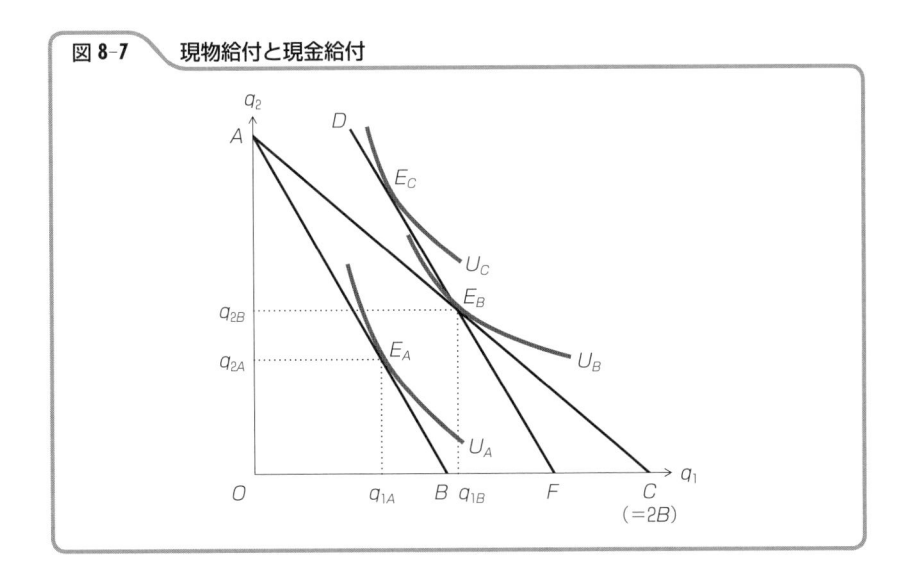

図 8-7　現物給付と現金給付

q_2 をとります。また，このバス・サービスの運賃を p_{1A} とし，その他の財 2 の価格を p_2 とします。図 8-7 の直線 AB, AC, DF は予算制約線で，前にも述べたように，予算制約線の傾きは，マイナスの符号をとれば 2 財の価格の比率となっています。

　いま，バス運賃は正規の運賃のままで補助がないものとしましょう。そのときのバスの価格は先ほど述べたように p_{1A} です。このときの予算制約線を AB, このときの補助対象者の無差別曲線を U_A としますと，最適な点は点 E_A となり，この補助対象者は q_{1A} だけのバス・サービスを消費することになります。そして，補助対象者（現段階ではまだ補助は受けていません）のこのときのバスへの支出額は $p_{1A} \times q_{1A}$ になります。

　ここで補助対象者に半額でバスを利用できるパスが給付されたとします。バスの運賃は半額の $p_{1A}/2$（これを p_{1B} とします）となります。この結果，この補助対象者の予算制約線の傾きは AB から AC に変化します（財 2 の価格と所得は不変です）。したがって，補助対象者の最適な財の組み合わせの点も変化し（選ばれる無差別曲線は U_B），この現物給付のあるときの最適点は点 E_B に移動して，バス・サービスの消費量は q_{1B} に増加します。その結果，補助対象者のバスへの支出額は $p_{1B} \times q_{1B} (= (p_{1A}/2) \times q_{1B})$ となります。一方，半額割引のために本来バス会社が受け取れるはずの収入の半分をバス会社は失っています。その額で

ある $p_{1B} \times q_{1B}(=(p_{1A}/2) \times q_{1B})$ を，バス会社は自治体に対して，損失を埋める補助として請求することになります。

そこで，自治体がこの $p_{1B} \times q_{1B}(=(p_{1A}/2) \times q_{1B})$ と同じ額を補助対象者に直接現金で渡すことを考えます。このときの補助対象者は現金を受け取る一方で，バス運賃は正規の運賃となります。現金給付によって所得が増加しますから，彼（彼女）の予算制約線は AB がそのまま右方向に平行にシフトして DF となります（価格の比は等しいですから，AB と DF の傾きは等しくなります）。

この予算制約線の場合に効用を最大にする無差別曲線は U_C であり（最適点は点 E_C），U_C は U_B よりも原点から遠くに位置します。つまり，現金給付の方が現物給付よりも補助対象者の効用は高くなります。読者のみなさんは，予算制約線 DF に接しながら無差別曲線 U_B と交点を持たないように無差別曲線を描くときは，どうしても U_C が U_B よりも原点から遠くに離れていなくてはならないことを実際に作図して確認してみてください。

このように，少なくとも補助対象者にとっては，回数券や乗車パスなどの現物給付よりも現金給付の方が望ましいことがわかります。これは直感的にも理解できます。バスを普段利用しない人にとってみれば，半額パスを給付されたところで，それは宝の持ち腐れにすぎません。それよりも現金を給付されれば，（バスの利用に使ってほしいという自治体の意図は無視されますが）お金の使いみちは限定されませんから，自分の効用をより高めるようにその現金を有効に使うことができます。それを裏打ちするかのように，点 E_B と点 E_C の財の組み合わせを見てみると，バスの消費量は減少し，代わりに財 2 の消費量が増加しています。

しかし現実の社会を見ると，バスの例を見ればわかるように，圧倒的に現金給付よりも現物給付の方が多くなっています。それはおそらく，現物給付の方が補助金の財源になっている税金を支払う納税者の理解を得られやすいからでしょう。たとえば，高齢者や身体障害者の移動の利便性を高めるために給付した現金が，アルコールの購入代金に使われたり，ギャンブルに使われたりする可能性がないとはいえません。その場合は，そうした支出が税金によってまかなわれるということの説明責任を行政が果たせなくなります。そのため，現金給付よりも現物給付が普及しているものと考えることができます。

もしかしたら，読者のみなさんの中には図 8-7 で AC と U_B の接点である点

E_B でちょうど DF が交点を持つように都合よく DF を描いたのではないかと疑っている方がいるかもしれません。しかし、現物給付と現金給付の支出額を等しいと仮定すると、予算制約線 AC と DF の交点に必ず E_B が存在することを簡単な数値例で示すことができます。疑われたままでは私も気持ちが悪いので、次のような数値例を提供しましょう。中学校の数学ですから、ちゃんと作図をして、確認してみてください。

　バスの補助前の運賃を 2、補助後の運賃を 1 として、その他の財の価格を 1（不変）とします。補助対象者の所得の総額を 10 とすれば、補助前の予算制約線 AB は $2q_1+q_2=10$ となり、補助後の予算制約線 AC は $q_1+q_2=10$ となります。現物給付後の補助対象者の最適な財の組み合わせを $E_B(6, 4)$ としましょう。バスの価格は $p_{1B}=1$ であり、利用量は $q_{1B}=6$ ですから、バスへの支出は 6 となり、それと同額を自治体は支出しなくてはなりません（半額の補助ですから）。この補助額の 6 をそのまま補助対象者に現金給付すれば、彼（彼女）の所得は 16 となり、そのときの予算制約線 DF は $2q_1+q_2=16$ となります。そしてこの予算制約線 DF は点 $E_B(6, 4)$ を通過します。

練習問題

8-1　次の文章の空欄に当てはまる言葉を下から選んでください。なお、以下の文章中にある言葉が空欄に入る可能性もあります。ただし、④⑤⑧⑨についてはカッコの中の適切な用語を選んでください。

　　需要の価格弾力性は（　①　）の変化率（％）と（　②　）の変化率（％）の比率で定義される。同じように供給の価格弾力性は、（　①　）を（　③　）に置き換えて定義される。需要曲線上では価格と需要量は（④同じ方向・逆方向・さまざまな方向）に変化するので、需要の価格弾力性には（⑤プラス・マイナス）の符号をつけることが普通である。

　　需要の価格弾力性の定義式を変形すると、需要曲線が直線であれば、それは需要曲線の傾きに（　①　）と（　②　）の比率をかけ算したものに等しい。そして、需要曲線の傾きはどの点でも同じである一方、需要曲線上の点では上記の比率は互いに異なるので、需要曲線上の各点で需要の価格弾力性は異なる。この弾力性を（　⑥　）といい、需要曲線上の 2 点間での変化について計測する弾力性を（　⑦　）という。ある需要曲線上の 1 点において、需要曲線の傾きが立っている場合は需要の価格弾力性は（⑧小さい・不変・大きい）といわれ、需要曲線

の傾きが寝ている場合は需要の価格弾力性は（⑨小さい・不変・大きい）といわれる。

　また，需要の（　⑩　）価格弾力性は，2つの異なる財に関して一方の財の（　①　）の変化率（％）を他方の財の（　②　）の変化率（％）で割り算したものとして定義される。

価格　供給量　交差　弧弾力性　需要量　点弾力性

8-2　次の文章の空欄に当てはまる言葉を下から選んでください。なお，以下の文章中にある言葉が空欄に入る可能性もあります。ただし，③⑤⑦ついてはカッコの中の適切な用語を選んでください。

　需要の交差価格弾力性が正の値をとるとき，その2つの財は互いに（　①　）と呼ばれる。また負の値をとるとき，その2つの財は互いに（　②　）と呼ばれる。需要の交差価格弾力性が（③−1・ゼロ・1）のとき，その2つの財は互いに（　①　）でも（　②　）でもない。

　需要の所得弾力性は需要量の変化率（％）を（　④　）の変化率（％）で割り算したものとして定義される。需要の所得弾力性が（⑤正・ゼロ・負）の値をとるとき，その財は（　⑥　）と呼ばれ，例として扇風機や発泡酒などがある。一方，需要の所得弾力性が（⑦正・ゼロ・負）の値をとるとき，その財は（　⑧　）と呼ばれる。また需要の所得弾力性がゼロと1の間にある財は（　⑨　）と呼ばれ，1を超える財は（　⑩　）と呼ばれる。

下級財　奢侈財　上級財　所得　代替財　必需財　補完財

8-3　次の文章の空欄に当てはまる適切な数値を入れてください。だだし，1カ所のみ「∞（無限大）」が入ります。なお，空欄の番号が違うからといって違う数値が入るとは限りません。

　ある市場において価格を p，数量を q とするとき，需要曲線が，

$$p = -q + 20$$

であるとする。この需要曲線上では次のような需要量と価格の組み合わせ A と B がある。

$$A : (q, p) = (16, 4) \qquad B : (q, p) = (8, 12)$$

　この2点間の弧弾力性を求めてみよう。点 A から点 B へ移動するときの需要の価格弾力性は，価格の変化率が（　①　）％，需要量の変化率は（　②　）％となるので，需要の価格弾力性は（　③　）である。一方，点 B から点 A へ移動するときの需要の価格弾力性は同様にして，（　④　）である。このように，2点間

で弾力性を計算する弧弾力性では両者で需要の価格弾力性が異なる。

　一方，需要の価格弾力性を点弾力性で表すと，それは

$$\dfrac{需要量の変化の差（＝横軸の距離）}{価格の変化の差（＝縦軸の距離）} \times \dfrac{変化前の価格}{変化前の需要量}$$

となる。この需要曲線は直線なので，傾きはどの点でも（　⑤　）で一定である。この計算に基づくと，点 A での需要の価格弾力性は（　⑥　）となり，点 B での需要の価格弾力性は（　⑦　）となる。つまり，各点における弾力性は異なっている。この点弾力性によると需要の価格弾力性は，需要曲線が直線のとき，需要曲線と横軸の交わる点では（　⑧　），需要曲線と縦軸が交わる点では（　⑨　）両点ではさまれる需要曲線の中点では（　⑩　）となる。

第9章

供給曲線が右上がりになる理由

第3章では総費用曲線も限界費用曲線もひたすら上がる一方だというように お話ししました。しかしそうだとすると，分業・協業の効果や学習効 果はまったく存在しないというおかしなことになってしまいます。これら の効果を考えると，総費用曲線や限界費用曲線も形が違ってくるのですが， それでもなお，供給曲線がずっと右上がりだということがこの章で明らか にされます。また，それを明らかにする途中でミクロ経済学の理解には必 須のさまざまな費用曲線が紹介されます。

第1節　U字形の供給曲線？

分業・協業，学習効果があれば

　長らくお待たせしました。第3章での生産に関する疑問について考えてい くことにしましょう。

　第3章の考え方に対する疑問は次のとおりです。生産活動では**分業・協業**と いうことが行われます。たとえば，大学祭の模擬店でお好み焼きを作るとき， お好み焼きを作る人が1人だけだと何でも自分1人でやらなくてはならない ので作業効率が悪くなります。しかし作る人が増えていくと，キャベツを切る

係，混ぜる係，焼く係というように作業を分担することができ，作業効率が上がります（分業）。それから，1人よりも2人の方が焼き具合をチェックする時間が省けるし，焼く係が1人に対して鉄板が大きい場合，焼く人が多い方が鉄板を隅から隅まで使えて効率が上がります（協業）。

さらに加えて，**学習効果**（テキストによっては習得効果あるいは習熟効果という場合もあります）もあります。大学祭初日の午前中は，お好み焼きを焼いたこともない学生は失敗も多いでしょう。しかし量をたくさん作るにつれて，作るコツも身につき，要領もわかるようになってきて，しだいに手際よく，失敗もなくお好み焼きを上手に作ることができるようになるでしょう。

このように考えてくると，確かに総生産性は増加しますが，インプットの量が増えれば増えるほど，その増え方は伸びるのではないでしょうか。つまり，限界生産性は減少するのではなく増加するのではないか，と考えられます。

分業・協業の効果については，かのアダム・スミス大先生が200年以上前のいわゆる『国富論』で指摘しています。一介の研究者にすぎない私がアダム・スミス大先生を敵に回せるはずがありません。また，学習効果があることも否定しません。つまり，この疑問は正しいのです。確かに限界生産性は増加します。

それなら第1部での私の説明は完全に間違っていたのか，というとそうでもありません。確かに分業・協業の効果もあるし学習効果もあります。しかし，それには一定の限界があり，インプットを投入し続けると，分業・協業の効果や学習効果のようなプラス効果よりもマイナス効果の方が大きくなり，最終的には限界生産性は減少するものと考えられます。

たとえば，労働力である学生が増えすぎてお好み焼きのテントが一杯になったら，体がぶつかって大事なタネをひっくり返してしまうかもしれません。疲れれば包丁で手を切ってしまうこともあるでしょう。コンロの調子が悪くなるかもしれませんし，学生同士の無駄話が始まったり，中にはでき上がったお好み焼きを食べ始めるヤツが出てくるかもしれません。それにいくら分業・協業の効果があるといっても，作業の細分化には一定の限度があります。学習効果があるといっても，その効果が発揮され続けて最後にはお好み焼きを焼く時間が1秒ですむというようなことは考えられません。

となると，次のように考えることが一番もっともらしいでしょう。つまり，

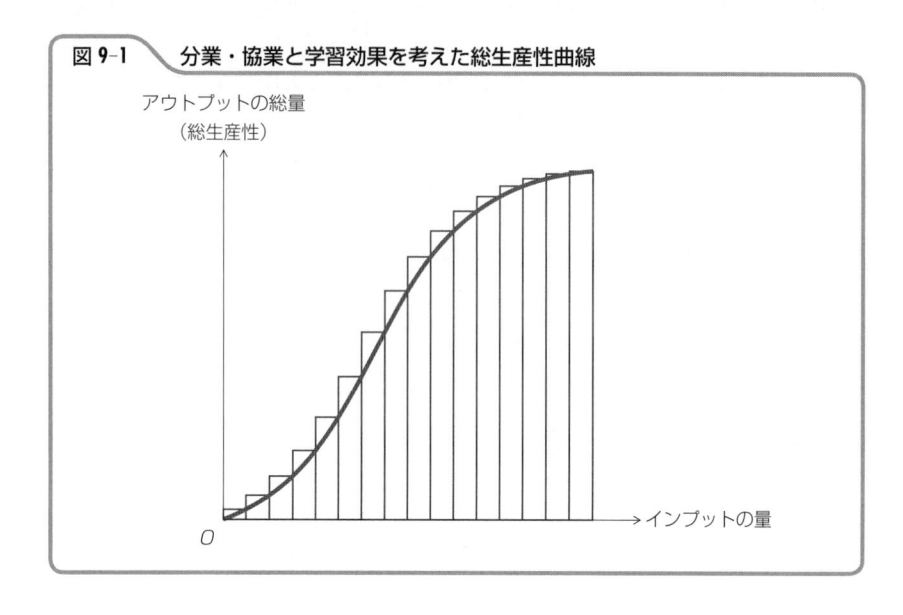

図 9-1　分業・協業と学習効果を考えた総生産性曲線

アウトプットの総量
（総生産性）

インプットの量

O

インプットの投入量が少ないうちは分業・協業の効果や学習効果によって，限界生産性は増加します。しかし，一定の水準を超えると，それが頭打ちとなり，その後限界生産性は減少します。この限界生産性の変化を反映させた総生産性曲線をグラフにしたものが図 9-1 です。図 3-1（54 ページ）とは違って，総生産性曲線が緩い S 字形カーブを描いていることがわかるでしょう（厳密には「S 字を左右ひっくり返して，それを横にした形」ということになるのでしょうが，本書では「S 字形」ですまさせてください）。これが分業・協業効果と学習効果を含めた一般的な総生産性曲線ということになります。

新しい総生産性曲線をひっくり返そう

　新しい形の総生産性曲線ができたので，第 3 章とまったく同じように縦軸と横軸をひっくり返して，縦軸をインプットの量，横軸をアウトプットの量とする転換作業を行います（58 ページ）。その作業の様子が図 9-2 です。これが新しい総生産性曲線から得られた「総生産性曲線をひっくり返した曲線」です。ただし，図を見やすくするように図 9-2 では図 9-1 の S 字形カーブをやや極端に描いてあります。

　さて，インプットとなる原材料には仕入れ価格（要素価格）があります。原材料価格は市場の力で決まっており，自分ではその価格を左右することはでき

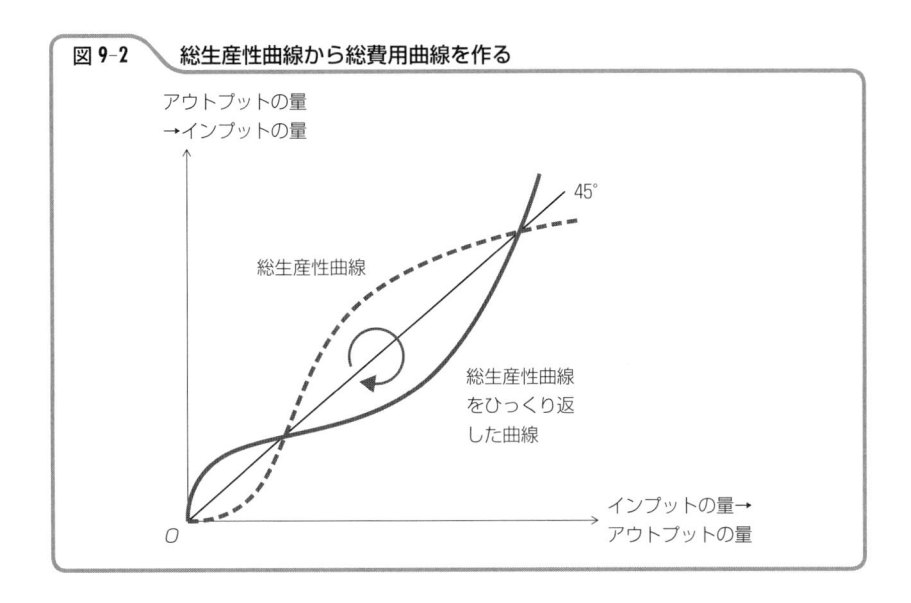

図 9-2　総生産性曲線から総費用曲線を作る

アウトプットの量
→インプットの量

45°

総生産性曲線

総生産性曲線
をひっくり返
した曲線

インプットの量→
アウトプットの量

O

ないものとすれば要素価格は一定で変化しません。総費用はこの一定の要素価格に仕入れる原材料の量をかけ算すれば出てきます（第3章第2節）。

　このことから，「総生産性曲線をひっくり返した曲線」は，縦軸のインプットの量に要素価格をかけ算することで総費用曲線になることがわかります。総費用曲線とは，あるアウトプットの量を生産するときに必要になる費用全体を示す曲線です。図9-2の縦軸を総費用に置き換え，それに棒グラフも合わせて描いた総費用曲線 TC が図9-3です。図9-2と違って，縦軸が総費用 TC になっていることに改めて注意しましょう。横軸はアウトプットの量 q です。

　これで総費用曲線が手に入りました。次は限界費用曲線 MC を手に入れる段階になります。図3-3と同じように，総費用を表した図9-3では，それぞれの棒グラフの高さの差が限界費用となります（59ページ）。ですから，図9-3の各棒グラフの高さの差に注目します。生産量が少ないときの棒グラフの差 $b-a$ よりも，生産量が多いときの棒グラフの差 $d-c$ の方が小さくなっています。これは，分業・協業効果や学習効果が発生しているので，アウトプットを1単位増やしたときの総費用の増え方が鈍く（あまり増えなく）なっているからです。しかし，その効果も生産量が増えるにつれてしだいに薄れてきて，やがて棒グラフの高さの差が $f-e$ のようになります。この差は $d-c$ より大きくなっています。つまり，ab 間，cd 間，ef 間の距離の大きさは，大→小→大の順

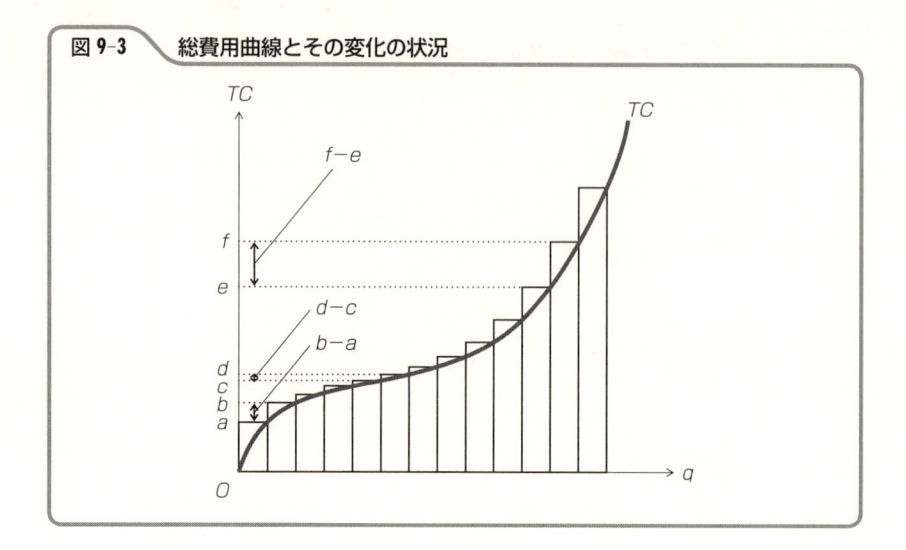

図 9-3　総費用曲線とその変化の状況

になっています。

　この棒グラフの差の高さをそれぞれ縦軸にとってグラフにしたものが図 9-4 です。図 9-4 では，縦軸は限界費用 MC，横軸はアウトプットの量 q となっています。図 9-4 からわかるように，限界費用は最初のうちは逓減します。しかし，一定の生産量を超えると，そこから限界費用は逓増します。この棒グラフの幅を限りなく小さくしたときのなめらかに増加する曲線が限界費用曲線 MC です（図 9-4 に描かれている曲線です）。限界費用の増加の仕方は，もちろん生産する財の種類によってまちまちです。しかし一般的に，分業・協業効果や学習効果を含めた限界費用曲線は図 9-4 のように U 字形で描くことができます。

それなら供給曲線は U 字形なのか

　第 3 章第 3 節で供給曲線は限界費用曲線に一致すると述べました。ということは，限界費用曲線は U 字形となるので，供給曲線も U 字形ということになります。

　しかし，U 字形の供給曲線など聞いたことも見たこともありません。どのような経済学のテキストを見ても供給曲線が U 字形で描かれているものはありません。そうなると，右上がりの供給曲線と U 字形の限界費用曲線との間には矛盾が生じます。ですから，読者のみなさんの中には，「オマエのいうことを信じていたら供給曲線が U 字形になっちゃったじゃないか！ オマエはどこ

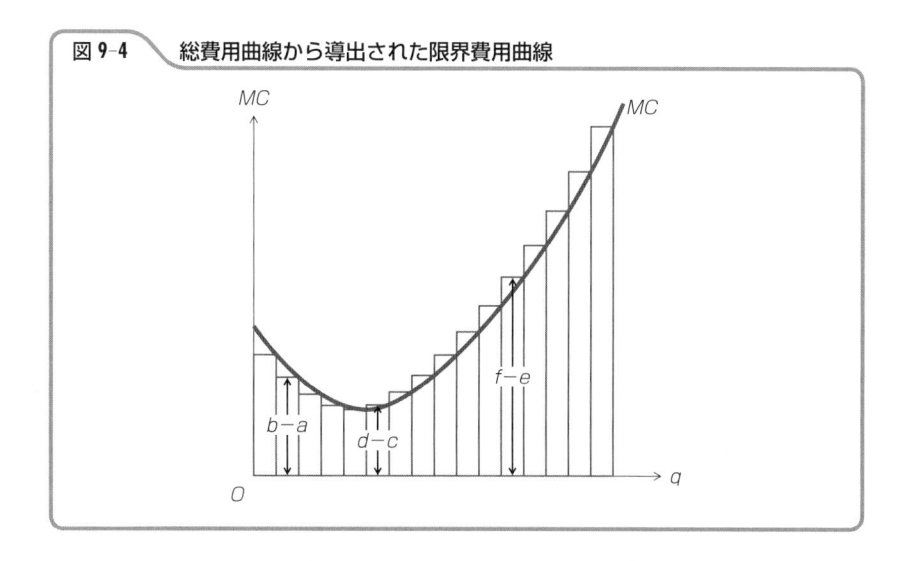

図 9-4　総費用曲線から導出された限界費用曲線

かでウソをついているに違いない」と思う方がいてもおかしくありません。

　こんな私でもウソまではつきません。ウソはついていませんが，これまで表現が不正確であったことは認めます。言い訳をしますと，第 1 部では，とにかく手っ取り早く完全競争市場のところまで理解しようとしました。その目的のために，ゆっくりと説明する余裕がなかったから不正確な説明になってしまったのです（第 1 部でお帰りになった方にはお気の毒なことをしました）。ここではきちんと明言しておきます。供給曲線はやはり右上がりなのです。

　詳細には，供給曲線は限界費用曲線と完全に一致するのではなく，その一部が一致することになります。だとすれば，「一部というのなら，どこからどこまでが供給曲線じゃなくて，どこからどこまでが供給曲線なのだ？」と疑問が出てきます。その答えを出すことがこれからの当面の目的となります。

　これから，限界費用曲線の一部が供給曲線になることを示すことにします。しかし，物事には順序があります。目的達成のためには，さらにいくつかの道具を準備しなくてはなりませんので，これからその道具の準備を始めることにします。また，しばらく退屈な作業が続きますが，供給曲線が U 字形にならない理由を明らかにするためにしばらくご辛抱ください（結論は第 3 節にあり，そこまでが準備作業です）。面倒くさくなったら結論まで飛んでいっても構いませんが，この途中のプロセスで，ミクロ経済学の重要語句が目白押しとなりますよ。

第2節　費用がいっぱい

総費用と限界費用の親子関係

　その準備作業として，限界費用をまず改めて定義し直さなくてはなりません。数学を使うならば，「限界費用とは総費用を生産量に関して微分したものである」と，この1行（というか26文字）で実にあっけなく終わります。しかし，高校以降の数学を使うことは本書では反則技です。長々となって面倒ですが，これを視覚的に理解するようにしましょう。

　図9-5(a)は，図9-3の棒グラフのうち，その2本だけを取り上げて拡大したものです（分業・協業効果，学習効果がなくなった部分で，わかりやすくするために曲線はやや極端に描いています）。ですから縦軸も横軸も図9-3と同じです。また，このときの総費用曲線 TC は図9-5(a)(b)(c)の3つでまったく同じです。

　さて，限界費用とは，アウトプットを1単位追加で生産したときに追加で必要とされる費用のことでした。ですから，図9-5(a)のグラフでは限界費用は a_1 という数値になります。というのは，棒グラフの幅が1（1単位）だからです。ところで，中学校の1次関数の授業で習ったように，直線の傾きは，

$$直線の傾き＝\frac{縦軸の距離}{横軸の距離}$$

で表されます。いま横軸の距離は1ですから，a_1 は $a_1/1$ と書くことができます。それで，このときの限界費用は点 A と点 B を結んだ直線の傾きで表されることがわかります。

　いま図9-5(a)の棒グラフのうち，右側の棒グラフを2分割にしましょう。それを表したものが図9-5(b)です。このとき，A 点から見るとアウトプット1単位追加で生産したときに追加で必要となる費用は a_2 です。いま横軸の距離（棒グラフの幅）は1ですから，a_2 は $a_2/1$ と書くことができます。したがって，このときの限界費用 a_2 は点 A と点 B を結んだ直線の傾きの値であることがわかります。

　次に，図9-5(a)の棒グラフのうち，右側の棒グラフをさらに分割して4分割にしましょう。それを表したものが図9-5(c)です。このとき，A 点から見るとアウトプット1単位追加で生産したときに追加で必要となる費用は a_3 で

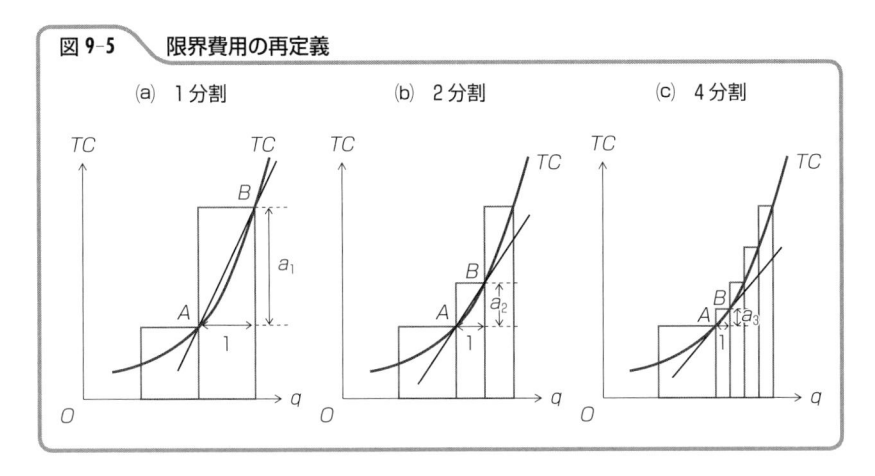

図 9-5　　限界費用の再定義

(a) 1分割　　　　　　　(b) 2分割　　　　　　　(c) 4分割

す。いま横軸の距離（棒グラフの幅）は1ですから，a_3 は $a_3/1$ と書くことができ，このときの限界費用 a_3 は点 A と点 B を結んだ直線の傾きの値であることがわかります。

　同じ「1」というけれど，棒グラフの幅が違う，とモヤモヤする人の場合は，たとえば横軸にジュースの量をとって，最初の単位が1分割のときはキロリットルで，次の2分割のときはリットル，そのまた次の4分割のときはミリリットルとしだいに計測単位が細かくなっていると考えるといいでしょう。その代わり，この場合の分割は1000分割ずつとなります。そして1キロリットルでも，1リットルでも，1ミリリットルでも，単位はしっかり1となっています。

　ここから先は図が細かくなって書き切れないので，みなさんの頭の中で動画を描いてください。このように限りなく棒グラフを分割していくと，点 A と点 B を結んだ線の傾きはどうなっていくでしょうか。頭の中の動画では，棒グラフを無限に細かくしていくとその傾きは最終的に点 A での接線の傾きになっていないでしょうか。そして，それが正解です。つまり，限界費用は総費用曲線の接線の傾きの値である，ということになります。

　この方法を総費用曲線全体に当てはめたのが図9-6(a)です（横軸の縮尺は作図が難しいので図9-6(b)と正確に一致しません）。このように，総費用曲線の接線の傾きは生産量が増えるにつれて減少し，ある点（図9-6(a)の場合は生産量が q_C のとき）で最小となって，この点から増加に転じます。図9-6(a)の接線の傾きの数値を縦軸にとったものが図9-6(b)です。図9-6(a)と(b)で縦軸が総

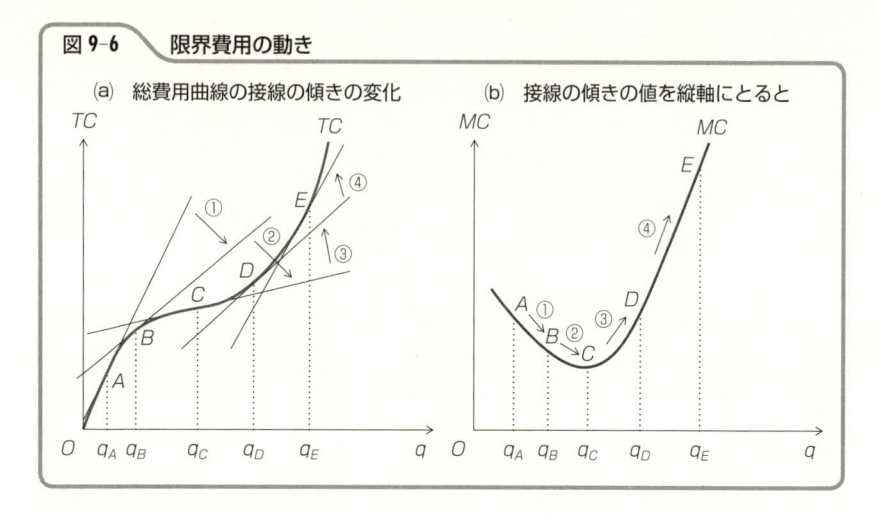

図9-6 限界費用の動き

(a) 総費用曲線の接線の傾きの変化　　(b) 接線の傾きの値を縦軸にとると

費用 TC から限界費用 MC に変わっていることに注意しましょう。このように限界費用曲線 MC は U 字形となることがわかります。私たちは，図9-6(b)が図9-4と同じ形になっていることに気づくでしょう。

　若干道草になりますが，ミクロ経済学で「限界」と名のつくものはすべてこれと同じように考えて構いません。つまり，限界効用とは総効用曲線の接線の傾きであり，（消費の）限界代替率は無差別曲線の接線の傾きであり，生産の限界代替率は等量曲線の接線の傾きであり，限界生産性は総生産性曲線の接線の傾きです。第11章で出てくる限界収入は総収入曲線の接線の傾きです。このことを覚えておくと，ミクロ経済学の学習はかなり楽になります。

総費用と平均費用の親子関係

　次に必要となるのは，**平均費用**です。平均費用とは，別の言い方をすれば，生産物1単位あたりの費用です。小学校の算数の問題に置き換えれば，「タローさんの家は農家です。リンゴ100個作るのに費用が全部で1万円かかりました。リンゴ1個にいくらかかったでしょう」という問題の答えは100円で，平均費用とはこの100円のことです。ですから平均費用は，

$$平均費用 = \frac{総費用}{生産量}$$

と表現することができます。さて，総費用曲線を表したときのグラフは，縦軸が総費用で横軸が生産量でした。このことを考えると，平均費用とは総費用を

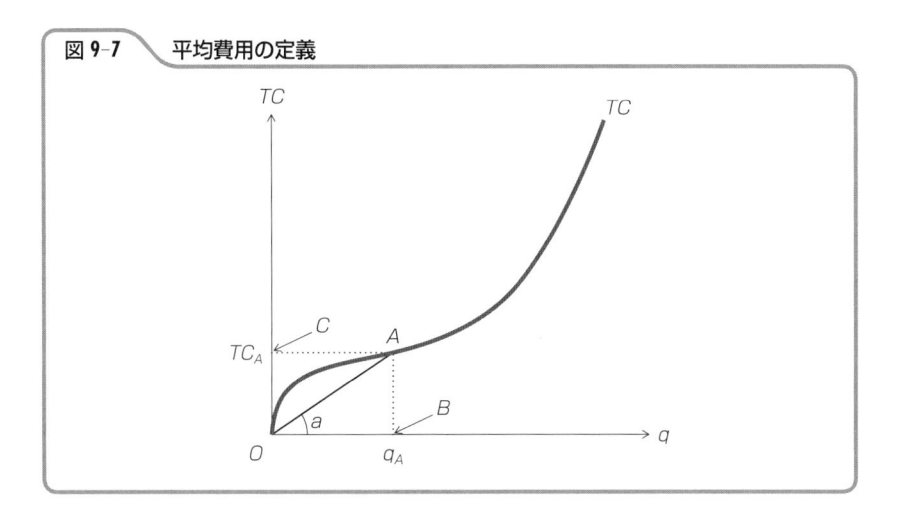

図 9-7　平均費用の定義

生産量で割ったものですから，

$$平均費用 = \frac{総費用}{生産量} = \frac{縦軸の原点からの距離}{横軸の原点からの距離}$$

ということがわかります。生産量は原点から右方向に横軸に測った横の距離，総費用は原点から上方向に縦軸に測った縦の距離ですから，右側の等式が成り立ちます。ということは，平均費用とは，原点と総費用曲線上の点を結んだ直線の傾きの値である，ということになります。これをグラフで表したものが図9-7 です。図 9-7 の総費用曲線 TC は，図 9-3 や図 9-6 (a) とまったく同じものです（この原稿でも Word で描いた曲線をコピペしています）。

　図 9-7 で，生産量が q_A のときの平均費用，つまり単位あたりの費用は，総費用 TC_A（長さ $OC=BA$）を生産量 q_A（長さ OB）で割ったものですから，

$$平均費用 = \frac{TC_A}{q_A} = \frac{縦軸の原点からの距離}{横軸の原点からの距離} = \frac{BA}{OB} = a$$

ということになり，そのときの傾きの数値 a が平均費用の数値です。

　ここから先は，限界費用と同じように，図が細かくなって書き切れないので，みなさんの頭の中で動画を描いてください。生産量をゼロからしだいに増やしていくと，各生産量のときの総費用曲線上の点と原点を結んだ直線の傾きはどうなっていくでしょうか。

　これを描いたものが図 9-8 (a) です（横軸の縮尺は作図が難しいので図 9-8 (b) と正確に一致しません）。このように，総費用曲線 TC 上の点と原点を結んだ直線

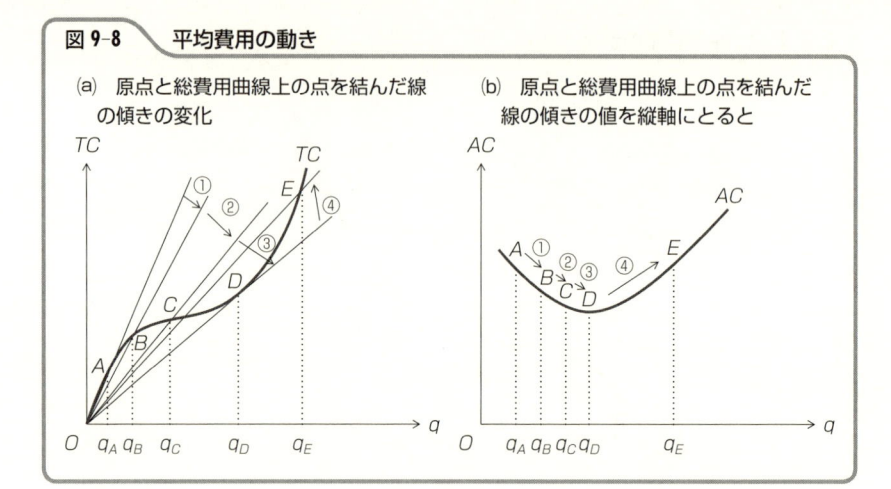

図9-8 平均費用の動き

(a) 原点と総費用曲線上の点を結んだ線の傾きの変化

(b) 原点と総費用曲線上の点を結んだ線の傾きの値を縦軸にとると

の傾きは，生産量が増えるにつれて（点 A，点 B，点 C と通過していくにつれて）しだいに減少し，ある点（この図の場合生産量が q_D のとき）で最小となって（ここが後になって大事！），この点から増加に転じます。図9-8(a)の直線の傾きの値を縦軸にとったものが図9-8(b)です。図9-8(a)と(b)で縦軸が総費用 TC から平均費用 AC に変わっていることに注意しましょう。そして，平均費用曲線 AC はU字形となります。

以上のことかわかるように，限界費用も平均費用も生みの親は総費用なのです。

限界費用曲線と平均費用曲線の兄弟関係

限界費用曲線はU字形，そして平均費用曲線もU字形ということがわかりました。しかし，両方とも同じ総費用曲線が生みの親ですから，兄弟関係にあります。お互いが勝手な場所で勝手にU字形の曲線を描いて終わり，ということにはなりません。両方にはしっかりとした位置関係があります。これらの曲線の位置関係をここで確定しましょう。

図9-9(a)は総費用曲線 TC と代表的な生産量3つ（q_A, q_B, q_C）が選ばれており，その3つの生産量に対応する総費用曲線の接線と，原点とその3つの生産量に対応する総費用曲線上の点を結んだ直線が書かれています。それぞれの傾きが限界費用の値と平均費用の値を表していることはすでに説明しました。

生産量 q_A を見てみましょう。このときの総費用曲線の接線 $A'AA''$ の傾きと，

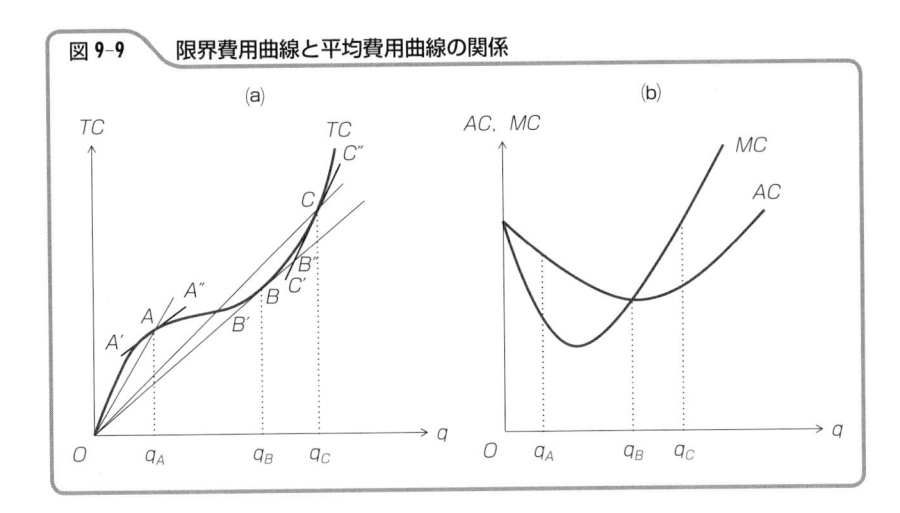

図 9-9　限界費用曲線と平均費用曲線の関係

原点と生産量 q_A に対応する総費用曲線上の点 A を結んだ直線 OA の傾きを比べてみます。このときは OA の傾きの方が接線 $A'AA''$ の傾きより大きいことがわかります。つまり，生産量 q_A では平均費用の方が限界費用よりも大きいのです。

　次に生産量 q_B を見てみましょう。このときの総費用曲線の接線 $B'BB''$ と，原点と生産量 q_B に対応する総費用曲線上の点 B を結んだ直線 OB が完全に一致することがわかります。したがって，接線 $B'BB''$ の傾きと OB の傾きは等しくなります。つまり，生産量 q_B では平均費用と限界費用の値は一致します。さらに注意するべき点は，OB の傾きは原点と総費用曲線上の点を結ぶあらゆる直線の傾きのうち最も小さい傾きになっているということです。つまり，平均費用と限界費用が一致するとき，平均費用は最小になっています。

　次に生産量 q_C を見てみましょう。このときの総費用曲線の接線 $C'CC''$ の傾きと，原点と生産量 q_C に対応する総費用曲線上の点 C を結んだ直線 OC の傾きを比べてみます。このときは OC の傾きの方が接線 $C'CC''$ の傾きより小さいことがわかります。つまり生産量 q_C では平均費用の方が限界費用よりも小さいのです。

　以上のことから，限界費用曲線 MC と平均費用曲線 AC の位置関係を表したものが，図 9-9(b) です。すでに述べたように，両曲線の位置関係の最大の特徴は，平均費用曲線の最低点で限界費用曲線が交点を持つということです。

　余談になりますが，この両曲線の位置関係は学生の理解を試すための絶好の

機会となります。よくわかっていない学生に限界費用曲線と平均費用曲線の位置関係を図に書かせると，U字形はなんとか書けるのですが（それすら書けなければそこでアウト），平均費用曲線の最低点で限界費用曲線が交点を持つように描けません。こうして理解度をチェックする大学教員（まずは私）もいるので，大学生のみなさんは要注意です。

平均費用3兄弟

第3章第3節で費用（総費用）は可変費用と固定費用に分類できると述べました（74ページ）。

$$総費用\ TC＝可変費用\ VC＋固定費用\ FC \tag{9-1}$$

式（9-1）の両辺を生産量で割ってみると，次のようになります。

$$\frac{総費用}{生産量}＝\frac{可変費用}{生産量}＋\frac{固定費用}{生産量}$$

平均費用は生産物1単位あたりの費用でしたから，平均費用には**平均総費用，平均可変費用，平均固定費用**の3種類があり，次のような関係になっていることがわかります。

$$平均総費用\ ATC＝平均可変費用\ AVC＋平均固定費用\ AFC \tag{9-2}$$

ときどき「平均費用」という言葉と「平均総費用」という言葉が混在していることがあり，ややこしいのですが，私の知るかぎり，「平均費用」は「平均総費用」を表していることが多く，本書でも今後はとくに断りのないかぎり「平均総費用」の意味で「平均費用」という言葉を使っていると考えてください。

なお，限界費用曲線については限界総費用，限界可変費用，限界固定費用はありません。というのは，固定費用は生産量にかかわらず一定ですから，1単位生産量を追加したときの追加にかかる費用はつねにゼロです。ですから，限界固定費用はゼロで存在しないことになり，結果として限界総費用はそのまま限界可変費用なります。そのため「総」も「可変」も，あえて区別する必要はありません。それで限界費用という1つの言葉だけですませることができます。

図9-10の TC は，固定費用 C^0 があるときの総費用曲線です。縦軸には固

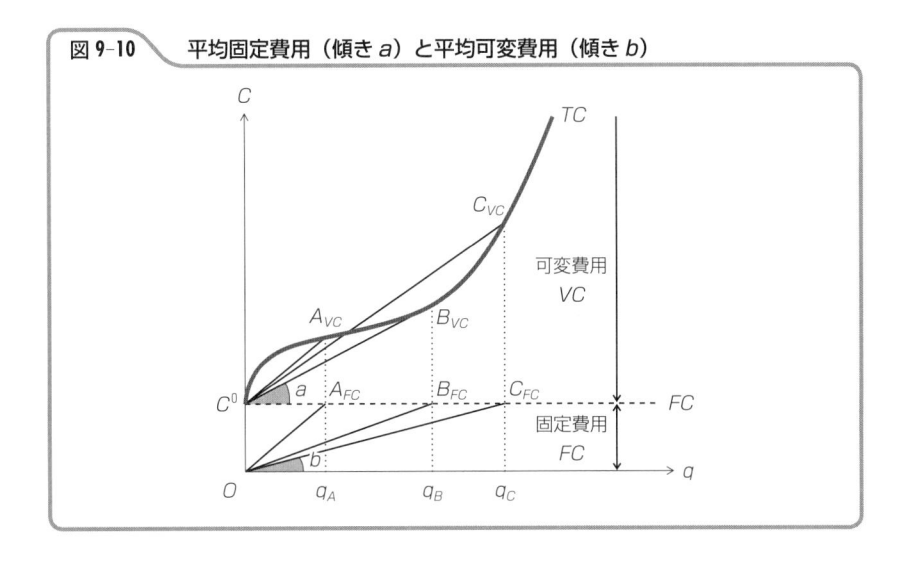

図9-10 平均固定費用（傾き *a*）と平均可変費用（傾き *b*）

定費用や可変費用，総費用などいろいろな費用の額が同じように測られているので，まとめて縦軸に C と表記してあります。固定費用は生産量がどんなに変化しても一定の数値ですから，C^0 という数値が固定費用で，横軸に平行に直線（点線）が描かれています。これが固定費用曲線 FC となります（「曲線」といっても必ず「水平な直線」です）。

　平均固定費用は原点と固定費用曲線上の1点を結んだ直線の傾き（たとえば図9-10の *b*）で表されます。生産量が増えるにつれて原点と固定費用曲線を結んだ点の直線の傾きは OA_{FC}，OB_{FC}，OC_{FC} とだんだん小さくなっていきます。生産量が無限に大きくなっていくと，平均固定費用は無限に小さくなっていきます。そして，平均固定費用は決してゼロになりません。つまり，平均固定費用曲線の形は反比例の曲線です。

　一方，点 C^0 から出発して総費用曲線上の1点を結ぶ直線の傾きは平均費用ですが，ここでは固定費用が含まれていないので，たとえば図9-10の傾き *a* の値は平均可変費用ということになります。これまでとまったく同じように，生産量が増えるにつれて，点 C^0 と総費用曲線上の点を結んだ直線は C^0A_{VC}，C^0B_{VC}，C^0C_{VC} と変化します。その傾きの変化から平均可変費用曲線は先ほど述べたとおりのU字形となります。ちなみに，図9-7から図9-9までに示してきた総費用曲線は原点から出発しているので，これらは固定費用が存在しない場合の総費用曲線となります。この場合，固定費用がないので平均総費用曲

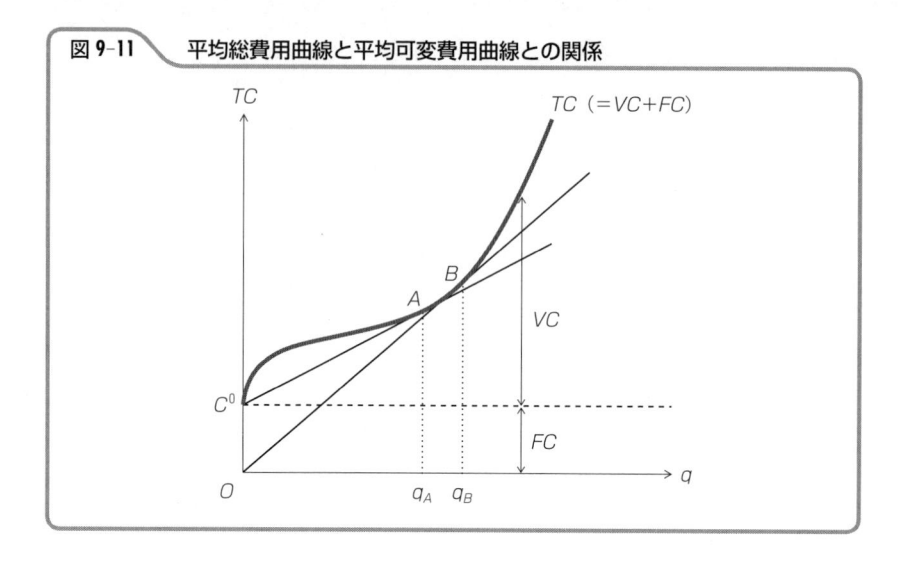

図 9-11 平均総費用曲線と平均可変費用曲線との関係

線と平均可変費用曲線は一致します。

　平均総費用曲線と平均可変費用曲線との関係は，図 9-11 で説明できます。平均総費用曲線は原点から総費用曲線 TC 上の点を結んだ直線の傾きとなります。したがって，平均総費用曲線も平均可変費用曲線と同じように U 字形になります。しかし，平均総費用曲線と平均可変費用曲線はその出発点が違います。平均総費用曲線は原点から，平均可変費用曲線は固定費用を表した C^0 点から各曲線上の点を結んだ直線の傾きになります。図 9-11 から明らかなように，平均総費用曲線が最小になる生産量 q_B は，平均可変費用曲線が最小になる生産量 q_A よりも大きくなっています。

　これらすべての曲線をオールスター出演させたものが図 9-12 です。図 9-10 と同じように縦軸はさまざまな費用を C としてまとめて表しています。また横軸にある q_A，q_B は，図 9-11 の q_A，q_B に対応しています。式 (9-2) からわかるように，図 9-12 では $KL+KM=KN$ の関係となっています。そして，図 9-11 から明らかになったように，平均総費用 ATC が最小となる生産量 q_B は平均可変費用 AVC が最小となる生産量 q_A よりも大きくなっています。さらに，平均総費用曲線 ATC と平均可変費用曲線 AVC の間のすき間（縦の距離）は生産量が増えるに従って狭くなっていきます（平均固定費用 AFC が無限に小さくなっていくので）。

　図 9-12 にあるような平均総費用曲線と平均可変費用曲線の図を同時に描く

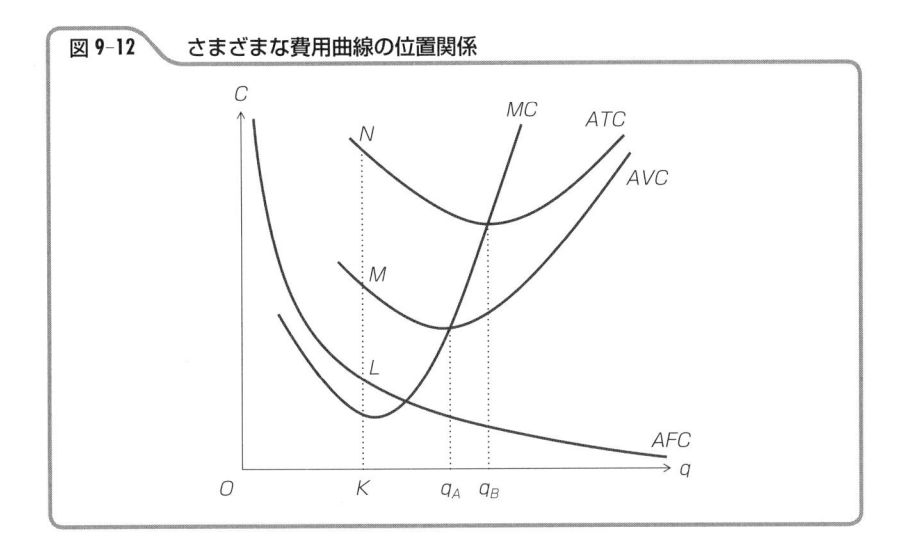

図 9-12 さまざまな費用曲線の位置関係

ときには，この点に注意する必要があります。両曲線の隙間（縦の距離）がしだいに小さくなるように書けているか，これも学生の理解度を試すのに格好の材料です。それから，図 9-12 で注意するべき点は，限界費用曲線 MC は平均総費用曲線 ATC の最低点と平均可変費用曲線 AVC の最低点を両方とも通過しているということです。これも作図上，重要です。

第3節　供給曲線の真の姿

企業の経営判断が供給曲線を U 字形にしない

　さて，長い準備作業が終わりました（お疲れさまでした）。これまでの準備を基礎として，供給曲線の真の姿を描き出すことにしましょう。ここでは価格帯を3つに分けて考えます。

　その3つは図 9-13 (a)(b)(c) に対応しています。図 9-13 (a)(b)(c) では，限界費用曲線 MC を，平均可変費用曲線 AVC との交点（AVC の最低点）と平均総費用曲線 ATC との交点（ATC の最低点）について3分割しています。それから，企業はつねに利潤を最大にするために，価格と限界費用を等しくすることを忘れないでおいてください。ただし，利潤が最大になるといっても，いつも黒字になるとは限りません。赤字の場合で利潤最大というのは，赤字の額を最小額にとどめることができるということを意味します。

　本文では述べませんでしたが，費用曲線には長期と短期の2種類があります。本文では固定費用は変化しないと述べました。しかし，固定費用が永遠に変化しないということはありません。

　あなたがメーカーの社長さんだとして，1年間の短期経営計画を立てるとしましょう。このときは期間が1年しかありませんから，いま持っている工場や大規模設備については，あるものをそのまま使うことを前提として経営計画を立てるでしょう。しかし10年間の長期経営計画を立てるときには，いまの工場を拡大したり，新工場を建設したりすることも考えるでしょう。つまり，長期の場合には固定費用は可変費用になります。

　経済学での長期と短期に10年とか20年といった客観的な数値の区分はありません。経済学では，固定費用が可変費用になるくらいの長い期間であれば，それを長期と呼びます。ですから，長期の費用曲線では固定費用は存在しないことになります。

　本書では短期の費用曲線だけを扱いました。では，長期総費用曲線，長期平均費用曲線，長期限界費用曲線はどのような形になるのかといえば，拍子抜けするかもしれませんが，その形は短期の場合と同じになります。長期の総費用曲線はS字形カーブを横にしたような形ですし，長期平均費用曲線，長期限界費用曲線もU字形で，やはり長期平均費用曲線の最低点で長期限界費用曲線は交点を持ちます。

　とくに長期平均費用曲線が逓減する場合，工場などの規模を大きくすれば，単位あたりの生産費用が低下することになります。これを**「規模の経済がある」**といいます。企業は，規模の経済があるかぎり，設備の規模を大きくすることで生産費用を下げられるので競争力が高まることになります。そして，長期平均費用が最低になるような点で生産規模が最適となります。これをその企業の**最小最適規模**と呼びます。

　注意するべき点は，よくCMなどで出てくる「大量生産によるコスト削減でお客様に安価で商品を提供します」というような表現が，規模の経済のことをいっていると誤解されやすいという点です。大量生産によるコスト削減は，基本的にはいまある工場や設備はそのままで，生産量を増やして平均費用を下げることを意味しているようです。そうであるかぎり，これは短期平均費用曲線上の減少部分の動きで，長期平均費用曲線上の減少部分の動きではありません。大量生産によるコスト減について，この点での混乱には気をつけておきましょう（竹内，2018，87〜88ページ）。

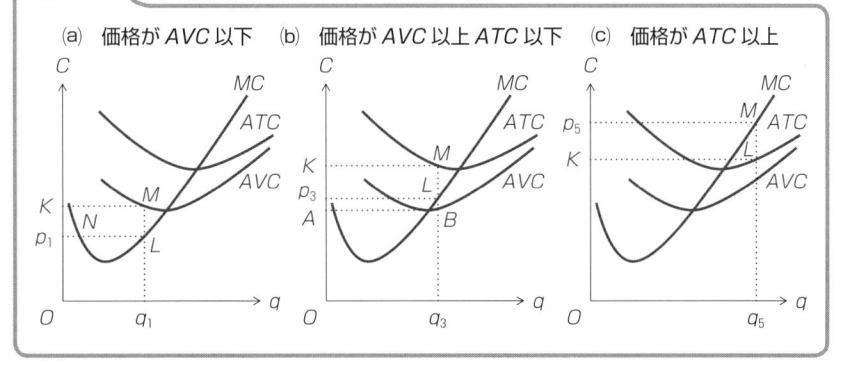

図 9-13　市場価格の変化に伴う企業行動の違い

(a) 価格が AVC 以下　(b) 価格が AVC 以上 ATC 以下　(c) 価格が ATC 以上

それでは市場価格 p を,

(1)　平均可変費用曲線 AVC の最低点以下の場合 (図 9-13 (a))

(2)　平均可変費用曲線 AVC の最低点以上で平均総費用曲線 ATC の最低点以下の場合 (図 9-13 (b))

(3)　平均総費用曲線 ATC の最低点以上の場合 (図 9-13 (c))

という 3 つの価格帯に分割し, それぞれの場合の企業の行動をこれから観察することにします。なお, ここでは「以上」と「以下」がだぶっていますが, これは後で解説します。

(1) の場合が図 9-13 (a) です。価格が平均可変費用の最低点より低い p_1 の場合, 生産者は価格と限界費用が等しくなる点で生産量を決めますから, 生産量は q_1 となります。

なお, この場合, 価格と限界費用は点 L ではないもう 1 つ別の点 N で交わっていますが, この点では利潤が最小になることが数学的に明らかにされています (企業にとっては最悪の生産量です)。ですからこの点は考えません。ついでながら, 価格と限界費用が等しくなる点で限界費用曲線が増加している状態にあると利潤が最大になることも数学的に明らかになっています。生産量が q_1 のとき, 平均可変費用は $OK = q_1M$ となっています。これは単位あたりの費用ですから, これに生産量をかけ算すれば可変費用の総額になります。縦軸の距離である OK に横軸の距離である q_1 をかけ算すれば, このときの面積は $OKMq_1$ となり, これが可変費用の総額となります。

一方, 生産者は価格 p_1 で q_1 だけの量を生産するのですから, 価格と生産量をかけ算すればそれが収入となります。縦軸の距離である p_1 に横軸の距離で

ある q_1 をかけ算しますから，このときの面積 Op_1Lq_1 が収入の額となります。このとき，収入よりも可変費用の総額の方が大きくなっていることがわかります。

$$Op_1Lq_1 < OKMq_1$$
（収入）　　（可変費用）

これは赤字どころか，商品を生産して売っても原材料費すら回収できないような状態ですから，このような市場価格だと企業は生産を行いません。これは開店休業状態です。

次に，(2) の場合が図 9-13 (b) です。価格が平均可変費用 AVC の最低点よりも高く平均総費用 ATC の最低点よりは低い p_3 の場合，生産者は価格と限界費用が等しくなる点で生産量を決めますから，生産量は q_3 となります。生産量が q_3 のとき，平均可変費用は $OA = q_3B$ となっています。これは単位あたりの可変費用ですから，これに生産量をかけ算すれば可変費用の総額になります。縦軸の距離である OA に横軸の距離である q_3 をかけ算すれば，このときの面積は $OABq_3$ となり，これが可変費用の総額となります。

一方，生産者は価格 p_3 で q_3 だけの量を生産するのですから，価格と生産量をかけ算すればそれが収入となります。縦軸の距離である p_3 に横軸の距離である q_3 をかけ算しますから，このときの面積 Op_3Lq_3 が収入の額となります。このとき，可変費用の総額よりも収入の方が大きくなっていることがわかります。これは商品を作れば原材料費だけは回収できて，可変費用に関しておつりが来る状況です。

今度は平均総費用曲線で考えてみましょう。生産量が q_3 のとき，平均総費用は $OK = q_3M$ となっています。これは単位あたりの総費用ですから，これに生産量をかけ算すれば固定費用を含めた費用の総額になります。縦軸の距離である OK に横軸の距離である q_3 をかけ算すれば，このときの面積は $OKMq_3$ となり，これが総費用の額となります。

この場合，収入は先ほどの Op_3Lq_3 ですから，収入は総費用よりも小さくなっていることがわかります。つまり収入は，可変費用よりも大きいですが，固定費用込みになっている総費用よりも小さくなっています。

$$OABq_3 < Op_3Lq_3 < OKMq_3$$
（可変費用）　（収入）　（総費用）

　このことは次のようなことを意味します。確かに可変費用を回収するだけの収入はあるのですが，固定費用を含めた総費用までは回収できず，全体としては赤字となる，ということです。しかし，固定費用の一部は回収できていることには注意しましょう。つまり，生産者はこの価格水準だと赤字にはなりますが，可変費用を回収することができるだけではなく，固定費用の一部も回収できますから，赤字でも生産を行うのが合理的な経営判断です。これは赤字経営状態です。

　最後に，(3) の場合が図 9-13 (c) です。価格が平均総費用の最低点よりも高い p_5 の場合，生産者は価格と限界費用が等しくなる点で生産量を決めますから，生産量は q_5 となります。生産量が q_5 のとき，平均総費用は $OK = q_5L$ となっています。これは単位あたりの総費用ですから，これに生産量をかけ算すれば総費用の総額になります。縦軸の距離である OK に横軸の距離である q_5 をかけ算すれば，このときの面積は $OKLq_5$ となり，これが総費用となります。

　一方，生産者は価格 p_5 で q_5 だけの量を生産するのですから，価格と生産量をかけ算すればそれが収入となります。縦軸の距離である p_5 に横軸の距離である q_5 をかけ算すれば，このときの面積 Op_5Mq_5 が収入の額となります。このとき，総費用よりも収入の方が大きくなっていることがわかります。

$$OKLq_5 < Op_5Mq_5$$
（総費用）　（収入）

　収入が総費用を上回っていますから生産者には利潤が発生しており（黒字），生産者は生産を行います。

　このように考えてくると，企業が生産をするかどうかは，市場価格の水準が平均可変費用 AVC の最低点より大きいかどうかということで決まることがわかります。つまり，生産するかどうかの分岐点は平均可変費用曲線の最低点です。また企業が黒字になるかどうかは，市場価格の水準が平均総費用 ATC の最低点よりも大きいかどうかで決まることがわかります。つまり，黒字か赤字かの分岐点は平均総費用の最低点です。これらを示したのが図 9-14 です。こ

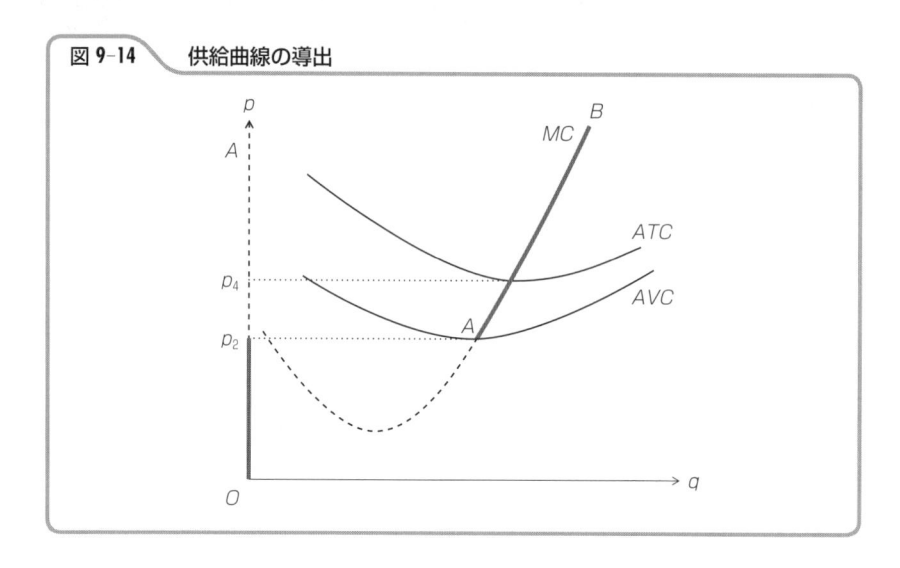

図 9-14 供給曲線の導出

の図 9-14 の価格 p_2 を**操業停止点**と呼び，価格 p_4 を**損益分岐点**と呼びます。企業は赤字でも生産を行うことがあることに注意してください。

　ここで大切なのは，価格が操業停止点より高ければ企業は生産を行い，操業停止点よりも低ければ生産を行わない，ということです。これは図 9-14 の太線で描かれています。図 9-14 からわかるように，供給曲線は 2 つに分割されます。1 つは縦軸と一致した Op_2 であり，もう 1 つは限界費用曲線 MC と一致した AB です。供給曲線は正確に表すとこうなります。p_2 においては可変費用の総額と収入の総額が一致しますので，生産者は生産（操業）してもしなくてもどちらでも構いません。社長のお好みに任せましょう。これをグラフ上で厳密に書けば，端点は黒丸になります。したがって，先ほどの 3 つの価格帯で「以上」と「以下」がだぶっていても構わないことになります。

　操業停止点以下では企業は生産しませんから，それを考えなければ供給曲線は AB となります。このように，確かに供給曲線は U 字形ではなく，一貫して右上がりとなっています。このことから供給曲線は限界費用曲線の一部になることがわかります。

いい加減な供給曲線？

　このように考えると，いろいろなミクロ経済学のテキストで見られる供給曲線が意外にいい加減に描かれていることがわかるでしょう。図 9-15 (a)(b)(c)

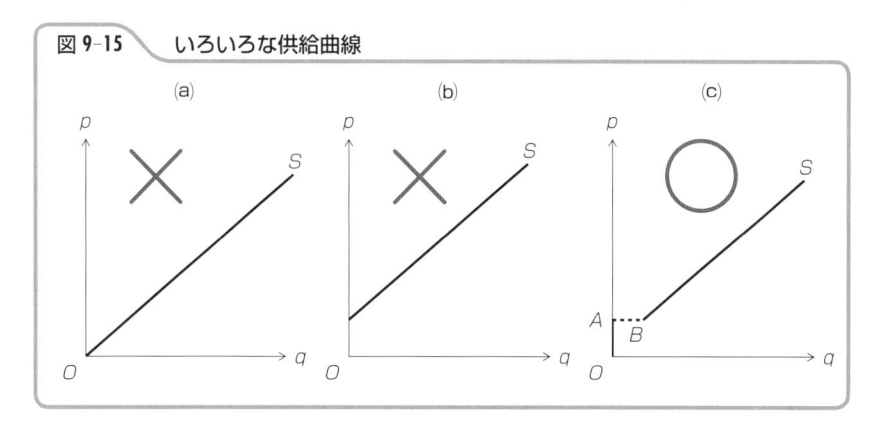

図 9-15　いろいろな供給曲線

(a)　(b)　(c)

はよく見られる供給曲線のタイプです。図9-15(a)と図9-15(b)は、間違い
とまではいえませんが、厳密にいえばかなり特殊な供給曲線であることがわか
ります。特殊な供給曲線でもないかぎり、正確な供給曲線は図9-15(c)の OA,
BS であることが一般的です（BS は直線で描かれているので、限界費用曲線のカー
ブと一致せず、あまり正確とはいえませんが）。

　だからといって、私はミクロ経済学のテキストの著者のみなさんにケンカを
売っているわけではありません。図9-15(a)(b)(c)の○と×の印はちょっと誇
張しすぎています。こうした供給曲線を描いているテキストはみんないい加減
だというわけではないのです。図9-15(a)(b)のような供給曲線はミクロ経済
学を説明するときに扱いやすいのです。

　たとえば、第1部で述べた生産者余剰を表す場合はこのように書いた方が
余計なことを考えずに生産者余剰の意味を簡単に伝えることができるので便利
です。ですから、読者のみなさんはこのことを大目に見てください。私も講義
では「ちょっといい加減だけどゴメンネ」といいながら、図9-15(a)(b)のよ
うなグラフを厚かましくかつ平然と黒板に書いています。

　なお、読者のみなさんの中には赤字が出ているのに生産するということにど
うも納得がいかないという方がいるかもしれません。それについては、次のよ
うに考えてみてはどうでしょうか。

　あなたがビルの一室や土地を借りてある事業をしていたとします。その事業
で作られた財の販売価格は市場の力で決められていて、自分で勝手に相場の価
格を変えられないとします。つまり、あなたはプライス・テイカーです。その
相場の価格が低くて赤字が発生していたとしても、原材料費を少しでも上回る

収入があって，原材料の支払いの後に残ったお金をビルの家賃や借地料（固定費用）の支払いの一部に充てられるならば赤字でもあなたは仕事を続けることでしょう。もし赤字だからといって生産を即座に中止したら，家賃や借地料は1円も支払えなくなり，家主に「一部だけ支払うから残りは次まで待ってくれ！」などとは到底いえなくて追い出されることになるでしょう。ですから赤字でも企業は生産を続けることになります。

　しかし，さらに相場の価格が下がってしまって，家賃や借地料の支払いどころか原材料の費用までも支払えないくらい収入が減ることもあるでしょう。このときは生産する意味がなくなってしまうので，生産をしないのが正しい経営判断となります。この状態は，可変費用すら回収できない，つまり価格が操業停止点より低いときの状態です。

　以上で完璧な需要曲線と完璧な供給曲線を手に入れることができました。これで完全競争市場の分析も自信を持って行うことができます。次の章では第1部に比べてもう少し掘り下げて完全競争市場を分析することにします。安心して次の章に進みましょう。

練習問題

9-1　次の文章の空欄に当てはまる言葉を下から選んでください。なお，以下の文章中にある言葉が空欄に入る可能性もあります。ただし，⑤⑧⑩についてはカッコの中の適切な用語を選んでください。

　　総生産性は，最初のうちはインプットの増加に従って急速に増加する。つまり，（　①　）は増加する。というのは，（　②　）が指摘した（　③　）によるものや，生産に慣れることなどによる（　④　）が存在するからである。しかし，それらの効果は限定的であり，やがて総生産性の伸びは鈍くなる。このことから総生産性曲線の形状は一般的に（⑤S字形・M字形・L字形・直線・U字形）となる。

　　総生産性曲線をグラフにしたときの横軸と縦軸を入れ替えて，縦軸のインプットの量に（　⑥　）をかけ算して縦軸に総費用を表すようにすると，総生産性曲線は総費用曲線になる。限界費用は総費用曲線の（　⑦　）の傾きの大きさで表されるから，限界費用曲線は（⑧S字形・M字形・L字形・直線・U字形）になる。一方，平均費用は総費用を生産量で割り算することによって求めることができる。これをグラフで示すと，平均費用曲線は（　⑨　）と総費用曲線上の1点を結んだ直線の傾きで表すことができる。これにより平均費用曲線は（⑩S字形・M字

形・L字形・直線・U字形）になる。

> アダム・スミス　学習効果　限界生産性　原点　接線　分業・協業　要素価格

9-2　次の文章の空欄に当てはまる言葉を下から選んでください。なお，以下の文章中にある言葉が空欄に入る可能性もあります。ただし，④⑤についてはカッコの中の適切な用語を選んでください。

総費用について，

$$総費用＝可変費用＋固定費用$$

の関係が成り立っているから，両辺を生産量で割り算して次のような関係が成り立つ。

$$（　①　）＝（　②　）＋（　③　）$$

（　①　）曲線と（　②　）曲線は（④S字形・M字形・L字形・直線・U字形）の形状になり，（　③　）曲線は直角双曲線になる。限界費用曲線は（　①　）曲線と（　②　）曲線の（⑤交点・最高点・最低点・接点・中間点）を共に通過するという位置関係にある。

価格が（　①　）以上のときは，生産者は価格と限界費用を等しくすることで利潤を最大にすることができ，黒字になるので生産者は生産を行う。価格が（　①　）以下で，（　②　）以上のとき，赤字が発生する。しかし，それでも（　⑥　）の全額と（　⑦　）の一部を回収できるので，生産者は生産を行う。価格が（　②　）以下のときは（　⑥　）すら回収できないので，生産者は生産を行わない。生産者の黒字と赤字が分かれる箇所を（　⑧　）と呼び，企業が生産を行うか行わないかが分かれる箇所を（　⑨　）と呼ぶ。

以上のことから，価格が（　⑨　）以下のとき，供給量は（　⑩　）となり，（　⑨　）以上のとき，供給曲線は限界費用曲線と一致する。以上のことから，供給曲線は一貫して右上がりとなる。

> 可変費用　固定費用　ゼロ　操業停止点　損益分岐点　平均可変費用
> 平均固定費用　平均総費用

9-3　次の文章の空欄に当てはまる適切な数値を入れてください。空欄の番号が違うからといって違う数値が入るとは限りません。

限界費用曲線 MC，平均総費用曲線 ATC，平均可変費用曲線 AVC が近似的かつ部分的に次のような直線で表すことができるものとする。また p は価格，q は生産量とする。

$$MC=-\frac{1}{2}q+4\,(2\leqq q\leqq4) \qquad MC=q-2\,(4\leqq q\leqq20)$$

$$ATC = -q + 22 \ (2 \leq q \leq 12) \qquad ATC = \frac{1}{3}q + 6 \ (12 \leq q \leq 20)$$

$$AVC = -\frac{1}{2}q + 10 \ (2 \leq q \leq 8) \qquad AVC = \frac{1}{2}q + 2 \ (8 \leq q \leq 20)$$

価格が 16 のとき，この企業の生産量は（　①　）であり，収入は（　②　）である。平均総費用は（　③　），総費用は（　④　）となるのでこの企業は生産を行い，（　⑤　）の利潤が発生する。

価格が 8 のとき，この企業の生産量は（　⑥　）であり，収入は（　⑦　）である。このときの可変費用は（　⑧　），総費用は（　⑨　）となるので，この企業には（　⑩　）の損失が発生する。

9-4　次の文章の空欄に当てはまる適切な数値を入れてください。空欄の番号が違うからといって違う数値が入るとは限りません。

限界費用曲線 MC，平均総費用曲線 ATC，平均可変費用曲線 AVC が近似的かつ部分的に次のような直線で表すことができるものとする。また p は価格，q は生産量とする。

$$MC = -\frac{1}{2}q + 4 \ (2 \leq q \leq 4) \qquad MC = q - 2 \ (4 \leq q \leq 20)$$

$$ATC = -q + 22 \ (2 \leq q \leq 12) \qquad ATC = \frac{1}{3}q + 6 \ (12 \leq q \leq 20)$$

$$AVC = -\frac{1}{2}q + 10 \ (2 \leq q \leq 8) \qquad AVC = \frac{1}{2}q + 2 \ (8 \leq q \leq 20)$$

価格が 8 のとき，この企業の生産量は 10，収入は 80 となる一方で，総費用は 120 となるので，40 の損失が発生する。しかし，平均可変費用が（　①　），可変費用が（　②　）となるので可変費用を完全に回収することができ，（　③　）だけ部分的に固定費用を回収できるのでこの企業は生産を行う。

価格が 4 のとき，この企業の生産量は（　④　）であり，収入は（　⑤　）である。この企業には（　⑥　）の赤字が発生する。また平均可変費用は（　⑦　），可変費用は（　⑧　）となる。この場合，収入では可変費用さえ回収できないので，この企業は生産を行わない。

この企業にとって損益分岐点となる価格は（　⑨　）であり，操業停止点となる価格は（　⑩　）である。

第10章

市場均衡分析で世界は広がります

私たちは第9章までで，ほぼ完璧な需要曲線と供給曲線を手に入れることができました。この章ではこの需要曲線と供給曲線がますます活躍します。まず，市場均衡を長い目で見たときの市場均衡点の動きを解明します。それから，第7章では単に平行移動するだけだった需要曲線と供給曲線がいろいろな動きをし始めます。そうすると，よりいっそう社会のさまざまな現象をミクロ経済学の道具を使って解明することができるようになります。

第1節　去る者は追わず，来る者は拒まない市場

市場は生き物

市場はとてもダイナミックで，いつまでも同じ状況のままでいることはないということを，私たちは日頃から痛感しているのではないでしょうか。

ある商品の人気に火がついて爆発的に売れたとき，生産が追いつかずに品薄となって，ネットでは法外な価格で取引されていたりすることがあります。ところが時間が経つと，別の企業から似たような商品が売り出され，そうした企業の数が増えていくことで市場に商品が多く供給されるようになり，品薄も解

消されるという現象があります。

　私の世代ならば，いわゆるカップ麺市場でN社の「カップヌードル」がいい例でしょう。「カップヌードル」が爆発的に売れたため，その後多くの食品メーカーがこの市場に参入し，今では多くの企業がカップ麺を製造しています。

　さらに最近では，日本でのロボット掃除機市場がその例となるでしょう。最初に市場にロボット掃除機を開発・生産したというわけではないのですが，I社の「ルンバ」で市場に火がつき，大ヒットとなってからは日本のメーカーが次々と参入し，今では複数のメーカーがロボット掃除機を生産・販売しています。

　こうした例は多くあります。このような市場のダイナミックな動きを経済学の市場均衡の理論を使って解き明かそう，というのがここでの目的です。

　これまで本書で述べてきた市場均衡の理論でいう市場とは，**短期**の市場です。いま私たちは大教室で講義を受けているとしましょう。講義が始まり，先生は教室への入口をすべて閉じて，しばらくの間学生の出入りをしないようにしたとします。こうした状況はいわば短期の市場の状況です。教室が社会全体であり，その中にいる学生が消費者と生産者です。消費者と生産者はそれぞれ限界効用曲線と限界費用曲線を持っており，それぞれが効用最大化と利潤最大化を目的として教室という社会の中で取引を行い，そこで決まった価格が市場均衡価格となります（私はときどき自分で作ったオリジナルの経済取引ゲームを学生にやらせて同じ状況を作り出し，学生に体験してもらっています）。

　短い時間の講義ならば閉鎖されていても大丈夫でしょう。しかし，時間が長くなると，講義がつまらないから出ていきたいという学生もいるでしょう。逆に面白そうだから入ってみようか，と思う学生もいるかもしれません。そこで先生はドアを開けて学生の出入りを自由にします。このとき教室内は**長期**の市場と同じになります。つまり，市場への消費者と生産者の参入・退出があるとき，その市場は長期の市場です。

　先ほどのカップ麺市場やロボット掃除機市場の場合，商品が爆発的に売れたことで，その利潤を求めて多くの企業がその市場に参入し，供給量がしだいに増えていきました。しかし市場全体の需要には限界がありますから，やがて利潤が食い尽くされると市場への参入は止まります。あるいは損失が出て市場からの退出が起こることもあります。つまり，企業は利潤を求めて市場に参入し，

損失が出れば市場から退出することになります。

　なお，短期の市場の場合に参入・退出がないという想定は，完全競争市場の第4の条件「参入・退出の自由」と矛盾するかもしれません。しかし，短期でも参入・退出は自由です。ですからこの場合は，時間があまりにも短いために準備が間に合わず，参入・退出が実質的には起こりにくいと考えた方がいいかもしれません。

　これまで参入や退出について，はっきりとは考えてこなかったので，本書でのこれまでの市場均衡分析は結果的に短期の市場だったということになります。先ほどの例でいえば，閉じられた教室の世界です。これからはドアが開け放たれた教室と同じように，参入・退出が実際に起こっている場合，つまり長期の市場均衡を考えていくことにします。

2つの利潤

　さて，長期の市場を考えていくうえで問題になるのが，「利潤」という言葉です。長期の市場を分析するときには，利潤を2つに分けて考える必要があります。それは**正常利潤**と**超過利潤**という2つです。

　第6章第3節では，水平の需要曲線が示す価格よりも下の価格ではどの企業も採算割れギリギリで経営しているので，損失が出ると述べました（163ページ）。また，第9章第3節で述べた損益分岐点は，企業の総費用と総収入が一致するという点であり，いわば「収支トントン」という点でした。

　しかしよく考えてみると，これはおかしいですね。「採算割れギリギリ」とか「収支トントン」というのではその企業はやっていけません。たとえば，その企業の社長さんは従業員ではありませんから，商品を売って得た収入のすべてを原材料費や人件費などの費用として支払ってしまえば，手元には1円も残らないことになります。収支均衡ということは，社長さんは飲まず食わずのまま裸で路上生活しながら企業経営をすることを意味します。こんな状況を無視して水平な需要曲線や損益分岐点などを説明しているミクロ経済学はおかしいのではないでしょうか。

　そんな社長さんを私は見たことがありません。実はこのおかしな点は，正常利潤と超過利潤の区別をはっきりしないで話をしているところに原因があります。

市場はダイナミックでグローバルです。資金（マネー）は絶えず利潤を求めて世界中をさまよっています。原油取引しかり，日本のバブル経済期の土地投機しかり，仮想通貨しかりです。つまり少しでも儲け話があれば，そこにビジネスチャンスがあり，そこにマネーは殺到し，その利潤を食い尽くすようになります。

　日本でバブルがはじければ，土地市場に殺到したマネーがいっせいに引き揚げて別のビジネスチャンスに流れ，原油価格が低下すれば投機筋のマネーはまた他の儲け話を求めて世界中をさまようのです。ちょうど，水が高いところから低いところに流れるように資金は動きます。そうして資金が流れ流れて，さまよい果てた末に行き着くところは，どこに行ってもおいしい話のないところ，つまりどのビジネスチャンスに資金を使っても同じ程度の利潤しか得られない状況です。水は高い方から低い方に流れ，それが落ち着くとどこでも水面の高さは同じになります。それと同じことです。

　注意していただきたいのは，確かにおいしい投資機会はもう存在しないのですが，利潤は得られているということです。先ほどの損益分岐点上にいる企業の場合では，おいしいというほどの利潤はないのだけれども，ある程度の利潤はあるということです。ですから，こうした状況では，額面上（帳簿上）の「収入＝費用」で収支トントンというわけではありません。いま述べたような利潤のことを正常利潤と呼びます。そして，それは費用曲線に含まれているというわけです。

　つまり，ミクロ経済学で収支均衡とか損益分岐点とかいうときには，その段階で正常利潤は織り込みずみです。ですから，社長が飲まず食わずのまま裸で企業経営をするというような心配はいりません。

機会費用で見る正常利潤と超過利潤

　このことを別の観点から考えてみましょう。経済学の用語を使って別の表現をすれば，「正常利潤は機会費用を反映している」といいます（宣伝になりますが，詳細については，拙著『あなたの人生は「選ばなかったこと」で決まる』の第6章「どうして利息を払っているのですか？」を見てください）。経済学では，費用はすべて機会費用で考え，帳簿上の費用つまり会計学的費用では考えません。なぜならば，機会費用こそが真の資源の価値を表すからです。社長さんは自分で会

社を経営するという選択肢の他に，自分が別の会社で働いて給料を稼ぐという選択肢もあるはずです。しかし，別の会社で働けば得られるお給料を犠牲にして自分で会社を経営しているわけですから，犠牲にされたお給料は費用です。そしてこれが機会費用です。経済学は機会費用で考えますから，社長さんが他で働いたときの給料分は費用に含まれることになります。

　この機会費用のあたりは，読者のみなさんがモヤモヤ感じていたとしても，今後の理解には不都合がありません。「経済学は機会費用で考えねば」と気負う必要はありません。「大体こんな感じ」程度の理解なら，会計学的費用で考えてもこれ以降の理解にはとくに問題ありませんので，あまり気にしないで先に進んでください。

　正常利潤の話を長くしすぎました。その一方で，ビジネスチャンスが現れることもあります。それこそ，原油高になったときの儲けやら，バブル期の日本の土地価格の高騰のように，「濡れ手に粟」「儲かりすぎて笑いが止まらない」というようなおいしい話が出てくることがあります。こうしたときに得られる利潤のことを超過利潤と呼びます。そうしたビジネスチャンスが出現すると，超過利潤を求めてさまよっていた日本中，世界中のマネーがそのビジネスチャンスに殺到します。その超過利潤が食い荒らされるまで資金は流入し，やがていつかは正常利潤と同じ水準に落ち着きます。通常私たちが経済学以外で考えている「儲け」やら「利益」という言葉は，この超過利潤を指しているように思えます。

　余談ですが，怪しげな電話勧誘や怪しげなセールスマンが「いい話があるのですが乗りませんか？」と儲け話を持ってくる場合，正常利潤の理論を知っている人はこういう話には引っかかりません。こんなときは「あなただけにそっと教えますが」という決まり文句がよく使われます。しかし，セールスマンがカモになりそうな人に「あなただけにそっと教えますが」と営業をかけているときにはすでに，そこにはビジネスチャンスを探して血眼になって世界をさまよっているグローバル・マネーが入り込んでいるはずです。

　「あなたにそっと教えている」ときにはもう超過利潤はどんどん食い荒らされ続けているのです。そもそも本当に超過利潤があれば，そのセールスマン自身が投資しないはずはありません。これはいわゆる「ノーフリーランチ」と呼ばれるものです。ノーフリーランチとは「世の中にはそういうウマイ話はめっ

たにない」という意味で，経済学を学べばこれが理屈のうえからもわかります。この点では経済学は犯罪被害防止にも役立っていると思うのですが，どうでしょうか。

第2節　市場均衡の行き着く先は

食い尽くされる超過利潤

　以上のことから明らかなように，市場へ新たに企業が参入するのは超過利潤があるときです。超過利潤がなければ，どこに行っても正常利潤しか得られませんから，あえてその市場に参入する必要はありません。この超過利潤の存在を示したものが図 10-1 (a)(b) です。図 10-1 (a) は，ある一企業（企業名を i とします）を表しており，縦軸は市場価格 p，横軸はその企業 i の生産量 q_i を表しています（"q"の右下に企業名"i"がついていることに注意してください）。図 10-1 (b) は，そうした企業が財を供給している市場全体を表していて，縦軸は市場価格 p，横軸は市場全体の財の数量 q（"q"の右下にもはや"i"がついていないことに注意してください）を表しています。

　図 10-1 (a)(b) を見るときに注意してもらいたいのは，横軸の縮尺（距離）です。図 10-1 (a) に比べて，図 10-1 (b) の横軸はかなりの距離が圧縮されています。たとえば，この市場にクローン企業が 1000 社参入しているとすると，図 10-1 (a) にある一企業あたりの生産量 Oq_3 という距離の 1000 倍の生産量が図 10-1 (b) の Oq^* という距離に圧縮されています。その距離感の違いには気をつけてください。

　ある製品をある企業が最初に生産・発売したときの状況を考えましょう。この製品に関する市場全体の需要曲線は図 10-1 (b) にある D です。このときこの製品を生産できる企業は 1 社しかありません。他の企業は，同じものを製品化するにはまだ時間がかかるので生産ができず，市場に参入していません。したがって市場での供給量は少なく，供給曲線は図 10-1 (b) の S_1 であるとします。市場均衡点は点 E_1 となり，市場に出回る製品の量（市場均衡量）もかなり少ないですね。そして，価格は非常に高くて p_1 です。

　企業 i は価格 p と限界費用 MC_i を等しくすると利潤を最大にできます。その点が図 10-1 (a) の点 A_1 で，企業では q_1 の生産量が最適です。またこの生

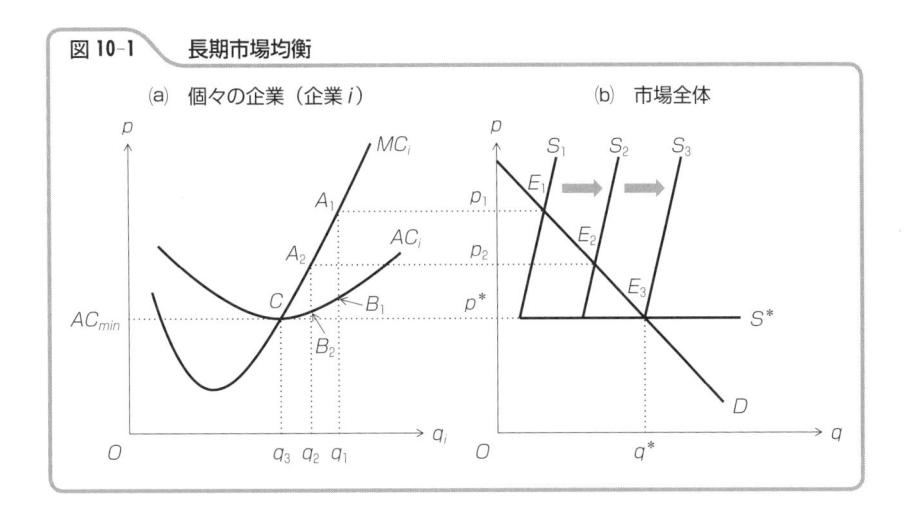

図 10-1　長期市場均衡

(a) 個々の企業（企業 i）

(b) 市場全体

産量 q_1 のときの平均費用 AC_i は点 B_1 となります。以上のことから，企業 i の超過利潤の大きさを求めることができます。生産物 1 単位あたりで考えてみましょう。価格は p_1 ですから，生産物 1 単位あたりの収入は図 10-1 (a) の垂直な距離 A_1q_1 です。また平均費用は生産物 1 単位あたりの費用ですから，図 10-1 (a) の垂直な距離 B_1q_1 です。収入から費用を引いたものが利潤なので，生産物 1 単位あたりの超過利潤はその差である垂直の距離 A_1B_1 になります（この企業 i の超過利潤の総額を求めたければ，底辺 Oq_1，高さ A_1B_1 の長方形の面積となります）。この超過利潤はかなり大きいです（カップ麺の N 社やロボット掃除機の I 社が 1 人勝ちしている状況と重なります）。

　このように明らかに超過利潤はプラスですから，他の企業もこの市場に参入して超過利潤を狙おうとするでしょう（ビジネスチャンスです！）。時間が経って準備ができて，新たな企業がこの市場に参入することで市場供給量が増え，供給曲線が S_1 から S_2 にシフトします。このときの市場均衡点は点 E_1 から点 E_2 へ移動し，市場均衡価格は p_2 に下がります。このときの企業では価格 p_2 と限界費用が等しくなる点まで生産しますから，最適な生産量は q_2 となります（ライバル企業が生産を始めたので，最初の企業の生産量は低下しています）。そして，このときの生産物 1 単位あたりの超過利潤は A_2B_2 となり，先ほどの A_1B_1 よりも超過利潤が少なくなっています。これは市場に参入してきたライバル企業に超過利潤を一部食われたことが原因です。

それでもまだ超過利潤はプラスですから，まだまだ新しい企業が参入してくるでしょう。新しい企業が次々に参入してくるにつれて供給曲線 S_2 はどんどん右方向にシフトしていき，市場均衡価格は p_2 からさらに低下し，生産物 1 単位あたりの超過利潤も A_2B_2 からさらに小さくなっていきます。しかし，超過利潤がプラスであるかぎり，企業の参入は続きます。

　最終的には供給曲線は S_3 となり，市場均衡価格は p^* となり，企業が得ることのできる超過利潤はついにゼロとなります（正常利潤しかない，あまりおいしくない市場となってしまいました）。ここで企業の参入は止まります。このときの市場全体の供給量は q^* で，一企業あたりの生産量は q_3 です。

超過利潤がなくなると

　図 10-1 (b) を見てわかることは，この図において需要曲線 D がどの位置にあったとしても最終的には市場均衡点は横軸に水平な直線 S^* 上で決まるということで，このときの価格はずっと p^* であるということです。つまり，企業の参入・退出が起こるほど十分長い期間をとったとき，市場均衡価格は不変であり，それは個々の企業の平均費用の最低点（AC_{min}）と等しくなります。この均衡のことを**長期市場均衡**と呼び，この水平な直線 S^* を**長期の供給曲線**と呼びます。

　もっとも，十分長期であれば，技術革新も進みます，供給曲線もいろいろな理由で変化します。ですから，実際には長期の供給曲線がいつもずっとこの場所に居続ける可能性は少ないでしょう。ただ，「他の事情を一定とすれば」こうした状況が現れることになります。私たちはヒット商品の出現と他企業の類似商品の発売による追随，そしてそのときの価格の変化をしばしば実体験しますが，その現象は経済学の道具を使うと以上のように説明できます。

　ただし，最後にちょっと注意事項です。ミクロ経済学を多少学んだみなさんは以上の説明に疑問を持つかもしれません。私はカップ麺の N 社やロボット掃除機の I 社が 1 人勝ちしている状況から出発して図 10-1 (a)(b) の説明をしました。疑問に思った方は，「いや，その市場のパイオニアとなっている企業は，最初はその市場には 1 社しかいないのだから独占市場と同じ価格のつけ方をするのではないか（第 11 章）。独占市場の価格のつけ方は完全競争市場のそれとは違っている。だからこの説明はおかしい」と考えたのではないでしょ

　市場均衡分析も最後の章となったので，これまでのように静学分析ばかりでは
つまりませんから，動学分析をチラリとお見せしたいと思います。以下は動学の
部分均衡分析です。

　これまではっきりと述べてきませんでしたが，生産者は価格に応じて商品を一
瞬のうちに生産し，市場に供給するということになっていました。しかし，そう
ではないことの方が多いですね。通常，生産には時間がかかります。

　たとえば，農作物が典型的な例です。コメを取り上げると，種まきから，苗代
作り，田植え，収穫と，生産を始めてから収穫までに約半年かかります。生産者
が価格と限界費用を等しくするような米の生産量を決定して生産しようとしても，
生産量を決定する時点では1年前に作られたコメの現在の価格しかわかりません。
そして，生産したコメの価格は翌年の価格で売れるので，生産量を決めた時点で
はその価格がわかりません。ましてや，年代物のワインやウィスキーに至っては
数十年前のものもあります。いま飲まれている年代物のワインは，作られたとき
の価格とはかなり違っているでしょう。そのときの価格に応じてワインの生産量
を決定した醸造家は，現在は死んでしまっているかもしれません。

　こうして市場が1期前の価格で決まるときに市場均衡はどのように変化するの
かを分析する理論があります。これによると，需要曲線と供給曲線の傾きの相対
的な関係によって，価格が市場均衡価格に収束したり（下図(a)），同じところば
かりを回って永遠に市場均衡価格に到達しなかったり（下図(b)），市場均衡価格
からどんどん離れていって市場均衡価格に戻ってこなかったり（下図(c)），とい
うようなことが明らかになっています。

　これがクモの巣のように見えるために，この簡単な動学分析は**クモの巣理論**と
呼ばれています。しかし，私にはどうしてもラーメンのドンブリの渦巻きにしか
見えません。

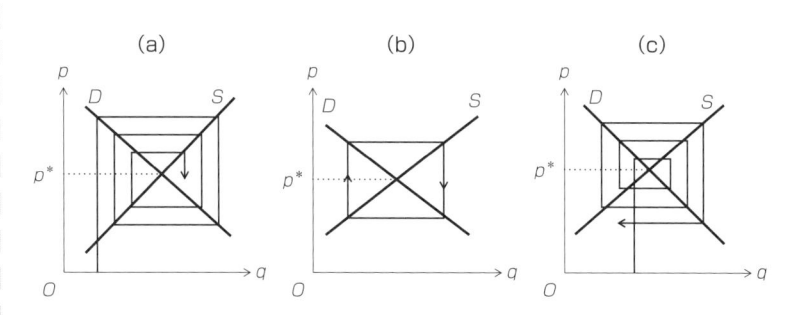

うか。

確かにそのとおりです。私はなるべく身近な例で理解してほしいと思ったのでカップ麺の N 社やロボット掃除機の I 社の例を出しました。イメージとしては，これは正しいと思います。しかし，厳密には修正が必要です。図 10-1 (a)(b) で長期市場均衡を説明するとき，すでにその市場にはある程度の数の企業が参入していると考えることが正しいです。ですから，企業はプライス・テイカーとして行動するのですが，それでも超過利潤が発生することがあります。その場合にはさらに新しい企業が参入してきます。正確にはそのような状況として図 10-1 (a)(b) を考えてください。

言い換えれば，市場均衡点 E_1 はこの競争が始まる出発点ではなく，まだある程度，超過利潤の残っている途中の状況から説明を始めた，と理解してください。

第3節　環境問題を分析する

他人からの迷惑，他人からの恩恵

生活水準の向上に伴って，私たちの環境に対する意識も高まりつつあります。現在でも大気汚染，水質汚濁，騒音・振動，景観破壊，生態系破壊など，さまざまな場面で環境問題が注目されています。

環境問題は市場メカニズムがうまく機能しない領域です。これが市場の失敗と呼ばれることは第 4 章で述べました。なぜ環境問題では市場メカニズムをそのまま適用できないかをまず示しておきましょう。

効用の最大化を目的とする消費者は，市場均衡価格と自分の限界効用が等しくなる点で消費量を決め（39 ページ），一方，利潤の最大化を目的とする生産者は，市場均衡価格と自分の限界費用が等しくなる点で生産量を決めます（66 ページ）。ここであえて「自分の」という言葉を付け加えたことに気をつけてください。

たとえば，ある川の上流と下流に同じ財を生産する 2 つの工場（別企業）が立地しており，それぞれの工場はこの川の水を工業用水として使い，生産後は汚染された水を同じ川に排出するものとしましょう。このとき下流の工場は上流の工場の汚染された排水を使うことになります。上流の工場が生産を増やし

て多くの水を使えば使うほど，下流の工場はより多くの汚染された水を使わざるをえなくなり，水を浄化する必要があるので生産費用が増加します。つまり，自分の最適な生産量を決める限界費用が自分自身の限界費用だけではなく，上流の工場の生産量によっても左右されることになります。このとき，上流の企業は下流の企業が被った費用を自分の生産コストに入れるべきなのに（川を汚したからこそ生産ができた），上流の企業はそれを負担していません。

これは生産者間での事例です。同じことは消費者間でも起こります。たとえば，隣の家のピアノの演奏がうるさいとか，ゴミ出しのマナーが悪いとかいうのがその例で，どちらも自分の効用に他者の行動が影響を与えています。もちろん，同じことが消費者と生産者の間でも起こります。

このように自分の効用の最大化や利潤の最大化に他者の行動が影響を与えるとき，これを「外部効果（外部性）がある」といいます。他者の行動によって自分にマイナス（迷惑）の影響がある場合は，**外部不経済**があるといい，他者の行動によって自分にプラス（有り難い）の影響がある場合は，**外部経済**があるといいます。

たとえば，私の家のお隣にはガーデニングを趣味とする奥さんがおられ，いつもご自宅の周囲を花で囲んで美しくしてくれています。ところが，私の家はガーデニングという趣味はなく，来客があるときは買ってきた花を庭先に適当に埋め込んではその場をとり繕う「なんちゃってガーデニング（とウチでは呼んでいます）」が得意です。私は玄関を出入りするとき，いつもお隣の美しい花やその香りに心を和ませていただいています。しかし，私はその有り難い状況に対していっさいの支払いをしていません。これは自分の効用に他者の行動がプラスの影響を与えている外部経済の事例です。

これまで述べてきた市場メカニズムの説明は，自分の限界効用，自企業の限界費用だけで消費量や生産量が決まるということを前提にしていました。ですから，外部効果があるにもかかわらず完全競争状態に任せていると市場均衡は望ましいものとならないことは容易に想像がつきます。

それならば市場均衡分析はこうした環境問題を扱えないのか，というとそのようなことはありません。市場均衡分析の応用編として，この環境問題を分析することにしましょう。

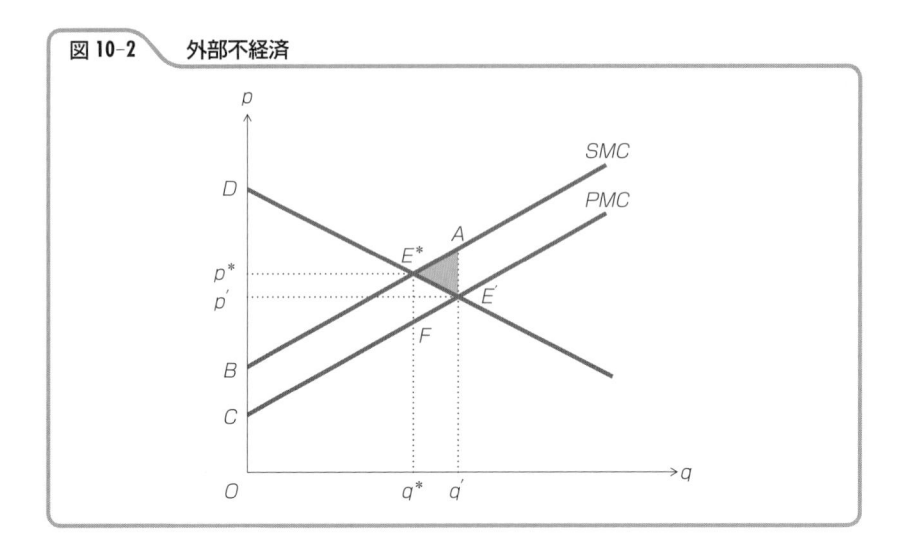

図 10-2　外部不経済

完全競争市場で環境汚染が進む理由

　具体的で単純な事例として，ある企業の工場が煙突から煙を出し，大気汚染を引き起こしているという状況を考えます。生産をしている企業は煙突からの煙を垂れ流し状態にしており，それに関する費用を負担していません。これは外部不経済の事例です。

　図 10-2 はこの状況をグラフにしたものです（市場全体の状況を示しています）。点 D から出発している直線は市場全体の需要曲線で，おなじみの右下がりの曲線（直線）となっています。

　PMC は**私的限界費用曲線**です。「私的」というのは，企業が自分のことだけを考えている場合の限界費用ということです。ここでは，この企業が煙の排出の費用を負担せず，原材料や人件費など自企業のお財布から出ていくお金だけを費用として考えていることを表しています。ここでは市場全体を考えていますので，図 10-2 にある私的限界費用曲線は，この市場に存在している各社の私的限界費用を右方向に合計したものとなっています。たとえば，この市場に 100 社のクローン企業が存在しているとすれば，1 社の私的限界費用曲線を右方向に 100 倍したものが図 10-2 の *PMC* です。イメージ的にとらえれば，その地域には同じような 1 社 1 本の煙突が合計で 100 本立っており，それらをすべて集めた限界費用曲線だということです。

SMC は**社会的限界費用曲線**です。「社会的」というのは，私的費用に加えて，財の生産に必要な煙の排出による大気汚染の費用も含めた費用のことです。ここでは市場全体を考えていますので，図 10-2 にある社会的限界費用曲線はこの市場に存在している各社の社会的限界費用を右方向に合計したものとなっています。この点は私的限界費用曲線の場合と同じです。

　テキストによってはこの両者の説明のときに，「企業の私的限界費用曲線 *PMC* が」とか「企業の社会的限界費用曲線 *SMC* が」とサラリと書かれているために，たとえば図 10-2 に描かれている私的限界費用曲線と社会的限界費用曲線をある 1 つの企業の持つ限界費用曲線と錯覚しがちになりますが，それは正しくありません。その証拠に，完全競争市場であるかぎり，一企業の限界費用曲線を考えるのならば，その企業が直面する需要曲線は水平でなくてはなりません（164 ページ）。しかし，図 10-2 の需要曲線は右下がりですから，図 10-2 は個別の企業の状況ではなく，それらを集計した市場全体の状況を表しています。このため，図 10-2 の私的限界費用曲線も社会的限界費用曲線も，その市場に存在する個々の企業の限界費用曲線を右方向に合計したものになっています。

　さて，財の追加 1 単位の生産のためにはどうしても一定量の煙を排出しなくてはならないので，社会的限界費用曲線はその費用の分だけ私的限界費用から上方に平行にシフトしています（従量税の分析と同じイメージを持ってもらって構いません〔180 ページ〕）。このシフトしている *SMC* と *PMC* の隙間の部分（垂直方向の距離）の費用のことを**外部費用**と呼びます。つまり，煙の排出による環境被害についての限界費用です。このことから，

　私的限界費用(例：原材料や賃金など)＋外部費用(例：煙)＝社会的限界費用

となっていることがわかります。慣例的に「外部費用」という言葉が用いられますが，本来は「外部限界費用」と呼んだ方が上記の関係式ではより正確です。

　なお，右方向に各企業の各限界費用曲線を合計しているので横軸はかなり圧縮されている縮尺となっていますが，縦軸は圧縮されていないので，縦軸の目盛りは市場全体から見ても一企業から見ても同じであることを一応念のため指摘しておきます（従量税の分析と同じです）。

　もう 1 つ。ここでも私は，私的限界費用曲線と社会的限界費用曲線を直線

で描いて単純化しているのみならず，何食わぬ顔でさりげなく両曲線を縦軸か
らいきなり出発させて描いています（239 ページ）。これは別にごまかしている
わけではなく，話をわかりやすくするための方便として描いているので，その
点は大目に見てください。私たちは限界費用曲線の形状の分析を目的にしてい
るのではなく，環境問題の分析を目的としているのですから。

　さて，もしも政府を含めた社会がこの状態を市場メカニズムに任せたままで，
何もしないとすれば，この場合の利潤を最大にする点は点 E' となります。し
かしこの市場均衡点は，社会的最適という点から見ると，いわば偽りの市場均
衡点となります。なぜならば，私的限界費用曲線は生産に必要とされる真の限
界費用曲線ではないからです。真の限界費用曲線は，煙による大気汚染の費用
を含めた社会的限界費用曲線です。ですから，社会的に最適な点は点 E' では
なくて点 E^* となります。このことからわかるように，市場を放置しておくと，
企業の生産活動は最適な生産量 q^* よりも過大な量 q' を生産することになりま
す。

環境税の望ましさ

　これを余剰で見てみましょう。社会的に最適な点は点 E^* ですから，このと
きの社会的余剰は△BDE^* です。

　一見したところ，社会的に最適ではない市場均衡点 E' ならば，社会的余剰
は△CDE' ですから企業に自由に生産させた方が余剰が大きくて望ましいでは
ないか，という気がするかもしれません。ところが，それでは煙による大気汚
染の費用という外部費用が考えられていません。q' を生産するときの外部費
用（煙の被害総額）は $CBAE'$ です。社会的に最適な市場均衡点 E^* よりも放置
状態の市場均衡点 E' の方が，社会的余剰が CBE^*E' だけ大きく見えますが，
それを上回って外部費用が $CBAE'$ と大きく，差し引き△E^*AE' だけがはみ出
したような状態になっています（一見 CBE^*E' だけ大きく見える余剰の面積は外部
費用の面積で相殺されて余剰の大きさは差し引きゼロです）。これが死荷重△E^*AE'
です。つまり汚染放置の場合の社会的余剰は△$BDE^* - $△$E^*AE'$ となり，これ
は△BDE^* より小さいです。これで環境汚染の状態を単純に市場メカニズムに
任せると資源配分が最適にならず，市場が歪むことがわかります。

　それでは，どうやって社会的に最適な市場均衡点 E^* を達成することができ

るのでしょうか。そのためには，企業が認識していない外部費用を自分の費用だと企業に認識させればいいでしょう。具体的な方法としては，最適な生産量 q^* において，真の限界費用（社会的限界費用）である E^*q^* と，私的な費用として認識されている限界費用（私的限界費用）である Fq^* との差である E^*F を税金として徴収すればいいのです（市場全体の縦軸の目盛りは1社あたりの縦軸の目盛りと同じですから，E^*F がそのまま一企業の税額となります）。税金の支払いとなると，企業はそれを私的な費用として認識せざるをえません。これで最適な生産量 q^* が達成されることになります。これを**外部不経済の内部化**と呼び，この税金のことを**ピグー税**と呼びます（これを初めて提案した経済学者の名前がA. C. ピグーで，それにちなんで名付けられています）。

ここに**環境税**の経済学的な根拠があります。市場メカニズムの活用がいいことだからといって，外部効果の発生している状況を市場に任せておくと市場は失敗します。しかし，市場均衡分析モデルの活用によって，環境問題を解決するための環境税の正当性がこれまた市場メカニズムによって示されるのです。なお，外部経済の場合は状況が逆転するので，ピグー税はマイナスとなり，ピグー補助金が外部経済の発生主体（たとえば私の家のお隣さん）に交付されることになります。

余談ですが，こうした環境問題がテレビのワイドショーなどで取り上げられるとき，ときどきコメンテイターが「経済効率優先の考え方がこうした環境問題を引き起こしている」というようなコメントをすることがあります。しかし経済学でいう効率とは資源配分を最適にすること，つまり社会全体の幸福（社会的余剰）を最大にすることです。ためしに，このコメンテイターのコメントにある「経済効率」という言葉を「金儲け」という言葉に置き換えてみましょう。このときは文意が素直に通ります。ということは，「経済効率＝金儲け」と認識されている可能性が大です。このコメンテイターのような発言がマスコミに流れることで，市場メカニズムや経済学が誤解されていることが多くあります。

環境汚染を許す最適な環境税

さて，ここで注意してほしいことがあります。社会的に最適な点となった点 E^* （生産量は q^* ）においても，依然として環境汚染は発生しているということ

です。つまり，市場メカニズムは環境汚染を容認するのです。このように書くと，読者のみなさんの中には，

　　「ややっ，ようやく第 10 章にして市場メカニズムが馬脚を現したぞ。市場メカニズムに任せておいたら環境汚染はなくならない。やっぱり市場メカニズムは信用できない」

と思われる方がいるかもしれません。

　確かに環境汚染は発生しています。しかし，そのときの環境汚染は「最適な汚染水準」だということです。「汚染水準が最適だ」というと何だか自己矛盾のように聞こえますが，それは以下のような理由によります。

　経済学では，与えられた資源のもとで社会の幸せをできるだけ最大にしようとすることが目的です（第 1 章第 1 節）。確かに汚染がまったくないということは，環境のことだけを考える場合にはいいことなのかもしれませんが，そうなると，財はまったく生産されなくなり，その財を使っている多くの人々の幸せ（消費者余剰）が犠牲にされます。そこで，経済学はある程度の汚染はやむをえないこととして，汚染の費用の増加と人々の幸せの減少を比較して，ある程度汚染が出てもそれよりも人々の幸せがはるかに大きければそれでいいとする考えなのです。

　「環境汚染はゼロでなくてはならない」という理由でわずかの環境汚染を抑えるために，それよりも大きく人々の幸せが奪われるとすれば，経済学はそれを望ましいとは考えません。生産するときに汚染物質がどうしても出てしまう場合，真の意味での「ゼロエミッション」を厳格に実現しようとすると，汚染はいっさい許されませんから，生産もいっさい禁止されます。とすると，図 10-2 のような状況であれば，どんなに日常生活で大事なものであっても財はまったく生産されなくなります。それは社会全体を幸せにしないと経済学は考えるのです。

　だからといって，市場メカニズムはひどい環境汚染でも気にしない，ということではありません。問題なのは，現在の汚染水準が最適な水準を上回っており，過大な環境汚染が行われているということです。そこで，市場メカニズムは環境税を課すことによって汚染水準を最適な水準にまで引き下げようとするのです。ただ，前にも述べたように，市場メカニズムは全体としての社会的余剰が最大になるような最適な生産水準を求めるだけで，その余剰が誰に発生し

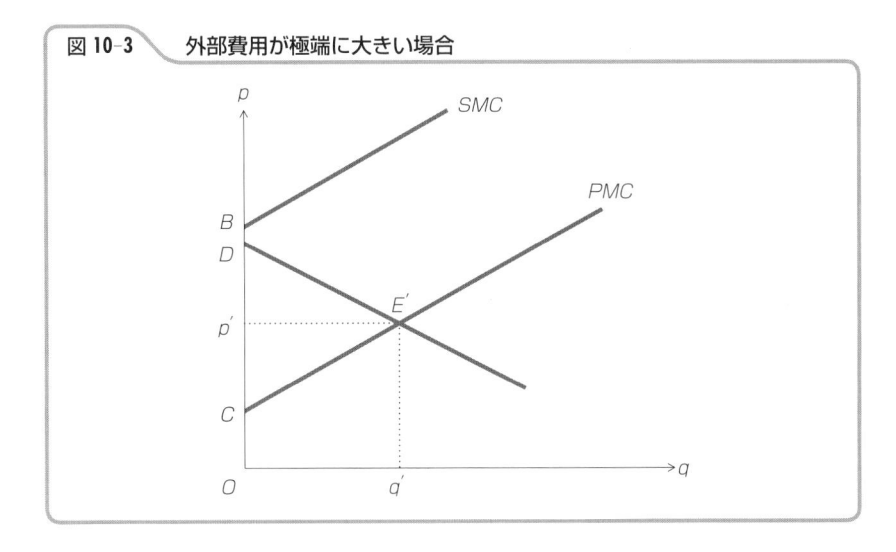

図 10-3　外部費用が極端に大きい場合

ているかを考えることは市場メカニズムの枠外のことになっています（第4章第4節）。これが市場メカニズムの限界です。

　さて，そこで読者のみなさんの中には次のようなさらなるツッコミを入れたくなる方がいるかもしれません。

　　「市場メカニズムでは一定水準の汚染があってもいいというのなら，環境基準ではいっさい検出が禁止されているシアンやアルキル水銀，PCB なども経済学は排出してもいいと考えるのか」

　これに対するミクロ経済学からの回答はこうです。シアンなどの有害物質はほんのわずかだけでも人間を含む生物を死に至らしめます。人の命を奪うくらいですから，この汚染物質の排出による外部費用は信じられないくらい高いことがわかります。つまり，図 10-2 にあるような SMC と PMC の間の隙間程度ではすまない，両者にははるかに大きな開き（外部費用の莫大さ）があります。

　これを示したのが図 10-3 です。企業が自分に関係する費用のことだけを考えるならば生産量は q' となります。しかし，これによって非常に危険な汚染物質が工場外に流出します。この外部費用はかなり高く，SMC ははるか図 10-3 の上方に位置します。この場合，外部費用を考慮にいれた SMC は高すぎて需要曲線と交点を持ちません。この場合は，少なくとも汚染物質をそのままの形で工場外へ排出することを許すかぎり，生産量はゼロにするのが最適です。より厳密にいえば，市場均衡点は縦軸の BD の間となり，市場均衡量はゼ

ロです。したがって，環境税を課すまでもなく，経済学もまたこうした汚染物質の排出がいっさいないことが社会的に最適な状態だと判断します（実際にはシアンなどの廃液はきちんと工場内で処理され，外部不経済が発生しないように生産が行われています）。

話し合いという解決方法はいいことか

市場均衡に関する説明もいよいよ終わりになりますので，最後に市場均衡分析の応用として，それに準ずる擬似的な市場の分析をしてみることにしましょう。ここでは再び環境問題を取り上げます。

しばしば環境問題の解決方法として，話し合いという方法がとられることがあります。たとえば近所でピアノの音がうるさければ，午後 10 時以降はピアノを弾かないということを町内会で取り決めたり，また，空港の騒音公害のある場合は，深夜に離着陸をしないように空港と地域住民が交渉をして，離着陸時間を設定したりすることなどがあります。こうした交渉，話し合いという環境問題解決の方法はいいことなのでしょうか。

ここでは空港と空港周辺の住民が航空機の離着陸回数（便数）の制限について話し合いをする状況を考えてみましょう（以下は主に拙著『交通経済学入門（新版）』第 7 章〔186〜189 ページ〕を加筆修正したものです）。

ある地域に空港があって航空機が離着陸を繰り返しており，その騒音によって周辺住民が被害を受けているものとします。このときの当事者は空港当局と周辺住民です。空港当局はその空港利用者（航空機の乗客）の利害を代弁しているものとし，したがって，空港当局の利害は空港利用者の利害と一致しているものとしましょう。航空機の便数を巡って交渉のテーブルに着くのは，空港周辺住民と，空港利用者を代表する空港当局です。

両者の利害関係を表しているのは，空港当局（空港利用者）の空港利用による限界効用曲線 MU と周辺住民の騒音被害による限界費用曲線 MC です。この両者は図 10-4 に描かれています。縦軸はそれぞれの限界効用 MU および限界費用 MC を表しており，横軸はこの空港を利用する航空機の便数 q を表しています。1 日 1 便しか飛んでいない空港で，便数が 2 便になるときの利用客の効用（利便性）の増加は，1 日 20 便飛んでいる航空機が 21 便に増えるときのそれよりも大きいでしょう。これは限界効用逓減の法則に合致します（32

図 10-4 コースの定理

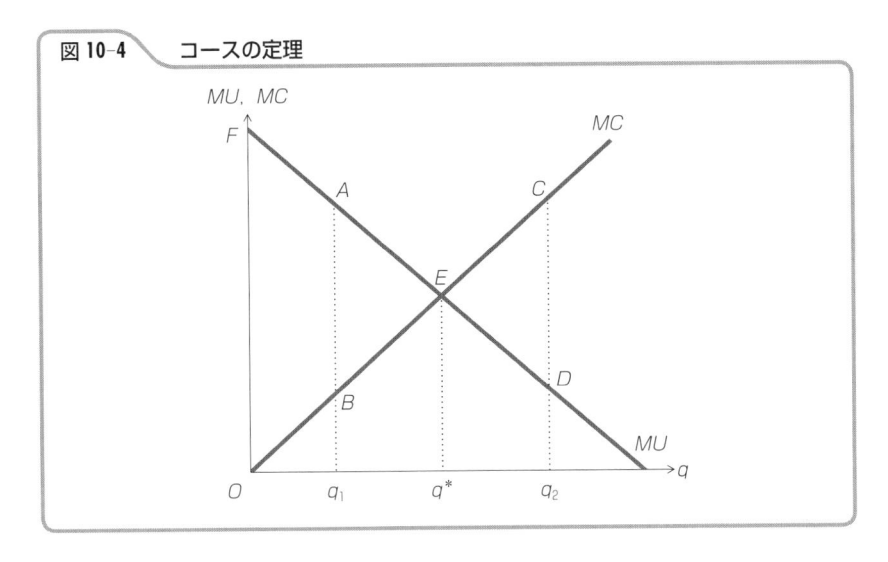

ページ)。したがって，限界効用曲線は右下がりとなります。限界効用曲線が需要曲線に対応していることに注意してください。

　一方，周辺住民は 1 日のうちに 1 便が 2 便に増える程度ならば騒音は我慢できるほどのものかもしれませんが，それが 10 便，20 便と増えていくときには，追加 1 便による騒音被害はますます我慢できなくなるくらい大きくなっていくでしょう。したがって，MC は右上がりになると考えられます。限界費用曲線が供給曲線に対応していることに注意してください。

　いま，空港周辺の環境を利用する権利が周辺住民にあるものとします（「当たり前じゃないか」と，こうした表現に違和感を持つ方も読者のみなさんの中にはいるでしょうが，このことについては後に述べます）。現在の航空機の便数が q_1 であるとすれば，増便したい空港当局は 1 便増加できるように周辺住民と交渉することになります。環境を利用する権利は周辺住民にありますから，空港当局は周辺住民に増便をお願いする立場にあります。

　q_1 より 1 便増加することで周辺住民が被る被害額の増加分は Bq_1 です（イメージの湧かない方は，この MC の下の部分にはものすごく細い線のような棒グラフが埋まっていると考えてください）。一方，q_1 より 1 便増加することで空港当局（空港利用者）が得られる効用の増加分は Aq_1 です（同じように，MU の下の部分にはものすごく細い線のような棒グラフが埋まっています）。

　$Aq_1 > Bq_1$ ですから，空港当局は周辺住民の被害額 Bq_1 を補償してもなお，

AB（$=Aq_1-Bq_1$）だけの追加的な効用（空港の利便性）を得ることができます。逆に周辺住民は，被害額が補償されるならば以前の状態と変わらなくなるので，この1便の増便には同意できます。このようにして補償を行うことで，1便の増便交渉は成立します。こうやって空港当局は1便ずつ増加の交渉を進めていきます。そして，この交渉は便数が q^* になるまで続きます。しかし便数が q^* 以上になると，地域住民の追加的な被害額が航空当局の追加的な効用を上回りますので，空港当局は地域住民が同意するだけの被害額の補償ができず，この段階で交渉は決裂し，増便は認められなくなります。ですから，最終的に交渉の結果は便数が q^* になるところで落ち着きます。

　次に，空港周辺の環境を利用する権利が空港当局（空港利用者）にあるものとします（「えっ，なんで？」と思う方が読者のみなさんの中にいても当然なのはわかるのですが，ここはひとまず先に読み進んでください）。現在の航空機の便数が q_2 であるとすれば，減便させたい周辺住民が1便減少してもらうように空港当局と交渉することになります。環境を利用する権利は空港当局にありますから，周辺住民は空港当局に減便をお願いする立場にあります。

　q_2 より1便減少することによって空港当局（空港利用者）が受ける効用の減少分（空港利用者の利便性の低下分）は Dq_2 です。一方，q_2 より1便減少することによって周辺住民が得られる被害額（費用）の減少分は Cq_2 です。$Cq_2>Dq_2$ ですから，周辺住民は空港当局の効用の減少分 Dq_2 を補償してもなお CD（$=Cq_2-Dq_2$）だけの追加的な被害の減少を得ることができます。

　逆に空港当局は，効用の減少分が補償されるならば以前の状態と変わらないので，この1便減便には同意できます。このようにして1便の減便交渉は成立します。こうやって周辺住民は1便ずつ減少の交渉を進めていきます。そして，この交渉は便数が q^* になるまで続きます。しかし便数が q^* 以下になると，空港当局の効用の減少分が地域住民の追加的な被害の減少額を上回りますので，地域住民は空港当局が同意するだけの効用減少分の補償ができず，交渉は決裂し，減便は認められなくなります。ですから，最終的に交渉の結果は便数が q^* になるところで落ち着きます。

「汚染者負担原則」のワナ

　以上のことは興味深い事実を示しています。すなわち，空港周辺の環境を利

用する権利がどちらにあるとしても，交渉による結果，同じ便数が達成される
ということです。しかも，MU と MC は完全競争市場における需要曲線と供給
曲線に対応するものですから，社会的余剰の大きさを考えると，この交渉の結
果である点 E（q^* という便数）は完全競争市場均衡と同じ点に対応します（社会
的余剰は $\triangle OFE$ です）。

　つまり，交渉の結果としての便数は社会的余剰を最大にし，資源配分を最適
にしています。ここで示された，権利の所在がどのようなものであれ，交渉に
よる結果は社会的に最適な資源配分を達成するという定理は**コースの定理**と呼
ばれています。ちなみに，便数が q_1 のときは死荷重が $\triangle BAE$ になっており，
便数が q_2 のときは死荷重が $\triangle ECD$ になっていて，ともに社会的に最適な便数
となっていません。

　このコースの定理において注目するべき点は，「権利の所在がどのようなも
のであれ」という点です。この経済モデルでは，環境を利用する権利が地域住
民と空港当局のそれぞれにある場合を分析しました。両者のうち後者の，環境
を利用する権利が空港当局にあり，地域住民が空港当局に対して補償すること
により便数を減らそうとお願いするケースは常識的には受け入れられないでし
ょう。なぜならば，これは**汚染者負担原則**に反するからです。環境を汚染した
者がその費用を負担するというこの原則は，被害を受ける経済主体が環境を利
用する権利をつねに持っていることを暗黙の前提としています。しかし，これ
はいつでも正しいことでしょうか。

　たとえば次のような状況を想定しましょう。ハワイのような南海の楽園の美
しい海岸線にプライベート・ビーチがあるものとします。そこにはアラブの石
油王やら世界の大実業家やら超一流ハリウッドスターのような大富豪が集まっ
た別荘やマンションが建ち並んでおり，超高級リゾート地となっています。そ
のプライベート・ビーチに流れ込む 1 本の川があるとします。その川の上流
には 1 軒の小さな工場があり，細々と家族経営で工場を営んでいる貧しい一
家がいるものとします。その工場は使用済みの汚染された排水をこの川に流し
ています。

　このとき汚染者負担原則に従うと，多くの大富豪たちが集まってその貧しい
一家に補償を求めることになります。その補償金額が 1 億円だとすると，そ
れはそのリゾートの大富豪たちにとっては大した金額ではないかもしれません

が，その家族にとっては生死に関わるほどの重大な金額でしょう（しかも，そのようなことをすれば両者の所得格差はますます拡大します）。こうしたときは，むしろ大富豪たちが集まって，何がしかの金額を渡すことでその一家に操業の抑制や転職を促す方が自然であるかもしれません。

　コースの定理は，どちらに環境を利用する権利があっても，交渉することによって社会的に最適な点に至るということを客観的，論理的に証明しています。どちらに環境を利用する権利があるか（プライベート・ビーチの大富豪たちか，小さな工場の貧しい家族か）は論理的に証明することができません。価値判断にかかわる問題です。ですから，その点では読者のみなさんは不満を持つかもしれません。しかし感情的な対立が起こりやすく，汚染者負担原則のみが万能であるというような風潮に陥りがちな環境対策において，コースの定理は経済学を通じて冷静かつ重要な警鐘を鳴らしています。

練習問題

10-1　次の文章の空欄に当てはまる言葉を下から選んでください。なお，以下の文章中にある言葉が空欄に入る可能性もあります。ただし，⑥⑩についてはカッコの中の適切な用語を選んでください。

　　　時間的な制約から，事実上市場への参入・退出が起こらない市場を（　①　）の市場と呼び，参入・退出が起こる市場を（　②　）の市場と呼ぶ。利潤は（　③　）と（　④　）に分けることができる。（　③　）は（　⑤　）と考えられるので，費用曲線に含まれており，（　④　）があるときに市場には参入が起こる。市場に企業が参入し続けると需要曲線が一定であっても供給曲線が（⑥右・左）に移動するので価格は低下し（　④　）は少なくなっていく。しかし（　④　）があるかぎり市場には参入が続き，最終的には（　⑦　）の最低点で価格が下げ止まる。この点での均衡を（　⑧　）と呼ぶ。このとき，（　⑨　）は（⑩水平・垂直・右上がり・右下がり）になる。

> 機会費用　正常利潤　短期　超過利潤　長期　長期市場均衡　長期の供給曲線
> 平均費用曲線

10-2　次の文章の空欄に当てはまる言葉を下から選んでください。なお，以下の文章中にある言葉が空欄に入る可能性もあります。ただし，⑤についてはカッコの中の適切な用語を選んでください。

自己の行動に対して他者の行動がプラスに作用している場合を（　①　）と呼び，環境汚染のようにマイナスに作用している場合を（　②　）と呼ぶ。（　②　）の場合，（　③　）と（　④　）は乖離しており，生産量は（⑤過小・不変・過大）になっている。資源配分を最適にするためには，企業に（　④　）を自らが負担する費用として認識させることが必要である。このために課される税を（　⑥　）税と呼ぶ。こうして社会的に最適な市場均衡点に導くことを（　⑦　）と呼ぶ。
　環境問題は話し合い（交渉）によっても解決することができる。話し合いによって実現できる点は（　⑧　）を最大にする。またこの点は，環境を利用する権利が当事者のどちら側にあっても実現できる。この事実はよく主張される（　⑨　）に反するものであるが，この事実を理論的に示したものが（　⑩　）の定理である。

汚染者負担原則　外部経済　外部不経済　外部不経済の内部化　コース
私的限界費用　社会的限界費用　社会的余剰　ピグー

10-3　次の文章の空欄に当てはまる適切な数値を入れてください。空欄の番号が違うからといって違う数値が入るとは限りません。
　ある市場における，市場全体の需要曲線が，

$$p=-\frac{1}{100}q+24$$

であるとし，この市場に参入しているある企業の限界費用曲線 MC と平均費用曲線 AC が近似的かつ部分的に以下のように表されるものとする。

$$MC=q$$

$$AC=-\frac{1}{2}q+15 \ (2\leqq q\leqq10) \qquad AC=\frac{1}{2}q+5 \ (10\leqq q)$$

当初の市場全体の供給曲線が

$$p=\frac{1}{100}q+4$$

のとき，市場均衡価格は（　①　）となり，市場均衡量は（　②　）となる。この市場均衡価格において，この企業の生産量は（　③　）である。またこのときの生産物 1 単位あたりの超過利潤は（　④　）となっている。超過利潤が出ているので，この市場には新たに企業が参入する。新規参入によって一定期間後の供給曲線が，

$$p=\frac{1}{100}q$$

になったものとしよう。このとき市場均衡価格は（　⑤　）となり，市場均衡量は（　⑥　）となる。この市場均衡価格において，この企業の生産量は（　⑦　）である。また，このときの生産物 1 単位あたりの超過利潤は（　⑧　）となって

いる。この場合でも超過利潤は出ているので，この市場には新たに企業が参入する。

このように超過利潤があるかぎり，この市場への参入は続き，最終的には市場均衡価格は（　⑨　）となり，市場均衡量は（　⑩　）となる。これが長期の市場均衡点となる。

10-4 次の文章の空欄に当てはまる適切な数値を入れてください。空欄の番号が違うからといって違う数値が入るとは限りません。

ある完全競争市場における需要曲線が

$$p = -\frac{1}{2}q + 16$$

であるとし，この市場で環境負荷を社会に与えている個々の企業の私的限界費用 PMC と社会的限界費用 SMC をすべて水平方向に合計した私的限界費用 PMC と社会的限界費用 SMC が以下のとおりであるとする。

$$PMC = \frac{1}{2}q \qquad SMC = \frac{1}{2}q + 4$$

この市場に何の環境規制も課されていないとすれば，市場均衡価格は（　①　）であり，市場均衡量は（　②　）となる。外部費用を無視すると，このときの社会的余剰は（　③　）のように見える。しかしこの生産量では，外部費用は総計で（　④　）だけ発生しており，これを考えると死荷重は（　⑤　）だけ発生しているから，これは社会的に最適な生産量ではない。社会的に最適な生産量は（　⑥　）である。この生産量のとき，社会的に最適な市場均衡価格は（　⑦　）である。そしてこのとき，社会的限界費用は（　⑧　），私的限界費用は（　⑨　）だから，この外部費用相当分をピグー税として企業に課せば社会的に最適な市場均衡点を実現できる。したがって，ピグー税は（　⑩　）となる。

10-5 次の文章の空欄に当てはまる適切な数値を入れてください。

航空機の1日あたりの発着回数（便数）q について空港利用者の利便性を代表する空港当局と地域住民が交渉をすることを考えよう。空港当局の持つ限界効用 MU と地域住民の持つ環境の限界費用（騒音）MC がそれぞれ次のようであるとする。

$$MU = -\frac{1}{2}q + 20 \qquad MC = \frac{1}{2}q$$

環境を利用する権利が空港当局にあるとして，現在の便数が32であるとしよう。このとき，地域住民は空港当局に減便の交渉をする。地域住民の1便の減少による被害の減少額が（　①　）である。したがって地域住民は1便減少のために（　①　）まで空港当局に支払う用意がある。一方，空港当局の1便の減少による被害は（　②　）なので，（　②　）の補償を得られれば1便減少に同意する。地

域住民は（　②　）の補償をしてもなお（　③　）だけ騒音の費用を抑えることができるのでこの交渉は成立する。こうしてこの交渉は便数が（　④　）になるまで続く。

　環境を利用する権利が地域住民にあるとして，現在の便数が 12 であるとしよう。このとき，空港当局は地域住民に増便の交渉をする。空港当局の 1 便の増加による利便性の増加額が（　⑤　）である。したがって，空港当局は 1 便増加のために（　⑤　）まで地域住民に支払う用意がある。一方，地域住民の 1 便の増加による被害は（　⑥　）なので，（　⑥　）の補償を得られれば 1 便増加に同意する。空港当局は（　⑥　）の補償をしてもなお（　⑦　）だけの利便性が残るのでこの交渉は成立する。こうしてこの交渉は便数が（　④　）になるまで続く。

　便数が（　④　）のとき，この交渉によって実現できる社会的余剰は（　⑧　）であり，死荷重が発生しない。たとえば，便数が 32 のときは（　⑨　）の死荷重が発生しており，便数が 12 のときは（　⑩　）の死荷重が発生している。したがって，どちらに環境を利用する権利があっても，交渉によって実現された便数は一致し，それは資源配分を最適にする。

エピローグ

ここでお別れしましょうか，
それとも先に進みましょうか

　これで，第3部が終了しました。よくぞここまでいらしてくださいました，とお礼を申し上げたいと思います。これで長い間引っかかっていた「分業・協業効果や学習効果があってもなぜ供給曲線は右上がりなのか」という疑問が解けました。難しい図も描きました，ややこしい言葉も使いました，さぞやご苦労も多かったことと思います。

　第3部プロローグで述べましたように，第3部までで需要曲線と供給曲線に関してはほぼ完璧にその内容を網羅しました（ただし，もちろんあくまで入門・初級レベルでのことですが）。もう堂々と需要曲線や供給曲線を語ることができるようになったので，「ミクロ経済学がデキる」と周囲からいわれるようになるでしょう。

　第3部では，供給曲線が右上がり（厳密には価格が操業停止点以下ではゼロ供給ですが）であることがわかっただけではありません。第8章では経済学を語るときに欠かすことのできない，弾力性，代替財，補完財，必需財，下級財などといった言葉を手に入れて使いこなせるようにもなりました。こうした言葉は経済学の世界だけではなく，ビジネスの世界でも使える言葉です。読者のみなさんの世界がさらに広がったと思います。

　ただし，他にやり残したことがあるという若干の心残りもあります。たとえば，費用曲線には長期と短期があるということもできれば突っ込んでやりたかったです（コラムで少しだけ紹介しました）。これをマスターすると，企業の最適規模というものを求めることができます。また世間でもよく使われる「規模の経済」あるいは「スケール・メリット」という言葉についても話ができるようになります。さらには，限界生産性について詳しく解説を加えたかったことも心残りです。このあたりを突っ込むと「同一労働，同一賃金」というスローガンが経済学的にどう評価できるかということも分析できるようになります。

　いずれにしても，紙面の都合もありますし，本書の価格も高くなりますし，今回は後ろ髪を引かれる思いで執筆を断念しました。もし幸いにしてこの本が

売れに売れて改訂版が出せるようになりましたら，そのときは書けなかったところを加筆することを考えてみまししょう（笑）。

　以上で，完全競争市場に代表される市場メカニズムのお話はすべて終了となります。ここまでやってきて，

　　「なんとかたどり着いた。疲れた。もうこれ以上は一歩も進めない（筆者より…それはそれは，お疲れさまでございました）」

　　「完全競争市場のほぼすべての領域まで行き着いたのならこれで十分（筆者より…当初の目的がそのようでしたら，ここまでで十分ですよ）」

　　「何かあると思って期待して読んできたが，やっぱりミクロ経済学はつまんねぇな（筆者より…これで終わりと思ってもらっては困るのですが）」

と思った方はこちらでお引き取りいただいて構いません。それでも少なくとも完全競争市場，あるいは市場メカニズムについては応用も含めてある程度のことがいえるようになったことは私が保証します。

　ただ，せっかくここまで来たのですよ。もうちょっと付き合っていきませんか。あと少しですし。ここから先は完全競争市場ではありません。不完全競争市場を取り扱います。不完全競争市場の中でも代表的なのは独占市場です。第4部では，この分析に集中して有終の美を飾りたいと思います。

　第3部まででも十分にミクロ経済学の領域を巡ってきましたが，ワンランク上を目指すために第4部に突入することにしましょう。興味と時間のある方はぜひお付き合いただきたいと思います。

第4部

ミクロ経済学については
大体わかっています

こんなことをやります

　第3部まで読破してこられたみなさんは，完全競争市場のモデルを使って，さまざまな世の中の現象を分析できるだけの武器を手に入れることができたと思います。ただ，これでミクロ経済学の分析が終わったというわけではありません。完全競争市場あるいはそれに近いような市場は世の中にはそれほど存在せず，圧倒的にこの世には不完全競争市場が多いのが実情です。

　そんなことは読者のみなさんは十分ご承知のことでしょう。完全競争市場の基本をマスターしたのですから，当然，完全でない市場はどうするんだという疑問を持つことは自然なことです。ですから，本書の最後となる第4部では完全でない市場を取り扱うことにしましょう。

　この世には圧倒的に不完全競争市場が多いと述べました。しかし，本書では不完全競争のすべては取り扱えません。やはり本書は「大体こんな感じ」なのです。本書はパーフェクトなミクロ経済学の教科書を目指してはいませんから，ここでは不完全競争の極端な例として独占市場のみを取り上げます。極端といっても，独占市場は結構あちこちに存在します。たとえば電力，ガス，水道，交通などの分野では全体あるいはその一部が独占市場になっています。また，特許に守られているような製品の場合は，その製品に関して独占的な状況があります。

　独占市場は完全競争市場の対極にあるからといって，「完全競争市場について私たちが学んだこととまったく別のことが始まるのか」というと，そのようなことはありません。ですから，独占市場を学ぶために改めて最初から努力をし直さなければならないということはないのです。新しく出てくる言葉はせいぜい「限界収入」くらいのものです。しかも限界収入という考え方は，実は完全競争市場の場合でも使ってよかった言葉だったことが後で明らかになります。第3部まではわざと使わなかっただけです（後で言い訳をします）。その後の分析では，おなじみの需要曲線，限界費用曲線，平均費用曲線などのオンパレードです。ですから，第3部まで読み進めたみなさんにとっては，さほど苦労なく第4部を読み進めることができるのではないでしょうか。

　さらに，独占市場の企業戦略も若干紹介することにします。ここでは価格差

別戦略を取り上げます。この理論を知れば，世の中で行われている財の価格の
つけ方について，よりいっそう理解できる世界が広がることになります。

　不完全競争市場まで学べば，妙な言い方になりますが，これでミクロ経済学
の「大体こんな感じ」は完璧な「大体こんな感じ」になります。あと一息です。
最後の力を振り絞って第 11 章と格闘してみてください。それによって得られ
る果実は相当に甘くておいしいものになるに違いありません。

第 11 章

究極の市場支配
独占市場

> 　いよいよ最後の章になります。これまで私たちは完全競争市場だけを考えてきました。しかし，市場は完全な競争市場よりもむしろ不完全な競争市場の方が多いのが現実です。この章では，不完全競争市場の代表例として独占市場を見ていきます。独占市場では価格や生産量はどうなるのか，消費者の幸せはどうなるのかなどが明らかになります。また独占企業はその市場支配力を使って，いろいろな価格戦略を展開することができます。そこで，それらの中の 1 つである価格差別戦略を考えることで，私たちの日常にあふれている価格の不思議を解き明かすことにしましょう。

第1節 「限界収入」に関するお詫び

どこでも見かける不完全競争市場

　第 4 章第 1 節で完全競争市場であるための条件を 4 つあげました。この 4 つの条件のうち，どれか 1 つでも欠ければ不完全競争市場になります。ただこれらの条件の中でも，とりわけ不完全競争として取り上げられることが多いのは，「(2) 多数の消費者と生産者が存在する」という条件が破られるときです。

この条件が満たされていると，生産者は価格をただ受け入れるだけという「プライス・テイカー（価格を受け取る人）」になります。この条件が破られるということですから，生産者は価格を自由に決めることができるようになります。このとき，生産者は「プライス・メイカー（価格を作る人）」になります。プライス・メイカーが誕生するのは，市場での生産者の数がかなり少なくなったときです。生産者の数が少なくなればなるほど，その生産者の市場での影響力（市場支配力）は大きくなります。そして，最終的に1社が市場を支配するようになれば，ライバル企業を気にすることなく自分の思いどおりに市場で行動できるようになります。

　完全なプライス・メイカーである独占の場合，自分の好き勝手な生産量や価格をつけることができます。といっても，生産量と価格は需要曲線上で組み合わされていることには注意しておきましょう。たとえ独占でも，お客さんあっての独占です。価格と生産量をまったくバラバラに決めることはできません。消費者は独占企業が設定した価格に基づいて消費量を決めるので，「独占企業は価格と生産量を自由に決める」というのは誤解を招きやすい表現です。厳密には，「需要曲線上の価格と生産量の組み合わせの中から好きな組み合わせを自由に選べる」というのが正しいでしょう。

　独占というと，私たちはすぐに生産者である企業が1社であり，消費者が無数にいるという**売手独占**を想像しがちです。しかし，独占の形態はそれだけではありません。**買手独占**もあります。ある地域に巨大メーカーの組み立て工場があり，その周囲には無数の部品工場があって，その巨大組み立てメーカーのみが周辺の部品工場から部品を買い付ける場合は買手独占となります。また**双方独占**もあります。つまり売手が1社，買手も1社の場合です。先の例を使うと，組み立てメーカー1社とそこに部品を納入する部品メーカーが1社の場合です。

　ただ，実際には売手独占が多く私たちの目に触れます。たとえば，鉄道事業は独占であることが多くあります。東海道新幹線はJR東海が独占しています（ただし，国内航空や高速バスなどとは競争状態にはあります）。電力では最近自由化が進んでいますが，送電部門（よく山の上に立っている鉄塔や送電線を見ることがあるでしょう）は独占となっています。東京に限れば，水道事業は東京都水道局のほぼ独占です。それから，ある技術に特許が認められている場合，それは

技術の独占的利用の権利を確保するものなので，その特許技術を使ってしか作れない商品はその特許を持っている企業の独占となります。

　本書では取り扱いませんが，不完全競争の度合いに関する独占以外の言葉を簡単に紹介しておくことにします。市場に 2 社の企業が存在するときを**複占**と呼びます。

　次に，とくに数は決まっていませんが，市場に企業が数社存在する場合を**寡占**と呼びます。寡占市場と呼ぶことのできるのは，各社が市場全体に直接影響を及ぼすことができ，ライバル企業の行動が相互に目に見える状態にあるような場合です。複占，寡占もそれぞれに買手，売手，双方の 3 種類が考えられます。

　さらに企業の数が増えると，**独占的競争**という，一見矛盾したような言葉で表される市場の状態となります。ここでは各企業が生産する財が**製品差別化**されています。たとえば，バッグや靴という意味では同一の財ですから，各企業は同一市場で競争していると考えられる一方で，それぞれのバッグや靴は製品差別化によって企業（ブランド）ごとにデザインなどが異なっていて，その製品に関するかぎりは独占です。

　そして，独占的競争市場よりもさらに企業の数が増えると，最終的には完全競争状態になります。市場にどれだけの企業が集まっているかを示す指標を**市場集中度**と呼びます。市場集中度の最高レベルが独占というわけです。

　複占市場を含めて寡占市場は独占市場以上に多くあります。ここでは例をあげるにはあまりにも数が多いので 1 つ 1 つを詳しくは取り上げませんが，ミクロ経済学や産業組織論のテキストで好んで取り上げられる例としては，ビール（地ビールを除く）市場や，国内航空輸送市場，携帯電話サービス市場などがあります。

完全競争市場の企業の収入は増え続ける

　完全競争市場と独占市場の決定的な違いは，完全競争市場での生産者は市場の力で決まった価格をそのまま受け入れるしかない一方で，独占市場での生産者は自己の利潤を最大にするように需要曲線上の価格と生産量の組み合わせを自由に選べる，という点です。完全競争市場においては一企業の視点から見た需要曲線と市場全体から見た需要曲線が違っているということは図 6-8 を使

ってすでに述べました（164 ページ）。

　独占企業の場合，市場全体を 1 社で支配していますから，市場全体の需要曲線はそのまま独占企業 1 社が直面する需要曲線になります。ですから独占企業の需要曲線は水平ではなく，右下がりとなります。独占企業は，右下がりになっている需要曲線上にある価格と数量の組み合わせの中で，好きな組み合わせを選べるということになります。独占企業でも利潤の最大化が目的ですから，利潤を最大にするような組み合わせを選ぶことになります。利潤最大化については**限界収入**という考え方が大きな役割を果たします。

　独占市場の分析において唯一新たに学ばなくてはならない言葉が限界収入です。そして，それをグラフ上に表したものが限界収入曲線です。限界収入曲線は，本書での最後の重要な経済学用語だと思ってもらって構いません。

　「限界」という言葉からすでに容易に想像されるように，限界収入とは，生産物を 1 単位追加で増やしたときに企業が得られる収入の増加分です。たとえば，100 単位作って売ると総収入が 10 万円で，101 単位作って売ると**総収入**が 10 万 1500 円になるならば，そのときの限界収入は 1500 円ということになります。限界費用は総費用曲線の接線の傾きの大きさで表されました（第 9 章第 2 節）。それと同じように，限界収入は総収入曲線の接線の傾きの大きさで表されます。

　完全競争市場下の企業が持つ限界収入曲線の形と，独占企業が持つ限界収入曲線の形は違ってきます。限界収入曲線の形の違いが完全競争市場とは違う独占企業の行動原理を説明してくれますから，ここからはしばらく限界収入曲線を導き出すことに集中することにしましょう。独占市場と対比するために，まず完全競争市場下での企業 1 社の限界収入曲線から始めます。

　図 11-1 (a)(b)(c) ではそれぞれ縦軸の単位が違うことに注意してください。図 11-1 (a) の縦軸は価格 p，図 11-1 (b) の縦軸は総収入 R，図 11-1 (c) の縦軸は限界収入 MR です（後でわかるのですが，結果的に 11-1 (a) と図 11-1 (c) は同じ縦軸になります）。

　図 11-1 (a) を見てみましょう。これは一企業から見たときのその企業の需要曲線で，水平です。棒グラフは財の 1 単位を表しています。最初の財 1 単位の生産で企業が得られる収入は，1 単位が価格 p^* で売れますから p^* です。2 単位目も p^* で売れますから，追加で p^* の収入が手に入ります。これで合計

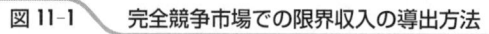

図 11-1 　　完全競争市場での限界収入の導出方法

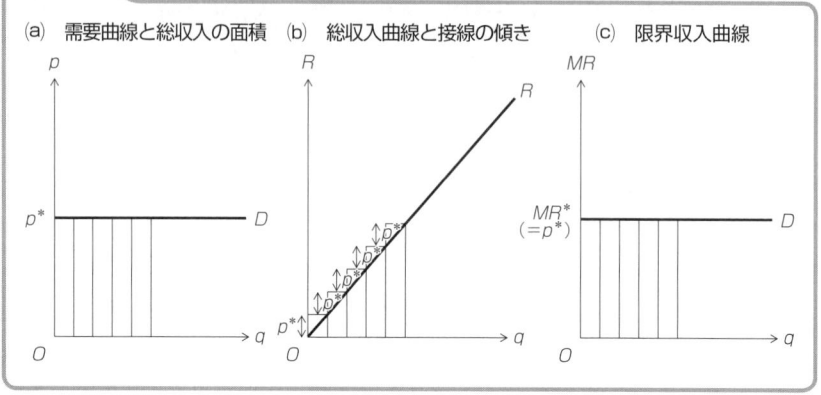

(a) 需要曲線と総収入の面積　(b) 総収入曲線と接線の傾き　(c) 限界収入曲線

（つまり総収入）は $2p^*$ です。3 単位目も p^* が入ってくるので，総収入は $3p^*$ です。このように総収入は $4p^*$，$5p^*$，$6p^*$ となり，総収入は生産量に比例して増えていくことになります。これは当たり前のことで，追加 1 単位 p^* の商品を売れば 1 単位あたり p^* 円の収入になるからです。このように完全競争市場の総収入は生産すればするほど，収入は限りなく比例した形で増加していきます。そして，この需要曲線の下側の面積が総収入になります。

　もちろん，生産を無限にすれば無限に収入が大きくなるわけではありません。市場の需要量には限界がありますから，市場の需要量を上回って生産しても仕方ないですし，そもそも市場のすべての需要を供給してしまえば，それは独占市場ですから，それでは完全競争市場という仮定に反することになります。ここでは，あくまで完全競争市場で価格を受け入れるしかない数千，数万社のうちのちっぽけな一企業の行動であるということを忘れてはなりません。こうした企業はどんなに生産量を増やしても市場の大勢には影響を与えないのです（164 ページ）。

　このある一企業の総収入を描いたものが図 11-1 (b) の総収入曲線 R です。図 11-1 (a) で表された総収入の面積の数値を縦軸の距離に置き換えています。図 11-1 (b) の総収入曲線 R は直線で，図 11-1 (b) にあるように，傾きは p^* となります（生産物が 1 単位増えれば収入は p^* 増えますから）。そこで，限界収入は総収入曲線の接線の傾きであることを思い出してください。そうすると，総収入曲線の接線の傾きはどこでも総収入曲線の傾きと同じになっているので，傾きはずっと p^* で変わりません。ですから，限界収入はすべての生産量にわた

って一定で，p^*です。

　完全競争市場下での企業の限界収入はつねにp^*で一定ということがわかりました。この限界収入曲線を描いたものが図11-1(c)です。そうなると，あら不思議。一企業から見た需要曲線p^*は限界収入曲線と完全に一致しているではありませんか。つまり，完全競争市場のとき，一企業が直面する需要曲線は限界収入曲線と同じになるのです。

　そうなると，大事なことがわかってきます。企業が利潤を最大にできる生産量とは，価格と限界費用が等しくなる点での生産量でした。私はこのことをこれまで何度も繰り返してきました。ところが，価格は限界収入と等しいのです（図11-1(c)の場合ではp^*）。ですから，「価格」という言葉を「限界収入」という言葉に置き換えても構わないことになります。つまり，「限界収入と限界費用が等しくなる点で生産するとき，企業の利潤は最大になる」ということになります。

　「なんで今ごろになってそんなことを言い出すんだ。それならそうと，早いうちからいってくれればよかったじゃないか」と私は読者のみなさんにいわれるかもしれません。しかし，早いうちに限界収入を説明しても，いま述べたようなことを長々と説明しなくてはならず，それではややこしくなるので，あえて今までこの言葉を持ち出しませんでした。完全競争市場では価格はつねに限界収入と一致するので，別に限界収入という言葉を使わなくても「価格＝限界費用」ですませることができたのです。ですから，限界収入という言葉を持ち出しませんでした。まったくこんな時期になってカミングアウトして申し訳ないのですが，完全競争市場でも独占市場でも，

　限界収入と限界費用が等しくなる点で生産するとき，利潤は最大になる

ということを覚えておいてください。繰り返しになりますが，完全競争市場では限界収入と価格は一致するのです（第3部でお帰りになった方にはこのことをお知らせしないままでお見送りしてしまいました）。今まで黙っていてすみませんでした。お詫びします。

　でも，これは格別に難しいことをいっているのではありません。追加1単位の生産で，追加で得られる収入の方が追加で支払う費用よりも大きければ，その差額はそのまま追加の利潤となります。ですから，企業はその追加1単位を喜んで生産するに決まっています。完全競争市場では限界収入つまり価格

はつねに一定である一方，限界費用は上昇し続けますから，最終的に限界収入と限界費用の一致するときがいつかは来ます。ですからその点まで生産し，そこで生産を止めれば利潤は最大になります。仮にそれ以上生産してしまうと，追加的費用が追加的収入を上回るので損失が出てしまい，利潤は減少に向かうことになります。これを示しているのが，図 6-8（164 ページ）でした。

第2節　独占企業はどうやって価格をつけるのか

独占企業の収入はやがて減る

次に独占企業の限界収入を考えましょう。独占企業の直面する需要曲線は水平ではなく右下がりの需要曲線だということに注意しながら，完全競争の場合と同じようにして限界収入曲線を導いてみましょう（ちょっとややこしくなるのでお覚悟のほどを）。図 11-1 (a)(b)(c) と同じものを独占市場バージョンで示したのが図 11-2 (a)(b)(c) です。ですから，縦軸の単位も横軸の単位も図 11-1 (a)(b)(c) と一致しています。

ただし，注意しなくてはならないのは横軸の規模感です。図 11-1 (a)(b)(c) は数千，数万社が市場に存在する完全競争市場の中にいる一企業の生産量だったので，その規模はたかが知れていました。しかし今回は独占市場で，市場全体を 1 社で対応しているため，横軸の生産量の大きさは格段に大きいのです。たとえば，完全競争市場に 1000 のクローン企業が参入していれば，図 11-1 (a)(b)(c) の横軸の幅の 1000 倍が図 11-2 の横軸の幅に圧縮して押し込まれています。ですから，図 11-1 (a)(b)(c) と図 11-2 (a)(b)(c) ではビジュアル的には同じ幅の横軸がとられていますが，その縮尺はかなり違います。

図 11-2 (a) は市場全体の需要曲線，つまり独占企業の直面する需要曲線が描かれています。この需要曲線を縦軸上の点 A_0 から出発して，横軸上の点 A_6 の到着点に向かって需要曲線上を生産物 1 単位ずつ右下に順に降りていき，そのそれぞれのときの総収入がどう変化するかを見てみます。なお，点 A_1 から点 A_5 はその途中の代表的な点をいくつかを取り出したものです。総収入＝生産量×価格であり，横軸に生産量，縦軸に単位あたりの価格がとられていますから，図 11-2 (a) において総収入は，生産量を底辺，価格を高さとした長方形の面積で表すことができます。

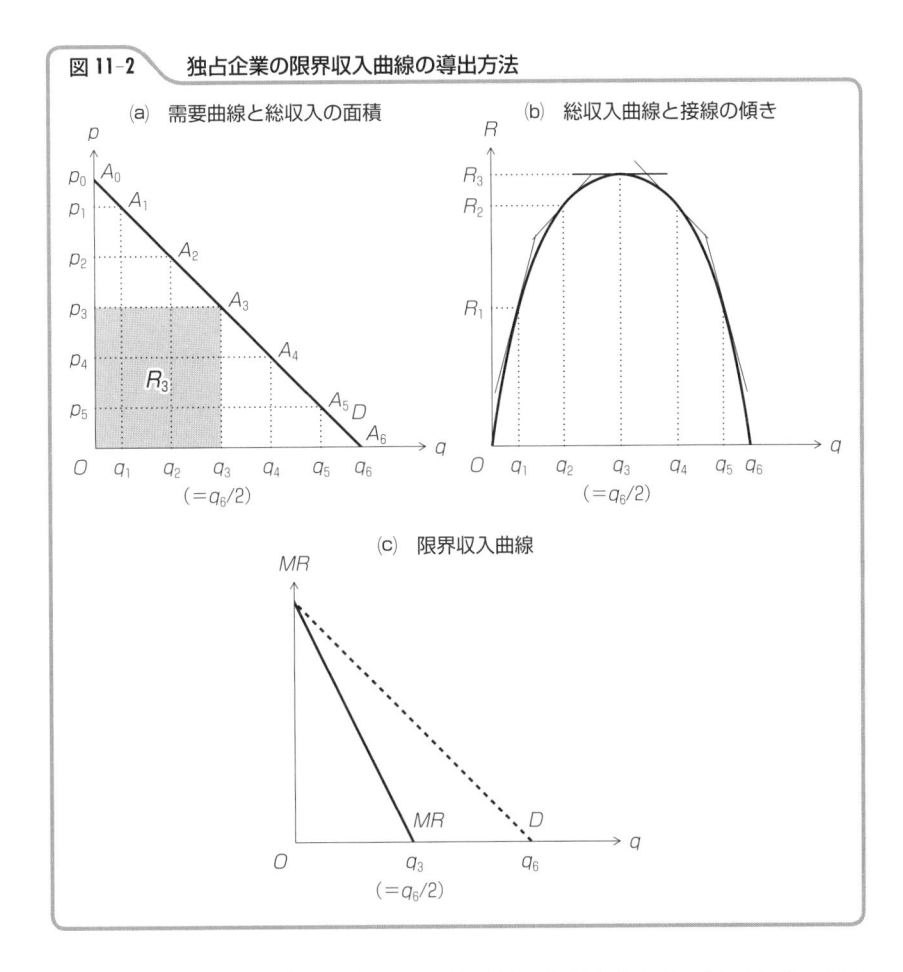

図 11-2　独占企業の限界収入曲線の導出方法

(a) 需要曲線と総収入の面積

(b) 総収入曲線と接線の傾き

(c) 限界収入曲線

　さて，点 A_0 から一歩踏み出して 1 単位だけ生産するときの総収入は，幅 1
単位分の底辺とそのときの価格の高さを持つ長方形の面積となります。このと
きの長方形はかなり縦に細長いほとんど線のような極細長方形になるでしょう。
このときの面積（総収入）はかなり小さいです。次の 2 単位目では幅が広くな
る代わりに高さが低くなります。こうして生産量をしだいに増やしていって点
A_1 に到達したとします。点 A_1 では面積 $Op_1A_1q_1$ が総収入で，この面積は最
初のころの線のような極細の長方形に比べてかなり大きくなっていることがわ
かります。このようにしだいに総収入は増加していきます。

　点 A_1 を過ぎても面積はどんどん大きくなり，点 A_2 の面積は，点 A_1 のとき
の長方形よりも大きくなります（$Op_1A_1q_1 < Op_2A_2q_2$）。さらに需要曲線を右下

に沿って移動していくと面積はますます大きくなり，点 A_3 のときに面積は最大，つまり総収入は最大です（$Op_1A_1q_1 < Op_2A_2q_2 < Op_3A_3q_3$）。さらに，このときの生産量 q_3 が生産量 q_6 のちょうど半分になっていることに注意してください。このときの長方形の面積 R_3 を図 11-2 (a) では網かけで示しています。

さて，さらに需要曲線を右下に沿って進んできましょう。点 A_3 を過ぎると面積は減少に転じます。たとえば点 A_4 のときの長方形の面積は点 A_3 のときの長方形の面積より小さくなります（$Op_3A_3q_3 > Op_4A_4q_4$）。さらに右下に進むにつれて面積は減少していき，点 A_5 のときの面積は点 A_4 のときの長方形の面積よりもさらに小さくなります（$Op_3A_3q_3 > Op_4A_4q_4 > Op_5A_5q_5$）。そしてとうとう点 A_6 直前の最後の 1 単位となると，横に細長いほとんど線のような極細長方形になるでしょう。この面積（総収入）はかなり小さいです。

以上のことは直感的にも明らかでしょう。価格が異常に高ければ，いくら独占でもほとんどの人がその商品を買ってくれませんから，総収入は非常に少なくなります。価格を下げるにつれてしだいに買ってくれる人が増えるので収入は増加します。しかし，だからといって価格をゼロ近くまで下げてしまうと，確かに多くの消費者が商品を買ってくれることにはなりますが，商品 1 単位あたりの売上は非常に小さいので，収入も非常に少なくなります。

以上のことから，独占企業の生産量の変化による総収入の変化については次のようなことがわかります。すなわち，ゼロから生産量を増やしていくとしだいに総収入は増えていき，生産量がちょうど需要曲線と横軸の交わる生産量の半分となったとき（需要曲線の中点のとき）総収入が最大になります（コラム⑬を参照してください）。そこからは総収入は減少に転じ，需要曲線と横軸の交わる生産量で総収入はゼロとなります。

この総収入の動きをグラフにしたものが図 11-2 (b) です。図 11-1 (b) と同じように面積の数値が縦軸にとられています。今まで述べてきましたように，総収入は最初のうちは増加し続けますが，やがて生産量が q_3 のときにピークを迎え，その後は減少に転じます。これが総収入曲線です。

この総収入曲線について，q_1 から q_5 までの各点について 5 本の接線が描かれています。この接線の傾きの値が限界収入の大きさを表しているのは先に述べたとおりです。この接線の傾きの変化について調べてみましょう。原点から右方向へ出発すると，接線の傾きは右上がりとなっています。つまり，限界収

　この疑問について答えるには，残念ながら高校数学に頼らなくてはなりません。しかし，これは本書では反則です。そこで反則スレスレということで，コラムの中で高校数学を 1 回だけ使わせてください（コラムなら本文じゃないから私はウソつきにならないでしょう）。

　価格を p，財の量を q として，独占企業の直面する需要曲線を $p=-aq+b$ とします（$a>0$ です）。この需要曲線が横軸と交わるときの財の量は $q=b/a$ となることに注意してください（図 11-2 の生産量 q_6 です）。ですから，需要曲線の真ん中（点 A_3）での生産量は $q=b/2a$ となります（図 11-2 の生産量 q_3 です）。

　さて収入を R とすると，収入は価格と数量のかけ算ですから，$R=p \times q$ となります。この p に先ほどの需要曲線の式を代入すると，収入 R は，

$$R=p \cdot q=-aq^2+bq$$

と書けます。この 2 次関数はお椀を伏せた形をしており，これは図 11-2 (b) の総収入曲線の形と一致しています。この式を平方完成しますと，

$$R=p \cdot q=-a\left(q-\frac{b}{2a}\right)^2+\frac{b^2}{4a}$$

となるので，R は $q=b/2a$ のとき，最大値 $b^2/4a$ をとります。先に述べたように $q=b/2a$ は需要曲線の真ん中（点 A_3）での生産量 q_3 ですから，このとき総収入 R_3 は $b^2/4a$ となり，それが最大ということになります。

入はプラスです。しかし，プラスでもその傾きはしだいに緩やかになっていくことがわかります。これは傾きの値がしだいに小さくなっていることを意味するので，限界収入は減少していくことになります。プラスの傾きの数値がどんどん小さくなっていき，q_3 のときに接線の傾きがゼロとなります。q_3 を超えると，傾きは右下がりとなっています。つまり，限界収入はマイナスです。そして，接線の傾きはマイナスのまま，どんどんマイナスの値（絶対値）は大きくなっていきます。

　この接線の傾きの数値を縦軸にとっているのが図 11-2 (c) です。実線で描かれている限界収入曲線 MR は一貫して減少しており，生産量 q_3 でゼロとなり，それ以降はマイナスとなってそのまま減少し続けます（図 11-2 (c) ではマイナスの部分は描かれていません）。この限界収入曲線の下側には図 11-1 (c) で描いたような無数の棒グラフ（棒グラフの高さは順に右下がりに小さくなっていきます）があり（ここでは描いていません），この棒グラフの面積の合計が総収入になりま

すから，生産量 q_3 で総収入は最大になっていることがわかります。図 11-2 (c) で点線は需要曲線であることから，需要曲線が直線の場合，限界収入曲線も直線で，その傾きは需要曲線の傾きの 2 倍になっていることがわかります。

限界収入曲線（直線）の傾きが需要曲線（直線）の傾きの 2 倍になる理由

「需要曲線が直線の場合，限界収入曲線も直線で，その傾きは需要曲線の傾きの 2 倍になっていることがわかる」といいましたが，それについてはあまり詳しく説明をしませんでした。ここでは，このことを確認することにしましょう。

図 11-3 を見てください。いま，ある独占企業が価格 p_M と生産量 q_M の組み合わせを選んだとします。このときのこの独占企業の総収入は，q_M 単位の量を 1 単位あたり p_M の価格で販売するのですから，底辺×高さ（$Oq_M \times Op_M$）の面積となります。したがって需要曲線で見ると，総収入は四角形 $Op_M Eq_M$ です。

一方，限界収入曲線の下側には 1 単位の生産量追加で得られる収入の棒グラフがいっぱい詰まっており，その棒グラフの面積の合計，つまり，限界収入曲線の下側の面積が総収入となります。ですから，限界収入曲線で見ると，総収入は台形 $OACq_M$ になります。

この需要曲線で見た総収入と限界収入曲線で見た総収入の大きさ（面積）は定義上一致していなくてはなりません。それを示す準備段階として，$\triangle p_M AB$ と $\triangle ECB$ の面積が同じである，つまり，両者が合同であることを証明しましょう。これは中学校の数学です。$\angle Ap_M B = \angle CEB$ が成り立ちます（直角）。さらに $\angle ABp_M = \angle CBE$ です（対頂角）。そして限界収入曲線の傾きが需要曲線の傾きの 2 倍であるかぎり，$p_M B = EB$ です。以上のことから $\triangle p_M AB \equiv \triangle ECB$ となります。両者の合同が証明されましたから，台形 $OACq_M$ から $p_M B$ の線で切り離してつまみ上げた $\triangle p_M AB$ をくるりと時計回りに回転して $\triangle ECB$ の場所にペタンとはめ込むと，ぴったりとはまります。ですから，需要曲線で表した総収入と限界収入曲線で表した総収入は一致します。

ということは，両者の総収入が定義上一致するためには $\triangle p_M AB$ と $\triangle ECB$ は合同でなくてはならず，合同であるためには $p_M B = EB$ でなくてはならず，$p_M B = EB$ であるためには，限界収入曲線の傾きは需要曲線の傾きの 2 倍でな

図 11-3 限界収入曲線（直線）の傾きが需要曲線（直線）の 2 倍になる理由

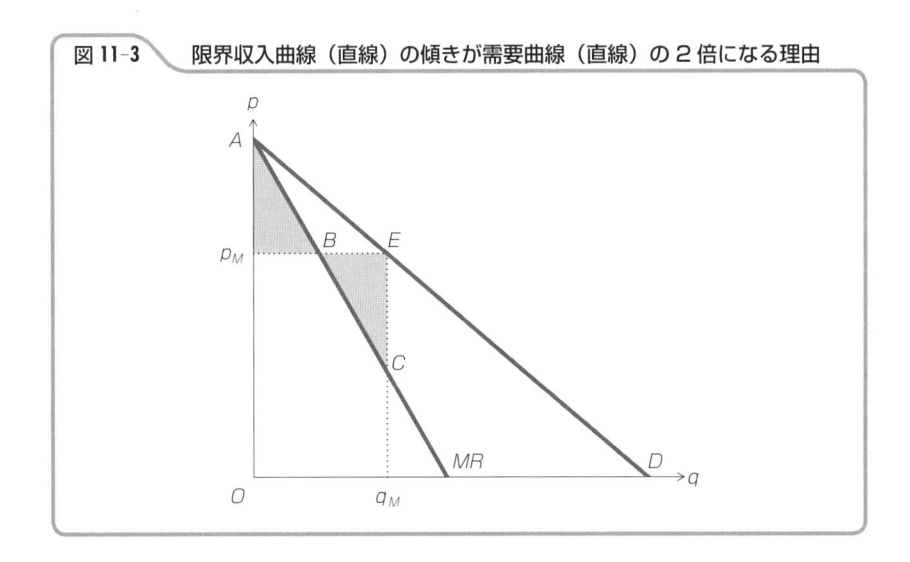

くてはならないことになります。

独占企業の価格のつけ方

　これで独占企業の限界収入曲線を手に入れることができました。完全競争市場の企業でも，独占市場の企業でも，限界収入と限界費用を一致させれば利潤は最大になります（くどいようですが，完全競争市場の場合だけは限界収入と市場均衡価格が一致するので，「価格と限界費用が等しくなれば利潤は最大」といっても構いません）。

　では，いよいよ独占企業の行動分析です。

　独占企業の価格のつけ方について図 11-4 を使って説明することにしましょう。独占企業はまず，利潤最大化のために限界収入 MR と限界費用 MC が一致する点を探します（①）。図 11-4 では点 B になります（見やすくするために限界費用曲線は一部だけ描いてあります）。次に点 B から垂直に下に降りていくと独占市場にとって最適な生産量 q_M が求まります（②）。これは独占企業が利潤を最大化できる生産量です。ですから，独占企業はこの生産量 q_M をすべて市場で売りさばけるような価格をつければいいことになります。そこで，生産量 q_M から上方向にたどっていくと，需要曲線と点 A でぶつかります（③）。ぶつかったら，ここから左方向に進んでいくと縦軸にぶつかります（④）。そこでの価格は p_M となっています。これが生産量 q_M をすべて売りさばける価格で

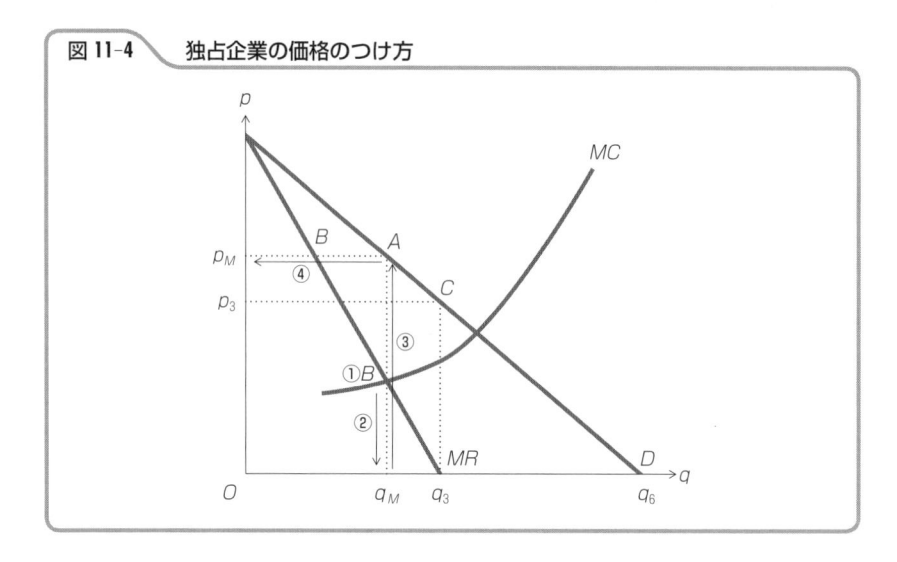

図 11-4　独占企業の価格のつけ方

すから，これが独占価格となります。

　「完全競争市場での企業は，市場価格が与えられて，その価格と限界費用が等しくなるように生産量を決める」というように本書では述べました（図 3-7〔68 ページ〕）。しかし図 11-4 では，図 3-7 と違ってその矢印の方向が逆になっていることに読者のみなさんは気づくことでしょう。どうして逆になっているかというと，独占企業にとって，価格は与えられるものではなく，自らが決めるものだからです。

　少し脱線しますが，収入最大化（売上高最大化）だけを目指し，利潤には関心を払わない企業ならば，総収入を最大にするのは図 11-2 (c) にある生産量 q_3（q_6 の 1/2）ですから，いま述べた方法と同様にして，図 11-4 では q_3 だけ生産し，点 C を経由して，それを市場で売りさばける価格 p_3 をつければいいことになります（図 11-2 (a) も参考にしてください）。収入最大化企業の分析は産業組織論では興味深い分析対象です。

　独占価格が決まりましたので，ここで改めて独占市場全体を眺めてみることにしましょう。そのために用意したのが，図 11-4 に新たに平均費用曲線 AC を加えて描き直した図 11-5 です。縦軸は独占企業の価格あるいは費用であり，横軸は独占企業の生産量です。

　これまでのことから明らかなように，図 11-5 での独占企業の生産量は q_M で独占価格は p_M です。このとき独占企業は財 1 単位あたりを p_M で（高さ），

図 11-5　独占市場の状況

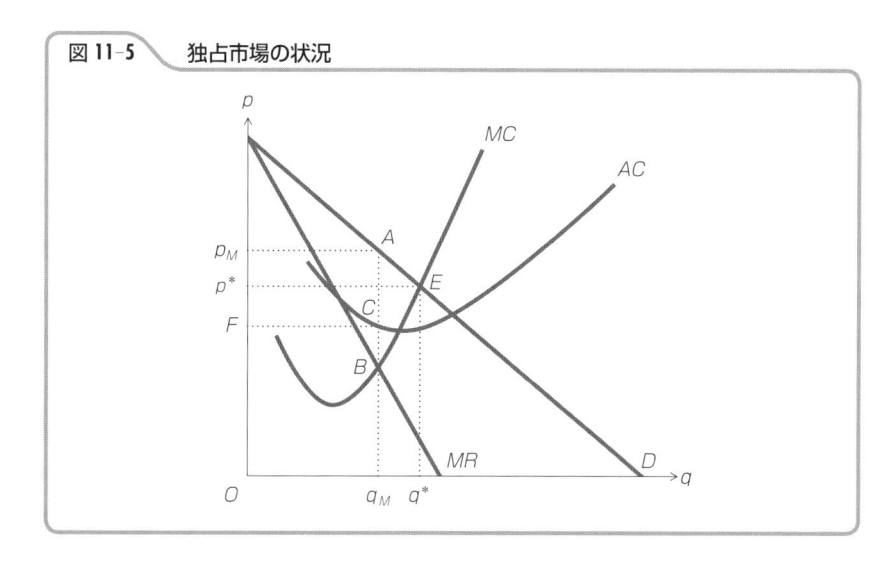

q_M だけ作って売ります（底辺）から，この独占企業の総収入は底辺×高さで四角形 Op_MAq_M という面積になります。一方，このときの独占企業の総費用は，平均費用曲線から財 1 単位あたりの費用が F（高さ）で，q_M だけ作って売ります（底辺）から，底辺×高さで四角形 $OFCq_M$ という面積になります。独占企業の利潤は，総収入から総費用を引けばいいのですから，独占利潤は四角形 $Fp_MAC(=Op_MAq_M-OFCq_M)$ という面積になります。

　仮に，この市場が完全競争市場のように機能したとすればどうなるでしょうか。この場合，この独占企業の限界費用曲線は市場全体の供給曲線と一致しますから，需要曲線 D と限界費用曲線 MC との交点である点 E が完全競争市場で実現できる市場均衡点で，市場均衡量は q^*，市場均衡価格は p^* となります。ですから，この完全競争市場均衡点での数量，価格とそれぞれ比べると，独占市場の場合，価格は高くなり，市場で取引される数量は少なくなることがわかります。

　余剰についてはどうでしょうか。独占市場の場合，q_M より右側は生産されませんので，完全競争市場に比べて死荷重 BAE の分だけ余剰が少なくなります。つまり，独占市場は資源の最適な配分を歪めることになります。独占企業は独占利潤を Fp_MAC だけ獲得できる一方，独占価格によって消費者余剰は台形 p^*p_MAE だけ小さくなっています。図 11-5 では減少した消費者余剰の一部が独占企業の利潤として取り込まれていることがわかるでしょう。作図はあ

まり正確ではないですが，こうした増加と減少が相殺されて，結果的には社会的余剰が BAE だけ減少することになったと考えられます。

世間では，独占市場はよくないということがしばしばいわれます。この認識は以上のことからわかるように，経済学的にも裏打ちされており，正当化されます。ですから前に述べたように独占禁止法が制定され，公正取引委員会が存在する理由の 1 つとなるわけです（101 ページ）。

またこのことから，なぜ毎年の大学生の就職希望ランキングに独占，あるいは独占に近い企業（寡占企業）が上位にあり，完全競争市場の企業は上位になかなか入らないのかということもわかるでしょう。独占企業は完全競争市場とは違って利潤（超過利潤）を得ており，市場には 1 社しかいないので，ライバル企業が現れないかぎりその超過利潤を持続的に得られるからです。ですから，学生は安心してその企業に就職できると考えるのかもしれません。これが「御社の経営の安定性を評価させていただきました」などといったセリフが出てくる根拠です。ただ人気企業のうちでも鉄道企業などの価格の決定には公共部門からの介入がありますから，あまり単純に考えるのは危険です（私の専門はむしろこうした分野です）。

第3節　独占企業の利潤最大化は続く

同じものなのに値段が違う：価格差別

このように独占企業は多くの利潤を手にすることができます。しかし，独占企業にとって利潤を最大化する方法はこれだけではありません。うまく工夫をすれば，図 11-5 で示した独占利潤よりももっと大きな利潤を手にすることができます。その代表的な戦略が**価格差別**戦略と呼ばれる戦略です。

普段の生活の中で，同じ財・サービスを消費しながら，他の人と違う価格を支払うという経験が多くあります。たとえば，美術館，博物館，映画館，遊園地，交通機関などでは大人と子供で料金や運賃が違っています。同じ大人でさえ，航空運賃は購入する時期によって安くなったり高くなったりします（「早割」や「特割」などと呼ばれる割引です）。

これらは年齢，時間などで価格が違っています。このように，同じ費用構造である同じ財・サービスに異なる価格をつけることを価格差別と呼び，価格差

別戦略によってつけられた価格を**差別価格**と呼びます。価格差別は大きく分けて３種類あります。その３種類のうち，企業が市場を分割し，市場ごとに異なる価格を設定するという，いわゆる**市場差別**が代表的なものなので，ここではこの市場差別を取り上げることにします（他の２つは**完全差別**，**数量差別**と呼ばれ，これらはコラム⑭で簡単に取り上げます）。

　いま，独占企業は自分の支配する市場を市場Ａと市場Ｂの２つに分割することができるとしましょう。企業はどちらの市場にも同じ財を生産し，供給するだけなので，両市場を通じて企業の費用曲線は同一で変わりません。

　独占企業は市場Ａと市場Ｂから得られる収入の合計額（総収入）から財の生産に必要な総費用を差し引いた利潤を最大にすることが目的です。ですから，２つの市場からの売上を合わせた総収入に基づく限界収入と，財の生産に関する限界費用が等しくなる点で生産量を決め，それを両市場に振り分けてすべてを売りさばけるように各市場で価格を設定すればいいことになります。これらを図にしたものが図 11-6 (a)(b)(c) です。

　図 11-6 (a) は市場Ａの需要曲線 D_A とそれに対応した限界収入曲線 MR_A で，図 11-6 (b) は市場Ｂの需要曲線 D_B とそれに対応した限界収入曲線 MR_B です。縦軸にはそれぞれ市場Ａと市場Ｂでの価格（p_A, p_B）がとられ，横軸には各市場での財の数量（q_A, q_B）がとられています。各市場の需要曲線は直線としているので，限界収入曲線の傾きは需要曲線の傾きの２倍となっています。

　この両方の市場の限界収入曲線を水平方向に合計したものが図 11-6 (c) です。市場Ａと市場Ｂを合計した限界収入曲線の求め方は，両市場の需要曲線を最初に右方向に合計してから，傾き２倍の限界収入曲線を描いても構いませんし，最初に各市場で需要曲線から傾き２倍の限界収入曲線を描いておいて，後で右方向に合計しても構いません。どちらの場合も間違いやすいのは限界収入曲線を垂直方向に合計してしまうことです。そうしないように注意してください（限界収入〔垂直方向の距離〕を合計するのではありません！）。前者だと図が複雑になるので，ここでは後者の方法をとっています。ですから図 11-6 (c) では，図が見にくくならないように両市場の需要曲線を右方向に合計した需要曲線は描かれていません。

　さて，独占企業は限界収入 MR と限界費用 MC が等しくなる点 F を見つけ，それに対応する生産量 q' を生産し，これを各市場に振り分けて，すべてを売

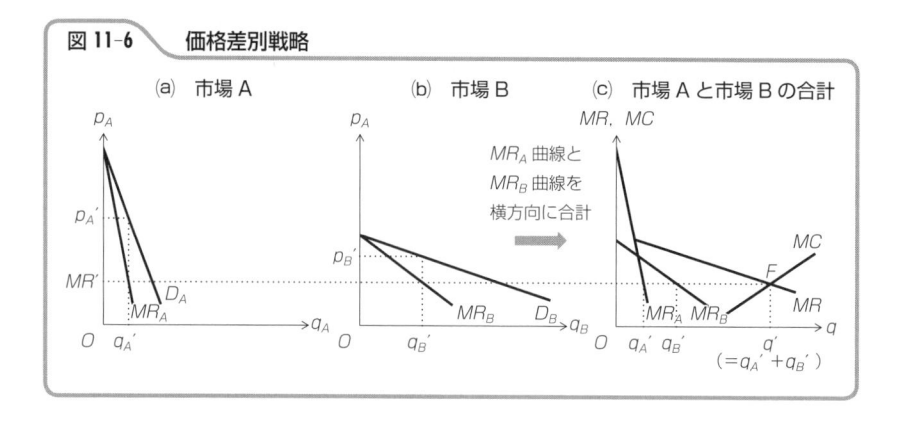

図 11-6　価格差別戦略

(a) 市場 A　　　　(b) 市場 B　　　　(c) 市場 A と市場 B の合計

MR_A 曲線と
MR_B 曲線を
横方向に合計

りさばけば成功です。すべての生産量を売りさばくためには，両市場 A, B において限界費用 MC と限界収入 MR_A, MR_B を等しくするように各市場に生産量を配分します。図 11-6(a)(b) では，それは各市場で q_A', q_B' となります。このとき，$q'=q_A'+q_B'$ となっています（図 11-6 での位置関係は正確ではありません）。そしてすべて売りさばくためには，それぞれの市場の需要曲線に従って，それぞれの価格を p_A', p_B' に設定すればいいのです。

さて，図 11-6(a)(b)(c) には 1 つの特徴的な点があります。それは需要曲線が寝ている場合には価格が低く，需要曲線が立っている場合は価格が高いということです。大雑把な判断として，需要曲線が寝ているときは需要の価格弾力性が大きく，需要曲線が立っているときは需要の価格弾力性が小さいということでしたから（205 ページ），独占企業は，価格差別戦略の基本方針として，需要の価格弾力性が大きい市場には低い価格をつけ，需要の価格弾力性が小さい市場には高い価格をつければいいということになります。

数学的には以下の式が成り立つことが知られています。

$$市場 A の価格 \times \left(1 - \frac{1}{市場 A の需要の価格弾力性}\right)$$

$$= 市場 B の価格 \times \left(1 - \frac{1}{市場 B の需要の価格弾力性}\right) = 限界収入$$

この式の最左辺を見てください。ここで市場 A の需要の価格弾力性を小としましょう。すると，市場 A に関してカッコの中にある分数の分母が小なので分数自体の値は大となります。その大きな数値を 1 から引き算するので，その値は小となります。一定の限界収入で小さい数値をかけ算するのですから，

コラム⑭　差別はよくない？

　本文では 3 つの価格差別戦略のうち，市場差別について説明しました。そこで残りの 2 つの価格差別を簡単に説明しておきましょう。

　1 つは「完全差別」と呼ばれます。これは究極の価格差別で，消費者 1 人 1 人に違う価格をつける戦略です。この場合，独占企業は各消費者の支払意思ギリギリまで，つまり，消費者余剰がゼロになるまで高い価格を各消費者につけることになります（価格の数は消費者の数と同じになります）。たとえば，消費者が 1000 円まで払う用意（支払意思）があると思っていたら，独占企業は 1000 円の価格をつけるのです。したがって，消費者余剰はすべて独占企業の収入として吸い上げられることになります。

　独占企業は超能力者ではありませんから，各消費者の支払意思がどれくらいか正確に知ることはできません。このため，完全差別は現実には存在しないといっていいでしょう。しかし，オークションなどで白熱した状況が続いた結果の落札価格では，落札した消費者にはほとんど消費者余剰は残っていないこともあるでしょう。そう考えると，消費者余剰を企業（売手）がほぼ完全に吸い上げることは不可能なことではありません。

　興味深いことに，完全差別では完全競争市場と同様に資源配分が最適になるということが明らかにされています。ひどくあくどいことでも，突き抜ければ善ということでしょうか，とにかく完全差別では社会的余剰が最大になります。ですから，その点に限っていえば完全差別はよくないとはいえません。ただし，社会的余剰は最大でも，そのすべてが生産者余剰で，消費者余剰はゼロとなり，著しく不公正な状況ではあるでしょう。

　もう 1 つは「数量差別」です。たとえば，「1 個 100 円のミカンを 5 つ買えば 400 円」というような販売方法はどこでも見られます。これが数量差別です。すなわち数量差別とは，購入した数量に応じて異なる価格をつける方法です。先の例でいえば，1 個買う人のミカンの価格は 1 個 100 円ですが，5 個買う人のミカンの価格は 1 個 80 円となります

　この方法は，より多くの商品を消費者に買ってもらうための戦略であるといえます。一方，買えば買うほどより価格が高くなることもあります。この価格体系はエネルギー商品によくあります。たとえば，電力料金や水道料金などがこれに当てはまります。こうした背景には，省エネルギー政策が反映されているものと考えられます。

市場 A の価格は大きな数値でなくてはなりません。一方，市場 B の需要の価格弾力性を大としましょう。すると市場 B に関してカッコの中にある分数の分母が大なので分数自体の値は小となります。その小さな数値を 1 から引き

算するので，その値は大となります。一定の限界収入で大きな数値をかけ算するのですから，市場Bの価格は小さな数値でなくてはなりません。

　これは一般的な常識にも合致します。もし独占市場での財の生産費用が変わらないとすると，独占企業は収入を最大にすれば利潤は最大になります。したがって，ここでは収入を大きくすることに注目しましょう。需要の価格弾力性が大きい市場では，高い価格をつければ潮が引くように消費者は逃げていき，低い価格をつければ，たくさんの消費者が寄ってきます。ですから，独占企業は価格を低くして多くの消費者を引きつけて収入を上げるようにします。その一方で，需要の価格弾力性が小さい市場では，高い価格をつけてもあまり消費者は逃げていきません。ですから，独占企業は高い価格をつけて逃げない消費者からごっそり収入を上げるようにします。これが独占企業の価格差別戦略の直感的な理解となります。

価格差別戦略の事例：航空運賃から出会い系サービスまで

　独占市場は需要の価格弾力性に応じて市場を分割し，需要の価格弾力性が大きい市場には低い価格を，需要の価格弾力性が小さい市場には高い価格をつければいいことがわかりました。この価格差別戦略が世の中の価格に関する現象をうまく説明しているかどうかを確認してみましょう。

　まずは航空運賃です。「早割」や「特割」などという表現で，航空券を早く買えば買うほど運賃は安くなる割引制度ができています。ですから，実際に飛行機に乗り込んで座席に着くと，隣に座っている人と支払っている金額が違うということは現在では一般的になりました。

　かなり前から航空券を購入する人は，少しでも安く買えるのなら，かなり早い時期から自分の予定が拘束されても構わないという人でしょうから，相当に需要の価格弾力性が大きい人だといえます（格安運賃の場合はキャンセルできない場合も多いですから，そんな厳しい条件でも構わないほど安い運賃にこだわり，自分の都合を合わせます）。ですから，先に述べたような理由から運賃は低くなります。ところが，出発直前に航空券を購入する人には，たとえば突然出張が決まってすぐ出発しないと商談に間に合わないようなビジネスパーソンなどがいます。こういうタイプの乗客は，大事な仕事のためならいくら支払ってでもその便に乗ろうとするでしょう（おまけに出張旅費は会社持ちです）。この人の場合，需要

の価格弾力性が小さいといえます。ですから，先に述べたような理由から直前購入の航空運賃は高くなります。

　これは交通経済学的には航空会社の「イールドマネジメント」戦略と呼ばれています（竹内，2018，107〜108 ページ）。また，この他の交通機関の複数の事例について，たとえばグリーン車は車内で買うとなぜ高いのかというような疑問については，竹内（2013）を見てください。

　次にクラブや出会い系サービスを提供している企業の料金設定を考えてみましょう。私は個人的な趣味ではなく，純粋に学問的な関心からクラブや出会い系の料金を調べてみました。するとほとんどの場合，男性の方が料金は高く，女性は安くなっていました。場合によっては，女性は無料というところもあります。

　こうしたサービスを利用しようとする消費者は，「カノジョがほしい」「カレシがほしい」と思っている場合が多いでしょう。とりわけ，男性というものは「カノジョがほしい」となったら，直情的で見境がない動物です（私も男性ですから悪口みたいになるのはお許しください）。いったん思い込んだら，なんとしてもカノジョがほしい，カノジョをゲットするためにいくら支払っても惜しくない，と考えるような生き物が男性です。そのため，男性に関しては需要の価格弾力性が小さいといえます。ですから，先に述べたような理由から男性料金は高くなっているのではないでしょうか。

　その一方で，女性の「カレシがほしい」というのは，男性に比べれば穏健的である（ように見えます）。無理をしてまでカレシをゲットしようとは思いませんし，おいしいものを食べたり遊んだりと，楽しめる機会は他にいくらでもあります。料金が高いのなら，そんなサービスを利用せずに友達と食事を楽しんだり，街あるきでお買い物をしたりする方がよほど楽しいでしょう。そのため，女性に関しては需要の価格弾力性が大きいといえます。そのため，女性料金は低くなっていると考えられます（「考えられる」と書いたのは私が女性ではないからで，本当のところはわからないからです）。

　もっとも，最後の事例は性の別で決めつけたようなことをいってしまったので，今のご時世では不適切な事例の紹介であったかもしれません。セクハラではないにしても不穏当な事例であるとすればお詫びします（女子大に奉職しているので，私はこうしたことにかなり敏感です）。

差別価格はいたるところに存在しますから，なぜそんな価格になっているのかを需要の価格弾力性を考えながら眺めてみるのもおもしろいのではないでしょうか。すると意外な発見があって楽しくなるでしょう。そんなことで楽しむことができれば，それはミクロ経済学の能力を十分身につけた証拠にもなります。

価格差別戦略成功の条件

　とはいえ，価格差別戦略は無条件に実施できるものではありません。通常は以下に述べる3つの条件がそろわないと価格差別戦略は実施できないといわれています。

　第1に，企業はその市場において市場支配力（独占力）を持っていなければなりません。これは当然のことですよね。もし有力なライバル企業が同じ市場に参入しているとすれば，ライバル企業は消費者に対してほんの少しだけ低い価格を提示して，価格差別戦略をとる企業から顧客をごっそり奪うことができます。

　早割や特割のような割引制度を持っている航空会社の場合にはライバル会社が存在していて，航空輸送市場は独占的ではありません。また，男女で料金差のあるクラブや出会い系サービスも多数の企業がその市場に参入しており，独占とはほど遠い状態です。そうでありながらも価格差別戦略（あるいはそれに類似した戦略）をとりうるのは，個々の企業がブランド・イメージを形成しており，他の企業と製品差別化を図ることで一定程度の顧客を取り込んでいるからだと考えることができます。そうした顧客に対して，企業は独占力を発揮できる（市場支配力がある）ことになります。

　たとえばマイレージ・サービスなどは，消費者の企業へのブランド・ロイヤリティを高めるための典型的な戦略です。またクラブや出会い系サービスも，自社がいかに他社と異なった独自の優良なサービスを展開しているかを宣伝し，場合によってはポイント制度なども作って顧客を優遇します。これも顧客を囲い込んで独占力を発揮しようとしている戦略だと見ることができます。

　第2に独占企業は市場を分割することが可能でなくてはなりません。これも当たり前のことになります。曖昧な市場区分のままなら，消費者は低価格市場で財を購入してもバレないだろうと考えて，低価格でその財を購入するでし

ょう。たとえその独占企業が低価格で購入した消費者を責めたとしても，その消費者は市場区分が曖昧であることをいいことに，低価格市場の消費者であるフリをするでしょう。

　博物館や美術館，映画館，遊園地，交通機関の大人料金と子供料金は見た目で市場を分けることができます。どう見てもオッサン・オバサンなのに子供料金を支払おうとしたらとがめられるでしょう。したがって，大人と子供の市場を分けることは比較的容易です。もっとも，読者のみなさんの中には，中学生になったのに，小学生っぽいから子供料金で入場したというような経験をした人がいるかもしれません。ですから，厳密には市場の分割は難しいようです。

　第3に，購入した財・サービスの転売が不可能でなくてはなりません。なぜならば，もし転売が可能ならば，次のような行動をとるブローカー（仲介者）が現れるからです。すなわち，ブローカーは低価格市場で財・サービスを仕入れ，それを高価格市場でしか購入できない消費者に対して，その高価格市場の価格より少し低い価格で販売して，その利ざやを稼ぐことができるからです（これは**裁定取引**と呼ばれます）。こうした両市場の間に介在するブローカーが存在すれば，価格差別は実効性を失い，最終的には価格差はなくなることになります。

　そのため，価格差別戦略を維持しようとする企業は，あの手この手で転売を阻止しようとします。たとえば，鉄道やバスなどの交通企業は，運賃に関しては利潤最大化ができないように規制されています（第6章コラム⑧参照〔163ページ〕）が，通学定期割引という価格差別は行われています。これは文教政策上の配慮といわれています。通学定期券を購入する場合には，窓口で通学証明書や学生証を提示しなくてはなりません。これは転売を阻止する方法です。もしこのような制度がなければ，私のような不心得者は，オッサンであるにもかかわらず学生のフリをして通学定期券を大量に仕入れ，社会人にそれを転売して利ざやを稼ぐでしょう。みんながそんなことを始めれば，高い運賃を支払う人は誰もいなくなります。

　それに，通学定期券の購入時だけではなく，通学定期券の利用者は，利用中に求めに応じて学生証などを提示しなくてはならないようになっています（たとえばJR東日本 旅客営業規則第228条第2項など）。通勤客なのに通学定期を持っていれば，学生証がないことで不正乗車がバレることになります。

練 習 問 題

11-1 次の文章の空欄に当てはまる言葉を下から選んでください。なお，以下の文章中にある言葉が空欄に入る可能性もあります。ただし，⑨についてはカッコの中の適切な用語を選んでください。

　．企業がどれだけ市場に集まっているかを示す（　①　）を考えるとき，その一方の極にあるのが独占市場である。市場に2社しかいないときは（　②　）市場，数社程度いる場合は（　③　）市場，類似した財で競争はしているものの（　④　）がなされている市場の状態は（　⑤　）市場と呼ばれ，独占市場の対極にあるのが完全競争市場である。

　独占市場での企業の目的は（　⑥　）最大化である。その独占企業の行動に影響を与えるのが（　⑦　）である。これは生産物を追加1単位増加させたときの収入の増加分と定義される。完全競争市場の場合，個別の企業の直面する需要曲線は水平であり，（　⑦　）は価格と一致するので一定である。しかし，独占企業の直面する需要曲線は市場の（　⑧　）と一致するので，（　⑦　）曲線は（　⑧　）と一致しない。（　⑧　）が直線ならば，（　⑦　）曲線は（　⑧　）の傾きの（⑨0.1・0.5・1・2・5）倍となる。独占企業の（　⑦　）曲線が横軸と交わる生産量のとき，独占企業の（　⑩　）は最大になる。

> 寡占　限界収入　市場集中度　需要曲線　製品差別化　総収入　独占的競争
> 複占　利潤

11-2 次の文章の空欄に当てはまる言葉を下から選んでください。なお，以下の文章中にある言葉が空欄に入る可能性もあります。ただし，①⑦⑨についてはカッコの中の適切な用語を選んでください。

　独占価格は完全競争市場での価格に比べて高く，生産量は（①多い・変わらない・少ない）。また独占市場では（　②　）が発生しており，資源配分は最適にならない。

　独占市場はよりいっそう利潤を高めるために（　③　）戦略をとることがある。この戦略には（　④　），消費者ごとに異なる価格を設定する（　⑤　），（　⑥　）の3種類がある。（　④　）の場合，企業は基本的に需要の価格弾力性が（⑦大きい・小さい）ときには（　⑧　）を低くし，需要の価格弾力性が（⑨大きい・小さい）ときには（　⑧　）を高くする傾向にある。（　④　）ができるための条件は，市場支配力があること，市場を分割できること，財の転売が不可能であることである。財の転売が可能であると（　⑩　）が起こり，この戦略は崩壊する。

> 価格差別　完全差別　裁定取引　差別価格　死荷重　市場差別　数量差別

11-3 次の文章の空欄に当てはまる適切な数値を入れてください。空欄の番号が違うからといって違う数値が入るとは限りません。

ある独占市場において，需要曲線，限界収入曲線 MR，限界費用曲線 MC，平均費用曲線 AC が近似的かつ部分的にそれぞれ以下のとおりであるとする。

$$p=-q+40 \qquad MR=-2q+40 \qquad MC=q-8$$

$$AC=-\frac{1}{2}q+22\,(2\leqq q\leqq 20) \qquad AC=\frac{1}{2}q+2\,(20\leqq q)$$

独占企業は利潤を最大にするために生産量を（　①　）に決定し，それに（　②　）という独占価格を設定する。これにより総収入は（　③　），総費用は（　④　）となるので，独占利潤は（　⑤　）となる。もしこの市場が完全競争市場であるとすれば，独占企業の限界費用曲線は市場全体の供給曲線と見なせるので，市場均衡価格は（　⑥　）となり，市場均衡量は（　⑦　）となるはずである。完全競争市場であれば実現できる消費者余剰は（　⑧　）であるが，独占市場ではそれが（　⑨　）となる。社会全体で見れば死荷重は（　⑩　）となっている。

11-4 次の文章の空欄に当てはまる適切な数値を入れてください。ただし，⑨と⑩は小数点第3位を四捨五入して解答してください。空欄の番号が違うからといって違う数値が入るとは限りません。

ある独占企業が市場をAとBに分割し，市場差別を行うことを考える。市場Aの需要曲線と限界収入曲線 MR_A，市場Bの需要曲線と限界収入曲線 MR_B，はそれぞれ以下のとおりである。

$$p_A=-q_A+40 \qquad MR_A=(\quad ①\quad)q_A+40$$

$$p_B=-\frac{1}{2}q_B+25 \qquad MR_B=(\quad ②\quad)q_B+25$$

さらに両市場の限界収入曲線を水平に合計した市場全体の限界収入曲線と市場全体の限界費用曲線（部分）はそれぞれ以下のとおりである。

$$MR=-\frac{2}{3}q+30 \qquad MC=\frac{1}{3}q$$

この独占企業の市場全体の生産量は（　③　）となる。このときの限界収入は（　④　）である。これを各市場で売りさばく必要があるので，生産量のうち，市場Aでは（　⑤　），市場Bでは（　⑥　）を販売する。そのためには市場Aでは価格を（　⑦　）とし，市場Bでは価格を（　⑧　）と設定すればよい。差別価格と需要の価格弾力性の関係式から，このとき，市場Aの需要の価格弾力性は（　⑨　），市場Bの需要の価格弾力性は（　⑩　）となる。

このあたりでやめておきましょう

　第1部でお帰りになった人，第2部でお帰りになった人，第3部でお帰りになった人，そういう方々の中で最後まで本書にお付き合いいただいた読者のみなさん，お疲れさまでした。みなさんにお付き合いいただいたことは私にとっては大変嬉しいことで，お礼申し上げます。

　最後まで読まれた方は「ミクロ経済って大体こんな感じなのかぁ」と思われたことと思います。そしてみなさんの中には，「じゃ，本格的にミクロ経済学をやってみるか」と思われた方もいることでしょう。もしそう思っていただけたのであれば，それは私にとって望外の喜びです。ただ，「大体こんな感じ」といっても，実は本書を読まれただけですでに相当程度のミクロ経済学理論を習得していることが，他のミクロ経済学の本を読むとわかってびっくりするかもしれません。気がついたら，みなさんはもうそれほどミクロ経済学の中にかなり入り込んでいるのです。

　ただ，「大体こんな感じ」というのはウソではありません。本書は不真面目です。まず，文体からして不真面目です。経済学の理論体系は非常に頑健であり，緻密であり，論理に隙がありません。まさに「社会科学の女王」という名前をほしいままにするだけのことはある学問です。それに比べて，本書は理論をいい加減に書いています。もちろん間違ったことは書いているつもりはありませんが，やはり大雑把な点があることは否定しません。「はじめに」で書いたように，まずはミクロ経済学がどんなものかを知っていただくということが本書の目的でしたから，あえてウルサイことはいわずに書いてきました。ですから，これだけでミクロ経済学のすべてを知ったつもりになってもらってはちょっと困るのです。

　ともあれ，本書を出発点としてこれからミクロ経済学をしっかりと理解していこうという覚悟を決めた方は，まずその大きな障害として，数学という壁に突き当たることになると思います。本書でも数学を使えないもどかしさを感じながら書いてきました。ミクロ経済学の本質を理解するためには，そしてその本当の面白さを味わうためには，（残念ながら？）数学を抜きにしてはミクロ経済学を語れません。

以下では，経済学と数学の関係についてまとめた文章を紹介したいと思います。さらに調子に乗って，その文章の次には今後ミクロ経済学にどのように取り組んでいくべきであるか，ということについて書かれた文章もありますので，それも紹介したいと思います。いずれも拙著『交通経済学入門（新版）』で書いているものを本書向けに加筆修正を施したものです。エピローグとしては非常識なほどに長くなってしまいますが，最後にこれらの文章を紹介して第4部を締めくくることにしたいと思います。

経済学と数学

　経済学に本格的に取り組もうとするなら，数学は必要不可欠であるといわざるをえません。こういうと数学アレルギーの人は目の前が真っ暗になるかもしれません。残念ながらそれは事実です。確かに数学を使わないで経済学がどのようなものであるかを理解することは可能です（本書もそれを目指しました）。しかし，数学を使わなければ経済学の表面をなぞるだけにとどまり，より本質的で厳密な議論や，さらなる理論展開を進めていくにはかなりの困難を伴うでしょう。なぜならば，図やグラフだけでは世の中の動きを表現するのには限界があるからです。また，経済学の本当の面白さを理解することも難しくなってしまいます。

　読者のみなさんの中には，家庭教師や塾講師のアルバイトで小学生に算数を教えている方もいるでしょう。小学校の算数では未知数を x として問題を解く（方程式を解く）ことは許されません。そのため，「つるかめ算」やら「旅人算」など，非常に回りくどい考え方をして小学生に算数を教えなくてはなりません。「この数を x と置いたらすぐに問題が解けるのになぁ」とイライラした経験を持った読者のみなさんも多いのではないでしょうか。そのイライラ感を，数学を使わないで経済学を教える多くの大学教員は持っています（少なくとも筆者はそうです）。

　世間では，「数式をいっさい使わないで」ということをうたい文句とする経済学の入門書も多いようです。それはそれで結構なことなのですが，それだけに甘んじていては経済学理論を広く深く理解することは難しいと思います。「経済学は数学を使わなくても理解できる」という意見には，私は必ずしも諸手をあげては賛成しません。あえていえば，「経済学は数学を使わなくても理

解できるが，それには相当の時間と労力を必要とする」と上記の文章に加筆したいところです。数学を学ぶ手間を惜しんで経済学の面白さが理解できないというのは不幸なことです。数学を学ぶという回り道をした方が，結局は経済学を理解する早道であると理解するべきでしょう。

　もちろん，高度な数学を何でもマスターしなければいけないというわけではありません（もしそうであれば，私程度の数学能力では恥ずかしくて穴があったら入りたくなります）。純粋な理論経済学や数理経済学を目指すのでないかぎりは，数学のレベルにはそれほど高度なものを必要としません。経済学にとって数学は目的ではなくて手段です。時間のない読者のみなさんにとって経済学の理解に必要としない数学を学ぶ必要はないでしょう。

ミクロ経済学への取り組み

　経済学は，複雑で錯綜した社会問題を的確に解きほぐして問題の本質を明らかにするための「分析道具」です。たとえていうならば経済学は，料理を目の前にして今から食べようとするときのナイフやフォークに似ています。経済学は社会問題を食べるための道具なのです。経済学を理解しないで，おいしそうだから（面白そうだから）といって料理（社会問題）にやみくもにとりかかる人は，ナイフやフォークを使わないで料理にかぶりつく人に似ています。そうすると，魚の骨が喉に刺さるかもしれないし，カニの甲羅で手に怪我をするかもしれません。固い肉はうまく切れないし，中身を外の包みからうまく取り出せないかもしれません。

　ミクロ経済学をしっかりと理解するということは，丈夫なナイフとフォークを手に入れ，それを巧みに操るということです。それで，はじめて本当の料理のおいしさを堪能することができます。本書は貧弱なナイフやフォークしか用意しませんでした。ですから，少し消化に悪い料理（少し難しい社会問題）に取り組むと，ナイフもフォークも使いものになりません。しかし，多少消化に悪いくらいの料理の方がおいしい（問題への取り組み甲斐がある）ことは読者のみなさんもおわかりでしょう。

　私は社会問題の表面的なものにとらわれてミクロ経済学の学習をおろそかにしてほしくないと考えています。経済学の勉強は山登りに似ています。山の好きな人ならばよくわかるでしょうが，山を登り始めたころは視界が開けず，単

調な上り坂をひたすら地面をそして前を行く人の背中を見つめながら，黙々と進まなくてはなりません。「どうしてこんなに退屈で単調なことをしているのだろう」と誰しも思うことでしょう。ミクロ経済学の学習もこれと似たところがあります。

　筆者の勤務先の大学ではもちろん，他のどの大学でもそうでしょうが，ミクロ経済学を学び始めると，無差別曲線・限界代替率・限界費用・等量曲線・正常利潤・市場均衡など，無味乾燥で何をいっているのかよくわからないような用語が次々と現れ，こんなことをしていて何になるのだろうか，といぶかしく思う学生が多くいます。

　たとえば，ミクロ経済学を大学で学んで，卒業後にミクロ経済学の感想を尋ねたときに「何だか難しかった」「よくわからなくてつまらなかった」「何をやっているのかわからなかった」というような反応が返ってくることがしばしばあります。その人たちは，登山道の辛く単調な上り坂に耐えかねて，飽きてそのまま途中で下山してしまった人たちです。そうした人たちにとって，残念ながら，この登山は単に意味のない疲れる作業としか映らなかったでしょう。

　ところが登山の醍醐味は，その長く辛い上り坂を辛抱していくと，やがて急に展望が開けて眼前の素晴らしい風景に触れることにあります。頂上まで登った人は，それまでの苦労を忘れてその絶景に感動します。ミクロ経済学の学習も同じだと思います。辛く単調で意味のなさそうな勉強をしていくうちに，急に視界が開けるときがきます。そのときに至ると，現実の社会問題が手にとるようにわかり，面白いほどその本質が見えてきます。この面白さに浸かってしまうと，これまで単調に思えた上り坂が実は大切な蓄積であったことがわかります。

　私はミクロ経済学を学習して，急に視界が開けて何もかもが鮮やかに見え始める感動をみなさんに手にしてもらいたいと思っています。そのためには，途中の長く辛い上り坂をあきらめないでほしいと思います。視界が広がると，これまで何を意味するかまったくわからなかった経済学の用語が生き生きと動き出します。その面白さを感じとってもらえれば，ミクロ経済学の果たす重要な役割がわかるでしょう。

　いうまでもなく，山は高ければ高いほど風景はよく，視界も開けて，より素晴らしい光景を目にすることができます。その代わり，山が高いので，そこに

至る上り坂はさらに険しくまた単調です。ところで，本書の頂上はかなり低い
です。上り坂も緩やかでそれほど苦にはならなかったかもしれません。しかし
その反面，頂上からの見晴らしはそれほどよくなく，感動は中途半端かもしれ
ません。ミクロ経済学に関する初・中・上級テキストは本書よりも頂上が高い
です。読破する苦労があるとしても，その後に開ける風景は本書よりも素晴ら
しいはずです。読者のみなさんには，単調な上り坂でも，ミクロ経済学の強力
な分析用具を手に入れて，さらに素晴らしく見晴らしのきく頂上に立ってもら
いたいと願っています。

おわりに

　本書のタイトルが「ミクロ経済学って大体こんな感じです」という，くだけた（ふざけた？）表現になっている理由は，私が純粋な理論経済学を専門とするのではなく，一介の応用経済学者にすぎないというところにあります。率直にいうと，私にはミクロ経済学の純粋理論を探求する研究者の方々が書かれる真面目なテキストへの遠慮というか，後ろめたさがあります。言い換えれば，私はミクロ経済学のしっかりとしたテキストを書けるほどミクロ経済学理論に精通している純粋理論派経済学者ではありません。

　実際，本書で取り上げる理論は正確かつ厳密ではありません。たとえば，消費者選好の理論のところでは，私は乱暴ともいえるくらい，いい加減な説明をしています（そのような箇所はここだけに限りません）。しかし，消費者選好の理論をしっかりと説明しなくてはならないからといって，完備性，推移性，凸性，「強い意味」，「弱い意味」などと二項関係を厳密に述べ立てて，そのことで読者のみなさんにイヤ気がさして先に進む気力を失わせてしまったら元も子もありません。

　また，ウェブ上のコラムで述べていることなのですが「消費者余剰が本当に消費者の幸せを表すためには所得効果はゼロでなくてはならない」などということを最初から詳細に述べ立てたとします。そうすれば，ミクロ経済学を初めて学ぶ人は「消費者余剰なんていったって，所詮消費者の幸せなんか表さないんじゃないか」と早とちりしてしまって，余剰分析を学ぶことがバカバカしくなってしまうかもしれません。こうなってしまったら，これも元も子もありません。

　それから従量税の説明では，供給曲線の扱いについて厳密な記述が必要であることが最近の研究で指摘されています[注]。しかし，それを気にして厳密にしてしまうと初めてミクロ経済学に接する方々はかえって混乱してしまう可能性があるので，あえて気にせずに供給曲線を上方シフトさせるいわば伝統的な説明方法を本書では採用しています。

　このように私は考えたわけです。

　ですから，いい加減な説明をしているということで理論経済学者の方々から

は，間違いなく厳しいお叱りを受けるはずです。しかし，読者のみなさんには
ミクロ経済学を挫折してほしくないので，甘んじてそうしたお叱りは受けるつ
もりです。

　テキストにしろ，研究書にしろ，それを上梓して世に問う場合，著者はたい
てい周囲の研究者仲間や，その道の大家といわれる先生方に事前に原稿に目を
通してもらい，いろいろとコメントをいただき，それらに基づいて原稿を修正
して出版にこぎ着けるというのが一般的です。私も執筆したほとんどの著書で
そうしています。また，下心を暴露すると，そうした名の通った先生方の名前
を謝辞で出させていただければ，本もよく売れるだろうというものです（笑）。

　しかし今回，私はあえてミクロ経済学の専門家の方々に原稿に目を通しても
らうことをせず，執筆は秘密裏に行われました。何もいかがわしい本を書いて
いるわけではないので秘密にする必要もなかったのですが，結果的にそうなり
ました。なぜあえて識者の方々に意図的に目を通してもらわなかったのかとい
えば，それは以下のような理由によります。

　仮に多くのミクロ経済学の専門家の方々にコメントをいただくとすれば，き
っと間違いなく，「ここは理論的に厳密ではないから，このことも書いておく
べきだ」とか，「これではおおまかな記述だから，こうした例外もあることも
書いておく方がよい」とか，「これだけではこうした場合のことが言及されて
いないから，もっと正確に書かなくてはならない」などというご意見を多々い
ただくことになっていたでしょう。

　このようにしていただくことになるご意見は，ミクロ経済学理論の専門家の
方々からのものですから，いちいちもっともなご意見であり，私も「なるほ
ど！」と思ってついつい理論の厳密さを優先させて，いろいろなことを書き加
えていくことになっていたでしょう。そうすると，初めてミクロ経済学に接す
る読者のみなさんは「大体こんな感じ」を知りたかっただけなのに，厳密さの
ために書かれた余計な文章に振り回されてしまう可能性があります。そして結
局は，ミクロ経済学のおおよその全体像をつかむことすらできなくなり，ミク
ロ経済学の理解を途中であきらめてしまうことになるかもしれません。

　原稿を執筆しているとき，最初のうちは「あの先生に読んでもらおうか，こ
の先生にコメントもらおうか」などと私はあれこれ考えていたのですが，結局
はどの先生にも原稿の下読みをお願いしませんでした。カッコよくいえば，

「厳密な理論に振り回されたくなかった」のです。別の言い方をすれば「木を見て森を見ない」本にしたくなかったともいえます。ですから、「はじめに」でも述べましたように、「本書は立派な理論経済学者が著したミクロ経済学の優れた書籍に接するための露払いとでもいうべき立場にある」ということを再度強調しておきたいと思います。間違ったことを書いたつもりはありませんが、厳密さ、正確さは劣るのです。私は、本書を読んでいただく読者のみなさんの「ミクロ経済学脱落防止」を最優先させたかったのです。

こうしたこともあり、原稿は経済学に対して素人あるいは初心者の人たちに目を通してもらいました。経済学を勉強中の大学生の立場から、私の4年次ゼミナールに所属する坂井桃花さん、妹尾真衣子さん、千葉麻夏さんにも目を通してもらいました。彼女たち自身は大変優秀なのですが、実際に大学でミクロ経済学を勉強するときに陥りがちな問題点や誤解されやすい点を指摘してくれて、大いに参考となりました。また、竹内香南子さん（東京大学大学院）は、専門がドイツ近現代史なので経済学については素人なのですが、私の文章のおかしな点を添削してくれました。彼女の数多くの容赦ない指摘から、私が気づかなかった私の文体に見られるクセを認識することができ、書き直すことができました。彼女の卓越したリテラシー能力に感謝です。

そして最後にそして最小ではなく、経済学書にあるまじきこんなくだけたタイトルにもかかわらず、寛容にも出版の機会を与えていただいた有斐閣のご厚情と、本書執筆に際して的確なアドバイスをはじめ、あらゆる点でご尽力いただいた有斐閣の柴田守、渡部一樹の両氏に厚くお礼を申し上げます。

　　2019年11月

竹内　健蔵

（注）　林正義（2019）「物品税は『供給曲線』を『シフト』させるのか」、日本財政学会編『財政再建とマクロ経済（財政研究　第15巻）』。

参 考 文 献

奥野正寛・鈴村興太郎（1985）『ミクロ経済学Ⅰ』岩波書店。

竹内健蔵（2013）『なぜタクシーは動かなくてもメーターが上がるのか：経済学でわかる交通の謎』NTT出版。

竹内健蔵（2017）『あなたの人生は「選ばなかったこと」で決まる：不選択の経済学』日本経済新聞出版社。

竹内健蔵（2018）『交通経済学入門（新版）』有斐閣。

西村和雄（1995）『ミクロ経済学入門（第2版）』岩波書店。

サムエルソン，P. A. & W. D. ノードハウス（1992）『サムエルソン経済学（上）』（都留重人訳），岩波書店。

マランヴォー，E.（1981）『ミクロ経済理論講義』（林敏彦訳），創文社。

ランズバーグ，S.（2004）『ランチタイムの経済学：日常生活の謎をやさしく解き明かす』（佐和隆光監訳），日本経済新聞社。

練習問題解答

第1章

1-1 ①経済問題 ②無限 ③有限 ④資源配分 ⑤行列 ⑥計画経済 ⑦市場メカニズム ⑧インセンティブ ⑨財 ⑩サービス

1-2 ①インプット ②アウトプット ③効用 ④経済モデル ⑤消費者 ⑥生産者 ⑦企業 ⑧最大化 ⑨利潤 ⑩最大化

第2章

2-1 ①総効用 ②限界効用 ③限界効用逓減の法則 ④非飽和性 ⑤価格 ⑥需要 ⑦支払意思 ⑧価格支配力 ⑨増やす ⑩減らす

2-2 ①限界効用 ②最大 ③需要 ④消費者余剰 ⑤独立 ⑥従属 ⑦縦 ⑧横 ⑨右 ⑩整数倍

2-3 ①16 ②256 ③192 ④64 ⑤24 ⑥336 ⑦192 ⑧144 ⑨80 ⑩48

第3章

3-1 ①総生産性 ②減る ③限界生産性 ④不可分性 ⑤横 ⑥縦 ⑦生産要素 ⑧要素価格 ⑨総費用 ⑩限界費用

3-2 ①増やす ②減らす ③利潤 ④供給 ⑤生産者余剰 ⑥可変費用 ⑦固定費用 ⑧縦 ⑨横 ⑩右

3-3 ①36 ②432 ③216 ④216 ⑤54 ⑥972 ⑦486 ⑧486 ⑨270 ⑩0

第4章

4-1 ①参入・退出 ②プライス・テイカー ③プライス・メイカー ④非対称性 ⑤ワルラスの調整過程 ⑥超過供給 ⑦超過需要 ⑧市場均衡価格 ⑨市場均衡量 ⑩市場均衡点

4-2 ①社会的余剰 ②死荷重 ③カルテル ④インサイダー取引 ⑤独占禁止法 ⑥公正取引委員会 ⑦市場の失敗 ⑧外部効果 ⑨所得分配 ⑩

価値判断

4-3　①20　②20　③200　④200　⑤400　⑥20　⑦10　⑧50　⑨250　⑩100

第5章

5-1　①選好　②無差別　③効用　④右上　⑤右下がり　⑥交わらない　⑦凸である　⑧限界効用逓減の法則　⑨予算制約　⑩効用最大化

5-2　①反時計回り　②平行移動する　③他の事情を一定として　④合理的な経済人　⑤価格　⑥限界代替率　⑦接する　⑧需要曲線　⑨効用の基数的性格　⑩効用の序数的性格

第6章

6-1　①労働　②資本　③等量　④右上　⑤右下がり　⑥交わらない　⑦凸である　⑧生産要素　⑨要素価格　⑩総費用

6-2　①総費用　②等費用　③小さくなる　④最大　⑤最小　⑥原点　⑦生産の限界代替率　⑧最小　⑨供給曲線　⑩水平

第7章

7-1　①他の事情を一定として　②右に　③右に　④左に　⑤右に　⑥限界費用曲線　⑦上に　⑧下に　⑨静学分析　⑩動学分析

7-2　①需要曲線　②供給曲線　③価格　④上昇し　⑤増加する　⑥低下し　⑦増加する　⑧上昇し　⑨減少する　⑩比較静学分析

7-3　①14　②12　③16　④8　⑤2　⑥4　⑦20　⑧40　⑨48　⑩12

第8章

8-1　①需要量　②価格　③供給量　④逆方向　⑤マイナス　⑥点弾力性　⑦弧弾力性　⑧小さい　⑨大きい　⑩交差

8-2　①代替財　②補完財　③ゼロ　④所得　⑤負　⑥下級財　⑦正　⑧上級財　⑨必需財　⑩奢侈財

8-3　①200　②−50　③0.25　④1.5　⑤−1　⑥0.25　⑦1.5　⑧0　⑨∞　⑩1

第9章

9-1 ①限界生産性 ②アダム・スミス ③分業・協業 ④学習効果 ⑤S 字形 ⑥要素価格 ⑦接線 ⑧U 字形 ⑨原点 ⑩U 字形

9-2 ①平均総費用 ②平均可変費用 ③平均固定費用 ④U 字形 ⑤最低点 ⑥可変費用 ⑦固定費用 ⑧損益分岐点 ⑨操業停止点 ⑩ゼロ

9-3 ①18 ②288 ③12 ④216 ⑤72 ⑥10 ⑦80 ⑧70 ⑨120 ⑩40

9-4 ①7 ②70 ③10 ④6 ⑤24 ⑥72 ⑦7 ⑧42 ⑨10 ⑩6

第10章

10-1 ①短期 ②長期 ③正常利潤 ④超過利潤 ⑤機会費用 ⑥右 ⑦平均費用曲線 ⑧長期市場均衡 ⑨長期の供給曲線 ⑩水平

10-2 ①外部経済 ②外部不経済 ③私的限界費用 ④社会的限界費用 ⑤過大 ⑥ピグー ⑦外部不経済の内部化 ⑧社会的余剰 ⑨汚染者負担原則 ⑩コース

10-3 ①14 ②1000 ③14 ④2 ⑤12 ⑥1200 ⑦12 ⑧1 ⑨10 ⑩1400

10-4 ①8 ②16 ③128 ④64 ⑤8 ⑥12 ⑦10 ⑧10 ⑨6 ⑩4

10-5 ①16 ②4 ③12 ④20 ⑤14 ⑥6 ⑦8 ⑧200 ⑨72 ⑩32

第11章

11-1 ①市場集中度 ②複占 ③寡占 ④製品差別化 ⑤独占的競争 ⑥利潤 ⑦限界収入 ⑧需要曲線 ⑨2 ⑩総収入

11-2 ①少ない ②死荷重 ③価格差別 ④市場差別 ⑤完全差別 ⑥数量差別 ⑦大きい ⑧差別価格 ⑨小さい ⑩裁定取引

11-3 ①16 ②24 ③384 ④224 ⑤160 ⑥16 ⑦24 ⑧288 ⑨128 ⑩64

11-4 ①−2 ②−1 ③30 ④10 ⑤15 ⑥15 ⑦25 ⑧17.5 ⑨1.67 ⑩2.33

索　引

● **著者紹介**

竹内 健蔵（たけうち けんぞう）

1958 年，福岡県生まれ。一橋大学大学院商学研究科博士後期課程修了，
　博士（商学）。オックスフォード大学経済学部大学院修了（M. Litt）。
現在，東京女子大学現代教養学部国際社会学科経済学専攻教授。
専攻：交通経済学，公共経済学。
主要著作：
　『交通経済学』（共著），有斐閣，2002 年（第 24 回国際交通安全学会賞）。
　『都市交通ネットワークの経済分析』有斐閣，2006 年（第 66 回日本交
　　通学会賞）。
　『交通市場と社会資本の経済学』（共編），有斐閣，2010 年。
　『なぜタクシーは動かなくてもメーターが上がるのか：経済学でわかる
　　交通の謎』NTT 出版，2013 年（第 39 回交通図書賞）。
　『あなたの人生は「選ばなかったこと」で決まる：不選択の経済学』日
　　本経済新聞出版社，2017 年。
　『交通経済学入門（新版）』有斐閣，2018 年（第 40 回国際交通安全学会
　　賞）

ミクロ経済学って大体こんな感じです
The Rough Guide to Microeconomics

2019 年 12 月 10 日　初版第 1 刷発行

著　者	竹　内　健　蔵	
発行者	江　草　貞　治	
発行所	株式会社　有　斐　閣	

郵便番号 101-0051
東京都千代田区神田神保町 2-17
電話 (03) 3264-1315〔編集〕
　　 (03) 3265-6811〔営業〕
http://www.yuhikaku.co.jp/

印刷・大日本法令印刷株式会社／製本・牧製本印刷株式会社

ISBN 978-4-641-16555-7